# Chemen Verite

Biwo Piblikasyon Nazareyen

Se Biwo Piblikasyon Nazareyen ki pibliye ouvraj sa a
Editions Foi et Sainteté
17001 Praire Star Parkway
Lenexa, KS 66220 EUA.

Germán Picavea, Editè Jeneral
Biwo Piblikasyon Nazareyen

Patricia Picavea, Editris
Piblikasyon ministeryèl yo

Tradiksyon : Franckel Formetus

ISBN 978-1-56344-764-8
Kategori: Edikasyon pou Kretyen

# Sa k nan liv sa a

# Prezantasyon

An nou kontinye nan nouvo ane sa a defi pou nou kontinye etidye avèk anseye Pawòl Bondye a. Sa a se yon kòmandman ke Seyè nou an te kite pou nou anvan li te ale e ke nou menm tou nou konnen l kòm eleman ki fè pati gran komisyon an "...Anseye yo pou yo obsève tout sa m te moutre nou" (Matye 28:20 LS).

Ane sa a n ap kòmanse avèk etid ki pale sou "Soti pèp Izrayèl la", kote nou pral wè yon seri de bèl istwa ki pral pèmèt nou konnen pwofondè kè Bondye ak fason li aji. Nou pral kontinye avèk etid ki di "Bib la avèk dwa moun yo", se atravè li nou pral wè kijan Bondye te panse ak dwa moun depi nan kòmansman tan yo e li pa t kite anyen san enpòtans. Nou pral kontinye twazyèm trimès la pandan n ap etidye "Wayòm Bondye a selon Mak", n ap rantre an pwofondè nan tout aspè wayòm nan Jezi t ap anseye epi viv. E pou nou fini, nan katriyèm trimès la nou pral etidye "Jozye, yon Lidè Reponsab", pa mwayen leson sa yo nou pral kapab wè karakteristik ke Bondye vle yon Lidè Reponsab devlope nan li.

Pou nou pa kite selebrasyon kretyèn yo pase san n pa wè, nou konseye w pou itilize leson sa yo : Pou dimanch ramo yo, leson nimewo 23 "Ann selebre wa ki la pou toutan an"; pou dimanch rezireksyon, leson nimewo 24,, "Jezikri sovè nou an viv li!; pou ndimanch pannkòt la, leson nimewo 25, "yon trezò nou pa konnen" e pou nwèl, leson nimewo 27, "Wayòm Bondye a ap pwoche".

Nan tan kounye a, se pa anpil moun ki bay mèt yo ak mètrès yo valè. Se yon pwofesyon yo pa fè kredi oubyen ki te pèdi valè. Nan kèk kote, yo prèske pa selebre jou mèt yo. Men, san okenn dout, mèt se youn nan pi gran vokasyon ki te deja ekziste ki gen kòm finalite fòme moun nan diferan branch yon moun te ka genyen kòm aktivite.

Seyè nou an te rele Mèt e yo te rekonèt se sa li ye nan plizyè okazyon disip li yo (Matye 26:25;Mak 4:38) avèk lòt moun tou (Matye 8:19; 9:11;19:16). Li te konsakre yon gran pati nan vi li pou anseye e fòme disip li yo nan ansèyman ki chita sou Wayòm nan. Li te envesti vi li nan edikasyon e pwofite chak opòtinite ke li te jwenn pou l anseye. Se gras avèk ansèyman li yo Levanjil la pwopaje e rive jwenn nou jodi a.

Kounye a se tou pa nou poun kontinye fòme lòt moun pou Kris. Konsa, avèk anpil kouraj, prepare w e fè tout sa w kapab pou fè travay di sa a nan pi bon fòm li ta ka posib e Bondye va fè rès la.

**Patricia Picavea**
Editris piblikasyon ministeryèl

# Rekòmandasyon

**K**ijan w ye antan ke mèt/monitè oubyen mètrès/monitris? Ki sa w apresye nan ansèyman an? Konbyen tan ou pase avèk etidyan ou yo andeyò klas la? Eske w penetre lavi yo?

Gran anseyan yo se moun ki transmèt pasyon ak detèminasyon bay etidyan yo. Nou kapab di diferans ki genyen ant yon  bon anseyan e yon ekselan anseyan pa chita nan konesans, tit yo oubyen eksperyans, men se pito pasyon ke li itilize pou li ekzèse ministè li.

Se pasyon pou anseye, pasyon pou transmèt etidyan yo lanmou ak dezi pou viv sa k ap anseye a. Pasyon pou sa ke nou gen dezi atenn pa mwayen ansèyman pawòl Bondye a. Pasyon an ka transmèt, se poutèt sa li enpòtan anpil pou yon anseyan kretyen konte sou sa.

Lè n ap anseye verite yo sou pawòl Bondye a, nou dwe pèmèt yo menm an premye fè pati lavi nou konsa n ap ka transmèt yon bagay ki deja yon reyalite nan nou menm. Anmezi n ap renmen,n ap kwè e n ap fè sa n ap anseye yo fè pati sa n ap viv chak jou yo, nou pral fè sa yo ki resevwa ansèyman an resevwa plis pase yon klas. Yo pral resevwa pasyon e anvi pou yo viv sa ke yo te anseye yo a. Sa pral bay kòm rezilta moun k ap viv yon lavi kretyèn ki otantik.

## Preparasyon avèk prezantasyon leson an

1. Anvan w prepare leson an toujou priye Seyè a pou l ka gide w, pou l bay gras ak sajès pou w ka atenn etidyan yo.
2. Pa bliye li leson an plizyè fwa pandan semèn nan pou w ka byen debat sijè a.
3. Ale chache ranfò nan diferan vèsyon Bib, diksyonè biblik ak kòmantè pou w ka analize oswa ogmante kèk enfòmasyon  w ap gen bezwen.
4. Toujou gen kreyon ak papye nan men w. Pa mete konfyans ou sèlman sou memwa paske kèk fwa memwa konn fatige.
5. Dènye leson nan chak trimès (leson 13,26, 39 ak 52) se revizyon tout sa ou te wè ladan. Nan leson sa a nou kapab pataje gran pwen yo ke nou te wè. Nou ka fè sa kòm yon ekzamen revizyon. Fè chak etidyan ranpli fèy aktivite a apre chak moun ap gen pou yo pataje pa yo a avèk klas la. Sa pral pèmèt nou fè yon klas diferan e repase pwen fò trimès yo ki te rete nan memwa moun yo.
6. Asire w ke w chache epi li tout pasaj biblik ki gen nan chak leson.
7. Pou kòmanse nan preparasyon leson an, li avèk swen objektif leson an epi pèmèt ke li prezan nan tout preparasyon an.
8. Nan yon fèy papye, kopye plan leson an. Ekri nan chak pwen yon gid k ap ede w nan moman ke w ap anseye klas la.
9. Toujou jete yon koudèy sou seksyon resous yo.
10. Nan enfòmasyon konplemantè w pral jwenn kèk tèm nan leson an k byen defini.
11. Nan seksyon definisyon tèm yo ou pral jwenn definisyon kèk tèm ki parèt nan leson an. Sa kapab

sèvi nan moman an pou prepare leson an.

12. Ou dwe revize tou seksyon aktivite siplemantè yo. La a w dwe konsidere nan ki moman nan leson an ou pral itilize aktivite yo rekòmande w yo. Konsa menm ou dwe pran nòt sou tout materyèl w ap gen bezwen pou aktivite a.

13. A travè pwen leson yo poze kesyon ke yo mande w pou w poze yo e si pa ta genyen ou ka fòmile kèk ou konsidere k ap nesesè pou fè klas la pi chofe.

14. Nan moman klas la pa bliye itilize fèy aktivite a, sa pral fè ke moun yo plis patisipe e jwenn materyèl ki kapab sèvi yo kòm revizyon.

15. Chak leson vini ak yon vèsè pou konnen. Ou men m se pou w gentan konnen l paske sa pral fasilite ansèyman.

16. Nan moman ke w ap anseye leson an fòk ou atantif ak patisipasyon yo e finalman si yon etidyan ta mande èd priyè priye pou li.

17. Pa bliye pataje eksperyans ou avèk etidyan yo, sa ap fè w apwoche plis de yo menm.

## Lòt konsèy yo

1. Kèk dimanch anvan w kòmanse klas la fè motivasyon pou tout etidyan gen liv pa yo. Sa pral ede yo patisipe e gen yon resous pou li nan semèn nan.

2. Yon memwa ki fidèl pral ede w asosye, mete ansanm epi konsève konesans ou rekeyi yo, poutèt sa pa janm bliye memorize. Pou ede nan memorizasyon an ou kapab repete detanzantan tèks la nan mitan leson an pandan wap fè klas la ede w. Nan fen an oubyen nan pwochèn reyinyon an bay prim ak moun ki konnen l pakè.

3. Ou kapab rekonpanse nan fen trimès la moun ki ka resite plis vèsè yo te aprann nan peryòd ansèyman an.

4. Memorizasyon pasaj biblik yo pa sèlman yon bon ekzèsis mantal men li bon pou lespri a tou. Bib la di konsa "lespri sen an, moun ke papa voye nan nonm lan pral raple nou tout sam te konn di" (Jan 14:26). Si nou pa genyen anyen nan tèt nou nou pa pral ka sonje anyen. Pawòl la vin nan tèt nou e li ede nou lè nou bezwen li oubyen li sèvi nou pou nou ede lòt yo.

5. Toujou pran tan pou w prepare sa nou pral gen bezwen depi nan aswè e rive alè nan klas la. Pou pipiti 15 minit anvan w kòmanse.

6. Ou kapab fè chanjman nan klas la keseswa nan dekorasyon, nan fason w ap ranje chèz yo oubyen nan fason wap plase tablo a (si sa posib).

7. Itilize plizyè sòt aktivite nan moman ke w ap kòmanse oubyen lè w ap fini ak leson an (tankou dinamik yo, tan pou lapriyè, temwayaj, elatriye.)

8. Anvan ou kòmanse yon trimès tou nèf fè pwomosyon nan tan adorasyon legliz la sou sijè nou pral trete a. Sa kapab motive kèk moun ki pa konn abitye patisipe.

9. Toujou genyen nan klas la kreyon pou moun kapab itilize.

10. Si nan klas ou a gen moun ki abitye vizite rezève yon liv anplis oubyen plizyè fotokopi fèy aktivite pou vizitè a pa santi l etranj nan sa k ap fèt la.

# Sòti pèp Izrayèl la

# Sòti pèp Izrayèl la

## Ada Canales (EUA)

**Vèsè memwa :** "Lè ti gason an vin gran ti bway,li mennen l bay fi farawon an ki adopte l pou pitit li. Lè sa a, fi farawon an di : Se nan dlo mwen wete l. Se konsa li rele l Moyiz." Egzòd 2:10.

**Objektif leson an:** Se pou elèv la konnen pwovizyon ke Bondye bay lidè a pou pèp li a nan mitan sikonstans difisil yo.

### Entwodiksyon

Nan dènye chapit Jenèz yo (46-47) nou li listwa Jakòb ak fanmi li ki te rive nan peyi Lejip poutèt grangou ki te genyen nan kanaran. Swasanndis moun te rive Gozenn, tè ki te fèt pou yo kòm bèje (Jenèz 46 :34). Yo te rive avèk esperans, ak dezi pou yo travay pou yon demen miyò, men yo te vini ak travay yo tou avèk eksperyans nan peyi ki te ressevwa yo a. (Jenèz 47:6b). Nan egzòd 1 rive nan 2:10 nou kapab wè men Bondye k ap mouvmante an silans, nan yon fòm ki senp e mèveye, nan fason pou leve yon lidè pou pèp li a. Sikonstans sosyal, politik ak ekonomik yo te kanpe devan men sa ki t ap pase ak pèp izrayèl la, yo pa t ka limite lèv Bondye yo nan aparisyon yon lidè pou pèp li a.

Nan kontèks istwa a nou kapab wè lit lavi kont lanmò, tansyon oubyen lit ant pwojè lòm yo (ki moutre siy egoyis ak lanmò) kont pwojè pa Bondye, ki bay lavi. Mo pou fini an toujou soti nan Bondye, pou regrè lèzòm.

Youn nan lidè ki plis make listwa mond lan, se te Mahatma Ghandi. Nan pakou tout listwa li, nou wè pa gen anyen ki te fasil alò li t ap lite kont lenjistis, diskriminasyon avèk vyolans.

Mande klas la pou l panse ak yon lidè enpòtan nan listwa peyi li oubyen nan tan prezan, ki fè aparisyon li nan yon moman trè difisil.

Kesyonè : Kijan Bondye prevwa lidè pou pèp li a? Pèmèt ke yo mansyone kèk egzanp biblik ke yo sonje.

### I. Bondye te fè pwovizyon yon lidè malgre detrès yo

Li avèk klas la Egzòd 1:1-14.

A. Sitiyasyon politik la te difisil

"Te vin gen yon lòt wa nan peyi Lejip la. Wa sa a pat konn anyen sou Jozèf..." (Egzòd 1:8a) "...yon nouvo monachi te posede peyi a... nouvo dinasti a, sa vle di, dizwityèm nan te rayi tout moun ki te konn negosye ak monak ki te la deja yo, sitou ebre yo" (Kòmantè Biblik Beacon, Tòm I. CNP, EUA: 1990, p.166). Politik yo a fas ak izrayelit yo te chanje radikalman. Nouvo wa a pa te konnen istwa a, li pa t konnen sak te rive ak izrayelit yo, li pa t konnen tout jan Jozèf te kontribye lè li te nan tèt administrasyon gouvènman ejipsyen an. Plizyè lanne pita, Etyèn te mansyone epizòd sa a pandan li t ap defann li devan konsil jwif la. (Egzòd 1:7-12; Travay 7:17-21).

Nouvo wa lejip la te santi li te menase akòz pèp la ki t ap grandi e ki t ap ranfòse san li pa t kapab anpeche sa. "Farawon te reziste avèk zèv Bondye yo pou rezon deta, rezon politik, paske se minorite etranje yo ki t ap pase pou majorite ; rezon militè paske yo ta kapab konvèti kòm yon enmi danje ; rezon ekonomik, paske yo t ap founi men dèv gratis" (Bib pèp nou an. Mesaje, España: 2007, p.89).

Nouvo politik gouvènman nan peyi yo, kapab menase tout trankilite ak estabilite kominote a an jeneral. Chanjman sa yo afekte jan n ap viv la, lafwa nou, konviksyon nou yo ak fanmi nou. Anplis kondisyon difisil politik yo ak gouvènman enjis yo, Bondye kontinye travay pou leve e itilize lidè yo pou dirije pèp li a kòm temwen l nan mitan gwo pwoblèm politik ki touche vi yo.

### B. Sitiyasyon sosyal la te difisil

Apre yo fin viv lib pandan plizyè lane, rejwi tout benefis tè a,favè gouvènman ak lòt dwa tout sitwayen (Jenèz 47:27), fanmi izrayelit yo te wè ke kote yo te ye nan sosyete a ta pral chanje (Egzòd 1:13-14). Avèk nouvo politik ke wa a te vin etabli a, epi yo pat rekonèt izrayelit yo kòm rezidan lejitim peyi lejip, yo te kreye yon sistèm enjistis, vyolans, abi, mechanste ak majinasyon. Se te yon sitiyasyon dezespwa, san fòs, ensètitid fas ak lavi familyal e kominotè. Sa ki entèresan nan sitiyasyon sa a sèke menm si yo te yon pèp majinal, "ejipsyen yo ta pral wont kanmenm" (Egzòd 1:12b, LS).

Tan yo t ap travay epi yo t ap maltrete yo, se plis yo t ap fòtifye e miltipliye, simen laperèz nan mitan oprese yo. Poukisa? Paske lè Bondye gen yon objektif pou pèp li, l ap akonpli l kanmenm menm si se nan mitan nenpòt sikonstans difisil. Bondye nan souverènte l, pral chache moun pou sèvi l e akonpli objektif li, pou l ka fè lòt yo wont.

### C. Moun k ap eseye viv nan sitiyasyon difisil yo

Li avèk klas la Egzòd 1:15-22. Lè wa lejip la te wè ke estrateji pou l diminye izrayelit yo pa t bay rezilta, apre tout travay ak fòs li te ekzèse sou yo, li te deside ale pi lwen. Wa lejip la vin anvizaje lanmò, li itilize an premye fanm chay ebre yo. (v.15). Fanm chay yo se te  yo men ki te dwe resevwa bebe a depi nan pasay. Farawon te vle elimine tout posibilite rebelyon pandan l ap anpeche ti gason ki fèt nan fanmi izrayelit yo devlope. Sifra avèk Fwa te konsyan ak prezans yon Bondye toupisan ke izrayelit yo t ap adore e sèvi men lòd la te klè: "Lè n ap akouche yon fanm ebre, kontwole sèks timoun nan , si se yon ti gason, touye l ; si se yon fi kite l viv" (v.16).

Lè fanm chay yo t ap pale ak Farawon yo te fè sa ak entèlijans, (vv.18-19) avèk lojik, konesans travay yo e jiskaske yo te itilize bòn dispozisyon ak bon sans lè sa a wa ejipsyen an pa t jwenn okenn agiman, paske l pat konnen anyen sou fanmchay, nesans moun elatriye. Sa komik, senp fanm sa yo te pi maton pa menm farawon, yo te di sa ki te yon reyalite epi yo te konvenk li. Se te yon koze ki te ka fè yo tout pèdi lavi yo. Si fanm chay yo pat obeyi, yo t ap pini yo, si yo te obeyi manman yo e fè yo konnen yo ta pral touye pitit yo, yo ta pral anfas bondye pèp izrayèl la. Fanmchay  yo te mete chapo ba devan Bondye, anvan yo t al devan Farawon an. Se te yon bagay ki te konsène lavi yo, konpasyon ak ekpozisyon lavi devan lanmò. Lè Farawon pa t ka reziste devan pawòl fanmchay yo, Farawon pase tout pèp la lòd kounye a : 'jete tout pitit gason ki fèt nan rivyè a, e tout fi yo kite yo viv'(Egzòd 1 :22).Reyèlman li te dezespere.

### II. Bondye te anvizaje yon lidè nan mitan frajilite yon fanmi

Mande elèv yo pou yo li Egzòd 2 :1-4.

Nan mitan sitiyasyon si difisil e toumante ke pèp izrayèl la te twouve l, fanmi Amram ak Jocabed te parèt sou sèn nan. Koup sa a se te desandan moun tribi Levi, yo te gen de (2) pitit Miryam (pi gran) ak Arawon ki te ka gen twazan nan moman sa a. Yon fanmi ebre ki t ap tann yon twazyèm pitit. Kijan atant ti bebe sa a te ka ye? Kèk fwa konvèzasyon yo te kapab konsa : Eske l ap yon ti gason, oubyen yon tifi? E si l ta yon ti gason? Kontantman pou ta wè se yon ti gason anpwazone avèk ide wè n ap pèdi l nan  men ejipsyen yo.  Se te yon moman emosyonèlman frajil pou fanmi sila a, ki te wè trankilite li menase ak tout jwa pou resevwa yon nouvo manm. N ap imajine paran ak frè ti pitit sa a, dekontwole, kalkile sou sa ki ta kapab rive a. Yo pa t gen resous pou yo ta kache l pou plis tan e yo te dwe envante yon fason pou sove li. Nan mitan yon sitiyasyon frajil nan yon fanmi, kreyativite ak senplisite fanmi sa a te soti pou briye tankou yon enstriman Bondye pwoteje. Yo te konstwi yon panye sou fòm kòbèy, itilize lòt bagay nan tout kòl, yo te travay li jiskaske te rete nòmal pou kenbe bebe a (Egzòd 2:3). San yo pa t konnen fanmi sa a t ap travay ansanm ak Bondye pou aparisyon yon lidè nan peyi Izrayèl.

### III. Bondye te anvizaje yon lidè e l te moutre souverènte l

Li avèk klas la Egzòd 2:5-10.

Menm si wa Lejip la te panse l genyen batay la kont izrayelit yo, Bondye t ap travay yon fason ekstrawòdinè atravè pwòp pitit fi Farawon an. Bondye te itilize l pou li pwoteje ti gason ebre a e nan yon tan serye ki t ap vin yon gran liberatè pou pèp Izrayèl. Se te pwòp pitit fi farawon ki te voye chache manman Moyiz, Jokabèd, pou l te ka pran swen li pandan yon tan  "kòman pitit fi Farawon te kapab konnen ke ti gason an se te nan ras ebre li soti? Li posib: (1) li te sikonsi, (2) rad ki te sou li, (3) koulè pye l". (Bib wesley Thomas Nelson Publishers, EUA: 1990, p.85). Jokabèd te gen privilèj pou li aprann pitit li, valè yo ak ansèyman yo pandan premye ane vi li ki enpòtan anpil nan lavi yon moun. Pi plis ke sa toujou, Bondye itilize pwòp resous farawon pou finanse swenyaj ak elvasyon Moyiz (Egzòd 2:9) kisa manman sa a ta mande ki ta plis pase sa! Elve pwòp pitit li epi touche pou sa ankò (v.10).

Moyiz te resevwa yon edikasyon ke li pa tap ka resevwa nan pèp li a. Moyiz grandi pandan l ap jwi libète li, Kontrèman ak eksperyans fanmi li. "Bondye pral pwolonje premye jès liberatè sa a. Bay timoun nan opòtinite pou resevwa nan lakou Farawon yon edikasyon ke li pa t ap janm jwenn anndan fanmi li. Moun ki ta pral libere esklav yo te dwe konnen kisa libète a ye, li te rejwi de sa ; poutan yo menm pat konnen kisa sa te siyifi yon moun lib" (La Biblia Latinoamérica. Ediciones Paulinas, España: 1972, p.90). Sèl souverènte Bondye k te kapab rann sa posib.

"Non li ki se Moyiz te mache ak orijin li, paske siyifikasyon ebre a se "retire" e pa ejipsyen an se, "sove nan dlo " (Berk). Genlè asireman pawòl manman li yo nan jèn aj li, te pwodui yon yon fwi ki t ap fè chimen l nan kè ti jenn bray la. Gen yon sans kòrèk e rayisman pou bagay ki enjis ki  te devlope nan li,  ki te soti nan yon bagay li te aprann deja" (Kòmantè Tewolojik Beacon, Tòm I De Jenèz  rive nan Detewonòm. CNP, EUA: 1990, pp.170-171).

Bondye travay yon fason souveren pou li leve yon lidè, li itilize sikonstans yo. Pèsonn pa ta imajine ke nan mitan opresyon ak esklavaj, yon lidè t ap parèt. Eske w kwè pou jous kounye a Bondye toujou ap fè menm bagay sa yo? Nan ki fason, sikonstans sosyal ak politik ke n ap pase kounye a ke Bondye ka itilize pou l leve yon lidè pou pèp li a?

### Konklizyon

Plan ak chimen Bondye yo diferan ak plan lòm. Li kontinye ap leve lidè toujou jounen jodi a, nan yon fòm senp e souveren, nan mitan sikonstans advès yo e itilize resous ki devan nou. Se pou priyè nou kapab yon chemen ki pèmèt li ka itilize nou.

# Resous yo

### Enfòmasyon konplemantè

Komisè tribi yo (Egzòd 1:11) "te reprezante yon seri gwo chèf ki t ap imilye e tòtire esklav yo san pitye, egzije yo yon travay rapid, fò, nan mitan yon sitiyasyon tankou bèt" (Biblia del Diario Vivir. Caribe, EUA: 1997, p.87).

Piton ak Ramesés se te "Vil ki te gen magazen kote yo rezève pwovizyon ak zam". (Kòmantè Biblik Beacon, Tòm I. CNP, EUA: 1990, p.168). Se te yon bann vil ki te byen plase nan ramifikasyon rivyè nil lan. Plase vil sa yo nan kat jewografik Egzòd la, nan fen Bib la.

Sifra ak Fwa se te "fanm chay ki mansyone nan pasaj sa a, yo te kapab lidè, sipèvizè oubyen chèf yon gwo gwoup fanmchay. Gen kèk kòmantè ki sigjere ke yo te ejipsyèn, men kòm yo pa te ka fè travay la pou kont yo, yo te gen yon ekip fanm ebre pou fè travay la ak yo. Kesesswa ebre oubyen ejipsyen, fanm sa yo te pou lavi, men pa pou lanmò e yo te deside fè sa ki byen." (Biblia del Diario Vivir. Caribe, EUA: 1997, p.87).

Objè ki fèt ak jon: "Bato ejipsyen yo te fèt ak menm jon sa yo e yo te alfate yo avèk gòm. Jon sa yo, (te rele tou papiris) yo te kapab rekolekte nan plizyè rejyon marekaj toutotou nil lan e grandi rive nan senk mèt konsa. Konsa yon ti panye kapab cache nan mitan  jon kapab byen elwaye klima epi difisil pou wè" (Biblia del Diario Vivir. Caribe, EUA: 1997, p.87).

### Definisyon mo yo

Monachi: "1. f. Eta ki gouvène pa yon monak. 2. f. se yon fòm gouvènman kote pouvwa siprèm lan koresponn avèk karaktè yon prens k ap gouvène a vi , li deziye jeneralman selon lòd eredite è pafwa pa eleksyon. 3. f. yon tan kote yo pèdi rejim politik sa nan yon peyi".
Kalafate: "1.Fèmen tout ti jwenti bwa yo avèk gòm pou dlo pa antre. 2. Fèmen oubyen tape jwenti yo".
Carrizal: "Kote ki peple ak carrizos. Carrizo: Yon plant ki gen anpil grenn, endijèn nan peyi lespay, avèk rasin laj, k ap kouri atè epi ki gen gou dous, li ka mezire de (2) mèt, fèy yo plat, lineyè, e flè yo laj e kout. Yo leve tou prè dlo e fèy li yo sèvi pou fè fouraj. Lè yo taye l yo ka fè ti travay agrikòl ak bale tou". (Real Academia Española, Diccionario de la Lengua Española - Vigésima segunda edición http://buscon.rae.es/draeI).

### Aktivite siplemantè

Aktivite pou kòmanse: Chache avèk antisipasyon foto lidè yo ke yo te mete anvalè nan kominote li, nan peyi li oubyen nan monn lan e plase foto sa a nan yon kote pou tout elèv yo kapab wè l.

Prepare ti moso papye tou piti, ekri non lidè sa yo e yon kout deskripsyon evènman ki te pèmèt lidè sa yo rekonèt. Pita mande pou mete foto sa yo ansanm ak non pèsonaj yo.

# Eskiz ki prezante yo

### Nilda Calvo (Argentina)

**Vèsè pou n konnen:** "Kanta baton sa a toujou kenbe l nan men ou.Se avèk li wa fè tout mirak ou gen pou w fè yo" (Egzòd 4:17).
**Bi leson an:** Se pou elèv la konprann ke lè Bondye rele yon moun li pa dwe bay eskiz, se sèlman obeyi.

## Entwodiksyon

Moyiz te pase 40 ane nan palè a kòm elèv. Se menm nonm sa a yon jou ki ta pral libere Izrayèl nan men Farawon ki te kriyèl anpil, li te resevwa yon edikasyon wayal nan peyi lejip. Menm jan li te pase 40 lane ap resevwa edikasyon se konsa tou li te pase 40 lòt kòm bèje. E sa se li pat konnen sèke dezyèm etap 40 lane sa a ta pral yon antrènman pou gwo bagay ki ta pral fèt pa mwayen li menm. Chanjman ki pi desizif yo te rive lè li te gen 80 lane, lè li te fè yon rankont espesyal ak Bondye. Kisa Moyiz te deside fè?

## I. Moyiz sove kite Lejip

A. Obligasyon pou li sove

Karant ane nan palè a, te sèvi pou anseye Moyiz nan tout sajès ejipsyen yo, e selon sa Etyèn te di anpil ane aprè, "… li te gen anpil pouvwa nan pawòl li ak aksyon l yo" (Travay 7:22).

Men menm si li te edike tankou ejipsyen, li te kontinye santi ke l se yon Izrayelit. Gen yon jou konsa li t ap obsève yon ejipsyen ki t ap maltrete yon ebre, li te atake ejipsyen an epi li te touye li. Pou li te ka asire l ke pat gen moun ki te wè l, li te kache kadav la. Nan jou ki te vin apre yo li vin konnen ke gen moun ki te wè l. Lè li te vle mete ola nan mitan de ebre, yo te joure l e yo te anonse l ke yo te konnen sa ki te pase avèk ejipsyen an. Nan Travay 7:25 nou wè kote Moyiz santi ke moun pa l yo te dezapresye l. Poutèt sa ki te fèt la li te sove (Egzòd 2:11-15). Sitiyasyon sa a te rive pou Moyiz te ka konprann ke pèp li a ka libere nan tan pa Bondye a e se pa mwayen li menm.

Kèk fwa nou panse ke nou kapab soti nan nou menm si pèson pa wè oubyen si yo pa bare nou. Tandiske, to ou ta, mal la ap vin jwenn nou menm jan sa rive Moyiz la. Menm si yo pa bare nou nan vi sa a, nou pral rankontre ak Bondye fas a fas e se li menm ki pral evalye aksyon nou yo.

## B. Li te fòme yon fanmi

Apre tout sa ki fin pase Moyiz sove al Madyan, lwen liks ak pouvwa.

Prèt peyi Madyan, (Rehuel) yo rele l nan non Jetwo tou te genyen sèt pitit fi ki t ap pran swen bèt li yo (Egzòd 2:16). Moyiz te vin rekonèt yo paske yon lòt bèje te atake yo e li te defann yo. Kòm rezilta travay sa a, Moyiz te rankontre yon fanmi ak yon madanm (Egzòd 2:16-22).

Se te la, nan dezè a, li te pase 40 ane nan lavi li, li te aprann sa ke pèsonn pat anseye l: Sèvi, devlope konfyans nan Bondye menm lè yo pa tande l epi konpran enpòtans apèl Bondye a.

## C. Bondye te tande kri pitit li yo

Nan moman Moyiz te Madyan pèp Izrayèl la te nan afliksyon ak angwas (Egzòd 3:7).
Ta sanble kòm si Bondye pat fè anyen. Poutan, Bondye te pwomèt ke l ap retire pèp Izrayèl la nan esklavaj nan peyi Lejip (Jenèz 15:16; 46:3-4).

Pèp la te rete tann anpil tan pou pwomès sa a te akonpli, men Bondye retire yo lè li te kwè ke se te moman ki te dwe rive a . Bondye konnen ki lè moman an pi bon pou li aji (Egzòd 2:23-25).

Lè nou santi ke Bondye bliye nou ak pwoblèm nou yo, an nou sonje ke li gen yon plan nou pa ka wè, an nou rele l epi an nou rete tann repons li.

## 2. Apèl Moyiz

Yon nouvo jou rive e tout bagay chanje pou Moyiz. Lè nan maten sa a li te soti ak mouton li yo, li pat gen ide ke li ta pral rankontre ak Bondye. (Egzòd 3:1-6). Nou dwe toujou pare paske nou pa janm konnen sa ke Bondye planifye pou nou.

## A. Ti touf bwa k ap limen san l pa boule a

Moyiz te remake yon bagay ki etranj : yon ti akasya t ap boule san rete, men li pat flanbe vre. Moyiz avanse pou l gade.

Kèk fwa tou Bondye itilize sa nou pa ta panse lè l ap kominike avèk nou, li ka itilize moun, panse ak eksperyans nou yo. Nou dwe dispoze poun envestige epi pare pou resevwa sipriz Bondye yo.

Ti touf bwa limen an se te yon tablo pou Bondye kote li te revele glwa li ak pouvwa li. Nou ta ka di ke ti touf bwa limen an te aprann Moyiz, yon bèje saj ke avèk sipò Bondye se yon dife ki pap jan m etenn!

Bondye te rele Moyiz, li te desann li devan li epi li te adore l ak sipriz, (Egzòd 3:5-6). Nou kapab di ke sa dwe vrè kòmansman sèvis kretyen an. Sèvitè ki konnen pou li retire sapat li ak imilite, Bondye ka itilize l yon fason pou fè l mache ak pouvwa. Li enpòtan anpil pou nou ekzamine atitid nou lè nou nan prezans Bondye.

## B. Plan diven an: Bondye chwazi Moyiz

Bondye te konnen ke li te wè ak tande afliksyon ebre yo kidonk li te deside fè yon entèvansyon dirèk. Li te pwopoze retire yo epi mennen yo nan yon tè kote lèt ak myèl ap koule, pawòl sa a siyifi mennen yo nan yon rejyon ki rich e ki ka pwodui (3:7-10).

Seyè a te kapab libere Izrayèl ak yon sèl grenn mo, men li te chwazi sèvitè l la pou li te ka sèvi ak li. Moyiz te kontan asireman lè l tande ke Bondye ta pral libere Izrayèl, men li te tande nouvèl ke se li menm ki te liberatè a! "m ap voye w" se la dout li te kòmanse. Bondye itilize lòm kòm enstriman pou reyalize travay li sou latè. Moyiz te pase karant lane ap prepare; kounya se tan pou aji.

## 3. Yo kouri dèyè eskiz yo

Kijan li te reyaji devan plan Bondye a selon Egzòd 3:11–4:17? Moyiz pat dakò imedyatman avèk plan Bondye a nan kesyon voye l al retire Izrayèl nan peyi Lejip.

Devan envitasyon sa a Moyiz te panse: Mwen se yon rate, m gen yon fanmi m ap okipe, m gentan fin vye…ou ka wè agiman sa yo t ap pase nan tèt li, men li te prezante eskiz sa yo:

## A. Mwen pa yon moun ki konnen: M pa gen kapasite

Nan Egzòd 3:11-12 nou li kote Moyiz t ap eskize l paske li te santi li pa gen kapasite pou devwa Bondye te mande l fè a. Se vre: Li te enkapab pou kont li. Men Bondye pat mande l pou l travay pou kont li, e li te ofri l lòt resous pou te ka ede l.

"Kiyès mwen ye?", kesyon filozofik ke y ap poze depi lontan. Sanble ke nou pa konnen kiyès moun nou ye. Kèk nan liv ke yo plis li yo gen pou wè avèk kijan devlope yon bon imaj de nou. Panse li se te "ki moun mwen ye, (yon senp gadò mouton) pou m fè fas kare ak wa nan peyi Lejip".

Men Bondye pat reponn ak kesyon sa a, tou senp li te fè li yon pwomès : "M ap avèk ou!" Bondye t ap di l ke pandan l bò kote l, lit Moyiz kont Farawon se li k ap gen kontwòl sa a. Bondye te ba l repons sa a yon fason pou l te ba l sekirite.

Se byen pou ouvriye kretyen an konprann limit pa li yo pou l ka rann li kont de moun san limit k ap soutni li a, men nou pa dwe kache dèyè santiman kòm kwa nou ta endiy kòm eskiz pou nou pa fè travay Seyè a rele nou pou nou fè a.

## B. Nan non ki moun m pral prezante?

Sa pat yon kesyon ki te manke presizyon, paske jwif yo te vle an sekirite lè Seyè a voye yo nan misyon pou li. Bondye te revele non li : SA M YE A SE SA M YE…", oubyen "Mwen te, mwen se e m ap toujou!" (Egzòd 3:13-15).

Bondye pat vle di ke patriyach yo pat jan m tande non Jewova a, osi byen ke li ta revele siyifikasyon konplè non li jiska tan Moyiz e Egzòd. Lè l relvele non diven li a li te deklare karaktè li ak atribi li yo, pandan l ap souliye ke kesyon an se pa ki moun Moyiz te ye, men pito ki moun ki te avèk li.

Bondye te bay Moyiz enstriksyon pou l te ka di pèp la sa li te wè epi tande nan ti touf bwa limen an (Egzòd 3:16-17). Bondye nou an se yon Bondye k ap aji epi k ap pale. Si ou menm w ap eseye eksplike lòt yo kiyès Bondye ye, pale yo de sa ke li te fèt nan lavi kèk pèsonaj nan Bib la, nan lavi pa w ak nan lavi lòt kretyen yo.

## C. Yo pa pral kwèm

Pandan 40 lane Moyiz t ap sibi doulè sou jan pwòp pèp li a te kouri dèyè l (Egzòd 4:1-9). Li te ekzile tèt li nan dezè a. Eske se menm bagay la ki pral pase l? Yon lòt fwa ankò eske pèp li a pra l chase l epi imilye l? Se yon fason pou di ke afimasyon sa a pat sèlman enkredilite men se te pito yon panse ke li te gade pandan anpil lane. (Egzòd 4:1). Dout sa a te pèsiste menm lè Bondye te sot di l pou li kwè (Egzòd 3:18).

Bondye te fè de (2) mirak devan Moyiz ke limenm menm ta kapab fè. Baton ki transfòme an koulèv la ak men l ki te kouvri ak lèp answit ki te vin pwòp. Sa yo ta kapab prèv devan pèp la. Bondye pran sa nou genyen nan men nou e li itilize l, si sèlman nou kwè nan li. Baton an pou kont li pat anyen, men nan men Bondye li te konvèti an pouvwa. Moyiz touye yon nonm ak men li, men nan dezyèm mirak la Bondye te moutre li ke li te ka geri feblès lachè a epi itilize l pou glwa li.

Alò Bondye te ajoute yon twazyèm siyal : li te fè dlo tounen san. Sa te konsène Bondye, men non Moyiz, konvenk pèp la ke mesaj li te soti nan yon otorite siperyè.

Kisa Moyiz ta ka mande anplis toujou? Li te konte sou prezans Bondye, li te gen garanti de non Bondye menm e kounye a li te konte sou kwayans mirak

Bondye yo pou konvenk pèp la tounen nan peyi Lejip se pat ide pa l men se te ide pa Bondye.

### D. Mwen pa genyen okenn talan natirèl

Si Moyiz pat retounen nan peyi Lejip li pa t ap ka soutni yon nasyon k ap soufri e ki fache, e li pa t ap ka wè tou fo dye nan peyi Lejip yo k ap imilye ak yon viktwa moun pa ta kwè lè y ap travèse lanmè wouj. Sa ki pi enpòtan ankò, si li pat pèdi 40 jou san pran souf nan kominyon ak Bondye sou mòn Sinayi a, li pa t ap ka avèk Jezi 1400 ane apre nan transfigirasyon sou mòn nan. Bondye te mande : "Kisa ou genyen nan men w? Kisa w te aprann? Kijan w pral itilize l?

### Konklizyon

Bay yon ti tan pou yo ekri pwòp konklizyon pa yo.

---

# Resous yo

### Enfòmasyon konplemantè

Madyanit yo. "Ta sanble yo te abite ozalantou mòn sinayi sou preske menm non ak oryan, lè w fin pase lanmè wouj " (Kòmamtè Biblik Beacon Tòm I. CNP, EUA: 2008 p.171).

"se te yon ras ki te konn travay, rich, e ki te okipe yon gwo plas nan komès (Nonb 31; Jij 8; Ezayi 60:6). Ta sanble ke se yo menm an premye ki te konn domestike e itilize chamo. Papa li se te Madyan, ki se pitit Abraram ak Ketoura nan jeneyaloji ebre a (Jenèz 25:1-2; 1 Kwonik 1:32)" (nouvo diksyonè ilistre Bib la. Bibliyotèk elektwonik karayib la, EUA: 2000).

Retire soulye nan pye w: "lòd sa a te byen an akò avèk yon koutim ke Moyiz konnen; prèt peyi lejip yo te obsève l nan tanp yo. Yo obsève l tou nan tout peyi oryantal yo, kote moun yo kite soulye oubyen sandal yo, an siy de konfesyon yon kontaminasyon pèsonèl, epi pou yon diyite ke yo konsyan ke yo nan prezans yon sentete imakile" (Kòmantè Egzejetik e eksplikatif sou Bib la. Tòm I: Ansyen Testaman. Roberto Jamieson, A.R. Fausset y David Brown. EUA: 2003, p.67).

### Definisyon mo yo

Lanj Jewova: "Nan ti touf bwa k ap limen an savan yo konsidere sa souvan tankou Kris pre-enkane, menm si pa janm gen yon bagay konsa ki dì nan Nouvo Testaman" (Kòmantè Biblik Beacon, Tòm I. CNP, EUA:

2008, p.172).

Baton: "Kèk fwa kwochè oubyen baton, yon bèje nan mitan Arab yo se yon bout bwa long, ki genyen yon kwochè nan pati siperyè a, ki varye soti nan youn rive nan de mèt longè" (Kòmantè Egzejetik e Eksplikatif Bib la. Tòm I: Ansyen Testaman. Roberto Jamieson, A.R. Fausset y David Brown. EUA: 2003, p.66).

Touf bwa: "Akasya sovaj, oubyen ki gen pikan. Yo anpil nan zòn sila a; jeneralman yo sèk e yo kase fasil ; nan yon sèten epòk yon ti etensèl te ka transfòme zòn sa a an gwo flanm" (Komantè Egzejetik e eksplikatif Bib la. Tòm I: Ansyen Testaman. Roberto Jamieson, A.R. Fausset y David Brown. EUA: 2003, p.66).

### Aktivite siplemantè

Avan w kòmanse klas la, mande elèv yo pou yo fè yon liy pou "tan" nan lavi yo, mete aksan sou twa etap: Tan rankont yo avèk Bondye
Apèl Bondye fè yo pou fè yon travay espesifik pou li

### Ekzanp:

____x 1980 konvèsyon_____x 1986 Prezidan JNI___eks.

Pote atansyon espesyalman sou dezyèm etap la, ekri sou adwaz la yon lis eskiz yo ka prezante bay Bondye, pou aji selon apèl li.

# Kòmansman liberasyon an

## Pedro Sensente (Guatemala)

**Vèsè pou n konnen:** "Moyiz pran madanm li ak pitit gason l yo, li mete yo sou bourik, epi li tounen nan peyi Lejip, Moyiz te gen baton Bondye a nan men l" Egzòd 4:20.
**Bi leson an:** Se pou elèv la konnen jan Bondye aji nan pitit gason ak pitit fi li yo pou l ka pouse pou pi devan ak plan li.

### Entwodiksyon

Diksyonè Akademi espanyòl Reyèl la defini libète tankou : "Fakilte natirèl ke lòm genyen pou aji yon fason oubyen yon lòt, pou l pa aji, oubyen pou l responsab. Eta yon moun ki pa esklav. Eta yon moun ki pa nan prizon". Libète se yon bagay mèveye ki gen anpil valè pou moun yo ki pèdi l a.

Nan ka pèp Izrayèl la, se te yon pèp ki te fèt nan lesklavaj e yo pat konnen okenn lòt reyalite apa de sa ke yo t ap viv la. Vrèman diferan ak sa ki te rive Moyiz la yon nonm ki pat jan m viv tankou esklav.

### 1. Kòmansman liberasyon an

Moyiz te lanse l nan yon nouvo esperyans ki ta pral make lavi l anpil, lavi fanmi li, peyi li epi ak monn lan (Egzòd 4:18-26).

Moyiz te fè yon esperyans ekstraòdinè ak Bondye, li menm ki te fè li konnen plan li pou libere pèp Izrayèl la nan esklavaj nan peyi Lejip e ke la pral okipe yon plas pandan sa ap fèt la. Ki privilèj ki pi gran ke sa! Moyiz te okipe yon gwo plas nan ekzekisyon plan Bondye. Se konsa tou jodi a nou fè pati plan Bondye nan kesyon restorasyon lòm.  Nou gen privilèj ak responsabilite poun gaye mesaj bòn nouvèl la bay tout sa yo ki nan moman esklav peche sa a.

### A. Moyiz te obeyi vwa Bondye

Bondye te revele Moyiz pa mwayen yon touf bwa limen e li te ba li kondisyon opresyon yo, mizè ak soufrans se nan sa yo pitit Izrayèl yo t ap benyen. Yo te anba dominasyon gouvènman peyi Lejip e soufrans li pat pase inapèsi devan je Bondye. Li te tande jan y ap rele l e li te desann pou l ka libere yo nan chèn opresyon yo epi ba yo yon nouvo kalite vi nan yon tè ki bon e ki laj, tè kote lèt ak myèl ap koule (Egzòd 3:1-10).

Apre kèk kesyon pèsonèl ak desizyon Bondye pou ke Arawon sèvi l konpay, Moyiz te resevwa enstriksyon presi sou misyon an. Bondye mande l pou li konvoke ansyen nan mitan pèp la e pataje plan li ak yo (Egzòd 3:11-4:17). Se nan kontèks sa a ke Moyiz te obeyi e aksepte defi a "Moyiz pran madanm li ak pitit gason l yo, li mete yo sou bourik, epi li tounen nan peyi Lejip Egzòd 4 :20a. Nan yon lòt bò, li enpòtan pou nou note ke Moyiz pat doute sou moun ki te rele l la ki se Bondye, poutèt sa, li te aksepte privilèj ak responsabilite pou li ekzekite plan Bondye a.

### B. Moyiz te gen Bondye kòm Bakòp (Sipò)

Moyiz pat sèlman resevwa apèl epi komisyone pa mwayen Bondye men li te jwenn tout sipò li, otorite ak pouvwa. Bondye te fè l jwenn siy ki pisan anpil tankou lè l mete men l anba zèsèl li li soti  ak lèp pita li ta pral fè dlo tounen san. Bondye te konnen ke devwa li te ba li a ta pral enposib devan je lèzòm, poutèt sa li te ba li kapasite e te prevwa tout sa ki nesesè pou l te ka pouse pou pi devan ak plan li a" Moyiz te gen baton Bondye a nan men l tou" (Egzòd 4:20b).

### II. Plan pou yo tounen an

A. Moyiz te jwenn yon api san parèy nan men frè li a, sa vle di Moyiz pat pou kont li nan egzekisyon plan Bondye a. Anvan sa Moyiz te eksplike Bondye pwoblèm li genyen pou pale ki ta pral enposib pou li devan pèp la. Bondye te pwomèt li sipò frè li Arawon e li te akonpli pwomès li a. (Egzòd 4:27). Moyiz pat bezwen konvenk ni fòse frè li a paske Bondye te gentan dispoze li deja, Bondye te deja prepare l kòm yon api ke Moyiz ta pral gen bezwen. Bondye toujou prevwa resous moun ki nesesè pou li pouse plan li pou pi devan. Moun ke Bondye konnen ke kè yo dispoze pou sèvi l ak lanmou epi sèvi sanblab li yo tou.

### B. Moyiz pataje plan Bondye a ak Arawon

Moyiz te eksplike Arawon san li pa kenbe anyen an sekrè pou konnen kisa plan Bondye a te ye epi li moutre l siy yo ke Bopndye te ba li, tankou baton ki te tounen koulèv ak men li ki te gen lèp apre ki vin jan l te ye anvan an. Li pwobab tou pou li ta pale eksperyans li a nan touf bwa limen an, sou apèl li, jan kè wa ejip la di, jan pèp la libere yon fason gloriye, bèl tè ke yo pral posede anba gran manifestasyon pouvwa Bondye a (Egzòd 4:28). Li te pataje avè l, santiman, vizyon Bondye pou byennèt pèp Izrayèl la ki se pèp li.

### C. Arawon te dakò ak plan

Arawon te kapte vizyon Bondye a pa mwayen frè li Moyiz. Li te konnen ke plan an te fèt, konstwi, soti nan kè Bondye menm e se pat bon santiman frè l yo e avèk gran konviksyon, pasyon ak esperans li te pataje li avèk ansyen pèp Izrayèl la, "E se te Moyiz ak Arawon, ki te reyini ak tout ansyen nan pitit Izrayèl yo. E Arawon te pale li sou tout bagay ke Jewova te di Moyiz, e yo te fè siy yo parèt devan je tout pèp la" (Egzòd 4:29-30). Pandan ke li kapte vizyon Bondye a Arawon te jire pou l travay aktivman nan ekzekisyon plan an. Se entèresan pou nou note ke menm lè Arawon te pi gran pase Moyiz li te soumèt a li menm e li te deside swiv plan ke Bondye te ba li a. Arawon pat kesyone otorite frè li e li te dispoze pou l sèvi. Kisa ki ka enpòtan lè n ap konte sou frè Legliz yo ki sansib ak kòmandman Bondye yo epi dispoze pou sèvi san yo pa poze yon pakèt kesyon.

### D. Yon reyaksyon yo pa t atann

Moyiz t ap ret tann ke pèp la ta pral kesyone misyon li oubyen mesaj li e li te eksplike Bondye sou preyokipasyon si pèp la pa ta kwè l "...Men, moun yo ka refize kwè m, yo ka pa koute sa m gen poum di yo a. Yo ka di m se pa vre, Seyè a pa t kras parèt devan mwen" (Egzòd 4:1), men se pa te konsa. Pèp la te atantif pou koute ak enterè, sipriz e esperans. Bondye te toujou entèrese sou byennèt yo e yo te konprann sa: "Pèp la vin kwè yo". Lè yo tande Seyè a te vin vizite yo, li te wè mizè y ap pase a, yo tonbe ajenou, yo bese tèt yo jouk atè pou adore Bondye ,Egzòd 4: 31. Se yon bagay ki agreyab anpil epi ki estimilan tou lè nou wè moun sa yo ke yo te panse ki pa t ap ka fonksyone yo, an reyalite wi yo te fonksyone, paske Bondye te gen kontwòl sitiyasyon an.

### III. Rankont avèk Farawon an

Moyiz ak Arawon te motive anpil. Pèp Izrayèl la ki te aksepte plan liberasyon an te motive yo pi plis toujou.

Jis nan moman sa a tout bagay ap mache trè byen, pita pral vin gen kèk konplikasyon ki pral prezante.

### A. Farawon te resevwa Moyiz ak Arawon

Moyiz ak Arawon (selon sa Bondye te di yo) te prezante devan otorite siprèm gouvènman peyi Lejip, Farawon. Fason li te prezante a te klè: "Jewova Bondye Izrayèl la" e mesaj li men m te klè:"kite pèp mwen an ale pou yo ka fè yon fèt pou mwen nan dezè a" (Egzòd 5:1b). Mesaj Bondye a te bay defi ak otorite Farawon an ak fo dye ejipsyen yo deja se pat yon bagay yo te solisite men se te yon lòd. Farawon an te reponn avèk raj pou di ke li pa konnen Jewova e li pap kite pèp la ale. Yo te reponn ak detèminasyon ke Bondye te mande yo pou y al nan dezè a pou yo adore l e fòk yo obeyi l pou yo ka evite kèk soufrans pi devan (Egzòd 5:2-3).

### B. Plan te vin konplike

Sitiyasyon an pa t senp e yo te konn sa, Bondye te gentan di Moyiz depi anvan "Mwen konnen wa peyi Lejip la pap kite nou ale si yo pa fòse l" (Egzòd 3:19). Bondye te revele sèvitè l sak tap pase e nan fason sa li te prepare li pou li fè fas kare ak obstak yo ki ka prezante yo pandan plan ap ekzekite.

Farawon te detèmine pou li pat kite pèp la ale e li te ogmante travay yo plis chak jou li te panse ke si yo pat genyen anpil travay pou fè yo pral bay tan yo pou tande manti Moyiz ak Arawon ap ba yo (Egzòd 5:4-11). Farawon pat sèlman kouri dèyè kòmandman Bondye a men tou li te tante fè sèvitè Bondye yo santi yo koupab poutèt chay li te mete anplis sou travay pèp ebre a. Lènmi Bondye a te mete fado lou sou sèvitè yo yon jan pou yo pat kontinye avèk plan.

Men lè sèvitè yo konnen se travay Bondye y ap fè anyen pat ka anpeche yo.

### C. Reyaksyon pèp la

Nan Egzòd 5:12-21 nou li kote pèp la te reponn ak lòd wa a epi yo te fè efò pou akonpli travay yo chak jou men ejipsyen yo pat bay efò sa a valè yo t ap maltrete yo, oprime yo chak moman. Devan enjistis nan travay sa a reprezantan ebre yo t al plenyen devan Farawon pou di ke ejipsyen yo trete yo mal malgre efò yo reyalize pou fè travay yo kidonk yo koupab paske yo anpeche yo travay anpè.

Yo t ap ret tann ke wa Lejip la ta pral aji avèk

jistis ak yo men sa pat rive fèt. Men okontrè, li te ranfòse desizyon an pou yo chaje yo plis travay e anpeche yo al ofri sakrifis bay Bondye. Lè yo wè yo pat resevwa repons ke yo t ap tann nan men responsab ebre yo yo te lage chay la sou do sèvitè Bondye yo, Moyiz ak Arawon, pou soufrans ak fristrasyon pèp la.

Nan plizyè okazyon lè sitiyasyon an konplike nou bay ènmi an kote epi nou jete fot la sou sèvitè Bondye yo poutèt sa pa pase jan nou t ap ret tann nan, epi nou bliye si Bondye gen kontwòl tout bagay.

Devan difikilte sa a, pou kite yo ale yo te pèdi vizyon liberasyon plan Bondye a. Epoutan, nan plan Bondye a sa te ekri e te fè pati kòmansman manifestasyon pouvwa ak mèvèy Bondye anfavè pèp Izrayèl la.

Moyiz ak Arawon te enstriman ke Bondye te seleksyone pou ale pi devan ak plan li. Bondye te konnen toulede e li te ba yo privilèj pou yo sèvi li e avèk pèp li te chwazi a. Yo te fè fas kare ak obstak ki te prezante keseswa devan Farawon e pèp yo te rele yo pou libere a. Konklizyon Advèsite yo ke yo rankontre sou chimen pandan egzekisyon plan Bondye a se opòtinite pou nou ka wè aksyon pouvwa li e pou l ka afèmi fwa nou. Bondye, rele nou jodi a pou nou kapab vin enstwiman benediksyon nan plan pou sove lòm. Eske w obeyi apèl Bondye a?

# Resous yo

### Enfòmasyon konplemantè

Baton Bondye a. "Nan tout bagay ke Moyiz te pote nan peyi Lejip li te pote yon atansyon espesyal ak baton Bondye a (Egzòd 4:20). Kòm li te revele pita, baton sa a Moyiz te itilize lè l t ap ekzekite tout mèvèy ke Bondye te òdone l pou li fè yo. (p.ej. Egzòd 7:10,20; 8:5,17; 9:23; 10:13). Moyiz kòm anbasadè Bondye, te gen anpil pouvwa pou li ekzèse otorite ki soti nan Bondye" (Nouvo Kòmantè Biblik Venteinyèm syèk, Volim I. Mundo Hispano, EUA:2003, p.224).

Arawon. "Parèt pou premye fwa nan ekri liv Egzòd tankou `Arawon, levit´ lè li te ale resevwa frè li Moyiz ki t ap tounen nan peyi Lejip apre sa ki fin pase nan touf bwa ki t ap limen an ; akòz fason li te pale pi byen li rive vin pòtvwa Moyiz devan Izrayelit yo ak Farawon (Egzòd.4.14ss). Nan pakou karyè li figi li te parèt pi opak lè y ap konpare l ak frè li ki te dinamik anpil; sèl grenn fwa li te eseye fè yon bagay pou kont li san api Moyiz li te fè erè ladan l (Eg.32.1-6)" (Nuevo Diccionario bíblico Certeza. Certeza, Argentina: 2003, p.2).

### Definisyon mo yo

Atant: "Esperans pou jwenn yon bagay, si se sa nou dezire ke opòtinite a rezève pou nou" (Diccionario Uno Color. Océano España: 1998, p.661).

Enkondisyonèl: "Absoli, san restriksyon ni rekizisyon. Adèp yon moun oubyen yon lide san limit oubyen okenn kondisyon" (Diccionario de la Real Academia Española en línea).

Sakasm: "Tapaj ki ka koz san koule, iwoni ki pa dous e ki kriyèl ki ka ofanse ak maltrete yon moun oubyen yon bagay" (Diccionario de la Real Academia Española en línea).

Obeyi: "Akonpli volonte moun ki voye a" (Diccionario de la Real Academia Española en línea).

Iminan: ki fè menas oubyen ki la pou vini apre touswit (Diccionario de la Real Academia Española).

### Aktivite siplemantè

Anvan nou kòmanse ak klas la, mande youn oubyen de nan elèv yo pou pataje kisa li te genyen kòm eksplwa e kijan rezilta yo te ye sou kòmansman yon bagay nouvo ki te kòmanse e ki te reyalize pou kòmanse nouvo ane a, fè nouvo zanmi, asepte yon nouvo travay, kòmanse yon nouvo ministè anndan Legliz la, eks.

# Sèlman obeyi, Bondye gen kontwòl

Adhemar Charlin y Ligdana de Charlin (Uruguay)

> **Vèsè pou n konnen:** "Moyiz ak Arawon te fè tout sa Seyè a te ba yo lòd fè. Wi yo fè tou sa li te di yo fè a" Egzòd 7:6.
>
> **Bi leson an:** Se pou elèv la konprann ke lè Bondye voye nou, li prepare nou epi li dirije tout bagay.

## Entwodiksyon

Pou kòmanse, li Egzòd 6:2-8; 7:13.

Pita mande: Kisa nou panse de sa? (kite yo bay opinyon yo).

Bondye te prezante devan Moyiz e li te entrodwi mesaj ki kapab mete an sekirite travay li reyalize a:

Redanmsyon Izrayèl ki baze sou kontra li te fè ak Abraram, Izarak ak Jakòb.

Demonstrasyon mizèrikòd li, pandan l ap pran pitye pou pèp la ki nan afliksyon anba esklavaj, e adopte l kòm pèp li.

Akonplisman pwomès la yo te bay patriyach yo pou retire yo nan lesklavaj e bay tè ak desandan, pèp Izrayèl la (Jenèz 15:13-14; 17:7-8).

Menm lè ke lòm te brize akò yo, Bondye te bay yon alyans ki etènèl. Sa te yon priyorite esansyèl pou Seyè a lè l ap repete nan pawòl li: pwomès ki anba rezolisyon Bondye a pou pran swen, pwoteje, pwospere e beni pèp li a, garanti yo sou posesyon tè kanaran ki se yon eritye k ap la pou toutan.

Lè Bondye pale ak nou gen yon mesaj klè sou finisman li, tandans pou li atenn objektif k ap dire pou toutan yo. Sa vle di, akonplisman kòmandman li a, genyen konsekans ki ale pi lwen pase sikonstans n ap viv kounye a.

## I. Komisyon pou Moyiz ak Arawon

### A. Farawon ap fè kòlè

Bondye te soti al rankontre Moyiz pandan ke l te nan dezè a pou ba li yon misyon: Prezante devan Farawon e devan pèp Izrayèl la (kaptif e ki nan sèvitid), pou pèp sa a ka soti nan esklavaj ki te sou do li a. Yon misyon ki pa t ap senp men ki te dwe fèt san pèdi tan. (Egzòd 5:22-23; 6:9).

Pasaj sa yo relate ke reyaksyon Farawon devan demand Moyiz nan kesyon pou admèt manda Bondye a e kite pèp Izrayelit la ale, te ogmante kòlè Farawon ak chay sou do pèp la.

Farawon kapab senbolize yon moun ki gen yon tanperaman ki ranpli ak ògèy, ki rebèl anpil devan lòd Bondye yo. Gouvènè sa a te kloure nan peche, li te refize pèp Izrayèl la ale, e nan lye pa li ranfòse sèvitid la pi plis toujou, moutre dezapresyasyon total a menm pwòp Bondye ki di Moyiz sa pou l fè.

Sa yo ki tankou farawon ki pa vle asepte kòmandman Bondye yo, simen sou pwòp tèt yo jijman, destriksyon ak lanmò.

Youn nan karaktè Bondye genyen se fidelite, sa vle di akonplisman sa li ta pra l fè a. Poutèt sa Bondye prevwa sa yo ki dispoze pou kwè nan li e mete an aksyon obeyisans a pawòl li. Bondye te pran swen epi pwoteje Izrayèl, akoz mizèrikòd li, gras li sou tout fòm, lanmou li ak fidelite li te pwomèt patriyach yo.

Bondye konn tout bagay sa yo, li pi gran pase tout bagay, kidonk li se kreyatè tout bagay ; anyen e pèsonn pa ka anpeche li fè sa ke l te planifye.

## B. Bondye genyen kontwòl

Nou dwe sèten ke tout evènman yo ap pase anba kontwòl men toupisan Bondye a, k ap renye sou tèt tout kreyati.

Nan okazyon sa a Bondye te mete an valè menm Farawon pou akonpli objektif li e glorifye non li. Avèk sa ki pase deja kote Bondye pral voye Moyiz nan peyi Lejip, li te deja konnen sa ki ta pral rive, e konsa li te fè lidè li chwazi yo konnen sa. Bondye nan souverènte enfini li, konesans enfini li ak pisans enfini li, te itilize opozisyon Farawon an pou li deplwaye pouvwa li an favè liberasyon Izrayèl.

Devan enkredilite pèp la, ak ògèy e tèt di Farawon ; olye li renonse a misyon an, Moyiz te chache nan Bondye repons pou dekourajman li avèk oryantasyon. Bondye te reponn e li te raple li apèl li genyen pou li akonpli pati pal nan lèv Bondye a nan tan sa e ansanm avèk sa l ap ba li èd frè li Arawon e konfimasyon apwobasyon li nan mitan yon pakèt bann siyal otorite ki soti nan li (Egzòd 6:9,10,13,26).

## II. Eksperyans Moyiz yo
### A. Kriz lafwa

Moyiz te antre nan yon kriz oubyen eprèv lafwa, li te kwè kèk fwa travay la te nan yon nivo ki depase kapasite li, men devan pretèks li yo, Bondye te rele l anbasadè li e reprezantan pou pale nan non li devan Farawon (Egzòd 6:12 13).

Se Bondye ki toujou pran inisyativ pou sòti vin kontre nou avèk yon entansyon pou li beni nou avèk bon fason li kenbe men nou epi ak privilèj pou nou patisipe nan pwojè li yo. Li fè sa se pa pou tèt nou genyen yon nivo entèlektyèl elve oubyen lòt kalite men se yon gras. Bondye pap chache kapasite, sinon obeyisans nèt ale. Men m pi bon talan ak abilite nou genyen yo pa ka enpresyone Bondye. Men m lè nou gen agiman nou ak fason nou panse, an nou reponn ak lafwa, obeyi ak apèl Bondye fè nou, li di nou ankò otorite ke li mete nan nou an, li ban nou plis kapasite toujou pase sa nou ta ka imajine, pou ekzekite objektif diven yo.

### B. Moyiz tankou Bondye pou Farawon

Pèp ejip la pat adore Bondye Moyiz la, men pito yo te adore sa Bondye kreye tankou rivyè nil lan, (sa ki te pi gwo nan tout peyi a), as yo (solèy, lalin, eks.) ak plizyè tip zannimo (chat, ak lòt ankò). Anplis de sa yo te posede plizyè dye e yo te konsidere Farawon tankou yon dye e yo te adore li tou.

Bondye te vle anseye ejipsyen yo e menm ak pèp Izrayèl la tou (ki te konn grandè Bondye), ke se li menm sèl ki te vrè dye a e l ap viv ak otorite sou tout tè a.

Se nan sèn sa a ke Bondye etabli Moyiz tankou yon "dye pou Farawon" (Egzòd 7:1), li ba li yon wo nivo otorite ak pouvwa, li te jwenn atansyon tout moun ki t ap viv.

Seyè a te ofri Moyiz mezi pou devwa, li te konvèti l an reprezantan li devan Farawon an e li te fè li jwenn sipò frè li Arawon pou l te pale pou li ; li bay tout sipò don pou fè mirak kòm yon senbòl otorite ki soti anwo (Egzòd 7:1-2).

Moyiz ak Arawon, nan laj 80 ak 83 lane, respektivman, te deside obeyi Bondye, ou te ka wè sa nan jistis yo te moutre, fidelite, verite, mizèrikòd ak sentete. Genyen kòm soutyen karaktè gran MWEN SE , kreyatè tè a, Bondye ki genyen tout pisans e se nan li menm tout favè ak pisans soti. (Egzòd 7:6-7). Menm jan pou Moyiz ak Arawon, se konsa tou Bondye dispoze tout resous pou nou, lè li rekòmande nou yon travay difisil. Poutèt sa nou dwe konprann, ke nan moman li voye nou reyalize yon devwa ke nou menm nou wè nou pap ka fè, li te gentan prepare tout bagay pou nou yon fason pou li jwenn glwa, li ranplase enkapasite nou yo pa sajès li, fay nou yo pa pèfeksyon l e feblès nou yo pa fòs li (Egzòd 7:3-5).

## III. Baton Arawon an
### A. Pwomès soutyen Bondye a

Devan ògèy ak gwo kòlèt Farawon, Bondye pwomèt Moyiz e Arawon demonstrasyon bagay pisan ki ranpli ak siyal epi mèvèy, ki koresponn ak ekzekisyon jijman sou peyi Lejip (Egzòd 7:8-9).

Nan baton Arawon an, Seyè a te pwouve e te anseye ke otorite li, pouvwa ak dominasyon souveren li te pi wo pase Farawon ak dye lejip yo, menm jan jodi a li plase pi wo pase baryè nou yo ak difikilte nou yo (Egzòd 7:10,12).

Moyiz ak Arawon te pèsevere fidèl nan misyon yo, yo te mete konfyans yo nan Bondye e yo pat fè fayit devan majisyen peyi lejip yo, men yo te pito pran kouraj nan pawòl Bondye avèk pouvwa san limit li, li ka fè lòt yo vin nil menm si li te tèrès oubyen espirityèl.

Eske sa reyèl pou nou Jodi a? Wi apòt Pòl te konfime sa nan Legliz Filip la lè li te ekri "...mwen sèten ke Bondye ki te kòmanse bon travay sa a nan nou, li gen pou kontinye l jouk li va fini l nèt, lè jou Jezikri a va rive" (Fiipyen 1:6) e pita nan lèt li te voye bay moun Tesalonik yo "Bondye ki rele nou an va fè sa pou nou, paske li toujou kenbe pawòl li" (1 Tesalonisyen 5:24).

Atitid soumisyon ak paran yo, pastè yo, mèt yo, chèf ak otorite yo, antrene l nou pou lè Bondye ta vinn rele nou.

Desizyon nou devan apèl Bondye ak atitid nou devan chak obstak ki prezante devan nou pra l pouse nou pou nou moute yon mach nan kwasans espirityèl nou. E nou kapab obeyi ak konfyans ke Bondye ka ouvri pòt, kontwole soti yo, lèv nan lavi nou ak sikonstans yo, gide nou,

Korije nou e modle nou pou nou ekzekite plan li yo epi akonpli objektif li yo.

### B. Nou dwe fidèl a kòmandman

"Nenpòt kote Bondye gide yon moun, li fè pwovizyon pou sa. E kote Bondye rele w, li onore epi li wen w pou w fè travay la. Apwopriye pèsistans direksyon sa yo nan lavi w, e pwofite pouvwa volonte Bondye pou ou" (yon ènmi yo rele fè mwayèn. John L.Mason. Caribe México: 2009, p.106).

Gen anpil istwa ki ekziste nan Bib la avèk ekzanp moun ke pèsònn pa te kwè nan yo, moun sa yo ou te ka panse yo pa t ap janm rive reyalize anyen, men yo te fè siksè paske yo te fidèl ak Bondye. Moun sa yo se pat Bondye ki te rele yo menm lè yo te sanble ak moun Bondye te rele men pito te vini, yo te komisyone yo e voye yo, nan mitan aktivite yo te konn fè chak jou. Nou dwe genyen sa nan tèt nou ke se pa woutin nan lavi chak jou ke Bondye te manifeste ak Moyiz, pou fè l konnen plan li ak patisipasyon nan limenm menm.

La a kote Bondye plase nou an nou dwe viv ak fidelite pou li, ann okipe viv nan sentete. Li posib pou Bondye ap prepare w pou yon sèvis ki pi gwo toujou, pou w ka ekzekite akonplisman youn nan pwomès li yo. Poutèt sa ou dwe rete konfyan nan relasyon w ak Seyè a, koresponn ak gran fidelite li. An nou mache nan obeyisans, alò l ap pote fwi nan benediksyon Bondye yo nan lavi nou.

Jodi a lespri Sen an, se li ki konvenk nou pa anndan e ki ban nou klète ke nou gen bezwen pou reyalize sa ke li ban nou kòm travay. Tankou moun lè nou fèt yon dezyèm fwa, kretyen gen Lespri Sen an, k ap gide nou pandan l ap konfime ke nou se pitit Bondye, yon fason ke tout sa li mande nou pou nou fè se pou nou fè l anba pouvwa Lespri Sen an (1 Pyè 2:9)

### Konklizyon

Ewo yo ki nan Bib la, pat tounen yon sèl kou kòm moun Bondye san yo pat ale pazapa anvan soti nan yon pozisyon ki pa gen non jiskaske gran piblik la konnen w, bat pou vin yon moun obeyisan a Seyè a jou apre jou.

---

# Resous yo

### Enfòmasyon konplemantè

Arawon te premye pitit gason Amram ak Jokebèd, (Egzòd 6:20). Li te fèt 3 lane anvan Moyiz e anvan lwa Farawon te pase a lè li te voye touye tout ti gason ki fenk fèt. Non li parèt premye fwa lè Bondye te voye Moyiz (Egzòd 7:7). Li te jwe yon wòl enpòtan nan soti pèp Izrayèl nan peyi Lejip.

### Definisyon mo yo

Atribi : Kalite yon èt. Mak, senbòl, kondisyon, propyete, siyal, patikilarite, kalite, nati, karakteristik.
Otorite: pouvwa, fakilte pou voye e fè obeyi. Moun ki ekzèse. Anpi, pouvwa, fòs, chèf, siperyorite, sipremasi, dominasyon, prestij, privilèj, atribisyon, gouvènè.
Majisyen: Ki pratike maji, ansanm rit, konesans ak pouvwa ki depase natirèl ke moun ki pretann ede oubyen fè mal. (Internet: http://www.elmundo.es/diccionarios. Diccionarios de la Lengua Española y de Sinónimos).

### Aktivite siplemantè

Dinamik: Ki sa w t ap fè nan plas li?
Objektif: Moutre ke Bondye kapab rele oubyen itilize nepòt nan nou , menm jan li te fè pou Moyiz.

Tan: pa plis pase 10 minit.
Devlopman: Pou kòmanse leson sa a sipoze sa k ap vini e bay yon ti tan pou yo di kisa yo t ap fè nan sitiyasyon sa a.
"Imajine yon jou ke youn nan nou ap mache, menm lè nou te konn tande nouvèl sou vyolans ak ensekirite k ap pase nan peyi a. Nan mitan panse nou yo nou tande yon bèl ti vwa ki chichote ki di: "Mwen chwazi w pou w glorifye non mwen".

Nan moman sa a nou gade bò kote nou, sèlman nou wè moun k ap pase bò kote nou pandan nap panse. Nap kontinye, nou ka konsidere sètèn fwa ke se te pwòp panse nou yo, oubyen se yon riz satan, pou l ka konfonn nou. Men, apre kèk minit ankò ou tande menm vwa a ki di w ak yon otorite: "Mwen se Bondye w la, e mwen chwazi w kòm yon enstriman ; mande yon rankont ak prezidan peyi w la epi di li ke li nesesè pou w fè twa jou nan jèn ak priyè nasyonal, alò m ap ouvri pòt syèl la poum beni nasyon an".Petèt nou ka panse ke nou pa ka fè yon bagay konsa, paske tout moun ta pral panse ke ou fou e w se yon moun ki fanatize nan lafwa; men nan menm moman an, ou ta santi yon sekirite anndan w, yon sètitid ki fè w dwe obeyi". Devan sitiyasyon sa a kisa nou t ap fè? Ki kote nou t ap kòmanse?

# Bondye te fè entèvansyon li nan listwa

Samuel Pérez (Puerto Rico)

**Vèsè pou n konnen:** "Moyiz ak Arawon te fè tout sa Seyè a te ba yo lòd fè. Wi yo fè tou sa li te di yo fè a" Egzòd 7:6.

**Bi leson an:** Se pou elèv la konprann ke lè Bondye voye nou, li prepare nou epi li dirije tout bagay.

## Entwodiksyon

Afime ke Bondye te entèvni nan zafè pèp Izrayèl la fè chak jou menm lè ke l te twouve l anba jouk ejipsyen yo se yon koze tewolojik ki enpòtan anpil. Evènman sa a pral ede nou defini e detèmine antannman nou ak konpreyansyon nou sou nati Bondye. Sa vle di, konprann aksyon Bondye nan listwa ak nan lavi a. evidamman konprann relasyon Bondye ak moun se yon bagay vital pou konprann mesaj leson an.

"Li nesesè pou sonje epi souliye ke gen de fòm o mwen nou ka entèprete tout istwa plè yo, (Egzòd 7:14-11:10). Nan premye òd la, se sektè yo plis konsève nan legliz la, ki konsidere ke istwa sa yo rakonte yo se te bagay ki depase antandman lèzòm tankou entèvansyon dirèk aksyon Bondye toupisan, avèk finalite pou libere pèp li a soti nan opresyon anba men moun peyi lejip yo.

Kòm dezyèm bagay gen yon gwoup ekzejèt liberal yo men m yo di ke plè yo fonde sou yon seri evènman natirèl, ke Bondye te mete an evidans pou akonpli objektif li" (Jerónimo, Tomo I. Cristiandad, Madrid: 1896 p. 167). Ki pozisyon w sou bagay sa a?

## I. Jeneralite plè yo
### A. Pwodij la kote dlo tounen san

Li enpòtan anpil lè nou konsyan ke chak grenn nan plè sa yo te reprezante kèk nan fo dye ke pèp ejip la te konn adore. Nan ka premye plè a li nesesè pou nou konnen nil la te konsidere kòm yon bagay sakre se te objè adorasyon li te ye (Egzòd 7:14-25).

Api se te youn nan dye ejip yo. "api se pèsonifikasyon grandisman nil la. Nan yon premye tan li te rele Ep e ejipsyen yo te kwè ke nil la te soti nan de montay ki rele Ke-Api ak Mu-Api. Pandan yo pa genyen konesans koz ki fè nil la grandi, yo te kwè ke se te akòz dye a ke yo te venere kòm papa tout lòt dye yo"... yon lòt kote Api "yo te atribye kreyasyon inivè ak li, ak sa yo te

identifye avèk Oziris epi ak Nun. Yo chita sou sa pou yo te atribye karakteristik fekondite ak fètilite" (http://www.civilopedia.com/historia/egipto/religion/diose s_superiores/hapi/) (rechèch: 14 septanm 2010).

Etandoneke ke Bondye te konvèti an san "sous kreyasyon an, fekondite ak fètilite", pou kwayans ejipsyen yo se te yon kou mòtèl pou youn nan divinite li yo. Avèk plè sa a yo te kapab wè kiyès ki te vrè kreyatè ak kontwolè inivè a, Yave.

Premye plè a (san) te soti nan nil la menm. Li te demontre sipremasi ak pouvwa Bondye, deja pouvwa li te kapab chanje lwa natirèl yo.

### B. Anvayisman krapo yo

Eki, se deyès krapo, se te youn nan deyès ke ejipsyen yo te plis adore. Touye yon rat te ka fè yo pini w sevèman. Men nan moman sa a yo te toupatou (Egzòd 8:1-15).

Youn nan dye yo, Ekèt, se te yon deyès ki te gen tèt li tankou krapo e yo te sipoze ke li gen pouvwa pou l kreye. Sipèstisyon relijyon yo te oblije ejipsyen yo respekte kreyati yo ke nan moman sa yo te deteste e rayi si yo pa te reprezante dye yo yo tap touye yo nan yon ti moman.

Nan pasaj sa a nou obsève jijman ak mizèrikòd Bondye. Jijman li yo rive pou pouse moun repanti (vv.1-6). Men li evidan ke repantans moun yo, malerezman, kapab pou yon ti kras tan oubyen tranzitwa. (v.15). Bondye gen mizèrikòd menm ak moun ki pi awogan e pèvès (vv.12-13). Finalman sèvitè Bondye yo se yo ki fasilite sa yo ki repanti. (vv.9-11).

### C. Anvayisman vèmin yo

Nan okazyon sa a pat genyen negosyasyon ak wa (Egzòd 8:16-19). Sèlman te genyen yon demonstrasyon de yon fòs siperyè Bondye ki te venk Gèd, dye latè. Pou premye fwa, majisyen yo pat ka imite sa ak maji (v.18).

Bondye te moutre pouvwa li pandan li ititlize yon bagay piti tankou pou.

## D. Anvayisman mouchavè yo

La li fè yon diferans ant Izrayelit yo ak ejipsyen yo (Egzòd 8:20-32). Izrayèl t ap viv sou tè Gozenn e sa pat afekte pa ensèk yo. Objektif eksplisit distenksyon sa se poutèt pou Farawon te ka konnen kilès k ap dirije plè sa a: "mwen se Jewova" (v.22). Jewova te afwonte e li te venk lòt dye nan peyi lejip, Vachit, dye ki fèt sou fòm ensèk.

## E. Anvayisman betay yo

Devan nouvèl negativ Farawon an, Bondye te voye yon plè ki te atake sèlman bèt nan peyi lejip yo (Egzòd 9:1-7). Plè sa a te bay rezilta ki siyifi anpil bagay, si nou rann kont ke vach yo te konsidere kòm bagay sakre e yo te reprezante pa Ptach, dye fètilite ak Atò, deyès ki sou fòm vach.

Ni Farawon ni pèp la te kapab obsève jan Bondye san parèy nan plè a, e ki te kapab distenge bèt ejipsyen yo ak bèt Izrayelit yo. Izrayèl pat genyen okenn domaj. Malgre sa, tout siy ki depase eleman natirèl yo, Farawon pat vle soumèt li anba Bondye.

## F. Atak ilsè yo

Menm lè istwa a pa anpil, sa konsène anpil eleman kritik nan devlopman tewolojik nan konfli ki genyen ant Jewova ak dye ejipsyen yo (Egzòd 9:8-12). Li te demontre pouvwa Seyè a pa mwayen yon mirak ki genyen yon transfòmasyon doub: Sann lan te transfòme an pousyè e pousyè a te lakòz gwo apse yo. Deyès yo te venk nan plè sa se te Sek mèt, deyès ki geri a
.

## G. Anvayisman grèl la

Jewova , yon lòt fwa ankò, te manifeste pouvwa li devan Farawon ak pèp li a. Fwa sa yon tanpèt grèl te tonbe sou tèritwa (Ekzòd 9:13-35). Nou kapab mansyone ke dye li te reprezante plè sa te rele Sèt, dye brital.

## H. Anvayisman krikèt vèt yo

Mezi fòs yo pral kraze inite blòk ejemonik ke Farawon t ap kòmande a (Egzòd 10:1-20). Nan okazyon sa wa ejipsyen yo te dwe negosye, non sèlman devan presyon plè yo, men tou devan pwòp presyon biwokratik

yo (v.7).

Bondye te voye yon demonstrasyon plis pase fòs pa li. Ejipsyen yo te genyen kwayans ke rekòt yo te favorize pa dye yo. Poutèt sa menm, lè Bondye voye plè krikèt yo pou devore tout rekòt yo, li te demontre yo yon lòt fwa ki jan li te siperyè ak yo. Oziris, dye agrikilti, te vin pèdi kredi l devan entèvansyon Bondye.

## I. Anvayisman fènwa a

Toujou annakò ak istwa Bondye te voye lòt jijman (Egzòd 10:21-29). Yon gwo fènwa te tonbe nan peyi lejip. Fènwa sa te tèlman grav, te depase tout sa yo pat janm wè anvan. Fènwa a te total; moun pa te ka wè anyen. Evènman sa a te dire twa jou, li te vle demontre siperyorite Bondye sou dye ki reprezante kòm dye solèy la, Re.

## J. Anons dènye plè a

Siperyorite pouvwa Bondye a sou dye ejipsyen yo, Farawon ak pèp li a, kounye a te fin manifeste. Jiska pwen sa, nèf plè te tonbe sou lejip kòm evidans pouvwa li. Men nou dwe poze kesyon sa : ki kalite Bondye ki ta va touye premye pitit lejip yo? Li nesesè pou nou ta sonje ke nan tradiksyon grèk la Farawon ak premye pitit li te konsidere tankou dye.

Kontèks la se menm jan nan tout entèpretasyon biblik la. Ansyen nan peyi lejip yo te sèvi yon pakèt fo dye. Plè yo ki te tonbe sou peyi lejip te gen relasyon ak dye yo ki sou latè ke yo te konn sèvi; pou demontre ke Bondye se vrè Dye epi dye pa yo te fèb, san valè epi fo. Bondye te bay yon kou mòtèl ak dinasti Farawon an li te touye premye pitit li a (Egzòd 11:1-12:36).

## II. Preparasyon pou soti a

Eksperyans soti a rekouvri aktyalite nan tan nou an, nan pakèt ansyen, fanm ak timoun ki pati kite yon pakèt peyi ki nan gè oubyen izole poutèt genyen katastwòf natirèl, ki te dèyè yo, tè, kay ak fanmi yo, menase pa opresyon, vyolans oubyen lanmò. Li sanble anpil, si nap gade, se te kapab eksperyans tribi ak klan ebre yo, ki t ap kite lesklavaj nan peyi lejip sou dirijans Moyiz.

Eksperyans soti nan peyi lejip la te konvèti an yon prensip e fondman istwa ak lafwa yon pèp: "Bondye te libere pèp Izrayèl nan lesklavaj anba men moun lejip" se atik de fwa ki pi enpòtan nan tout ansyen testaman (konparab a sa ke rezireksyon Jezikri siyifi nan Nouvo Testaman).

Pwen kilminan leson nou an mande pou nou afime ke Bondye nou an ap kontinye entèvni e aji ak pouvwa redanmtè nan lavi chak jou. Bondye aji nan lavi nou atravè li pa mwayen fòs Lespri sen an.

Entèvansyon Bondye reponn ak plan redanmsyon li, malgre objektif la redanmsyon se pou fè nou lib, finalman pou nou adore e sèvi (Egzòd 5:1;7:16). Fòmil liberasyon total la, selon tora, se pou nou vinn sèvitè Bondye. Si se pa sa na pral esklav ide nou yo, koutim nou yo, santiman nou yo, pasyon nou yo, sèvitè moun, eks. Sèvi ak adore Bondye ki libere a, nan ka kontrè n ap esklav farawon nou yo.

Fini klas la pandan wap fè yon apèl pou yo rekonèt pouvwa Bondye k ap aji chak jou nan lavi nou, avèk objektif pou li libere nou de Farawon modèn nou yo, tankou jalouzi, prejidis, vis, dwòg, panse swisidè, depresyon, relasyon ki pa pote rezilta yo, elatriye....

## Konklizyon

Li enpòtan pou nou sonje ke, menm lè nou ap travèse moman ki difisil anpil, dizèt, ensètitid, menas nou dwe gen konviksyon ke Bondye nou an li pap kabicha sou kondisyon nou yo. Konsa menm jan li te fè entèvansyon an favè pèp li a e ak pouvwa li te libere l, konsa nou gen esperans ke gen bagay ki pral rive nan lavi nou ki endepandan de sikonstans yo

# Resous yo

## Enfòmasyon konplemantè
### Yon rega istorik:

Manifestasyon Bondye pa fèt nan vid ni nan yon koleksyon teyorèm abstrè, men pito nan yon pawòl k ap fèt nan istwa. Avèk tout sa nou konnen istwa nan flerisman evènman li yo ak jan yo rakonte l poun pi byen konprann tèks la. Nou kapab divize li an kat (4) sèn:

1. "Yon nouvo wa ki pat konnen Jozèf" (Egzòd 1:8). Premye sèn lan sèvi kòm yon avètisman jeneral, se istwa Jozèf la (Jenèz 37-50), ki te baz imigrasyon pèp ebre a nan peyi lejip.
2. "Gwo chèf yo ki oprime pèp la anba travay fòse nan bati Piton ak Ramsès, vil Farawon ki gen anpil magazen an" (Egzòd 1:11). Dezyèm sèn nan prezante nou yon pèp ki nan esklavaj.
3. Yon soti ki vle di yon bagay ekzat (Egzòd 12:31-33).
4. Katriyèm sèn nan refere ak sinayi e evènman ki gen relasyon ak li (Egzòd 19).

Pou efè leson an an nou konsidere evènman ki rive yo ant etap opresyon an ak etap kòmansman soti a menm.

### Definisyon mo yo
**Farawon**: Tit yo te bay wa ejip; li te anplwaye avèk oubyen san non souveren an.

**Tora**: "(eb.: enstwi). Sa refere ak enstriksyon nan volonte Seyè a. Nan jidayis la li siyifi espesifikman lwa Moyiz la, men li te ka refere tou ak ansèyman pwofèt yo,

jan yo te itlize l nan jidayis rabinik anvan an e nan NT" (I Koretyen 14:21) (http://www.fraganciadecristo.com/diccionario/palabra-2760-Tora.html).

## Aktivite siplemantè
**Dinamik**: Sekou! m bezwen pou Bondye ta fè entèvansyon l!

**Materyèl yo**: Okenn.

**Objektif**: se pou elèv yo konprann ke Bondye pa aji nesesèman anakò ak kritè nou yo. Le fèt ke nou se kretyen sa pa vle di nou pa ka soufri, kriz ak difikilte. Sa ki vital nan ka sa yo se sonje sa ki enpòtan se pa sa ki ka rive nou men se kisa nou fè lè yon bagay rive nou.

**Tan**: Pa plis pase 10 minit.

**Devlopman**: Mande de moun pou jwe dram sèn k ap vini an. Yon moun ap priye ak anpil detèminasyon pou sante yon lòt ki chè a li menm ki prèske mouri. Evidamman moun k ap priye a ap mande Bondye yon mirak, li ta renmen pou Bondye ta fè yon entèvansyon tou swit. Yon sèl kou moun ki te malad la mouri e moun ki t ap priye a vin tonbe nan yon kriz la fwa e li pa ka asepte ke Bondye pat vin pote l sekou e plede pou li. Yonn nan patisipan yo dwe mande konsèy klas la sou kijan yo kapab jere e akonpaye moun sa k ap konfwonte kriz lafwa sa a. (Gentan mande pastè a pou l mete l prè pou fè entèvansyon final yo).

# San
# ki libere a

## Loysbel Pérez (Cuba)

> **Vèsè pou n konnen:** "Men ki jan pou nou ranje kò nou pou nou manje l: n a mare ren nou, sapat nou nan pye nou, baton nou nan men nou, se pou nou manje l prese prese, paske se lè sa Seyè a ap pase…" Egzòd 12:11.
>
> **Bi leson an:** Se pou elèv la konnen orijin selebrasyon fèt pak la nan mitan pèp Izrayèl la.

### Entwodiksyon

Kòmanse klas la ak plizyè kesyon: Kisa nou konprann de mo Pak la? Legliz kretyèn yo dwe selebre Pak? Ki kote pak la te pran nesans?

Lè n ap vwayaje atravè paj Ansyen Testaman yo nou obsève ke revelasyon Bondye a ak pèp izrayèl la se te yon objektif fondamantal nan moman li menm yo te pwente sou vini Kris la e nouvo kontra ki etabli ant Bondye ak Legliz la.

Nouvo Testaman vini ak revelasyon pwogresif yon pakèt konsèp ke yo te bay pèp Izrayèl la, yonn nan yo se te fèt pak la.

Konesans selebrasyon sa a etabli yon pi bon konesans sou objektif lanmò mouton paskal nou an: Jezikri. Men li ta nesesè pou reyalize pakou istorik yon evènman ki gen tout enpòtans sa a pou pèp Izrayèl la menm jan pak la te ye e siyifikasyon l pou Legliz Kretyèn nan.

### I. Bondye te bay lòd pou pak la

"Non "Pak" la soti nan ebre pesakh, "pase anlè", "pase sou" oubyen "prezève". Egzòd 12:23 rakonte kijan lanj lanmò a te pase anlè kay ki nan peyi Izrayèl yo lè dènye plè a te touye tout premye pitit gason nan peyi lejip yo" (Diccionario Teológico Beacon. CNP, EUA: 1995, p.499).

### A. Deskripsyon premye pak la

Pèp Izrayèl la te pèsevere nan espas anviwon 430 lane, Bondye te antisipe yon liberasyon pou pèp li a, li te komisyone Moyiz pou misyon sa a. Farawon pat pèmèt ke pèp eli a soti nan lapè e sa te lakòz Bondye te voye anpil plè sou lejip, e dènye a se te pou touye tout premye pitit gason yo.

Pou fè diferans ant premye pitit gason moun lejip yo ak Izrayèl yo sa te mande pou fè kèk bagay: Nan Egzòd 12:1-27 nou rankontre kèk detay sou premye pak sa a.

1. Bondye te deziye ke, nan nwit ke Izrayelit yo pral soti nan peyi lejip la, chak fanmi te dwe touye yon ti mouton oubyen yon ti kabrit. Yon sèl ti mouton (oubyen yon sèl ti kabrit) li t ap ka ase pou de (2) rive nan twa (3) fanmi, si yo menm yo pat gen anpil moun (vv.3-4).

2. Zannimo a te dwe gen yon ane, li pat dwe gen defo e li te dwe gade jis rive nan 14 mwa sa a (vv.5-6).

3. Pen ki pa fèt ak ledven te fè pati premye manje nan premye pak jwif la. Pou rezon sa a, nan komemorasyon yo ta pral fè yon evènman ki te rele "fèt pen san ledven" (v.8,17).

4. Yo te dwe manje mouton sa selon kèk endikasyon (vv.9-11) e san li te dwe vèse sou pati siperyè pòt kay ebre yo (v.7). Sa se te pou yo ta ka distenge kay Izrayelit yo ak kay ejipsyen yo.

5. Lè zanj Bondye a te vini pou detwi, kòm "plè", premye pitit gason ki nan kay ejipsyen yo, yo ta pase "anlè nèt" kay ki make avèk san mouton an. (vv.13,23).

6. Premye pak la te lye dirèkteman avèk liberasyon pèp Izrayèl la ki te nan yon kaptivite pandan lontan ki t ap soufri anba men ejipsyen yo e soti a ki te mete yon fen ak mòd kaptivite sa a.

7. Moyiz gran lidè pèp Izrayèl la, li men m ki te nan tèt liberasyon sa a, li te aprann pèp la ke lè li sonje evènman sa a pou li selebre yon fèt chak ane, sa vle di, pak, oubyen sa ki menm jan ak li, fèt pen san ledven an. Yo ta selebre li nan kòmansman ane jwif la, ki ekivalan ak mwa mas oubyen avril nan kalandriye anyèl nou an, fèt sa ta dwe dire yon semenn. (vv.17-20).

8.     Komemorasyon premye pak ki gen pou vini an, avèk tout senbòl li, te fè Izrayelit yo sonje non sèlman liberasyon yo nan esklavaj nan peyi lejip, men tou mizèrikòd yo pat merite e pwoteksyon pou toutan Bondye te ba yo paske yo te pèp chwazi Bondye. (vv.26-27).

## B. Enpòtans pak la pou Legliz la

Nou konstate yon evolisyon elve ak youn ki ba nivo pou selebrasyon pak la atravè Ansyen Tesataman, men nou wè ke Jezi te selebre ak disip li yo e fwa sa a li fè yon revolisyon nan konsèp li te genyen pou moman sa a (Mak 14:12-25).

Jezi te prezante l tankou mouton paskal sa a, se menm jan Janbatis te di Jezi "...Anyo ki wete peche nan monn lan" (Jan 1:29). Jezi te prezante l tankou mouton sila san defo e ki ta pral mouri yon sèl fwa pou tout pou peche limanite. Nwit sa li te manje ak disip li yo e li te anseye yo nouvo siyifikasyon pen san ledven an ( kò li ki ta pral ofri) e diven an (san li ki ta pral sèvi pou padon peche nou yo). A pati de moman sa a Legliz la selebre pak la pandan yo genyen kòm baz ansèyman Jezi a. Kretyen yo te libere de peche( Ejip) e lanmò pat gen pouvwa sou yo paske yo te sele ak san mouton an (kris). Jodi a chak kwayan ini yo ak pawòl apòt Pòl nan 1 korentyen 5 :7 pou li di… "pak nou an, ki se Kris, te deja sakrifye pou nou".

## II. Bondye te bay lòd pou sòti nan peyi Lejip

Gran moman te rive pou pèp Izrayèl la sòti nan peyi Lejip (Egzòd 12:37-51). Apre yo pat vle koute vwa Bondye nan yon espas plis pase karant ane, Bondye te leve yon gran lidè tankou Moyiz e li te fè gran mirak atravè li menm. Tèren an te pare pou pèp Izrayèl la soti pami nasyon sa a pou y al nan tè li te pwomèt yo a kòm se te pwomès sa a li te fè Abraram.

## A. Pak la te konvèti an selebrasyon

Pak la te anonse sòti Izrayèl la. Apre soti ejip la Bondye te bay Moyiz lòd pou li dedye yon nwit ki ta pral sèvi pou revele gratitid pèp la anvè li menm poutèt li te libere yo a.

1.     Seyè a te dikte kèk restriksyon ki te gen rapò ak selebrasyon pak la:
2.     Okenn etranje pat dwe manje l.
3.     Etranje ak jounalye pat ka manje l.
4.     Se te esklav yo te achte avèk lajan yon mèt e ke yo te sikonsi ki tap ka manje l.
5.     Se anndan kay la pou yo te manje l.
6.     Yon zannimo ki sakrifye moun yo pat dwe kraze zo l.
7.     Okenn ensikonsi pat ka patisipe ladan l.

## B. Syifikasyon espirityèl ak tewolojik

Soti pèp Izrayèl nan peyi lejip la te make yon pase ak yon fiti nan listwa jwif la. Menm lè petèt nan kòmansman pèp la pat konprann vrè objektif la kisa li te siyifi, liberasyon sa a te okipe yon pati santral nan tout lòd devlopman ke pèp Izrayèl la te atenn anvan. Liberasyon sa a konstitiye yon afimasyon konvenkan sou siperyorite Bondye sou lòt dye yo ke ejipsyen yo te konn adore nan relijyon politeyis la.

Liberasyon Ejip la reprezante pou Legliz la liberasyon peche a, liberasyon tan esklavaj la kote chak moun te ye anvan yo te aksepte sakrifis ekspiyatwa Kris la. Men pou sa yo ki te resevwa li sa konstitiye tou yon kòmansman ak yon fen nan lavi yo.

Nan sòti pèp Izrayèl nou obsève klèman yon demonstrasyon anplis sou swenyaj Bondye bay pèp li a e kijan li te atantif ak afliksyon sa yo ke nou konsidere tankou plim je l yo.

## III. Konsekrasyon premye pitit gason yo

Pou yon pi bon konpreyansyon sou pati sa nan klas la li ta nesesè pou defini konsekrasyon ak premye pitit selon kontèks la (Egzòd 13:1-16).

## A. Definisyon tèm yo
**Konsekrasyon**: "Siyifikasyon primòdyal la se "separe" ak yon moun (oubyen yon bagay) sa ki komen, òdinè ak lòm, e dedye l ak abitid ki santre sou Bondye.E tout bagay ki dedye konsa genyen sètèn kalite sentete poutèt relasyon l ak Bondye" (Diksyonè Tewolojik Beacon, CNP, E.U.A: 1995, p.145). Itilizasyon mo konsekrasyon an se yon fòm pi ansyen nan konsèp sentete a ki anvan li ta pi byen defini nan Nouvo Testaman.

**Premye pitit gason**: Sa refere a premye pitit ki fèt nan yon fanmi, menm si se nan ka moun oubyen ka zannimo. "Kòm konsekans soti a, premye ne moun yo ak zannimo yo te sanktifye pa Bondye (resansman 8:17, ak lòt ankò). Menm lè premye ne zannimo yo te sakrifye, premye ne ebre yo te ranplase pa Levit yo (3:40-41; 8:14-

19), yo menm ki te sanktifye pa Bondye kòm moun ki t ap ede prèt yo nan plas premye ne yo" (Diksyonè Tewolojik Beacon, CNP, E.U.A: 1995, p.546).

## B. Pak la ak lòd diven an

Selebrasyon pak la gade yon relasyon ki sere avèk lanmò premye ne yo, repons ki vini ak dènye leson Bondye bay pèp peyi Lejip la nan etap sa a. Bondye te anonse Moyiz ke nan mitan lannwit tout premye ne ejipsyen yo ta pral mouri san esepsyon pitit Farawon an ak pitit bèt yo.

Gen yon enterè k byen make pa ekriven an lè l ap rakonte istwa soti a, lè n ap analize Egzòd 12 : 29-34 ak 13 : 1-16 nou wè yon notab ki diferan. Bondye elimine sou tè a tout premye ne ejipsyen yo e an menm tan òdone Moyiz konsekrasyon premye ne Izrayelit yo, genyen yon dyalis ki make ant moun ke Bondye touye ak sa yo li kite viv.

Konsèp pak la te evolye nan mantalite Izrayelit yo, anvan li te konvèti kòm yon fèt ki genyen yon karaktè nasyonal ; pale de pak pou yon jwif se te pale de yon fèt ki :

• Te komemore soti Izrayèl nan peyi lejip.
• Komemore liberasyon nan esklavaj.
• Te revele karaktè yon Bondye ki konn fè mirak.
• Te sonje benefis Bondye yo anfavè pèp Izrayèl la.

## C. Bondye merite sa ki an premye yo

Nan Ansyen Testaman sa ki an premye te ekivalan ak sa ki pi bon, nan lòt mo, bay oubyen dedye premye yo ak Bondye se te bay sa ki pi bon an. Konsekrasyon premye ne yo nan peyi Izrayèl te resòti verite espirityèl ke Bondye te merite sa ki an premye, sa kontinye e rete entak pou legliz. Bondye kontinye espere nan men chak kwayan sa ki premye e pi bon nan lavi li. Lavi nou ta dwe dedye konplètman ak li paske nou te sove nan lanmò etènèl e yon siyal remèsiman ki konstitiye nan ba li sa ki anpremye ak sa ki pi bon pou Bondye.

Nan dènye pati sa a nan klas li bon pou elèv yo kòmante ak ekzanp pratik sou lavi yo ki jan yo bay premye pozisyon ak Bondye nan vi yo. An menm tan an pran kèk istwa chak jou kote Bondye pat okipe yon pozisyon santral nan lavi yon moun e konsekans sa te pote.

## Konklizyon

Menm jan ak san Jezi ke mouton sakrifye sa yo te sove premye ne yo nan lanmò, jodi a pa mwayen san kris la nou libere de lanmò etènèl. Jezikri se pak pou sa yo ki aksepte l jodi a.

# Resous yo

## Enfòmasyon konplemantè

"Konsa menm jan sikonstans fizik ak relijyez pèp Izrayèl yo te chanje, rit espesifik yo tou te transfòme pa mwayen sa yo ki te selebre pak la. Apre antre yo nan kanaran, li pwobab pou te genyen yon selebrasyon tradisyonèl, tankou lejip. Pita, avèk konstriksyon tanp lan, pak la te konvèti an yon fèt peregrinasyon. Deja nan tan newotestamantè manje kominotè te konn manje an prive" (koleksyon otè yo, panorama Ansyen Testaman. Defi, EUA: 1982, p.140).

Li enpòtan pou note ke te gen yon tan ase pwolonje kote yo pat selebre pak la. Selon tèks biblik sa a depi nan selebrasyon Gilgal (Jozy 5:10) pa genyen endis de lòt selebrasyon jiskaske Jozyas vinn renye (2 wa 23:21-23). Yon selebrasyon enpòtan tankou sa, selon kòmandman Bondye te dwe selebre tout ane yo, poutan li te pase inapèsi pandan plizyè lane. Sa revele kondisyon espirityèl pèp Bondye a pou sasèdòs la, sa yo ki dwe vwale pou akonplisman fèt komemorativ sa a. Se yon wont pou lidè relijye yo nan epòk la, se te dwe yon wa pou ta retabli istwa sa yo ki enpòtan anpil (2 Kwonik 35:1).

## Definisyon mo yo

**Ensikonsi**: Moun ki pa sikonsi. Sikonsizyon an "se yon rit jwif li ye ki mande pou fè yon ensizyon nan prepis ògann jenital maskilen an, an jeneral sa fèt nan yuityèm jou nesans lan. Sa siyifi relasyon akò ant Bondye ak pèp li a". (Diccionario Teológico Beacon, CNP, EUA: 1995, p.128).

**Mouton** : zannimo ki te la pou sakrifye nan seremoni relijyez pèp Izrayèl la.

## Aktivite siplemantè

**Tit**: Ann mete mo yo ansanm.

**Materyèl yo**: Lèt an papye yo.

**Objektif**: Memorize nan yon fason ki pratik mo yo ki gen relasyon ak tèm klas la.

**Devlopman**: tout klas la dwe genyen yon lèt byen gran tache sou do l. Lè pwofesè ta fè yon siy chak elèv dwe rankontre lòt yo yon fason pou yo fòme yon mo ki gen sis lèt nan li ki gen rapò ak tèm nan, yon minit. Jwèt la ap pral kontinye jiskaske pwofesè a fòme mo yo. Kèk nan yo kapab: Pak, san, fèt, (sa ka rive nou fòme lòt mo men yo dwe gen relasyon ak tèm leson an).

# Bondye
# ak pèp li a

### Raúl Puig (Puerto Rico)

**Vèsè pou n konnen:** "Lajounen Seyè a t ap mache devan yo nan gwo nyaj ki te gen fòm yon poto pou montre yo chemen pou yo pran. Lannwit li t ap mache devan yo tankou yon dife ki te tankou yon flanm ki t ap klere yo. Konsa yo te ka vwayaje lajounnen kou lannwit." Egzòd 13:21.

**Bi leson an:** Se pou elèv la rekonèt lè li gen lafwa Bondye prè pou l vinn ede l.

## Entwodiksyon

Lè pèp Izrayèl te abandone peyi lejip, yo te jwenn anpil sitiyasyon ki ta apwouve lafwa pèsonèl yo menm jan ak lafwa tout pèp la an jeneral. Atravè istwa biblik yo nou toujou wè Bondye te montre ke li te avèk pèp li a e l te pran swen yo.

Mande klas la pou li sonje konbyen fwa Bondye pwouve lafwa yo e Bondye te reponn yo ( ou ka pèmèt yon moun pataje eksperyans li yo).

## I. Prezans Bondye

Kòmanse li Egzòd 13: 17-22. Pandan y ap soti Ejip, Bondye te mennen pèp la nan bon chemen avèk objektif pou yo pat dekouraje ni vle tounen. Pou rezon sa li pat fè yo travèse tèritwa filisten yo ki te konn abitye konfwonte yo nan lagè, Egzòd 13 : 17 "Lè Farawon an kite pèp Izrayèl la pati, Bondye pa mennen yo nan wout ki pase bò lanmè a pou ale nan peyi moun Filisten yo, atout se wout sa a ki te pi kout, paske Bondye te di: mwen pa vle pou pèp la gen remò pou yo kase tèt tounen nan peyi lejip ankò". Se te premye bagay ki moutre ke Bondye te avèk yo.

### A. Jozèf te gen lafwa epi l te kwè

Nan Egzòd 13:19 nou li "Moyiz pran zosman Jozèf yo avèk li, paske Jozèf te fè moun Izrayèl yo fè sèman, li te di yo : Bondye gen pou vin ede nou, lè sa a se pou nou pati ak zosman mwen sòti isit la", nou jwenn yon brèf narasyon kote yo di Moyiz te pran zo Jozèf e l te ale. Nou gen pawòl Jozèf yo anvan li mouri kote li te di: "Bondye reyèlman pral vizite nou, e se pou nou kite la ak zo mwen yo". Sa se te yon tip de pwofesi e an menm tan yon demonstrasyon lafwa, Jozèf t ap di ke li te asire l ke Jewova pap janm abandone yo e li ta pral retire yo nan peyi Lejip pou l mennen yo nan pwòp tè pa yo. Se konsa l te ye, Bondye te toujou avèk pèp li a.

## B. Prezans vizib

Nan premye pati leson an nou wè ke Bondye te bay gwo demonstrasyon sou prezans li. Nan Egzòd 13 :21 nou note nouvo prezans li, yon nyaj pandan lajounen e yon kolòn dife nan lannwit, pou yo te ka mache toutan. Fason Bondye moutre prezans li a te inik, anvan pat gen moun ki te wè l, Jewova li menm tou inik. Sa te esklizif nan Izrayèl e otè biblik la ajoute nan vèsè 22 a ke prezans sa pat janm kite pèp la. Li te nesesè pou pèp la avanse nan chemen l paske Farawon ta pra l pèsekite yo. Nyaj pandan lajounen sa te ba yo lonbray e kolòn dife a te bay limyè pandan lannwit. Bondye te pote atansyon ak tout ti detay.

## II. Travèse lanmè wouj la

Nan seksyon sa a nou pral wè yon lòt pati nan prezans Bondye a, Egzòd 14 : 1-31. Deja nou konnen ke Bondye te prezan nan mitan pèp la, kounye a nou pral konnen ke Bondye te lite pou yo tankou yon pati akonpayman sa a. Bondye kapab detwi enmi nou yo san nou pa menm lite si nou rete fidèl.

Bondye pa ofri nou yon chemen ki san eprèv ak tribilasyon men li pwomèt nou ke l ap avèk nou.

### A. Devan lanmè a pa gen lòt sekou

Farawon, jan ke li te espere l la, te panse tankou yon estratèj ke pèp la te fèmen (Egzòd 14:1-3). Nan do li te genyen lame Farawon an, devan l lanmè wouj e sou kote l yo montay. Pat gen wout pa bwa, sa pa gen tonbe, Farawon te pati dèyè yo ak lame li a nan dezè a li te panse pèp Izrayèl tap la tounen nan peyi Lejip.

Sa ta pral yon prèv plis pase lafwa pou Izrayelit yo. Pat genyen yonn nan yo ki te imajine sa ke Bondye te ka fè. An nou sonje ke li pat difisil pou pèsekite miltitid la paske yo te genyen yon limyè ki t ap klere yo oubyen yon nyaj ki kouvri yo. Pati sa ta kapab yon zouti ke Bondye itilize pou dewoute ejipsyen yo (Egzòd 14:19-20). Se te Bondye menm ki te voye yo nan direksyon sa a pou l te ka jwenn glwa, Egzòd 14:1-4. Bondye te vle moutre Izrayelit yo pou yo afèmi fwa yo lè yo va wè ke l te avèk yo.

Pandan yo wè gwo danje sa pawòl la di ke pèp la rele (v.10). Nan vèsè 11 ak 12: pèp la reprimande Moyiz e l te vle retounen nan peyi Lejip, men malgre yo te enfidèl Bondye te rete fidèl ak pwomès li. Moyiz te moutre yon lafwa solid selon sa yo di nan Egzòd 14:13-14, li te pale ak yo sou Sa ke Bondye ta pral fè nan jou sa. Li te parèt kòm si se sèl li k gen lafwa nan mitan pèp la. Bondye pat kite Moyiz ret tann li, li te ba li enstriksyon yo e rès istwa nou wè l nan destriksyon pèp Lejip la e kòman nyaj la te mete yon distans ant pèp la ak Farawon (vv.21-31).

Bondye moutre l ak pèp li a sou plizyè fòm nan pasaj sa a : Egzòd 14:

1. Lè li te bay lòd ki chemen pou suiv la, (v.2).
2. Andisisman kè Farawon pou l ka jwenn glwa (v.4).
3. Lè l ap pale ak Moyiz pou l revele l sa pou l fè, vèsè (vv.15-18).
4. Lè li te mete nyaj nan mitan ejipsyen yo ak Izrayèl, pou yon kan se te nyaj pou lòt kan se te fènwa, (v.20).
5. Nan van ki te separe lanmè wouj la, (v.21).
6. Lè Bondye t ap lite kont ejipsyen yo dewoute lame a (vv.27-28).

Vèsè 30 ak 31 fini ak sesyon sa a pandan l ap di "e pèp la te gen krent pou Jewova, e l te kwè nan li ak tout Moyiz sèvitè l" sa moutre ke lafwa pèp la te grandi.

## III. Pwovizyon Bondye

Nan seksyon sa a nou pral wè kilè ak fason yo Bondye prevwa manje ak dlo pou pèp li a nan pelerinaj yo nan dezè a (Egzòd 15:22-17:7).

### A. Dlo anmè a nan zòn Mara

Yon lòt fwa ankò pèp la ta pral pwouve nan lafwa li, fwa sa a se te ak mankman dlo (Egzòd 15:22-27). Devan sitiyasyon sa a pèp la te plenyen kont Moyiz (v.24), e li te rele Jewova imedyatman (v. 25) li te jwenn repons e tout moun te ka pase swaf yo. Nan menm okazyon sa a Bondye te ba yo kòmandman li yo ak òdonans li yo, e si yo ta akonpli yo y ap libere de tout maladi yo ke ejipsyen yo ta resevwa (v.26). Li enpòtan

pou wè kijan Bondye aji e kouman benediksyon Bondye tonbe sou pèp li nan akonplisman manda li yo.

Nan vèsè 27 la nou wè ke lè yo te rive Elim yon lòt fwa ankò nou te wè benediksyon Bondye pandan l t ap ba yo dlo an abondans.

### B. Pwovizyon lamàn ak zòtolan

Istwa ap kontinye ak lòt prèv lafwa (Egzòd 16:1-36). Nan okazyon sa a pèp la te fache kont Moyiz ak Arawon nan dezè a paske yo te vle manje e yo t ap panse sou manje ke yo te genyen nan peyi lejip (v.2-3).

Repons Bondye a pat fè yo ret tann, li te pale ak Moyiz e l te di l ap fè pen sot nan syèl la tonbe. Bondye te ba yo enstriksyon sou kijan pou yo ranmase pen an e kijan pou yo jere l, sa ta pral pou pèp la yon prèv obeyisans e pou Bondye yon demonstrasyon de yon majòdon diven.

Nan fen vèsè 4 la nou note ke Bondye te avèk yo, men pèp la te dwe mache selon lòd Bondye, "poum ka pwouve si y ap mache nan lalwa mwen oubyen non". Finalman yo te jwenn nan maten moso lamàn e nan pita vyann yo te mande a, yon lòt fwa ankò Bondye te revele l ak pèp la (vv.8-13).

Prezans Bondye te kontinye ak pèp la (v.10). glwa se te prezans Bondye, men fwa sa a li te vini paske pèp la t ap pale mal kont Bondye, "mal n ap pale a se pa kont nou menm men se kont Bondye" (v.8). Pèp la pat konnen si se te kont menm Bondye ki te retire yo nan Lejip la yo t ap pale mal e ki t ape gide yo nan dezè a. Se pou nou pridan lè n ap pale oubyen fè yon bagay kont yon moun oubyen yon bagay, konsa nou ka wè se kont pwòp Bondye n ap fè l.

Nan vèsè 14 la nou wè gran mirak lamàn lan. Apa de avètisman Moyiz la ke l te dwe pran yon pòsyon chak jou li pa pran yonn menm anplis yo pat okipe l menm sa te fè yo sezi anpil. Lòd la te vin chanje nan sizyèm jou a. Nan jou sa yo ta dwe pran doub la paske nan jou repo a yo te dwe sere l, li vèsè 22-24.

### C. Dlo nan Woche a

Yon lòt prèv la fwa ak prezans Bondye ke nou rankontre nan Egzòd 17:1-7. Pèp la te pati lè yo rive Refidim pat genyen dlo (v.1) konsa yon lòt fwa pèp la te fè chòk ak Moyiz (v.2). Chak fwa pèp la te dwe fè yon ak de fwa yo te panse ak Ejip kote yo te nan lesklavaj la ,yo te panse ke Jewova te ba yo libète e nan tout bagay ke jiskaprezan yo te resevwa, de tanzantan pèp la te tante Bondye. Poze kesyon sa yo: eske nou konn nan kèk sitiyasyon ki fè nou fè bagay sa a?

Nou te mande Bondye yon bagay epi lè l fin ba nou li nou pa santi li bon? Bay yon ti tan pou yo ka pataje. Fwa sa a Bondye te di Moyiz pou li pran ansyen yo, kòm temwen, kidonk dlo ta pral soti nan woche Orèb la. Kote sa te genyen non patikilye, Masa ak Meriba, prèv ak

rankin, yo te bay non sa yo paske pèp la te tante Jewova pandan yo t ap mete an dout prezans li (v.7).

## Konklizyon

Bondye pat sèlman pwomèt li t ap avèk pèp li a men li te pwomèt li ke l t ap soutni yo, libere yo nan kèk sitiyasyon e prevwa pou yo sa ki nesesè. Ann chache sèlman prezans li epi lòt bagay yo ap vini kòm degi.

# Resous yo

### Enfòmasyon konplemantè

Sòti nan peyi Lejip (Egzòd 12:37-40): "Selon tèks sa a yo te soti Ramsès, vil ki gen gwo konstriksyon yo, sis san mil lòm(600) ak fanmi yo. Si nou te ka panse byen ak yon rebelyon de tout moun sa yo nan peyi Lejip li pa posib pou tout moun sa yo viv pandan anpil tan nan yon dezè. Eksplikasyon ki pi pwobab la nan anòmali sa a sèke mo elèf ki itilize la a, nan tan lontan pat la, li te vin sa, nonb mil lan men se te yon kòtèj gason ki ame ki te kapab ofri yon klan ak Izrayèl; elèf se yon mo militè k te vin pita nimero mil lè y ap pale de mil gason.

Baz yon elèf nan tan pòs ekzil yo. Nan tan premonachik yo li te pwobab ke yon elèf te genyen an mwayèn sis rive nan nèf gason e sisn san elafim t ap apeprè kat mil gason ki kapab lite, plis ankò fanmi yo... si pou chak gason te genyen senk moun anplis nan fanmi yo, sa vle di gwoup rebèl ki te soti ak Moyiz la te apeprè vennkat mil moun. Sa deja yon rebelyon enpòtan. Nou pa konnen anyen de li atravè enskrisyon ejipsyen yo, se pa paske se te yon gwo kou pou ekonomi peyi a, men se paske evènman negatif tankou sa pa enskri nan moniman yo.

Li difisil pou konnen ki jan yo te rive ak kalkil sou katsan trant ane yo (v.40). Li pwobab ke tradisyon de nwayo rebèl yo se te yon gwoup etranje ki gen baz istorik yo. Men menm tèks liv Egzòd la bay twa jenerasyon, depi soti nan Levi rive nan Moyiz, se nan yo ki fè yo konte katsan trant ane yo. Nimewo sa a kidonk rete san eksplikasyon" (Egzòd yon lekti evanjelik e popilè. Jorge V. Pixley. Casa Unida de Publicaciones, México:1983, p.53).

### Definisyon mo yo

**Lamàn**: "non lamàn lan soti nan Egzòd 16:15 lè Izrayelit yo te mande kisa sa ye? An ebre Man ju? Bondye te

gentan di Moyiz ke se te "pen ki soti nan syèl" Egzòd 16:4. Karakteristik yo selon Bib la se te: ti kal epi won, tankou jèl blan, li sanble ak ti grenn, Egzòd 16:14 e 31; koulè blan, Egzòd 16:31; li gen gou gato ki fèt ak siwo myèl, Egzòd 16:31; men gen moun ki pat koute Moyiz. Yo sere ti gout pou demen maten. Nan demen yo te jwenn li plen vè li te gate, Egzòd 16:20; yo te prepare l sou fòm moulen epi yo te sèvi li sou fòm gato, Nonb 11:8" (Diccionario Ilustrado de la Biblia. Dr. Wilton M. Nelson. Caribe, U.S.A:1998, p.396).

**Zòtolan**: zwazo tou piti ki soti nan espès poul, li vole ba ou jwenn yo nan zòn Ewop rive nan peyi Lafrik. Bondye te bay bèt sa yo pandan de fwa ak pèp Izrayèl la.

### Aktivite siplemantè

Anvan klas la kòmanse li rekòmande pou nou ta chache sou yon kat jewografi wout ke Bondye te fè yo pase a e kote evènman sa yo te rive nan leson an. Nan fason sa yo pral rann yo kont de kijan mirak yo gwo.

Fuente:http://www.telefonica.net/web2/eseducativa/
biblia_exodo003.html

# Yon konsèy Saj pou fòme Lidè

## Joel Castro (España)

**Vèsè pou n konnen:** "Bon, koute sa m ap di ou: se yon konsèy m ap ba ou pou Bondye ka ede ou" Egzòd 18:19.

**Bi leson an:** Se pou elèv la konprann enpòtans konsèy e lè nou koute l li kapab soulaje nou nan sèvis Bondye a.

### Entwodiksyon

Eske w kapab imajine yon seleksyon foutbòl sèlman ak antrenè a sou teren an? Oubyen, yon prezidan peyi san minis yo? Oubyen, yon antrepriz san anplwaye? Oubyen yon rektè nan yon ininivèsite san pwofesè? Li difisil pa vre oubyen enposib pou nou di ke yon sèl moun dirije et fè fonksyone tout bagay sa yo pou kont li, li bezwen yon ekip pou travay ak li. Se menm bagay la pou yon pastè li pa ka fè travay Bondye a pou kont li, li bezwen èd lòt yo.

Ed lòt yo enpòtan anpil anpil (wè sa nan enfòmasyon konplementè). Pasaj jounen jodi a pral ban nou modèl yo pou nou fòme lidè yo ki kapab ede ak travay la (Egzòd 18:1-27).

### I. Jetwo te vizite Moyiz

Bondye te travay anpil pou liberasyon pèp Izrayèl la, e se te konsa nouvèl la te kouri nan tout nasyon ki sikonsi ak Ejip. Madyan se te yon nasyon ki te sitiye nan pati lwès Lejip e depi la nouvèl la te rive nan zòrèy Jetwo (Egzòd 18:1).

### A. "E Jetwo te pran Sefora ak de pitit gason li yo"

Jetwo pat kontante sèlman nan tande nouvèl la tankou yon rimè ki t ap kouri men li te pati al jwenn menm Moyiz pou l te wè sa Bondye te fè a, e pwofite mennen madanm li ak pitit li yo ba li (Egzòd 18:2-3).

Li pwobab pou Moyiz te mande bòpè li ak madanm li pou yo pran okipasyon pitit li yo jiskaske pèp la te fin jwenn liberasyon li. Poutèt sa nou wè nan pasaj sa a ke Jetwo te reyini Moyiz avèk madanm li Sefora plis de pitit gason li yo Gèson ak Elyezè.

Li enpòtan pou nou note enpòtans fanmi genyen nan kilti oryantal la nan tan sa yo, ekzanp sa dwe aplike nan mitan kretyen nou yo jounen jodi a. Anndan fanmi an nou rankontre èd, konsèy ak kouraj. Se bagay sa yo Moyiz te santi lè li te wè madanm li ak de(2) pitit li yo ap vini.

### B. "E Moyiz te rakonte bòpè li..."

Se te yon bagay ke Jetwo te vle konnen ak tout detèminasyon enfòmasyon sa e sa ki te pi bèl la moun ki te rakonte li se te pwotagonis lan ankò. Nan Egzòd 18:8 nou li sèlman yon rezime de bagay grandyoz yo ke Bondye fè pou pèp li a. Konvèzasyon sa se pat minit li te dire men se plizyè èdtan, deja nou kapab imajine jès admirasyon ak jwa toulede.

Genyen twa bagay ke nou dwe souliye nan vèsè sa yo sou atitid Jetwo nan vizit emosyonan sa pou l te ka enfòme.

1. "E Jetwo te kontan" (v.9). Emosyon sa a fè nou wè ke malgre li pat fè pati moun Izrayèl yo men li te santi menm jwa ak pèp la ki te libere anba pouvwa Farawon an.

2. "E Jetwo te beni non Bondye" (v.10-11). Sa se dezi pa Bondye pou kreyasyon l beni non li. Jetwo te selebre e li te ekzalte Bondye ki pi wo pase tout bagay sa yo ki te pase pou dye menm jan ak Farawon an menm.

3. "E Jetwo te ofri sakrifis ak olokos pou Bondye" (v.12). Sa se somè adorasyon an. Premyeman li te kontan, dezyèmman li beni, selebre epi pou fini li te ofri sakrifis yo. Vizit enfòmatif sa te lakoz anpil benediksyon pou Moyiz.

Se menm bagay sa Bondye vle nan men nou chak. An nou rejwi pou mèvèy Bondye yo nan lavi nou ak nan lavi lòt moun, an nou beni non li, ekzalte li e remèt li lavi nou tankou yon sakrifis vivan, sen e agreyab devan Seyè a (Women 12:1).

### II. Jetwo te analize travay Moyiz la

San dout vizit jetwo a te dire anpil el te ba li tan pou li akonpaye bofis li nan travay li yo chak jou pou pèp

li a. Men anndan travay Moyiz te genyen an, pèp la te entèrese Jetwo anpil ak sistèm ke li te itilize pou jije e deklare òdonans Bondye yo ak lwa li yo (v.16).
Kesyon: ki sa ki te entèrese l nan bofis li Moyiz?

## A. Sa li genyen nan li kòm lidè
Lè Jetwo, bòpè Moyiz la, wè kalite travay di sa a Moyiz t ap fè pou kòl pou pèp la (Egzòd 18:14). Annou wè kat fraz Jetwo te pwononse pou di ke Moyiz te fè erè nan pakou li:
1. "Jan w ap fè l la pa bon" (v.17)
2. "W ap fin kraze kouray ou ak kouray pèp la ki la ak ou"(v.18ᵃ)
3. "Paske chay la twòp pou ou" (v.18b)
4. "Ou pa ka pote l pou kont ou" (v.18c)

Jetwo te analize travay Moyiz la, li te dwe klè e li te fè yon ti tann pou l te di li sa ki te mal ladan l. Genyen lidèchip toutotan gen lidè, men si lidè a ta dekouraje l ap tris paske l ap pèdi tout bagay. Yon lidè ki fatige yon ti kras gen chans toujou. Se poutèt sa Jetwo te enterese ak Moyiz. Pasaj sa a dwe yon leson pou lidè yo pou yo ka swiv konsèy Jetwo yo ke nou pral detaye pi devan. Kèk lidè pa sipòte moun korije yo nan sistèm ke y ap travay la e yo vle fè tout bagay yo nèt pou kont yo men menm pawòl la konseye nou pou nou koute konsèy yo (Pwovèb 11:14;13:18; 15:22;19:20;24:6). Pa gen dout nan sa, si nou bezwen vin saj nou dwe koute sajès lòt yo e Moyiz te fè konsa (v.24). Imilite li te fè l jwenn yon bon soutyen e lòt kote pèp la te retounen lakay li nan lapè (v.23).

## B. Sa pèp la itilize pou l ret tann
Jetwo pat sèlman wè Moyiz fatige, li te wè fatig pèp la tou (v.13). Jounen jodi a n ap viv nan yon sosyete ki okipe anpil nan yon pakèt bagay e si nou ta fè yo ret tann sa ka pote fatig ak dekourajman.

## III. Jetwo ak plan li genyen pou prepare lidè
Jetwo te gen pi bon fason pou dirije yon pèp ki anpil tankou pèp Izrayèl la (v.19).
## A. "Chwazi nan mitan tout pèp la tout gason yo"
Kòmansman delegasyon an se te kle pou nouvo sistèm lidèchip pou Moyiz, sèlman rankontre moun yo pouki asime kèk reponsabilite li ta ka repoze (vv. 21-22). Konsèy Jetwo yo reparèt nan nouvo testaman pa mwayen apòt Pòl nan 2 Timote 2:2. Nou pa vle pou n

konprann ke se gason sèlman Bondye vle nan travay la, vèsè ki site yo gen yon kontèks kiltirèl, men jounen jodi a Bondye dezire chwazi ni gason ni fanm kòm enstriman pou li.

Selon pasaj la moun ke Moyiz te chwazi yo ta dwe genyen kèk kalite (v.21):
a. Nèg ki gen anpil vèti. Vèsyon biblik NVI la di "fòk yo kapab", dènye sa ban nou plis limyè sou kalite sa a. Lidè yo dwe genyen yon pèsonalite ki ka fè yo rive jwenn moun yo.
b. Gen krentif pou Bondye. Lè yo gen kalite sa lidè yo konnen ke travay y ap fè a se pou Bondye y ap fè l. Krentif pou Bondye elimine tout ògèy ak awogans.
c. Gason ki pale verite. Pa gen moun ki konfye nan yon moun ki pa demontre senserite. Si y ap gen pou jije pèp la fòk yo te renmen verite (De tewonòm 1:17). Verite a reflete nan lwayote ak dwati pou fè sa ki dwe fèt nan chak ka.
d. Se pou yo rayi avaris. Koripsyon se yon mal ke anpil lidè yo konfye yon tach kèlkonk rive tonbe. Sosyete nou an li kontamine avèk yon pakèt lidè ki renmen genyen sa yo pa travay pou li. Mo avaris la fè nou konnen ke lidè yo pa dwe anbisye, pou yo pa vann jistis la pandan y ap chache garanti malonèt yo (Egzòd 23:8). Lidè a pa dwe kite lajan pran nanm li, se pou li kontante ak sa li genyen (Ebre 13:5).

Lidè ki ka reprezante yo se sa yo ki te genyen anba lòd yo yon kantite moun (v.21b); yo te anchaje nan tan konplè pou regle ti bagay senp yo e lè sa te konplike yo te mennen l bay Moyiz. (v.26).

## B. "E anseye yo kòmandman yo..."
Se pat sèlman chache moun ki gen kalite yo, se pou yo te genyen tou yon pouswit pou ka anseye yo respè ak travay yo gen pou fè a (v.20). Anplis de sa, li te enpòtan pou ekip k ap travay la te genyen menm santiman lidè a, yo te dwe konnen kisa objektif yo te ye pou travay nan menm sans.
Nan vèsè sa nou rankontre twa bagay ke Moyiz te dwe fè pou yo.

Anseye yo òdonans yo ak lwa yo. Lwa yo te anpil poutèt sa yo te dwe aprann yo ti kal pa ti kal. Se menm jan nou pa dwe atann ke lidè yo nou dekouvri Jodi a konnen tout bagay, kidonk se pou nou anseye yo e nan fason sa y ap aprann jou apre jou. Mwen sonje sa genyen dis lane konsa ke yo te pwopoze m pou m anseye omiletik pou jèn yo pandanm ap kòmanse depi nan Legliz lokal la rive nan lòt Legliz yo. Mwen te wè anpil jèn ki te gen enterè pou preche men yo te manke konesans sou kijan pou fè l epi ak eksperyans.

Anpil nan yo te aprann e jodi a ak tan k ap pase gen kèk k ap preche nan konferans pou jèn deyò peyi a. Nou bezwen kwè nan moun yo epi fòme yo pou Bondye kapab itilize yo.

Fè yo konnen ki kondwit yo ta dwe genyen. Aksyon pou gide a genyen fòs li nan dinamik pou fè l grandi epi pou disip yo gen matirite devan tout sitiyasyon difisil ki prezante. Nan aspè sa lidè ki pi piti a bezwen konsèy pou l ka genyen yon kondwit ki mache ak responsabilite ke li genyen an. Jezi te anseye disip li yo anviwon twa lane e nan plizyè okazyon li moutre yo chemen an pou yo pa te tonbe; pa ekzanp lè li te di yo pou yo pa swiv ekzanp Farizyen yo.

Moutre yo obligasyon yo ke yo dwe akonpli. Tout lidè bezwen sonje obligasyon yo. Plis pou sa yo ki gentan kòmanse yo. Nou dwe resevwa egzòtasyon ak konsèy ke Bondye ban nou plizyè fwa pa mwayen plizyè lòt moun. Men tou nou dwe prè pou nou bay konsèy ak moun ki bezwen. Pafwa nou panse nou konn tout bagay deja e nou pa bezwen okenn fòmasyon, sa se yon erè; menm Moyiz nan laj li te ye a li te bezwen konsèy Jetwo.

### Konklizyon

Sèvis pou Bondye a se yon bagay ki gen anpil dimansyon (miltip), nou bezwen tout bagay pou nou pran li anchaj. E sa ki pi bèl nan sèvis la se lè nou kapab travay ak anseye lòt yo pou demen. Nou pran konsèy saj sa a kòm yon zouti pou fòme lidè yo anndan Legliz nou

# Resous yo

### Enfòmasyon konplemantè
**Travay nan ekip. Ilistrasyon: zwa yo.**

Lasyans te dekouvri ke lè zwa ap vole yo fòme yon "V", paske chak zwa bat zèl yo pandan y ap fè yon mouvman anlè a ki ede zwa ki vin dèyèl la. Pandan y ap vole an "V", yo tout ansanm nan vole a ogmante a 71% an plis fòs pou yo vole, avèk diferans si chak zwazo pral vole pou kont li.

**Premye dediksyon**: lè nou pataje men m direksyon e nou genyen sans kominòte, nou kapab rive jis kote nou dezire pi fasil e pi rapid. Sa se benefis yonn ede lòt. Chak fwa ke zwazo soti nan fòmasyon an li santi rezistans lè a epi li rann li kont difikilte ki genyen lè l ap vole pou kont li. Pou sa ki vini dèyè l la, imedyatman li chache jwenn rès yo nan liy lan pou l ka benefisye de fòs konpayon ki pral devan.

**Dezyèm dediksyon**: Si nou ta genyen lojik zwa nou t ap kapab kenbe ak sa yo k ap dirije nan pwòp direksyon pa nou. Lè lidè zwa yo fatige, li pase nan plas yonn ki dèyè e yon lòt zwa pran plas li a.

**Twazyèm dediksyon**: Nou jwenn rezilta yo ki valab se lè nou fè tou pou nou ka reyalize travay difisil yo. Zwa ki pa dèyè yo fè yon bri ki pwòp a yo menm yon fason pou ankouraje sa ki devan yo kenbe vitès la.

**Katriyèm dediksyon**: Yon mo ki gen fòs produi gwo rezilta. Finalman, lè yon zwa malad oubyen tonbe blese akòz yon kou ke li pran, de nan konpayon li yo soti nan fòmasyon an yo swiv li pou yo ede l e pwoteje l. Yo rete avèl jiskaske li nan kondisyon ankò pou l vole oubyen mouri. Alò se lè sa de sa ki te avèk li yo retounen nan gwoup yo te ye a oubyen yo ini yo ak lòt gwoup.

**Senkyèm dediksyon**: Si nou te genyen entèlijans yon zwa, nou t ap rete yonn bò kote lòt pou nou ede ak a konpaye yonn lòt."

(http://gaboredes.blogspot.com/2009/02/trabajo-en-equipo-ilustracion-los.html [Consultado 1-4-11])

### Definisyon mo yo
**Jije**: "di de yon moun ki gen otorite pou li: Delibere de kilpabilite yon moun, oubyen de rezon ki asiste li nan yon pwoblèm, e bay santans orijinè a. Fòme yon opinyon sou yon bagay oubyen sou yon moun. Afime, davans konparezon de(2) ide oubyen plis, relasyon ki ekziste ant yo" (Real Academia Española en línea).

**Vèti**: Aktivite oubyen fòs de bagay yo pou produi oubyen koze efè yo…Fòs, vigè ou valè… pouvwa oubyen fòs pou travay. Entegrite kouraj ak bonte vi a. Dispozisyon nanm lan konstamman pou aksyon ki konfòm ak lwa moral

### Aktivite siplemantè

Pou avanse nan leson an chache de moun nan Legliz la pou jwe wòl Moyiz ak Jetwo (avèk rad respektif yo), e yon fason ki dinamik fè yo jwe vèsè 13 rive nan vèsè 27 nan Egzòd 18; chichote nan konvèsasyon yo de a konsèy pou chache kolaboratè yo. Lòt fòm nan ta kapab yon adaptasyon e fè yon dram ki kontekstyalize nan tan pa nou an.

# Dezi pou genyen yon kominote jis e sen

Fletcher Tink (EUA)

**Vèsè pou n konnen:**"…nou wè kijan mwen te pote nou tankou malfini pote pitit li yo sou do li, mwen fè nou vin jwenn mwen. Kounye a menm, si nou koute sa mwen di nou, si nou kenbe kontra mwen an se nou menm m ap chwazi pou moun pam nan tout pèp ki sou latè" Egòd 19:4b-5.

**Bi leson an:** Se pou elèv la konprann ke dezi Bondye se fòme yon kominote jis e sen nan mitan tout pèp ki genyen nan monn lan.

## Entwodiksyon

Yo pale espesyalman sou kominote, men nou pa toujou konprann siyifikasyon pratik la. Diksyonè a defini li konsa: "Ansanm moun ki konpoze yon pèp, rejyon oubyen nasyon, oubyen yon ansanm nasyon ki ini yo pou akò politik ak ekonomik yo… oubyen karakteristik ak enterè ke yo genyen ansanm yo" (Real Academia Española en línea). Nan plizyè okazyon nou refere nou ak Legliz kòm yon kominote. Vrè kominote a pa parèt pa aksidan, li pa non plis nesesè pou li soutni tèt li pou kont li. Pou nati pechrès nou, vrè kominote a ke Bondye te pretann genyen nan edenn nan pat posib akoz peche ak dezobeyisans. Adan te ènmi Ev e apre Kayen kont Abèl, Jakòb kont Ezayi e konsa yonn apre lòt.

Avèk tan k ap pase Bondye chache fòme yon nouvo pèp, izrayelit yo, pou yo te ka fòme yon sasèdòs wayal ak moun ki sen (Egzòd 19:6). Men fòk yo te swiv plizyè pa anvan ke sa te rive.

## I. Fason pou fòme yon kominote

### A. Zansèt komen

Yon kominote kapab fòme ak plizyè fòm e yonn nan yo kapab poutèt li genyen yon zansèt komen. Pitit Izrayèl yo te wè nan Abraram, Izarak ak Jakòb tankou papa yo ak zansèt yo e se konsa yo te konn reyini pou rakonte istwa jenerasyon yo regilyèman. Sa te yon fòm pou kenbe vivan sans kominote a. Tandiske, sa te antrene danje pou kominote a te fèmen san yo pat mele ak moun deyò.

Mande klas la si yo te rankontre yon vrè kominote nan pwòp relasyon avèk fanmi pa yo.

### B. Eprèv ki mache ansanm yo

Kominote a kapab fòme pa yon gwoup moun ki te pase eprèv yo ansanm, moman difisil e ki gen anpil doulè nan yo. Pandan 30 ane, yon gwoup manman te fè yon pwotestasyon devan kay woz nan Buenos Aires, nan peyi Ajantin, pou yo mande jistis pou pitit yo ki disparèt. Pèt la te ini fanm sa yo. Poutan, kèk fwa, lè pwoblèm yo disparèt tou li fè gwoup. Pitit Izrayèl yo te soufri anpil nan lesklavaj nan peyi lejip. Opresyon te ini yo.

Mande elèv ou yo si yo te rankontre yon ti kras inyon avèk sa yo ki te soufri ak yo.

### C. Objektif ki menm yo

Moun yo fòme kominote lè yo genyen menm enterè ki fò. Bondye te pwomèt pitit pèp Izrayèl yo yon tè ki te pou yo menm menm. Soti nan dezè a ak objektif pou rive nan tè pwomès la se te yon bagay ke tout moun te genyen an komen.

Kat chapit ki eksplike soti a (19-23) se antidòt dirèk de sa. Yo dekri yon Bondye ki te vle kreye yon kominote pa mwayen yon pakèt fòm, li pa baze sou zansèt yo, eprèv ki menm oubyen objektif ki menm. Li te vle fòme yon kominote avèk:

- Rankont ki pataje ak Bondye.
- Yon inyon ki mare ak Bondye byen di.
- Tradisyon ak rit ki menm yo.
- Prensip ak valè pataje yo.
- Pataj etik sosyal.
- Menm disiplin.

Sa yo se kèk kalite ki pèmèt soutnans ak enklizyon e yo ta kapab bagay ki ini yon gwoup moun si diferan e dispèse pandan y ap fòme yon kominote ki otantik.

## II. Kisa k yon kominote otantik?

Baz pou fòme yon kominote otantik nan Bib la se "akò". Sa te ofri an premye bay Abraram, apre sa Izarak ak Jakòb e li te renove avèk Noye.

Akò sa a, se Bondye ki te inisye l, se te tankou

yon kontra lanmou, yon bagay ki sanble ak yon koup. Gason an deklare lanmou li pou fi k ap vin madanm li an, mete yon bag nan dwèt li sa ki senbolize ke li konpwomèt konplètman e eksklizivman a li. Li menm reponn wi epi seremoni an selebre. Kominote a afime sa, Legliz la, selebre, yo siyen papye yo, Leta konfime l. E apre inyon fizik la konsome. Sa kreye baz solid yon kominote otantik ant moun ki marye yo.

Chapit sa yo se menm bagay yo ye. Chapit 19 la se yon demonstrasyon piblik de inyon Bondye ak pèp Izrayèl la, konsomasyon espesyal kominote a ant lòm ak Bondye. Li pat mande posesyon yo, seremoni nipsyal yo ak flè yo. Men li mande yon gwo nyaj près (v.9), lavman rad yo (v.10), loray k ap gwonde, vòlkan k ap eklate, son twonpèt (vv.16-18). Se te yon seremoni nipsyal reyèl ant Bondye ak pèp li a.

Moyiz te chwazi pou li reprezante pèp li (v.24) se te espektak ki te pi enpresyonan nan lanmou Bondye pou pèp li a. Sou istwa sa nou kapab di ke yon kominote otantik mande bagay sa yo:

- Yon konpwomisyon ak sa yo ki te fòme l la.
- Jwa pwofon pou pase tan ak kominote a.
- Onètete ak entimite pou sa yo ki se manm kominote a.
- Aseptasyon san kondisyon manm kominote yo.
- Opòtinite inik yo pou selebre an kominote.
- Menm objektif ke kominote a pataje.

Mande elèv yo pou kalifye, mete yo anakò ak sis pwen ke nou revize sou kominote otantik la, yon kominote yo te fè pati ak yonn yo ladan l kounye a. kalifye apati 1 rive nan 10 chak pwen sa yo (premye a se yon echèk konplè e dizyèm nan, siksè konplè). Adisyone yo. Nòt maksimòm nan se 60 pwen. Ki nòt kominote w la?

## III. Eleman nan yon kominote selon Bondye
### A. Tan yo ki pataje ak Bondye

Bondye te chache rankont tankou li te fè pou Moyiz, lidè pèp la (Egzòd 19:3-24). Mòn sinayi t ap kapab kote pou rankont yo. Moyiz te resevwa mesaj Bondye e li menm bò kote pa l li te bay li ak pèp la, li te yon entèmedyè ant Bondye ak pèp la, li te yon prèt oubyen yon pontif. Vèsè 17 la di ke Moyiz mennen pèp la deyò kan an pou rankontre ak Bondye "Moyiz fè pèp la soti kote yo te monte tant yo a pou y al kontre Bondye. Yo rete nan pye mòn lan".

Nou note yon bagay enpòtan ke listwa anseye nou. Lidè Bondye yo dwe responsab pou ede moun yo genyen rankont ak Bondye. Sa dwe objektif reyinyon kretyen yo e sèvis adorasyon yo se pa sèlman pou sosyalize oubyen pwofite yon tan ak frè yo. Sèvis yo dwe leve pèp Bondye a jis pou yo jwenn adorasyon nan prezans Bondye.

### B. Limit ki pataje yo

Selon pasaj Egzòd sa te dwe genyen toujou yon separasyon ant Bondye kreyatè a ak lòm kreyasyon an. Nan Egzòd 19:12, limit sa yo te moutre toutotou mòn sinayi "Ou a mete yon limit toutalantou mòn lan pou pèp la pa depase. Ou a avèti yo pou yo pa monte sou mòn lan, ni pou pèsonn pa menm pwoche bò pye mòn lan. Nenpòt moun ki va mete pye sou mòn nan, se pou yo touye l". Kondisyon an se pou pèsonn pat touche espas kot Bondye ye. Vyolasyon sa se te pèn lanmò, Bondye te pale nan mitan dife ak lafimen.

Kisa tout bagay sa yo siyifi? sa siyifi ke nou pa ka jwe ak Bondye. Nou pa ka "mete l nan pòch nou" tankou yon ti jwèt. Danje a se awogans nou, (fè don Bondye yo tounen pwopriyete prive nou) oubyen pran wòl Bondye yo oubyen tou ekzije Bondye pou l satisfè bezwen egoyis nou yo. Limit yo pèmèt nou kenbe yon atitid imilite devan Bondye. Menm lè n ap pataje nan kominote a atitid ki menm yo, se pou kenbe yon atitid imilite e sèvi nou yonn lòt nan Bondye.

### C. Rityèl ki pataje yo

Yo te di pitit Izrayèl yo pou yo lave rad yo (Egzòd 19:14) "Moyiz desann soti sou mòn lan, l al bò kote pèp la. Li fè yo mete tèt yo nan kondisyon pou fè sèvis pou Seyè a. Yo lave rad yo" e li kontwole apeti seksyèl yo (v.15) " Apre sa Moyiz di yo: pare pou nou apre denmen. Pa kouche ak okenn fanm". Demand sa yo Bondye te fè a se te enonse biblik konsekrasyon yo, ki te vinn bay yon seri de gran revelasyon pi devan.

Pi devan, nan Egzòd 23:14-19 Bondye te mande reyalizasyon lòt rityèl ak sakrifis yo ki konn pratike nan fèt chak ane yo. Rityèl sa yo ki pataje yo ta ini kominote a nan moman yo t ap pwoche Bondye ak gran jwa. Se nan menm fason sa a, kominote kretyen an dwe chache otantisite pandan l ap prepare pou tan espirityèl yo, tan konsekrasyon yo, gerizon ak jwa.

### D. Prensip esansyèl yo pataje

Yon fwa ke moun yo te swiv Moyiz nan tan pataj yo, limit yo ak rityèl yo, yo te prè pou resevwa dokiman ki pi enpòtan ke janmè anvan ki te ekri sou wòch la, "Dis kòmandman yo". Sa yo se te yon bann prensip revolisyonè yo te mete ansanm ki te transfòme yon sèl kou tout monn la, relasyon yonn ak lòt e moun ak Bondye. Kòmandman sa yo te ekri dirèkteman ak men Bondye yo te moutre sa ki esansyèl pou yon moun kenbe relasyon ak Bondye.

Kòmandman sa yo se pa senp sigjesyon, oubyen yon bann kesyon ki gen plizyè opsyon, men se pito fòs nenpòt sosyete k ap fè siksè, prensip yo ki dwe gouvènen yon vrè kominote. Genyen yon pwen entèresan sou "Dis kòmandman yo", menm si dezobeyisans lan jwe yon wòl enpòtan e afekte twazyèm ak katriyèm jenerasyon an (v.5), obeyisans lan montre gras li ak fidelite Bondye nan mil jenerasyon (v.6). Nan lòt mo, dezobeyisans lan pa genyen menm pouvwa sou desandan nou menm jan ak obeyisans lan. Gras Bondye triyonfe sou peche nou yo. Obeyisans devan Bondye kapab montre tou nan kreye yon kominote ki otantik, ki transande tan ak espas.

### E. Yon etik sosyal ki pataje

Anpil nan rès chapit 20 rive nan 23 gen yon lis pi detaye sou peche ki ka detwi etik sosyal ak sans kominotè a. Nou rankontre règ yo tou ki ka ede nou viv pi byen ak sa yo ki andeyò sèk Izrayelit la (22:21; 23:9). Nan plizyè fòm, sa reflete sa ke kounye a nou konnen kòm jistis restoratif (Éxodo 22), se pa sèlman vyolasyon ak pinisyon, men se pito avèk yon esè pou restore ak netralize relasyon yo kote ki te blese.

Disiplin yo dekri nan chapit sa yo pat genyen entansyon pou pini sèlman oubyen pou ta akonpli paske Bondye pat renmen sa. Sa yo se te disiplin ki ta ede pèp la pou yo pa enpridan e iresponsab nan repons yo bay Bondye. Kontrèman, Bondye te chache pou pèp li a jwi benediksyon yo nan kominote a nan pi wo nivo e pou yo se yon temwayaj pou lòt kominote yo. Menm jodi a li vle pou Legliz li a montre limyè li devan sa yo ki pa konnen l menm lè yo kondane nan pwòp fòm egoyis yo ak sifi pou pwòp tèt yo. Sèl lè w se yon kominote otantik ou pral distenge de lòt nasyon ki antoure w yo.

### Konklizyon

Aprè tout bagay, nou tout ap chache pou nou ta yon kominote ki otantik? Kisa nou dispoze pou nou fè pou nou ka rive vin yon vrè kominote? Kijan kominote otantik sa ka fè enpak nan yon fason ki diferan e radikal sou vil oubyen kontèks l ap evolye a?

# Resous yo

### Enfòmasyon konplemantè

Malerezman tribi ki te dezòganize sa yo nan peyi Izrayèl te tonbe nan obligasyon yo ak responsabilite yo. Byento yo ta pral disparèt, menm si te genyen tantativ renovasyon ak obeyisans avèk David, Salomon, Jozyas ak Ezekyas. Nan mwens ke 500 lane sependan, nasyon Izrayèl la te divize paske li te fè erè nan apèl li pou l te ka vin yon kominote otantik. Menm lè Izrayèl te yon nasyon espesyal, Eli, ke Bondye kreye ak yon objektif pou l sèvi li, li te itilize eleksyon li kòm yon privilèj e non kòm yon sèvis. Kominote enteryè a te deteryore, menm jan ak apèl li pou l te vin limyè pou sa ki pa konnen l yo. Fè atansyon menm bagay la ka rive avèk nou menm ki kwayan yo, si nou wè Sali a kòm yon privilèj olye pou nou ta wè l kòm yon sèvis.

### Definisyon mo yo

**Akò**: Ide prensipal la nan Egzòd sèke Bondye te chwazi pitit Izrayèl yo, nan sajès li ak objektif li. Li te fè yon akò ak yo, yon akò ki te mande pèp Izrayèl la pou l te mete idolatri akote e pou li te viv lavi a an akò ak kòmandman li ba yo a. Akò a te esansyèlman inilateral, kidonk kondisyon yo se te Bondye ki te bay yo, menm si egzekisyon an se lòm ki ta pral fè l ak volonte yo san fòse.

**Jistis ki restore a**: Sa pa yon konsèp ki fenk parèt. Li reprezante yon rega tradisyonèl de yon krim pandan y ap rekonèt ke bagay sa blese moun chak jou. Gouvènman wè krim yo komèt jounen jodi a tankou yon vyolasyon lwa. Mizopwen ki pa restore a pa rekonèt vyolasyon sa yo blese moun reyèlman yon fwa ke se sèl lalwa. Jistis ki restore a chache chanje mizopwen pandan l ap rekonèt nesesite viktim yo, kominote yo ak ofans kriminèl yo tankou pati ki pli parèt nan krim lan.

Jistis ki restore a se yon pakou jistis ki pwomouvwa reparasyon mal ki te okazyone pa mwayen krim lan e ede aktivman viktim yo ak kominote yo nan pakou sa.

### Aktivite siplemantè

Nan pwen sa a ke yo mansyone a "Dis kòmandman yo" w kapab fè ak klas la ekzèsis sa a. Divize klas la an de(2) gwoup e mande yo pou reyalize sa n ap di la a:

**Gwoup 1**: Li kat premye kòmandman yo, Egzòd 20:1-11. Apre, mansyone kijan yo ede nou etabli yon relasyon ki bon ak Bondye avèk egzanp aktyèl yo.

**Gwoup 2**: Apre sa li lòt sis kòmandman yo Egzòd 20:12-17 e mansyone kijan kòmandman sa yo ede moun etabli relasyon ki bon yo ant yo menm avèk ekzanp aktyèl yo.

# Tabènak la: Modèl yon pwojè diven

Germán Espinoza (Bolivia)

> **Vèsè pou n konnen:** "Gade byen pou ou ka fè tout bagay dapre modèl mwen te moutre ou sou mòn lan" Egzòd 25:40.
>
> **Bi leson an:** Se pou elèv la konprann valè tabènak la ak enterè ke Bondye genyen pou l kominike ak pèp li a pa mwayen li.

## Entwodiksyon

"Adorasyon ak rityèl se te aspè esansyèl nan akò Bondye ak Izrayèl. Apre l te fin bay Izrayelit yo ki pral gouvène kondwit yo, Bondye te ba yo plan tabènak la kote yo ta kapab adore l. Tabènak la ak tout sa ki konsène l dekri nan Egzòd 25-40" (Manual Bíblico Ilustrado. UNILIT, U.S.A.: 1981, p.165)

Li ekstrawòdinè pou Bondye ta bay inisyativ pou genyen nan mitan pèp li a, yon kote (tabènak) pou manifeste prezans li devan pèp la, ke li menm menm te libere.

## I. Bondye te dekri tabènak la

Tabènak la pat yon bagay Moyiz te envante oubyen pèp la pou yo ka genyen yon lye kote yo ka adore Bondye e kote li ta kapab kominike ak yo. Men okontrè sa se te yon plan ki soti nan Bondye e ke li menm menm te trase. Tabènak la se te tankou yon espès de tant yo te ka pote ki te senbolize prezans Bondye nan mitan pèp la "Ya mete yon kote apa pou mwen pou m ka vin rete nan mitan yo" (Egzòd 25:8). Tabènak la te totalman pliyab, sa te fasilite transpò a lè sa te nesesè. Tabènak la te sèvi pèp la depi lè l te nan mòn Sinayi jiskaske yo te bati tanp Salomon an.

## A. De pati santral tabènak la

Andedan tanp lan menm te divize an de pati, li te separe ak yon rido ki fèt ak twal koulè ble, vyolèt ak wouj ansanm ak twal fen tise byen sere y a bwode bèl pòtre zanj cheriben byen fèt sou tout rido a, sa te separe kote ki apa apa nèt pou Bondye a ak rès tanp lan (Egzòd 26:31-33).

Kote ki sen an. Kote sa te genyen apeprè 10 mèt longè pa senk nan lajè. Nan kote sa te genyen:

a. Tab pen yo, (Egzòd 25:30; Levitik 24:5-9). Pen sa yo te konn chanje chak samdi se te prèt yo ki te konn manje yo.

b. Lanp sèt branch, (Egzòd 25:31-40). Li te fèt ak bon lò; ki bat ak mato. Gwo lanp lan va gen sèt branch, yonn kanpe dwat nan mitan ak twa branch chak bò, sou chak branch sou kote yo y a fè twa flè nwa kajou ak tout boujon yo. Sou branch ki nan mitan va genyen kat flè nwa kajou ak tout boujon yo. W a mete yon ti boujon anba chak pè branch sou kote yo. Boujon yo ak branch yo va fè yon sèl pyès ak pye gwo lanp lan. Li te pote sèt lanp ki gen bon lwil nan yo e yo t ap limen san rete, se yo menm ki te bay sanktyè a limyè.

c. Lotèl lansan, (Egzòd 30:1-10). Yo te sèvi ak li pou boule, maten ak apremidi, pafen an te sakre devan Bondye. Senbòl lafimen lansan ki tap monte nan syèl la aplike pa Jan, ansanm ak priyè sen yo (Revelasyon 5:8; 8:3-4).

Lye sen an se te kote pèp la, senbolikman te parèt devan prezans Bondye. Jounen jodi a gras ak redanmsyon an pa mwayen JeziKris nou gen aksè lib pou nou al nan prezans Bondye.

Kote k te apa nèt la te pa dèyè rido ki fèt ak len fen kote foto cheriben yo te ye a.

La nou te rankontre bwat kontra ki te senbolize, kote Bondye toupisan te ye a. Se objè prensipal tabènak la, e sa ki te pi konplè pou Salì a ansanm ak bwat kontra te genyen pwopisyatwa se te senbòl ekspiyasyon. Pou menm bagay la pwopisyatwa se senbòl travay Kris la pou li padone peche yo, (Ebre 9:11-14).

Bwat la te rele tou bwat temwayaj, e li te kouvri nèt ak lò e nan mitan li te genyen baton ki pase ki te sere ak bag, ki te nan kat ang enferyè yo. Anndan li te gen de tab lwa yo, baton Arawon ak sa yo te konn ranmase lamàn lan. Sa ki te pi transandan nan bwat la, se te yon lye reyinyon ki te nan kote ki apa nèt la, kote Bondye te konn revele volonte li ak sèvitè li yo (Egzòd 25:22;

Levitik 16:2). Valè bwat la pa te nan mèb la, men pito li te senbòl prezans Bondye ki t ap gide pèp li a. Pou lòt swit yo li te reprezante devan evènman enpòtan yo ke Izrayèl t ap konnen.

## B. Galeri tant Bondye a

Galeri a se te lakou ki te fè viwonn tant lan (Egzòd 27:9-19) ak tanp lan, andedan li te gen lotèl sakrifis la, ak lotèl lansan.

Nan lotèl olokos yo yo te konn fè sakrifis chak jou, (Egzòd 27:1-8). Se te nan premye a ou te ka rankontre ni adoratè, ni pechè. Se te la yo te konn ofri sakrifis pou remisyon peche yo, pa mwayen san ki te vèse.

Basen kwiv la (Egzòd 30:17-21) te endispansab pou pirifikasyon prèt yo ki te la pou fè sèvis nan sanktyè a. Nan nouvo akò a, kwayan li sove pa mwayen sakrifis lakwa, li pirifye pa lespri Sen an e li vin prèt tèt pa li (1 Pyè 2:5,9; Revelasyon 1:5-6).

Bondye te espere ke tout bagay fèt; jan l te di a. "W a fè tant lan ak tout bagay pou ki ale ladan l, dapre modèl mwen pra l ba ou a",(Egzòd 25:9 NVI). Bondye te bay referans espesifik pou reyalizasyon sa, konsa sa t ap lye Bondye te chwazi pou l rete nan mitan pèp li a. Se poutèt sa li dwe fèt jan l dekri l la. Jiska ki pwen nou obeyi a enstriksyon espesifik Bondye yo?

## II. Bondye te etabli kesyon lajan nan travay la

Yon pati ki plis bay pwoblèm nan ekzekisyon yon pwojè se finans lan. Anpil bon pwojè pa kontinye pou manke resous ekonomik. Se menm jan ak pwojè, li menm menm te reklame ofrann pèp la kòm yon fason pou finanse l.

## A. Ofrann yo

Li pasaj 25:1-7 pou kòmanse tèm ofrann lan.

1. Ofrann ki fèt ak metal yo. Metal presye ke pèp Izrayèl te posede, yo te soti nan richès zansèt yo ak kado rich yo te genyen lè yo t ap kite Lejip.
2. Ofrann koulè yo. Bon twal koulè vyolèt, ble ak wouj, twal blan fen.
3. Ofrann pwal yo. Pwal kabrit, materyèl près, ki te konn itilize pou koud twal pou fè tant yo.
4. Ofrann pou limyè. Lwil, nan espès awomatik ki te nesesè pou lwil onksyon ak lansan.
5. Ofrann bwa akasya. Se te yon bwa pal, li pi di pase bwadchenn, se li menm ki te gen pi plis nan

zòn Sinayi.

6. Pyè pou fè pektoral la. Pektoral la te pran douz pyè ki gen valè e sou pyè sa yo yo te ekri non douz tribi yo.

Tout ofrann sa yo te nesesè, pou reyalize tout travay ke Bondye te mande pou fè, tout bagay sa yo t ap gen enpòtans yo nan travay ki ta pral reyalize

## B. Prensip Bondye pou ofrann yo

La ou kapab wè dispozisyon volontè pou bay ofrann sa yo ak sèvis pou tant reyinyon an (Egzòd 25:2; 35:20-21, 29).

Ofrann pou pwojè a te plis pase sa yo te gen bezwen (Egzòd 36:2-7). Pèp la te pote yo san fòse, jiskaske Moyiz te di ase pou ofrann yo, li te gen materyèl anabondans pou fè travay la.

## III. Bondye te defini objektif sanktyè a

Tout pwojè Bondye yo genyen yon rezon ki fè yo fèt, sa se pou yon fonksyon. Li dwe reponn ak yon nesesite. Menm jan l di a: "toujou yon bagay ki ekziste poutèt...". Nan ka sa se Bondye ki te pran kontwòl inisyativ sa, pou fè tant pou l ka rete an kominyon ak moun pa l yo.

## A. Pou Bondye ka abite nan mitan pèp li a

Objektif tabènak la se te pèmèt Seyè a demere nan mitan pèp li a epi prevwa pou lòm yon mwayen kominyon toutan ak Bondye sen an (Egzòd 25:8;29:43-46). Bondye menm te pwomèt pou l reyini ak pèp li a nan lye sa a.

"Tabènak sa a te la pou fè pèp la sonje ke l te posede Jewova nonm enkonparab la nan mitan l. Anba tant sila Bondye te demere kòm wa pèp la e te resevwa omaj adorasyon li. Li te dezire mache tankou pèleren ak ebre yo nan dezè a, gide l sou chemen l, defann li devan enmi l yo e kondui li pou l al fè yon ti repoze nan yon vil rezidan nan peyi kanaran" (El Pentateuco. Pòl Hoff. Vida. EUA: 2003, p.152).

## B. Pou Bondye te ka reyini ak pèp li a

La a nan tabènak la Bondye envizib la, (ki pat fòme pou l te prezante l) te reyini ak reprezantan pèp li yo e yo menm ak li (Egzòd 25:22). Rapwochay sa ak Bondye, te fè moun sezi, Bondye menm te dispoze pou l rantre an kominyon ak pèp li a. Eske nou genyen menm dispozisyon sa a?

Yon lòt objektif tabènak la se te pou l te: "Sant lavi relijyez, moral ak sosyal. Tant lan te toujou plase nan mitan douz tribi yo e la se te kote yo te konn fè sakrifis ak sant kote yo te konn selebre fèt nasyonal yo", (El pentateuco. Pòl Hoff. Vida, EUA: 2003; p.152).

Tout pwojè dwe genyen yon objektif ki klè. Nan ka konstriksyon tant lan se te pou bay pèp Izrayèl la sekirite, nan prezans Bondye a. Bondye te manifeste prezans li yon fason vizib. Se menm fason an, tout pwojè dwe fèt pou Bondye jwenn glwa ladan li pou se li menm ki gen dwa deside nan vi chak moun yo. Ki objektif pwojè yo ke n ap reyalize kòm Legliz?

### Konklizyon

Tant lan te fèt, an konfòmite avèk deskripsyon Bondye te bay la, avèk mezi ke Bondye menm te etabli e pou objektif li te etabli l la. Nan lavi reyèl la nou dwe kòmanse pwojè yo pandan nap chache direksyon Bondye.

# Resous yo

### Enfòmasyon konplemantè

Senbolis tabènak la

1.  **Prezans Bondye**: Pou Izrayelit yo kote ki apa apa e an espesyal pwopisyatwa (kouvri) ak bwat la te reprezante prezans Bondye san pèdi tan.
2.  **Tablèt lalwa yo**: Te senbolize sentete Bondye ak kilpabilite lòm.
3.  **Lotèl lansan**: Anseye nou ke yon vi de priyè endispansab si w vle mennen yon lavi agreyab ak Bondye, deja lansan te senbolize priyè, louwanj ak entèsesyon pèp Bondye a, tankou nan Ansyen ak Nouvo Testaman (Sòm 141:2; Lik 1:10; Revelasyon 5:8; 8:3).
4.  **Pitit Bondye a**: Ide santral tabènak la se te pou Bondye abite ak pèp li a; reyalizasyon sa nan tout sans li parèt nan enkanasyon Kris la: "E pawòl la te tounen chè e l te vin abite pami nou" (literalman: li te fè yon tabènak nan mitan nou, Jan 1:14). Konsa non Emanyèl la parèt, "Bondye avèk nou" (Matye 1:23). Nan tan kounye a prezans Bondye manifeste nan Legliz la pa mwayen Lespri Sen an li menm ki abite nan mitan kwayan yo (Efezyen 2:21-22).
5.  **Glwa tabènak la**: Izrayèl te swiv ala lèt enstriksyon Bondye yo pou konstriksyon tabènak la. Lè Moyiz te fini ak travay li, nyaj ki tape gide Izrayèl la te apwoche epi li te desann sou tabènak la tankou yon manifestasyon vizib

prezans Bondye e la li te rete. (Rezime liv pentatek la. Pòl Hoff. Vida, EEUU: 2003, pp.157–163).

### Definisyon mo yo

**Len:** "Se fib yo fabrike fil oubyen twal. Fib len an te konn itilize prensipalman nan fabrikasyon twal e se te pi ansyen fib tekstil. Souvan plant sa grandi rive nan yon mèt, e l fè tou bèl flè koulè ble. Ak grenn li yo kapab fè lwil len" (Nouvo Diksyonè Biblik. Certeza, EEUU: 1997, p.824).

**Pwopisyatwa**: "Siyifi pwopisyasyon oubyen kote oubyen mwayen ekspiyasyon. Pwopisyatwa te sou bwat kontra, li te plase apre rido a, nan kote ki apa, (Egzòd 26:34; 30:6). Nan lye sen sa a Bondye te pale ak Moyiz konsènan pèp li a ki se Izrayèl (Nonb 7:29; Egzòd 25:21-22)" (Diksyonè Tewolojik Beacon. CN, E.U.A.: s/f, p.553).

**Sanktyè**: "Yon kote apa pou sèvis Bondye a oubyen fo dye yo. Menm si Bib la itilize mo sa a pou kote yo adore Jewova sèlman. Sanktyè pèp Izrayèl la se te yon tant mobil, plis konnen kòm tabènak" (Nouvo Diksyonè Biblik. Certeza, EEUU: 1997, p.1256).

### Aktivite siplemantè

Tabènak la yon bagay Bondye ekri menm
Bay yon ti tan pou tout etidyan yo ka ranpli kadran ki sou fèy travay la.

# Alyans renouvle

### Eduardo Velázquez (Argentina)

**Vèsè pou n konnen:** "Seyè a reponn: mwen pral fè yon kontra avèk nou. Devan tout pèp la, mwen pral fè gwo bagay, bèl bagay okenn peyi sou latè ni okenn nasyon poko janm wè…" Egzòd 34:10a.

**Bi leson an:** Se pou elèv la konprann ke menm lè nou ta egare sou chimen an, si nou rekonèt sa e nou repanti Bondye ka ban nou yon opòtinite tou nèf.

## Entwodiksyon

Moun yo, kwayan yo ladann tou, toujou vle pran desizyon ewone. Desizyon sa yo konn afekte lavi yo nan jou k ap vini yo, fanmi yo, relasyon pèsonèl nou yo ak relasyon nou ak Bondye. Ou kapab poze kesyon ak elèv ou yo si yo sonje ke yo te pran yon vye desizyon e kijan sa te afekte lavi yo. Nan leson sa a nou pral etidye kijan Bondye bay lòt opòtinite.

## I. Ti bèf ki fèt ak lò a

Apre konstriksyon ti bèf la relasyon Bondye ak pèp la te afekte e pèp la te sou wout pou detwi. (Egzòd 33:5).

### A. Moyiz te pran tan

Ou kapab kòmanse seksyon sa pandan w ap mande klas la: Eske sa te rive yon moun te fè w ret tann anpil tan apre lè w te pran pou randevou a? Kijan w te santi w? Kijan l te fè fas ak sa? Kijan w te reyaji ak moun sa a?

Bondye te konvoke Moyiz sou mòn Sinayi pou resevwa wòch plat ki te gen lalwa yo. Men yon lòt fwa ankò li te mize pandan 40 jou; nan tan sa a pèp la pat gen pasyans ankò e yo te kòmanse chache kijan pou yo rezoud sitiyasyon rete nan dezè a san direksyon Moyiz (Egzòd 31:18-32:6).

Lè Moyiz te avèk pèp la, li tap moutre plan ak dezi Bondye yo, men kounye a, pandan li pa la pèp la te vin pa gen pasyans ankò, paske yo pat konnen kisa k ap pase. Pèp la pat konnen sa ki t ap pase a e yo te bliye ke Moyiz te sèl enstriman ak entèprèt volonte Bondye e li te fonde konfyans li nan li. (Egzòd 32:1c). Poutèt sa pèp la t ap chache lòt sekirite, lòt soutyen pou lafwa yo. Izrayèl pat kapab viv depandan de Bondye envizib la ki retire yo nan peyi lejip e ki te prefere gen kontwòl sitiyasyon an, yo te vle met konfyans yo nan yon bagay yo ka wè. Pèp sa a "ak tèt di yo" (v.9) yo pat oze konfye tout yo menm nan

Bondye, yo pat santi yo gen ase sekirite nan lafwa yo nan li.

### B. Peche pèp Izrayèl la

Nan seksyon sa a nou pral etidye peche Izrayèl la. Anvan tout bagay nou dwe note ke se pat yon peche apostazi: Pèp la pat nye Bondye li a (vv.4-5). Non plis se pat yon peche kote yo te atache ak richès oswa sèvis lajan, e nou kapab wè se menm bagay bijou yo yo te pran pou fabrike ti bèf la (vv.2-3).

Peche pèp la se te kont dezyèm kòmandman ki nan dekalòg la, ki te di konsa: "Piga nou janm fè okenn estati ni okenn potre ki sanble bagay ki anwo nan syèl la, piga nou adore yo ni piga nou sèvi yo.". (Egzòd 20:4-6). Pèp la te santi l fatige nan sèvi yon Bondye envizib, poutèt sa yo te mande: "ann fè yon dye k ap ka kanpe devan nou", yo te vle met lafwa yo nan yon bagay ki vizib epi ki palpab.

Nou dwe rekonèt ke sa se peche nou souvan. Nou pa renye Bondye, men nou vle yon Bondye k pou toujou satisfè enterè pa nou ak vye dezi nou yo. Nou vle yon Dye nou ka kontwole e virel jan nou vle, nou refize viv ak lafwa e chache sekirite nan jan l vle a. Gen anpil kretyen ki pè lage tout bagay nan men Bondye nan aksyon li, plan li yo. Poutèt sa Jezi te di: "Si nou pa wè mirak ak bèl bagay nou pap janm kwè" (Jan 4:48), e li te pwoklame sa lè l te fin resisite: "Ere moun ki kwè san yo pa te wè" (Jan 20:29).

## II. Kòlè Bondye
### A. Jijman Bondye

Bondye menm te eksprime jijman li kont peche pèp Izrayèl la. Yo te kòwonpi, yo te kite chemen Seyè a te trase ba yo, yo fè yon imaj dye ki reprezante yo epi yo adore l, Seyè a menm te elwaye de yo menm, li pale ak Moyiz e li te di "…pèp ou a sa ke ou retire nan peyi lejip la…". (v.7).

Reyaksyon sa a Bondye te fè moutre ke l te pran bagay yo seryezman. Nou pa kapab mache avèk anbigite yo oubyen yon pye deyò yon pye anndan. Bondye se yon Bondye jalou (Egzòd 20:5), se swa w pou li oubyen w pa pou li. Li pa mande alyans a demi.

Yon lòt bò, reyaksyon sa a Bondye fè a li konplètman nòmal e nesesè, alyans lan se yon bagay a de. Pèp la brize akò a e pou fè swit alyans lan vin rete kraze. Bondye paka maske peche pèp la pandan y ap aji kòmsi se pat anyen. Bondye te ofanse paske pèp la te vyole kontra a, men sa pat vle di ke l pat prè pou l padone e retabli amitye a. Istwa sa montre yon lòt fwa ke peche a mete yon separasyon ant Bondye ak lòm e Bondye menm pou l padone yo dwe rekonèt peche a epi tou dwe gen repantans. Se vre alyans lan se bagay de moun fè e kominyon moun, li pa ka retabli mekanikman, men pito relasyon ant moun yo reetabli (Bondye ak pèp la, Bondye ak chak grenn moun, ant de moun), sa mande atitit ki pèsonèl, padon yon bò, men repantans yon lòt bò.

Kòlè Bondye (32:10) toujou jistifye, se reyaksyon l devan peche lèzòm e sa endike ke Bondye pa rete endiferan devan sa. Yon lòt bò, Bondye pa reyaji ak kòlè devan yon senp fayit, men pito se lè gen "tèt di" (32:9) "...mwen wè pèp sa se yon pèp ki gen tèt di", sa vle di, devan mank de dosilite a pawòl li e ak kòmandman li yo, devan gwo kòlèt nan pa vle "bese tèt" pou obeyi ak lòd volonte Bondye.

## B. Priyè Moyiz (entèsede)

Peche Izrayèl te rive nan yon sitiyasyon kritik, sa te mande yon desizyon pou yon pinisyon Bondye, kòlè Bondye ta ka detwi tout bagay (v.9-10). Sa se konsekans peche a pote.

Devan sitiyasyon sa entèvansyon Moyiz la te enpòtan anpil. Nou li nan Egzòd 32:11-13 ke li te vin tankou medyatè pèp la ki te peche ak ofanse Bondye a. Vèsè sa yo genyen pi bèl priyè ki te ka genyen nan tout Bib la. Moyiz t ap eseye apeze kòlè Bondye, li menm ki te an kòlè tout bon kont pèp li a.

Premye bagay ki atire atansyon sè ke Moyiz pat jistifye pèp la, li pat prezante eskiz, pat di peche yo te komèt la pa gen enpòtans, ni responsabilite pèp la sou peche l te fè a. Priyè sa Moyiz te fè a anseye nou ke entèsede pou peche nou oubyen peche lòt moun se pa vinn mande eskiz, ni tou kache peche yo, ou kapab

entèsede ak efikasite lè w ap di sa ki verite, pandan w ap rekonèt reyalite peche a ak doulè a tou kri jan yo ye a. Nan ane apre yo Jezi te anseye ke se sèl : moun ki te konfese peche l yo sensèman ak tout imilite devan Bondye t ap jistifye (Lik 18:9-14).

## C. Bondye padone pèp li a

Finalman, nou li: "Lè sa a, Seyè a chanje lide, li pa voye malè sèk li te fè lide voye sou pèp la ankò" (Egzòd 32:14). Se Bondye k pa janm chanje, li enchanjab ; men ekspresyon sa a ki se  (antwopomòfis, kalite imen yo atribye ak Bondye) fè nou rann nou kont enpòtans lapriyè ak pouvwa li pou chanje tout sitiyasyon yo. "se vre ke Bondye te gentan prevwa e detèmine depi nan etènite tout sa ki te dwe fèt, men li te mete nan pwogram etènèl li a priyè lòt yo kòm engredyan plan pwovidans li a. Bondye pa jan m repanti de pwomès li yo, plan li yo, ak pawòl li (1 Sam.15:35; Wo. 11:29), men pawòl Bondye di nou li repanti nan relasyon ak atitid chanjan moun yo, kidonk nan chanjman sa yo, chanje atitid Bondye anvè yo (1 Sam.15:35), konsa chanjman pa afekte Bondye reyèlman, men relasyon nou ak lòt yo" (Pentatek Kòmantè egzejetik devosyonèl nan tout Bib la. Matthew Henry. Clie, Barcelona: 1983, p.442).

## III. Renouvèlman akò a

Se nan eksperyans inefab sa nou rankontre Bondye nan Egzòd 34:1-7 kote li te apiye entèsesyon Moyiz pou pèp la ki te kraze alyans lan. Pandan n ap koute e kontanple "...pandan Jewova devan li, li rele: —SEYÈ, SEYÈ, Bondye gen konpasyon, li lan pou l fè kòlè li rich nan lanmou ak fidelite, li kenbe lanmou li jiska mil jenerasyon apre, e li padone inikite, rebelyon ak peche, men li pap kite koupab la san pini, oubyen li pini mal paran te fè a nan timoun yo, nan nyès ak neve jous rive nan katriyèm jenerasyon" (Egzòd 34:6-7 NVI). Li enpòtan pou nou note ke se te Bondye ki te fè moun konnen l menm. Moyiz te entèsede pou pèp la pou li te ka jwenn padon pou inikite l yo ak peche l yo (34:8-9). E gras ak entèsesyon sa a Bondye te rebay pèp la wòch plat ki te genyen lwa yo ki te detwi a e li te restore alyans lan ki te brize a (34:10-28). "Sa ke Moyiz te mande an reyalite se pou Bondye te renouvle akò a ak pèp Izrayèl la, e Seyè a te aksepte demand sa... lè Bondye te fin renouvle akò sa a li te manifeste l, menm jan li te konn fè l nan akò anvan" (La Santa Biblia. Reina-Valera, Revisión 1995 de

Estudio. SBU, p.138). Eksperyans entimite diven an te reflete menm nan figi Moyiz. Lè li te sot pale ak Bondye "Moyiz pat menm konnen si figi li te klere..." figi li t ap bay esplandè ak limyè ki sanble ak Bondye (34:29). Pèp la menm t ap opine sou figi Moyiz yon bagay ki sanble ak bonte Bondye ki pakapab epuize se kòm si li te wè l fas a fas (34:30).

Pou nou menm, kretyen nouvo akò a, gen esperans pou nou vin jwenn menm entimite sa a, oubyen plis menm, sa nan tan lontan ke sèl Moyiz te jwenn lan kounye a ofri bay tout moun ki aksepte padon pou peche yo (2 Korentyen 3:18). Sèl diferans l ap gen ak Moyiz, n ap reflete glwa Bondye a yon fason k ap dire men ki pap pou yon ti tan kout, plis toujou glwa sa a ap pi sipiryè pase sa ki nan Ansyen akò a (2 Korentyen 3:6-11).

## Konklizyon

Enpasyans nou nan repons ak aksyon Bondye yo nan lavi nou ka fè nou rive pran desizyon ki pa bon e swiv yon chemen ki diferan de sa ki nan volonte Bondye pou nou. Men Bondye toujou dispoze pou l ede nou rejwenn chemen nou te pèdi a e  toujou ap genyen yon Moyiz bò kote nou k ap rele Bondye pou nou.

# Resous yo

## Enfòmasyon konplemantè

Kreyasyon ti towo bèf ki fèt ak lò a. Zanno ejipsyen yo, menm jan w wè l nan moniman yo, te plat tou won e ki fèt ak anpil metal; e menm jan ak bag ke Izrayelit yo te pote, te nan klas sa, gwosè li ak nimewo li, nan rekoleksyon jeneral la, te kapab pwodui yon gwo kantite metal ki gen valè "...Arawon pran zanno yo, li fonn yo, li koule lò a nan yon moul, li fè estati yon ti towo bèf Egzòd 32:4. Mo yo ka prete a ekivòk, tradiksyon : "li te fè yon imaj ak metal yo, e li te kouvri l ak lò likid, e yo te fè yon ti towo bèf". Yo pa di si li te gen gwosè natirèl, si l te fèt ak lò masif, oubyen yon bout bwa sèlman ki te kouvri ak poud lò. Idòl sa te sanble ak dye Apis, dye prensipal Ejipsyen yo, ki te konn adre nan Menfis ki gen fòm yon bèf vivan ki gen twa lane. Li te distenge pa yon tach koulè blan ki gen fòm triyang pa devan e kèk lòt mak pekilye. Imaj sa yo ki te nan fòm bèf antye, oubyen tèt yon towo ki sou tèt yon baton, te popilè anpil ; e yo te reprezante yon gran figi nan moniman yo, kote yo plase anvan nan tout posesyon ki te genyen, menm jan yon bagay yo mete anlè zepòl gason yo" (Kòmantè Egzejetik e eksplikatif Bib la. Tòm I: Ansyen Testaman. Roberto Jamieson, A. R. Fausset, David Brown. CBP, EUA: 2003, p.95).

Pa deyò kote kan yo ye a (Egzòd 33:7). "Kote yo te mete Tabènak la se te yon kote ki apa, se pa te nan mitan kan yo, sa genyen relasyon avèk distans ke Jewova te deside kenbe akoz peche Izrayèl (cf. v. 3-5).

Entèsesyon Moyiz la ta pral fè ke Seyè a tounen al viv nan mitan pèp li a (cf. v. 15-17; Éxodo 34.9)" (La Santa Biblia. Reina-Valera, Revisión 1995 de Estudio. p.137).

### Definisyon mo yo

**Medyatè**: "Entèmedyè ant yon nonm ak yon lòt (2 S. 14:1-23) oubyen ant Bondye ak lòm, yonn ap transmèt sa lòt la di. Nan Bib la, kote Bondye aksantye sou sentete Bondye ak kilpabilite lòm, ide medyasyon an jwenn plas li – ekspiyasyon peche yo, pwopisyasyon jistis Bondye ak rekonsilyasyon de de pati yo. Menm lè ke mo medyatè a parèt ak yon ti kras fòs, tout ekriti sen an satire de nosyon yon Bondye k ap chache kreyati li yo, ame li te yon medyatè ki kapab nan mitan pèp li a" ( Diccionario Ilustrado de la Biblia. Caribe, EUA: l974, p.413).

### Aktivite siplemantè

Entwodiksyon nan pwen I

' Envite kat moun li pasaj Egzòd 32:1-24.

' Separe yo pou yo ka prepare. Divize lekti a an kat seksyon: vv. 1–6, 7–14, 15–20 ak 21–24.

' Tout moun ap swiv lekti a nan pwòp Bib pa yo.

' Apre kòmanse dyalòg la pandan w ap poze kesyon sa yo:

a. Bay kèk lòt bagay yo itilize nan plas Bondye nan sosyete nou an? Nan kiyès moun yo mete lafwa yo?

b. Eske sa etranj pou w wè Bondye te chanje opinyon apre Moyiz te fin plede pou pèp la? Ou kwè ke yon moun ka chanje plan Bondye yo?

# Tabènak la:Kòmandman pou fè yon travay

## Marco Marroquín (México)

**Vèsè pou n konnen:** "Moyiz ekzaminen travay yo te fè a, li wè yo te fè l jan Seyè a te bay lòd fèl la, lè fini Moyiz beni yo" Egzòd 39:43.

**Bi leson an:** Se pou elèv la analize prensip yo ki te baz pou konstriksyon Tabènak la; ak fason li kontribye nan reyalizasyon travay Bondye a nan tan pa nou an.

## Entwodiksyon

Deskripsyon detaye ke evènman Biblik yo ofri nou sou kesyon konstriksyon ak preparasyon tabènak la, eksplike enpòtans ke li te genyen pou pitit Izrayèl yo ki te fè yon travay ki sanble. Konstriksyon tabènak la pou pèp ebre a, plis pase yon zafè idantite ak prestij nasyonal, se te yon reyalizasyon ki te fèt paske Bondye te bay lòd pou fè l (Egzòd 25:8-9). Valè li te kapab parèt nan etablisman yon pwomès: Prezans Bondye nan mitan pèp li a (Egzòd 29:43,45). Pèp sa a ki te soti nan esklavaj nan peyi lejip te konvèti an yon pèp ke Bondye chwazi, rezon an se pou fè travay la mache pou pi devan ak solisitid e presizyon.

## I. Direksyon Bondye bay la

Lè li konsène pwojè Bondye yo pou travay Bondye a, li endispansab pou w pa konnen kisa Bondye vle, menm jan Sòl te fè l (Travay 9:6). Nan ka sa, Seyè ki se mèt travay la te di Moyiz sa l te vle (Egzòd 25:9).

## A. Travay la te jwenn orijin li nan Bondye

"Ya mete yon kote apa pou mwen e m a vin rete nan mitan yo" (Egzòd 25:8). Travay tabènak la pat yon ide ki soti nan Moyiz, pito li te jwenn orijin li nan Bondye. Ide pou gen yon kote pou fè reyinyon ant pèp la ak Bondye. Valè reyèl tabènak la pat chita swa nan deskripsyon oubyen materyèl yo kòm yon objektif: Bondye te vle abite nan mitan pèp li a. prezans Bondye nan mitan yo te reyèl e tabènak la te yon temwayaj de sa. Bondye sa ki retire yo nan esklavaj, te bay posibilite pou konnen objektif travay sa: kominyon ak pèp li chwazi a.

## B. Bondye te bay enstriksyon ak presizyon

Depi nan chapit 25 rive nan 31 liv Egzòd la, Bondye te bay Moyiz enstrisyon ki detaye pou konstriksyon an, se pat pou tabènak la sèlman, men de tout lòt bagay ki an relasyon ak li. Nan dènye soti nou tap fè nan distri ki nan sant Meksik la; mwen te tande sirentandan jeneral la, Eugenio R. Duarte kòmante sou bagay sa: "kijan nou ta renmen pou Bondye ta ban nou enstriksyon ki presi menm jan ak Moyiz pou fè travay li. Poutan, li pa toujou ban nou enstriksyon yo konsa, poukisa? M kwè se paske l gen konfyans nan nou". Atravè pasaj sa yo nou wè ke pa gen anyen ki chape Bondye menm detay ki pipiti a, li te konnen sa ke li vle e kòman li vle l.

## C. Bondye te prepare ouvriye yo

Nan Egzòd 31:1-6, li pale nou de moun espesyal: Bezaleyèl ak Owoliyab, non sa yo te genyen kòm siyifikasyon "Anba pwoteksyon Bondye" ak "Tanp papa a", nou jwenn yo nan (Nouvo Diksyonè Bib la. Unilit, Miami: 1999, pp.39,168). Seyè a pat sèlman bay Moyiz lòd pou l konstwi tabènak la, men li te prepare yon ekip sèvitè. Ekriti sent lan di: "... Seyè a chwazi Bezaleyèl... li te ranpli li ak lespri sen ki soti nan Bondye, ak sajès epi entèlijans, lasyans ak konesans sou travay atizan yo konn fè... Bondye ba li don pou l moutre lòt moun metye sa yo, se menm jan tou pou Owoliyab...ak tout gason ki gen sajès nan kè yo...pou yo ka konn fè tout sèvis nan sanktyè a" (Egzòd 35:30-31,34; 36:1).

Nou dwe aprann bay ouvriye fidèl yo plas pou evolye lè Seyè a rele yo nan travay la (Matye 9:37-38).

## II. Fidelite lidèchip la

Nan plizyè limit kriz lidèchip la li evidan, menm nan relijyon an. Men sa ki tris la se lè yo pa bay lidèchip la valè. Lidè ke Bondye bay dwa pou konnen plan li yo, anvan tout bagay, yon sèvitè ki fidèl. Pou Moyiz menm, yo te rele l "sèvitè Jewova" (Detewonòm 34:5). San dout, sèvis se yonn nan pi gran kalite lidè yo ke Bondye itilize. Ki lòt kalite Moyiz te genyen? kijan l te ekzèse lidèchip li pou l fè travay tabènak la mache? (nou ka fè yon lis ak elèv yo sou pwen sa a oubyen ba yo vèsè Biblik yo nan pasaj etid nou an pou reponn yo menm ak pawòl Bondye a).

## A. Ansèyman sou sèvis Moyiz

An nou wè kèk ansèyman sou sèvis Moyiz lè l t ap pran direksyon travay tabènak la:

1. Yon sèvitè Bondye ki fè pèp la konnen volonte Bondye (Egzòd 35:1,4).
2. Yon sèvitè Bondye ki fè plas pou lòt yo ka patisipe nan travay Bondye a (36:1).
3. Yon sèvitè Bondye ki rekonèt apèl diven, lòt konfrè yo (35:30).
4. Yon sèvitè Bondye ki konnen enpòtans yon bon administrasyon genyen (38:24-31).
5. Yon sèvitè Bondye ki kapab kòmanse e fini yon travay ke Bondye mande l (39:32,43; 40:33).
6. Yon sèvitè Bondye ki bezwen sipèvize travay la e rekonèt sa yo ki te travay ladan (39:43).

## B. "Kijan Jewova te voye"

Nan vèsyon Reina-Valera 1960, ekspresyon sa a "Kijan Jewova te voye" te parèt apeprè 24 fwa nan pasaj etid nou yo (Egzòd 35-40). Selon diksyonè, ekspresyon sa se "yonn nan fòmil ki anndan Bib la" (Diccionario Expositivo VINE. Caribe, Colombia: 1999, p.188). Swenyaj Moyiz ak tout sa yo ki te patisipe e travay nan lèv la, poul te ka rive fèt "jan Bondye te vle l la", fè konprann imilite e obeyisans devan volonte Bondye ak lidè k ap dirije lèv la. Nou pa ka pouse travay Bondye pou pi devan, si nou pa dispoze fè volonte l. Sèvitè otantik Bondye yo, san dout, obeyisans e jalou ak sa ke Bondye ap tann pou yo fè. Kòmantè Biblik Beacon lan, di konsa: "...istwa ki enspire a montre nou avèk konbyen atansyon e fidelite mesye sa yo te angaje yo pou swiv chak detay modèl ke Bondye te voye ba yo; e kijan Seyè a pran plezi nan kenbe istwa egzat pwòp obeyisans pèp li a" (Kòmantè Biblik Beacon. Tòm I. CNP, EUA: 1969, p.310).

## III. Angajman pèp la

Yon kle ki fondamantal pou selebre travay la se angajman pèp Bondye a. Patisipasyon pèp la nan reyalizasyon devwa sa se pat yon bagay moun pa ka wè, li pa pasif, ni kontanplatif. Obsève ekspresyon ki nan Egzòd 39 :42, "an konfòmite a tout bagay ke Bondye te voye bay Moyiz, se konsa tout pèp Izrayèl la te travay".

Menm si, nou obsève kèk non k ap soti, travay la jan l ye a, se te rezilta angajman total pèp Bondye a (Egzòd 35:20-21). Nan ki fason gwo angajman sa a te manifeste? Nou relve o mwen twa:

## A. Api nan lidèchip la

Depi nan moman kote Moyiz te konvoke pitit pèp Izrayèl yo, li te jwenn yon repons nan men tout (35:1,20). Pou fè bagay ke Jewova te mande sèvitè l, pèp la te dispoze e disponib. Pa gen anyen ki pi move ke sa nou rele pasyalite yon kongregasyon devan travay Bondye a. Sa se yon "maladi" ki te detwi Legliz yo ak ministè yo. Mwen sonje, eksperyans yon pastè, ki te konvoke lidè li yo pou prezante pwojè pou Legliz la. Apre yon long diskisyon, yo pat rive jwenn okenn lòt akò. Sèvitè Bondye a ki te rete san l pat janm di anyen sou pwen sa a, te mande lapawòl e l te mande chak nan yo: "Nou konsidere ke plan sa yo nou te prezante a fè Bondye plezi?". San esepsyon yo tout te reponn wi. Ak sila ke pastè a te adrese: "Alò, kesyon pou reponn lan se pa si m dakò oubyen non; men pito se poum dispoze pou fè sa pou sa yo ki fè Bondye plezi?". Pa gen pi gwo benediksyon pou travay la ke api moun ki dispoze yo pou realize sa ki fè Bondye plezi.

## B. Yon kè ki renmen bay

Se pou nou pran nan sa nou genyen pou fè ofrann pou Seyè a. tout moun ki vle bay ak tout kè yo va fè l..." (Egzòd 35:5). Sa se te envitasyon yo fè pèp la, e repons lan pat mize, jan nou kapab konstate l nan vèsè 29 la. "Kè ki jenere", "Kè ki gen volonte" se ide ki kle pou konprann angajman nan kesyon lajan pitit Bondye yo, ofrann lan se yon ekspresyon kè pou Bondye (2 Korentyen 9:7). Peter Wagner, premye moun ki te enveste nan kwasans Legliz yo kòmante pou l di ke travay Bondye a "...koute lajan. Tout bon vre, lajan sa finalman te soti nan pèp Bondye. Pandan n ap obsève Legliz yo k ap grandi, m te rankontre gran emosyon nan mitan yo... moun yo kwè nan sa k ap pase a, e yo dispoze pou peye kont yo. Kongregasyon ki chich yo, ki ava yo pa tip kongregasyon yo ki grandi. Manm Legliz ki grandi yo se yo menm ki bay ak lajwa e Bondye renmen yo menm jan li di l pral fè sa" (Peter Wagner. Guiando Su Iglesia al Crecimiento. Unilit, Miami: 1997, pp.69-70).

Sa ke nou li nan Egzòd 36 : 2-7, ka fè nenpòt moun sezi. Yon pèp ki bay plis pase sa yo t ap tann li bay la. Lè nou gen kè ki dispoze pou kontribye nan yon kongregasyon, pap janm gen nesesite nan travay li a.

### C. Dispozisyon nan sèvis la

Tout travay nan tabènak la te posib, gras ak dispozisyon pitit pèp Izrayèl pou yo ka sèvi (Egzòd 39:32). Sèvis la se kè tout gran lèv. Nou pa ka pi gran pase moun nou dispoze pou sèvi a. Seyè Jezi te anseye disip li yo ke grandè moun k ap swiv li yo chita nan sèvis (Lik 22:24-27).

An nou obsève plis bagay toujou: "Moyiz ekzaminen travay yo te fè a, li wè yo te fè l jan Seyè a te bay lòd fè l la; Lèfini Moyiz beni yo" (Egzòd 39:43). Nou menm k ap sèvi Bondye, nou dwe konsyan ke nou nesesite sipèvizyon, se pa pou di nou ke sa manke oubyen sa te mal fèt sèlman. Sipèvizyon ki bon tout bon an fini pa anrichi nou, ede nou grandi nan travay Bondye a epi ban ou kouraj pou fè pi byen toujou "travay Seyè a te voye nou fè". Men yon lòt bò, nou menm k ap sèvi Bondye nou bezwen apresyasyon pou travay lanmou lèv li a. Nan ka sa, Moyiz "te beni yo". Li tris, lè nou pa rekonèt valè sa yo ki pou Seyè a nan mitan nou. Pòl anseye Legliz Tesalonik lan pou yo pran swen aspè sa ki enpòtan anpil (1 Tesalonisyen 5:12-13). Bat bravo menm pou pwogrè ki pi piti a, sa ap toujou pote motivasyon, benefis ak benediksyon de sa nou ta ka panse pou pèp Bondye a. Pitit Izrayèl yo te gen yon lidè ki pat sèlman tou prè pou obeyi ak sa Bondye te vle men tou li te apresye valè chak grenn nan yo.

Se pa yon sekrè lè nou pran o serye prensip sa yo nou rejwi favè Bondye. Sa te kòmansman yon nouvo epòk: "kounye a Izrayèl kapab rejwi li pou sekirite favè Bondye a ki te retounen vin jwenn yo. Retou Bondye apre peche yo a te kapab long epi di e pou kèk tan li te parèt tankou yo abandone a pwòp chans pa yo, men kounye a yo te konnen ke Bondye te avèk yo nan mizèrikòd li. Avèk gloriye nòt padon pafè sa e aseptasyon liv Egzòd la, istwa plan redanmtè a rive nan bout li". (Kòmantè Biblik Beacon. Tòm I. CNP, EUA: 1969, p.312).

### Konklizyon

Direksyon Bondye a, fidelite nan lidèchip la ak angajman pèp la se te prensip fondamantal nan konstriksyon tabènak la, rezilta a? Glwa Bondye te desann! Se pa yon sekrè lè nou pran prensip sa yo nou rejwi favè Bondye a.

# Resous yo

### Enfòmasyon konplemantè

Ansyen Testaman mansyone twa tant oubyen tabènak. Nan premye lye, apre peche ti towo bèf ki fèt ak lò a sou mòn Sinayi, tabènak "pwovizyonèl la" te etabli deyò kote kan yo te ye a epi yo te vin relel "Tabènak kote yo fè reyinyon" (Egzòd 33:7). Nan dezyèm lye, tabènak "sinayitik" ki konstwi selon endikasyon yo ke Bondye te bay Moyiz (Egzòd 25-40). Diferans li te genyen ak tabènak reyinyon an, yo te jwenn sanktyè sa nan mitan kan yo (Nonb 2). A la fen, tant davidik la te fèt nan peyi Jerizalèm pou resevwa ak la   (2º Samyèl 6:17). (Diksyonè Biblik Ilstre Hollman. B&H Publishing Group. EUA: 2008, pp.1524-1525).

### Definisyon mo yo

Tabènak: Sanktyè yo te ka pote ki te gen anndan l bwat la ki te senbolize prezans Bondye nan mitan pèp li a. Li te sèvi Izrayèl depi nan konstriksyon l nan Sinayi, jis rive nan konstriksyon tanp Salomon an (Diksyonè Ilistre Bib la Caribe, EUA: 1977, p.638).

Chekina: avèk mo sa a nou kapab wè manifestasyon vizib prezans Bondye, tankou kolonn nyaj la ak dife a ki t ap gide Izrayèl nan dezè a. Menm lè mo a pa parèt nan Bib la, men li te itilize nan parafraz jwif yo tankou sinonim pou Bondye ak glwa li (Diksyonè Tewolojik Beacon. CNP, EUA: 1984, p.643).

### Aktivite siplemantè

1.   Pou kòmanse klas la, li posib pou itilize postè yon edifis ki reprezante peyi li epi lòt aksyon an itilize imaj tabènak la. Pèmèt elèv yo, obsève yo avèk atansyon avèk finalite pou koute enpresyon yo sou sa.

2.   Nou kapab jwenn imaj tabènak yo sou sit wèb sa a:http://www.editoriallapaz.org/tabernaculo_ desglose.htm

3.   Nou kapab pran plan tabènak sa a kòm yon èd nou ka wè:
http://spanish.benabraham.com/html/_que_ es_el_santuario.html

# Konsolidasyon yon pèp

### Patricia Picavea (Guatemala)

**Vèsè pou n konnen:**"Kounye a menm si nou koute sa mwen di nou, si nou kenbe kontra mwen an, se nou menm m ap chwazi pou moun pa m nan tout pèp sou latè" Egzòd 19:5.

**Bi leson an:** Se pou elèv la repase tout evènman yo ki te bay orijin ak Izrayèl kòm yon pèp.

## Entwodiksyon

Nan dènye chapit Jenèz la (46-47) nou li istwa Jakòb ak fanmi li ki rive nan peyi lejip akoz famin lan ki te genyen Kanaran. Swansanndis moun te rive Gozenn, tè ki te destine ak yo kòm gadò (Jenèz 46:34). Yo te rive ak esperans, avèk dezi pou yo travay pou yon demen miyò, men tou yo te pote travay yo ak eksperyans nan peyi ki te resevwa yo a (Jenèz 47:6b).

Kèk lane apre, politik yo te vinn chanje rapidman fas ak Izrayelit yo. Nouvo wa a pat konnen listwa a, pat konnen sa ki te rive ak Izrayelit yo, li pat konnen tout sa Jozèf te fè, kontribisyon l te pote lè li te antèt administrasyon gouvènman peyi Lejip la. Sikonstans sosyal yo, politik ak ekonomik yo vin difisil pou sa ki t ap pase nan pèp Izrayèl la, yo pat limite travay diven an nan aparisyon yon lidè pou pèp Bondye a.

## I. Nesans ak fòmasyon Moyiz

Nouvo wa Ejip la te santi li menase pou pèp sa ki t ap grandi e ki t ap gen plis fòs jou aprè jou san li pat ka anpeche yo.

Menm si wa Ejip la te panse l genyen batay la kont Izrayelit yo, Bondye t ap aji yon fason souveren nan pitit fi Farawon an. Nan Egzòd 1 ak 2:10 nou kapab note men Bondye k ap fè mouvman san fè bri, nan yon fason senp men ki mirakilez, nan travay pou l leve yon lidè pou pèp li a.

Se te pwòp pitit fi Farawon an ki te voye chache manman tout bon Moyiz te genyen an, Jokabèd, pou l te ka pran swen l pou yon ti tan.

Bondye te travay yon fason souveren pou leve yon lidè, pandan l t ap itilize sikonstans ki nan anviwon l yo. Pa gen moun ki te imajine ke nan mitan opresyon ak esklavaj, yon lidè ta parèt.

Moyiz te edike tankou Ejipsyen, men malgre sa li te santi l se yon Izrayelit. Yon jou konsa li t ap obsève yon Ejipsyen ki t ap bat yon ebre, li te atake l epi li te touye l. pou l te ka asire l ke moun pa t konn sa, li kache kadav la. Nan lòt jou apre yo li te vin konnen ke krim sa te dekouvri pandan l t ap bat pou l met inyon nan mitan de ebre, yo te joure l e yo te fè l konnen ke yo te wè sa ki te pase ak Ejipsyen an.

Devan sa k te fèt la li kouri al kache nan peyi (Egzòd 2:11-15) Madyan, lwen liks ak pouvwa. Prèt peyi Madyan, (Rehuel) ke yo rele Jetwo tou te genyen sèt pitit fi ki te konn pran swen twoupo l yo (Egzòd 2:16). Moyiz te rekonèt yo pandan yon lòt gadò te atake yo li menm li te defann yo. Kòm rezilta bagay sa, Moyiz te jwenn yon fanmi ak yon madanm (Egzòd 2:16-22).

Anpil ane pita Bondye te parèt sou Moyiz e li te voye l al sove pèp li a men li pat dakò touswit ak plan Bondye a (Egzòd 3).

Finalman, li te ouvri kè li: "Eskize m wi Seyè! men poukisa ou pa voye yon lòt moun pito (Egzòd 4:13). San dout te genyen lòt lidè ki te gen pi bon kalite pou asime responsabilite sa a. Finalman Seyè a te move sou Moyiz e li te deside pou Moyiz ta pataje lidèchip li a ak frè li Arawon, li menm ki t ap tankou yon pòt pawòl pou li. (Egzòd 4:14-15).

## II. Soti nan peyi Lejip la
### A. Moyiz te rekòmande

Moyiz te kòmanse yon eksperyans tou nèf ki ta pral make vi li pwofondman, vi fanmi li, peyi li ak monn lan (Egzòd 4:18-26).

Moyiz te fè yon eksperyans ekstrawòdinè ak Bondye, li menm ki te ba li plan li pou libere pèp Izrayèl la nan lesklavaj nan peyi Lejip e li menm l ap fè pati plan ekzekisyon an. Ki privilèj ki pi gwo pase sa! Moyiz te okipe yon gwo plas nan egzekisyon plan Bondye a.

Bondye te sèvi ak Arawon, frè Moyiz la pou l te kapab sipòte l. Bondye toujou fè pwovizyon moun yon fason pou l pouse pou pi douvan ak plan li. Moun ki gen kè yo dispoze pou sèvi li ak pwochen yo ak lanmou e Bondye konnen sa.

**B. Moyiz ak Arawon devan Farawon an**

Moyiz ak Arawon (selon enstriksyon Bondye yo) te prezante yo devan pi gwo otorite ki genyen nan peyi Lejip, Farawon an. Kat prezantasyon li an te klè: "Men sa Seyè a Bondye pèp Izrayèl la voye di ou" e mesaj li te pi klè toujou: "Kite pèp mwen an ale pou yo ka fè yon fèt pou mwen nan dezè a" (Egzòd 5:1b).

Mesaj Bondye a te bay otorite Farawon an yon defi ak tout dye ejipsyen yo, sa se te deja yon lòd men se pa t yon bagay yo te mande. Farawon an te reponn ak otorite ke l pat konnen Jewova e ke li p ap kite pèp la ale. Yo te reponn ak detèminasyon ke Bondye te òdone pou y al nan dezè a pou adore l e fòk yo obeyi pou yo kapab evite kèk soufrans ki ka rive nan tan k ap vini an (Egzòd 5:2-3).

Farawon pat sèlman refize manda Bondye a men li te vle fè sèvitè Bondye yo santi yo koupab pandan l t ap ogmante travay pèp ebre a.

Se te konsa Farawon an te planifye sa, gwo chèf yo t ap kilpabilize sèvitè Bondye yo, Moyiz ak Arawon, pou soufrans ak fristrasyon pèp la.

**C. Kontinye plan pou soti**

Devan lògèy ak gwo kòlèt Farawon an, Bondye te pwomèt Moyiz ak Arawon demonstrasyon travay pisan avèk pil siyal ak mèvèy yo, ki koresponn ak jijman ki ta pral tonbe sou Lejip (Egzòd 7:8-9).

Nan baton Arawon an, Seyè a te pwouve e li te anseye ke otorite li, pouvwa li ak dominasyon li te sou tèt Farawon ak tout dye Ejipsyen yo, menm jan jounen jodi a li sou tèt baryè ak difikilte nou yo (Egzòd 7:10,12).

Moyiz ak Arawon, pèsevere fidèlman nan misyon yo, konfyans yo nan Bondye te soutni yo e yo pat fè bèk atè devan fo majisyen ejipsyen yo, men yo te pran fòs nan pawòl Bondye a, nan dirabilite l ak pouvwa l, yo te venk nenpòt lòt pouvwa menm si l te gen rapò ak latè oubyen espirityèl

**. D. Plè yo**

Sa enpòtan anpil pou nou ta konsyan ke chak plè sa yo te reprezante yon dye yo te konn adore nan peyi Lejip. Nan ka premye plè a li nesesè pou nou siyale ke nil lan te konsidere kòm yon bagay sakre e li te yon objè adorasyon (Egzòd 7:14-25).

Le fèt ke Bondye ta konvèti an san "reprezantan kreyasyon, fekondite ak fètilite", fas ak kwayans ejipsyen yo, sa te yon kou mòtèl.

Yonn nan dye pa yo, se te yon dye ki gen tèt krapo e yo sipoze ke l te genyen pouvwa pou kreye. Sipèstisyon relijyez yo te oblije ejipsyen yo pou respekte kreyati sa yo ki nan moman sa yo te rayi e deteste, e si se pat dye yo te ye, yo t ap touye yo nan yon moman.

Avèk plè pou yo pat genyen negosyasyon ak wa a (Egzòd 8:16-19). Sèlman te genyen yon demonstrasyon yon fòs siperyè Bondye ki te venk Ged, dye terès la. Se te premye fwa, majisyen yo pat ka imite sa ak maji (v.18). Yave te moutre pouvwa li pandan li itilize yon ti bagay tou piti ki se pou.

Avèk plè mouch yo se te pou premye fwa yo te kòmanse mo distenksyon ant Izrayelit yo ak ejipsyen yo (Egzòd 8:20-32). Izrayèl t ap viv nan tè Gozenn e kote sa pat afekte ak ti bèt yo. Objektif ki eksplike distenksyon sa a se pou Farawon an te ka konnen ki moun ki te dèyè plè sa a: "mwen se Jewova yo" (v.22).

Devan tèt rèd Farawon an, Bondye te voye yon plè k al atake sèlman betay ejipsyen yo (Egzòd 9:1-7). Plè sa a te gen yon rezilta ki vle di anpil bagay, si nou rann kont ke manman bèf yo te konsidere kòm bagay ki sakre e yo te reprezante yo pa mwayen Ptah, dye fètilite a e Atò, deyès ki fèt sou fòm manman bèf la.

Nan Egzòd 9:8-12 nou wè pouvwa Seyè a pa mwayen yon mirak ki genyen yon doub transfòmasyon: sann lan transfòme an pousyè e pousyè a te lakoz gwo bouton ak maleng.

Jewova, yon lòt fwa ankò, te manifeste pouvwa li devan Farawon ak pèp li a.

Apre demonstrasyon an te vin genyen answit yon tanpèt grèl ki te kouvri teritwa e pita ak yon plè krikèt (Egzòd 9:13-35; 10:1-18).

Toujou nan menm istwa a Jewova te voye lòt jijman (Egzòd 10:21-29). Yon kokenn chenn fènwa te tonbe sou Lejip. Tenèb sa te tèlman près, pat janm gen yonn konsa ki te rive anvan. Jiska pwen sa, nèf plè te tonbe sou peyi lejip kòm evidans pouvwa li.

**E. Pak la**

Pou fè diferans ant premye ne ejipsyen yo ak Izrayelit yo li te nesesè pou ranpli kèk kondisyon. Siperyorite pouvwa Bondye sou dye ejipsyen yo, Farawon ak pèp li a, gentan fin manifeste. Pak la te anonse kòmansman soti Izrayèl la. Apre soti yo nan peyi lejip Bondye te bay Moyiz lòd pou li dedye yon nwit pou yo selebre pak la kòm gratitid a li menm ki libere yo.

Menm lè petèt nan kòmansman pèp la pat konprann tout bon vre objektif kisa bagay sa yo te siyifi, liberasyon sa te okipe yon espas santral nan tout lòt devlopman yo ke pèp Izrayèl la te atenn anvan. Liberasyon sa a te konstitiye yon afimasyon siperyorite Bondye sou dye ejipsyen yo te konn adore ak relijyon politeyis yo a.

### III. lavi nan dezè a

Nan Egzòd 13:21 nou note nouvo prezans li, yon nyaj lajounen ak yon kolonn dife lannwit (poutèt pou yo te ka mache san rete). Jan prezans Bondye parèt la te inik, anvan pat janm gen moun ki te wè sa.
Bondye te travay yon fason ekstrawòdinè nan liberasyon
Izrayèl pèp li a e nouvèl la te gaye nan tout nasyon yo ki antoure lejip. Madyan se te yon nasyon ki te plase nan pati lwès lejip e jis lòt bò a nouvèl la te rive nan zòrèy Jetwo (Egzòd 18:1).

Sa te menm bay Jetwo pwoblèm poutèt Moyiz paske li menm sèl te anchèf tout pèp la ak Jetwo (Egzòd 18:14).

Kòmansman delegasyon an te kle nouvo sistèm lidèchip la pou Moyiz, sèlman pandan l ap rankontre moun ki te ka dirije lè sa a li ta kapab repoze (vv. 21-22).

### A. Izrayèl sou mòn Sinayi

Kat chapit Egzòd sa yo (19-23) dekri yon Bondye ki te vle kreye yon kominote atravè yon pakèt fòm, li pat baze sou zansèt yo, prèv yo te genyen ansanm oubyen menm objektif men yo te baze sou:

- Rankont yo te pataje ak Bondye.
- Yon lyen solid ak Bondye.
- Tradisyon yo ak rit popilè yo.
- Prensip ak valè yo te pataje.
- Etik sosyal yo te pataje.
- Menm disiplin.

Nan Sinayi Bondye te bay Moyiz "Dis kòmandman yo". Sa yo se te yon pakèt bann prensip revolisyonè yo te met ansanm pou te transfòme monn lan yon sèl kou, relasyon yonn ak lòt e moun ak Bondye. Kòmandman sa yo te ekri ak men Bondye menm, yo te moutre bagay ki esansyèl yo pou kenbe bon relasyon yo ak Bondye.

### B. Tabènak la

Tabènak la se pat yon bagay Moyiz te envante oubyen pèp la pou yo te ka genyen yon kote pou adore Bondye oubyen yon kote li ta kapab kominike ak yo. Okontrè sa te yon plan ke Bondye te kreye e ke li menm menm te trase. Tabènak la se te tankou yon espès tant kanpay yo ka pote ki te senbolize prezans Bondye nan mitan pèp la (Egzòd 2:8). Tabènak la te totalman demoutab sa te fasilite deplasman li lè sa te nesesè.

### C. Renouvèlman akò a

Pandan ke Moyiz te Sinayi pèp la te peche pandan yo te vyole dezyèm kòmandman ki nan dekalòg la (Egzòd 20:4-6). Pèp la te santi l fatige nan swiv yon Bondye li pa ka wè, (Egzòd 32:1b), yo te vle mete lafwa yo nan yon bagay yo ka wè e yo ka touche. Arawon tande pawòl yo a e li te fè yon ti towo bèf ak lò (Egzòd 32:4-5).

Devan aksyon sila Bondye menm te eksprime jijman li kont peche pèp la. Depi menm lè yo fin kòwonpi a, yo kite chemen Seyè a te trase, yo te fè yon imaj Dye epi yo te adore l, Seyè a menm te pran distans ak yo, (v.7).

Nan Egzòd 32:11-13 nou li ke Moyiz te vinn konvèti kòm yon medyatè pèp la ki te peche e ofanse Bondye. Moyiz te entèsede pou pèp la pou li menm te ka jwenn padon pou inikite li ak peche (34:8-9). E gras ak entèsesyon Bondye te vin padone yo e li te rebay pèp la galèt wòch ki te gen lalwa yo ki te detwi e li te restore alyans lan ki te brize (32:14;34:10-28).

### VI. Konstriksyon tabènak la

Depi nan egzòd chapit 25 rive nan 31, Bondye te bay Moyiz enstriksyon yo byen detaye, pa sèlman tabènak la, men tout sa ki gen relasyon ak li menm.
Seyè a pa sèlman te bay Moyiz lòd pou konstwi tabènak la, men li te prepare pou li yon ekip sèvitè (Egzòd 35:30-31,34; 36:1).

Pou kòmanse konstriksyon tabènak la Moyiz te mande pèp la pou yo bay ofrann (Egzòd 35:5) e repons lan pat fè yo ret tann, jan nou ka wè l nan vèsè 29 la.
Yon kle enpòtan pou selebrite lèv la se angajman pèp Bondye a. Patisipasyon pèp la nan reyalizasyon travay sa ki pa yon bagay moun pa tap ka wè, ni pasif, ni kontanplatif. Obsève ekspresyon an nan Egzòd 39:42. Menm lè, nou obsève kèk non k ap soti, lèv la jan l ye a, se te rezilta angajman total pèp Bondye a (Egzòd 35:20-21).

### Konklizyon

Ki ansèyman etid Egzòd la te kite nan lavi ou? Bay yon ti tan pou klas la eksprime sa yo te aprann nan trimès sa a. (A travè tout liv Egzòd la nou ka wè fòmasyon pèp Izrayèl la ki gide pa Bondye ak men Moyiz. Sèlman si nou rete anba volonte Bondye n ap rive sa nou dwe ye a).

# Bib la ak Dwa Moun

## Dezyèm trimès

Respè yonn pou lòt

Nou gen garanti endividyèl yo

Yon kote pou viv

Dwa ak devwa yo?

Dwa fanmi an ak pwopriyete

Pandan n ap kwè ak kouraj epi libète

Patisipasyon politik ak sekirite sosyal

Nou bezwen yon repo

Dwa ak edikasyon e kilti

Pandan n ap selebre wa pou toutan

Jezikri Sovè nou an viv li!

Yon trezò nou pa konnen

Bib la ak dwa moun yo

# Respè youn pou lòt

## Carlos Parada (Guatemala)

**Vèsè pou n konnen:** "Kounye a pa gen diferans ant ni moun ki jwif, ni moun ki pa jwif; pa gen diferans ant moun ki esklav ak moun ki pa esklav; ant fanm ak gason; nou tout nou fè yonn nan Jezikri" Galat 3:28.

**Bi leson an:** Se pou elèv la konprann enpòtans libète a, egalite ak fratènite nan lòd sosyal la ak relasyon chak jou li yo.

### Entwodiksyon

Menm si gen pwoblèm ki ekziste nan monn lan k ap chache yon fen, (inegalite, eksplwatasyon, abi) sa yo kontinye ap pase nan prèske tout monn lan.

Kreyasyon Adan ak Ev, te fèt ak "imaj e resanblans Bondye", konsa nou fèt, depi nan pèspektiv Bondye, lib epi egal nan dwa yo ak obligasyon yo anvè lòt yo. Nan leson sa a nou pra l wè kijan nou ka prezante tèm Biblik sa yo ak kèk atik sou dwa lòm (nou ka rankontre atik sa yo nan seksyon resous yo).

### I. Libète moun: Yon dwa Bondye egzije

Dwa moun yo, te apwouve nan asanble jeneral Òganizasyon Nasyon Zini yo (ONU) nan lane 1948, apre de gè mondyal yo ki te koute vi plizyè milyon moun. ONU, pat fè plis pase sa yo te konnen ankò sa Bondye te etabli pandan anpil lane pase nan Ansyen Testaman e ratifye nan Nouvo Testaman.

Li enpòtan pou siyale ke li te kreye ak imaj epi resanblans Bondye, genyen aspè ki fè pati lòm e ki pa ka separe menm ak nati moun yo (diyite, idantite, kilti, libète, eks.). Epoutan, nan moman monn lan t ap devlope, kèk sosyete te tèlman kreye siperyè ak lòt yo, yo te rive itilize fòs militè nan nonm oubyen ekonomik oubyen politik, pou soumèt anba lòt yo.

Oganizasyon sila a, genyen kòm finalite pou veye pou leta yo fè avèk bay, ak abitan li yo eleman ki pipiti yo pou yo ka genyen yon vi pasifik nan mitan yo. Aspè sa a, pa plis pase rekonèt sa Bondye te etabli nan pawòl li.

Li enpòtan, ke pou nouvo jenerasyon yo, jwenn ansèyman ak edikasyon sou papye ki moutre libète tankou egalite chak moun nan lavi chak jou sosyete kote l ye a. nou pa ka nye, ke nan dat la nou te echwe nan konsesyon finisman sa anndan fanmi an tankou enstitisyon edikatif piblik yo ak prive yo e nan legliz, se

kote sa yo ki ta dwe kote pou fè fòmasyon pou valè sa yo. Pati enpòtan nan nenpòt sosyete, se anseye depi nan pi piti laj ak abitan li yo (Pwovèb 22:6) valè tankou: Libète, egalite, fratènite, respè, eks. Sa yo se bagay pou konnen nan yon fòm masiv kòm rezilta revolisyon fransè a ki te fè anpil san koule.

Anvan w kontinye li pou klas la atik sa yo: 1, 4 ak 29 oubyen ba yo li tou ekri pou yo menm ka li epi opine sou sa yo panse sou sa ki di a. Apre an nou wè kisa pawòl Bondye anseye nou sou tèm sa a.

### A. Libète moun

Esklavaj te pratike epi ap pratike kont volonte Bondye. Se tankou onètete ki nan Bib la ki soti tankou esklavaj ki te pou pèp ki te ozalantou pèp Izrayèl yo e pi devan nan mitan menm pèp Bondye a, abitan sa yo te kopye pratik sila sou vwazen yo, pandan l t ap pran esklav kèk fwa kòm dèt, lòt yo tankou biten nan lagè. San rann kont de kredo ak nasyonalite oubyen koulè po oubyen tou panse ki sou relijyon yon moun anyen pa jistifye rediksyon libète a.

Lwa majorite leta ki nan monn lan te aboli lesklavaj e pini nenpòt kondisyon ki sanble ak li. Nan konstitisyon politik yo nan majorite peyi yo, yo te etabli yon chapit k ap veye pou akonplisman dwa moun yo atravè lwa espesifik yo, avèk karaktè konstitisyonèl.

Yo te kreye tou yon esè sou dwa moun yo, aprè lè yo te fin ratifye enstriman jiridik sa pa mwayen pouvwa lejislatif li, kongrè oubyen kamera, ki an akò ak sistèm politik li a.

### B. Lane jibile a ak remisyon an

Nou te kreye pa Bondye poun lib, se sa ki yon nesesite nan chak grenn moun pou jwi libète sa a.

Remisyon an te dwe akonpli chak sèt ane e sa te egzije liberasyon nenpòt dèt (Detewonòm 15:1-2,9; 31:10). Yon lòt kote te genyen jibile a ki te dwe akonpli chak senkant ane, se pa sèlman peye nenpòt dèt men se pou yo te remèt tou moun yo sa ki pou yo e kite tè a repoze nan semans li (Levitik 25:10-13).

Ane jibile a ak remisyon an te egzije liberasyon lòm ak byen li yo pa mwayen manda Bondye. De enstitisyon sa yo te aple pou amelyore kondisyon lavi sa yo pou divès rezon nan lesklavaj, pou dèt yo, gè yo eks, se pat, ni se pa plan Bondye, pou desann valè imen yo, gen nan pèp Bondye a ki te responsab pou pwomouvwa ak anseye prensip fondamantal sa yo avèk tout sa ki gen rapò ak yo.

## II. Limanite devan trete kriyèl la

Li avèk klas la atik 5 lan.

### A. Trete anvè moun yo

Se pa mwayen Bib la, ke Bondye, te fè konnen enterè li nan kisa poun pa soumèt oubyen atriste moun yo san jistis. Pa gen moun oubyen leta ki gen dwa pou atriste jan yo vle lòt yo, san yo pa rann kont de orijin etnik yo (Ekzòd 12:48-49;20:10; 22:21; 23:9), nivo ekonomik oubyen edikatif, pozisyon sosyal oubyen politik eks. (Ekzòd 23:3, 11; 30:15; Levitik 14:21; 19:10,15; Detewonòm 15:11; 24:12,14). Pa gen rezon ki jistifye diskriminasyon, eksplwatasyon, majinasyon, inegalite, restriksyon libète a sou okenn fòm.

### B. Yon salè ki jis

Tout moun bezwen bay tèt yo manje ak sa yo genyen, pandan y ap satisfè sitiyasyon sa ki priyoritè e ki reyèl. Poutèt sa moun yo ap travay; sa se kòz ki te fè ke Bondye menm òdone ke pou okenn rezon salè yon moun pa dwe kanpe nan wout, paske se sa ki soutni l e satisfè pwòp bezwen li yo ansanm ak pa fanmi li yo. (Levitik 19:13; Detewonòm 24:14,15; Jeremi 22:13). Li te bay patwon yo, antrepriz yo, enstitisyon yo eks. Pa kenbe salè moun yo pou rezon ki pa aseptab e k ap vyole lalwa. Nou pa dwe nye ni omwen inyore ke anplis de salè a, yo dwe bay vakans yo, e yo dwe peye sèvis prete travayè a, menm si se te travayè nan biwo domestik yo, mesaje, jounalye, eks. (Jòb 7:2; Zakari 7:8-10; Malachi 3:5) se dwa tout moun genyen san gade sou kondisyon li.

Genyen yon avètisman ki soti nan Bondye kont moun ki pa peye travayè a salè li (Pwovèb 3:33-35; 4:31-34). Genyen yon malediksyon pou moun sa yo ki fè mal ak moun san defans yo. Se Bondye menm ki pran swen

sa yo ki nan bezwen. Nan fason sa si sa pa fèt se pa sèlman kont sa Bondye etabli y ap ye, men tou se vyole lwa peyi a, sa se rezon ki fè Bondye avèti ke n pral sibi konsekans pou aksyon sa a.

Lwa nan plizyè eta pini sa yo ki pa peye moun ki travay yo. Pa mizèrikòd Bondye, genyen lwa ki proteje dwa travayè yo. Li enpòtan pou nou konnen enstitisyon sa yo, yo ka enfòme kongregasyon an nan ka kote ki gen bezwen.

## III. Lòd sosyal ak fratènite a

Li ak klas la atik 1, 2 ak 28.

### A. Nou dwe renmen yonn lòt

Lanmou ede nou viv nan lapè nan sosyete kote nou ye a (Women 12:10; 13:10; Galat 5:13-14; Jak 2:1;1 Pyè 1:22). Nou dwe anseye nouvo jenerasyon yo lanmou ak respè pou pwochen li. Travay sa a se pwòp responsabilite papa nan fanmi yo nan fwaye a, leta pa mwayen ledikasyon ak Legliz nan fòmasyon espirityèl la.

### B. Nou dwe aprann viv ansanm

Li enpòtan pou nou aprann viv ansanm ak tout moun san gade sou diferans endividyèl yo ak sosyal yo (Malachi 2:8-10; Women 12:18; 1 Pyè 2:13-17). Awogans kèk gwoup ki panse yo pi enpòtan pase lòt mete lagè ak pwosè nan mitan peyi yo. Pou evite sitiyasyon sa yo, li enpòtan pou nou fè izaj tolerans, respè, èd yonn pou lòt, pandan n ap kòmanse nan fanmi ak Legliz la; pou nou kapab egzije gouvènman yo k ap chache fason pou produi bagay sa yo anndan pwòp peyi li.

Li nesesè, pou konnen sa pawòl Bondye a di sou tèm sa, an plis nou dwe preokipe nou pou konnen epi domine lwa nan peyi nou yo, pou itilize yo nan pwofi pa nou e pou sa yo tou k ap soufri mal sosyal sa yo oubyen ki santi yo soumèt nan lesklavaj oubyen ki konsidere tankou moun ki nan dezyèm kategori. Lwa anpil peyi, espesyalman konstitisyon yo, envoke Bondye, pou piblikasyon lwa ki pral òdone lavi abitan yo. Nou dwe, kòm kretyen, anplis de etidye Bib la poun konnen sa Bondye mande pou nou viv ak anseye lòt yo viv tou, konnen tou sou lwa ki pale sou libète ak fratènite nan peyi kote n ap viv la.

Pou m egzije lòt yo respekte dwa m, li nesesè

pou m respekte dwa pa yo anvan. Li se yon bezwen ijan pou aprann viv nan sosyete nan amoni, pou vi a ka plis agreyab e mwen vyolan.

## Konklizyon

Nou te kreye ak imaj Bondye ak resanblans li, libète fèt pou tout moun. Pa gen rezon pou diskrimine, mete nan esklavaj, abize oubyen eksplwate nan nenpòt fòm li ye a yon moun kèlkonk

# Resous yo

## Enfòmasyon konplemantè

Si ou vle ou ka fè kopi atik yo sou dwa moun ki gen rapò ak leson sa pou klas la oubyen kopye l sou tablo a oubyen sou yon fèy papye pou tout moun ka wè l. Konsa tou ou kapab chache jwenn kopi yo menm nan biwo ki pale sou dwa moun nan peyi w la oubyen pran yo sou entènèt.

**Atik 1.** Tout moun fèt lib e egal nan diyite ak dwa yo e, dote kòm rezon ak konsyans, yo dwe konpòte yo fratènèlman yonn ak lòt.

**Atik 2.** Tout moun genyen tout dwa yo ak libète yo pwoklame nan deklarasyon sa, pa gen okenn distenksyon ras, koulè, sèks, lang, relijyon, opinyon politik oubyen nenpòt lòt nati, orijin nasyonal oubyen sosyal, pozisyon ekonomik, nesans oubyen nenpòt lòt kondisyon.

Anplis, pa pral genyen distenksyon kèk fondman nan kondisyon politik, juridik ou entènasyonal peyi a oubyen teritwa de juridiksyon ki depann yon moun, si sa gen pou wè ak yon peyi ki endepandan, tankou yon teritwa ki anba administrasyon jidisyè, pa otonòm oubyen soumèt ak nenpòt lòt limitasyon ki souveren.

**Atik 4.** Pa gen moun ki pral soumèt anba esklavaj ni sèvitid, esklavaj ak trètman esklav yo entèdi sou tout fòm.

**Atik 5.** Pèsonn pa dwe soumèt anba penn yo oubyen trètman kriyèl, bagay ki pa fèt pou moun epi tou ki degradan.

Atik 28. Tout moun gen dwa pou etabli yon lòd sosyal ak entènasyonal nan zafè dwa ak libète yo ki pwoklame nan deklarasyon sa pou fè yo gen efè.

**Atik 29.**

1. Tout moun gen devwa yo nan kominote a, ke se sèlman nan li ou ka devlope lib epi ak tout pèsonalite.

2. Nan ekzèsis dwa w yo e nan jwisans libète w yo, tout moun pral sèlman depann de limit ki etabli yo pa lalwa ak sèl objektif pou sekirize rekonesans ak respè dwa moun ak libète lòt yo, e pou satisfè ekzijans moral yo, lòd piblik ak byenèt jeneral nan sosyete demokratik.

3. dwa ak devwa sa y opa pral kapab, nan okenn ka, ekzèse kont objektif ak prensip Nasyon Zini.

## Definisyon mo yo:

**Deklarasyon inivèsèl dwa moun yo:** "Se premye enstriman juridik entansyonal jeneral dwa moun yo ki te pwoklame pa yon Òganizasyon entènasyonal ki gen karaktè inivèsèl. Apwouve pa yon pakèt peyi e dezapwouve pa yon ti gwoup tou piti" (Diksyonè aksyon imanitè ak koperasyon pou devlopman, http://www.dicc.hegoa.ehu.es/listar/mostrar/51).

**Abolisyon oubyen aboli:** "Aboli, kite san validite, yon lwa, presèp oubyen koutim" (Diksyonè reyèl Akademi Panyòl [Consultado 10 de noviembre 2010).

## Aktivite siplemantè
### Travay gwoup

Divize klas la an gwoup, e poze yo kesyon e apre pataje repons yo (ou ka itilize aktivite sa a pou kòmanse ak leson an):

A. Kijan w ta ka defini lesklavaj?

B. Kounye a eske esklavaj la ekziste nan peyi nou?

C. Sou ki fòm moun yo soumèt yo aktyèlman?

D. Mande yon moun pataje yon eksperyans kote dwa li te vyole, pa yon patwon, leta, enstitisyon, eks

# Leson 15

# Nou gen garanti endividyèl yo

## Denis Espinoza (Nicaragua)

**Vèsè pou n konnen:** "Madichon pou chèf k ap bay move lòd pou kache lenjistis y ap fè, k ap ekri move lwa pou peze pèp la..." Ezayi 10:1..

**Bi leson an:** Se pou elèv la konnen garanti endividyèl yo nan peyi li, pou li pa viktim de abi anba otorite li yo, e se pou li konsyan tou de dwa ak devwa chak grenn moun.

### Entwodiksyon

Legliz la dwe reflete limyè pou oryante ak defann moun yo ki ta viktim nan sistèm enjistis inakseptab chak peyi nou yo.

### I. Bondye ak rèl devan

### A. Kisa ki enjistis la?

Enjistis se antitèz jistis. Avèk tèm sa a nou refere nou ak aksyon vòl yo oubyen piyaj ki fèt ak vyolans ki blese pwochen an. Enjistis la gen pou wè ak lè y ap prive moun nan de devwa ak dwa ki li genyen. Nye respè dwa ki pou li. An nou wè kèk nan karakteristik li yo:

Se yon peche: Sent Ekriti a anseye nou ke "tout enjistis se peche" (1 Jan 5:17); lè w komèt devan Bondye yon enjistis se yon abominasyon (Detewonòm 25:16). Peche sa a kont Bondye paske nou ofanse non li ki sen epi vyole volonte li ak manda l (Levitik 19:15,35) e alafwa, se peche kont pwochen an. Nenpòt tip aksyon nou komèt, pandan ke n ap anpeche lòt moun ki nan mitan nou se enjistis, tann pyèj, pou ka fè malè rive pwochen an.

Se opresyon ak esklavaj: Oprime se "Soumèt yon moun oubyen yon kolektivite pandan w ap anpeche l jwi libète l yo pa mwayen fòs ak vyolans" (Diccionario Consultor Espasa. Espasa Calpe SA, España: 1998, p.263).

Pawòl Bondye di nou ke pèp Izrayèl la te eksperimante opresyon anba pouvwa ejipsyen yo (Ekzòd 1:11; 5:4,7-19) e nan tan jij yo (Jij 4:2-3; 6:1,5-6).

### B. Bondye chase enjistis

Bib la di ke Bondye jis, li renmen jistis, nan li pa genyen enjistis e li pa ak<br>septe enjistis (2 Kwonik 19:7; Jòb 34:12; Sòm 11:7; 92:15; Women 1:18; 2:6-8). Yonn ak yon lòt fwa li di nou nan pawòl Bondye ke pèp la te rele nan mitan afliksyon ak opresyon e ke Bondye te koute rèl sa e li te reponn pandan l t al ede ak libere pèp li

a ak sèvitè li yo, brize chenn opresyon an, bay libète ak byennèt (Ekzòd 3:7,17; 4:31; Jij 6:6-8; Jak 5:4). Anplis anons lan, pwofèt yo te gen yon chans denonse. Se te fò anpil pou di pèp la rebelyon l yo kont Seyè a, men tou yo te denonse otorite yo ak gouvènman yo menm ki te dezobeyi Bondye, e ki t ap komèt tou tout tip enjistis kont popilasyon an.

### II. Responsabilite otorite a

Ou kapab li atik sa yo 6,7 ak 8 sou dwa moun yo (gade seksyon resous yo).

### A. Otorite yo selon Bondye

"Nan sans laj la, se pouvwa ke yon moun egzèse sou lòt yo, alò nou ka pale de otorite chèf leta, papa nan fanmi an, mari a, pwofesè a, patwon an, chak nan yo ki genyen nan atribisyon yo yon etablisman legal. Nan yon sans ki restren e ki pi kouran, se pouvwa yon moun genyen pou l dikte lwa yo, aplike yo oubyen ekzekite yo, enpoze yo ak lòt yo" (Diccionario de Ciencias Jurídicas, Políticas y Sociales. Heliasta, Argentina: 1997, p.113). Bondye te delege pouvwa li nan otorite yo pou byennèt piblik la. Li te etabli yo nan yon objektif ki sen pou yo ka sèvi popilasyon an (Women 13:1).

Bondye ki sou tèt tout bagay la, se te orijin tout fòs e an menm tan tou gouvènè siprèm linivè. Volonte Bondye nou an se pou genyen bon otorite, san tach e jis pou:

**Mete lòd:** Si Bondye pa te ban nou otorite sivil yo t ap ekziste yon vid nan devlopman sosyal la. Pa t ap genyen sosyete, nou pa t ap genyen sekirite, pa t ap gen yon kote pou ale pou regle kont ant moun, li ta pral yon sitiyasyon ki gen konfizyon e ki anachik.

**Kontribye ak lapè sosyal e byen komen:** Ni otorite yo ni sitwayen yo bezwen travay ansanm pou rive atenn finalite sa. "Byen komen se baz jistis sosyal la. Byen komen an li se finalite sosyete a. Lè lòm pa respekte sa e chache sèlman pwòp enterè pa li e tante kont byen tout moun, sosyete a antre nan yon posesis fragmantasyon ki pral vin tankou yon bagay anti imen" (Fòmasyon sivik e sosyal Lic. César Escobar Morales. Asociación Editorial Stella, Perú: 1991, p.89).

Pawòl Bondye di nou: "Paske chèf yo se nan sèvis Bondye yo ye pou byen nou" (Women 13:4);" Tande byen : moun ki fè sa ki byen pa bezwen pè chèf k ap gouvènen yo, se moun ki fè sa ki mal pou ki pè yo" (Women 13:3); "Anplwaye leta yo se nan sèvis Bondye yo ye, se pou yo fè sèvis yo byen" (Women 13:6, NVI).

**Pou yo vijilan pou aji ak jistis**: Lè Bondye te etabli jij yo nan mitan pèp li a, li te fè l ak objektif pou fasilite avansman kominote a nan relasyon entèn yo. Jij yo te dwe jis epi pa fè diferans ant moun (Detewonòm 1:13, 16-17) poutèt rezon sa li te voye pran jij yo ak chèf ki te dwat yo (Detewonòm 16:18-20).

**Aplike lwa pou benefis pèp la**: Nan majorite peyi nou yo responsabilite pou elabore ak apwouve lwa yo ak dekrè yo, menm jan refòme ak aboli sa ki egziste yo, se otorite pouvwa lejislatif la, manm sila yo, kèlkeswa li te chanm depite yo ak senatè yo, selon peyi a, yo rele yo lejislatè.

Yo pa toujou fè lwa yo pandan y ap panse ak byennèt moun. Anpil fwa yo fè l pou pwoteje enterè pèsonèl yo, politik yo ak ekonomik yo nan detriman enterè nasyon an.

Nan tan Biblik yo sitiyasyon an te menm jan oubyen sanble. Nan epòk Ezayi a, pa ekzanp, 8e syèk anvan Kris, yo te konn dikte lwa ki pa jis yo epi preskri tirani, pou mete sou kote jistis pòv yo, pou retire dwa moun ki aflije yo, pou retire sa vèv yo genyen epi vòlè sa òfelen yo genyen (Ezayi 10:1-2). Bondye pat dakò ni apwouve yon konpòtman konsa. Dezi li sèke gason yo ak fanm yo ki genyen otorite nan men yo, ke li menm li te delege, aji an akò ak prensip li yo, estati li yo ak dekrè ki etabli pou li yo.

Men reyalite a sè ke nou pa toujou genyen moun ki bon e ki jis nan egzèsis pouvwa ak otorite, moun k ap travay tout bon vre nan favè lòt yo.

**B. Otorite yo selon sistèm lan**
Sa tris pou wè ke monn lan nap kondwi pa dezi egoyis li yo e moun pa panse ak byennèt lòt moun yo poutèt rezon sa nou rankontre ke an jeneral otorite yo prezante

karakteristik sa yo:

**Yo kriyèl**: Kriyote li vin fè l ensansib devan bezwen pèp li a, e lè sa reklame, yo maltrete l e yo reprime l ak fòs epi vyolans. Yo pa konnen ni konpasyon, ni mizèrikòd (Ezayi 14:5-6).

**Yo wè pwòp tèt yo sèlman**: Yo egosantrik. Yo santre sou yo sèlman, yo viv epi travay pou tèt yo, pran tout sa yo jwenn. Anrichi sou tèt pòv yo e depouye zafè moun ki pa pou yo (Miche 2:2; Jak 2:6).

**Yo aji san ekite**: Atitid yo ak aksyon yo pwovoke inegalite nan mitan sitwayen yo. Konsa yo vyole atik 7 ki nan deklarasyon inivèsèl dwa moun yo ki di konsa "tout moun egal devan lalwa, e genyen, san distenksyon, dwa ak menm pwoteksyon lalwa" (Jeremi 22:13-14; Ezayi 59:14).

"Genyen otorite ki bon e genyen otorite ki pa bon, gen gouvènman ki gen krent Bondye e genyen gouvènman ki pa genyen. Gen kèk otorite ki itilize pouvwa li nan akò ak volonte Bondye e lòt ki itilize pouvwa yo genyen pou pile anba pye volonte Bondye" (Comentario Bíblico Beacon. Tomo VIII. CNP, E.U.A.: 1991, p.267).

**III. Responsabilite endividyèl yo**
Kesyonè: Kisa yon sitwayen vle di? Sa vle di moun yon vil oubyen peyi pandan l genyen dwa ak obligasyon yo avèk li menm menm. Mande de nan elèv ou yo pou di sa yo panse.

Pi devan ou ka li atik 9, 10, ak 11 nan deklarasyon inivèsèl dwa moun yo.

**A. Doub nasyonalite**
**Sitwayen wayòm Bondye a**: Nan sèmon sou montay la nou jwenn prensip ki reji pou manm wayòm lan. Yo reji pou prensip moral yo, espirityèl ak sosyal yo.

Fwi lespri yo (Galat 5: 22-23), se rezilta natirèl de yon pitit fi oubyen pitit gason Bondye nan kalite li kòm yon sitwayen ou sitwayèn wayòm syèl yo (Filipyen 3:20). Sitwayen wayòm lan genyen devwa devan otorite siprèm lan, Bondye, fè volonte l yon fason pou montre lanmou anvè li (Detewonòm 6:5, 1 Samyèl 15:22; Matye 22:37-38). Li dwe fè byen tou pandan l ap sèvi pwochen l nan yon fason ki pi bon (Matye 22:39).

**Sitwayen nan peyi respektif li**: Nan kat Magna (konstitisyon politik la) chak peyi nou jwenn prensip yo, garanti yo, devwa ak dwa yo ke yon sitwayen genyen.

**Sitwayen yon peyi gen devwa sa yo**: "Lanmou pou

patri kote l soti a angajman yo ak devwa yo anvè li. Sa yo nou rele yo devwa sivik tankou: Defann li kont nenpòt agresyon ou pale mal, respekte lwa ki etabli yo, fè eleksyon ak vòt pou otorite yo, onore li e respekte senbòl li yo.

**Sitwayen yon peyi genyen dwa sa yo**: "Tout moun rejwi de dwa yo... sa ki sivil ak politik yo. Dwa sivil bazik yo se: dwa ak lavi, libète, propriyete, onè. Dwa politik yo refere ak patisipasyon nan vi piblik nasyonal ak aktivite politik. Sa gen pou wè nan dwa ak sifraj, kapasite pou eli ak okipe fonksyon piblik yo, toujou akonpli sa lalwa mande" (Fòmasyon sivik ak Sosyal, César Escobar Morales. Stella Perú: 1991, p.28-29).

**B. Pòl, sitwayen women an**

Nan tan apòt Pòl moun ki pat yon women natirèl te kapab opte pou yon sitwayènte. Sa te ka posib pa : Adopsyon, pou merit nan gè oubyen pandan w ap kòwonpi fonksyonè yo pou ka jwenn privilèj sa a. Pòl, menm si li te jwif, li te fèt nan peyi Wòm se pou tèt sa li te yon sitwayen women akoz nesans li (Travay 22:28). Apòt la te pwofite sitwayènte li paske sa te ba li avantaj pou l: Pat resevwa okenn move trètman, ni penn tankou krisifiksyon oubyen flajelasyon. Anplis li pa t ap ka pini san yon jistis depi davans e se sèl tribinal women ki t ap ka jije l, ak yon jij nan ka sivil yo ak reprezantan wòm nan kesyon bagay kriminèl yo (Travay 16:37; 22:25; 25: 11-12).

Nou dwe konnen e defann dwa nou lè yo vyole pa nenpòt otorite, konsa menm nou bezwen konnen devwa nou yo e akonpli yo ak kapasite.

### Konklizyon

An nou koube nou anba sa Bondye etabli nan pawòl beni li ki ka ede nou nan kalite sitwayen nou nan peyi respektif nou, alò swiv konsèy Bondye fasilite nou pou nou obeyi ak otorite sivil yo ki etabli pou li.

# Resous yo

**Enfòmasyon konplemantè**

Si ou vle ou ka fè kopi atik yo ki sou dwa moun yo ki gen rapò ak leson sa a pou klas la oubyen kopye yo sou tablo a oubyen yon fèy papye pou tout moun ka wè l. Ou kapab chache jwenn kopi sa yo nan biwo dwa moun nan ki nan peyi ou oubyen pran yo sou entènèt.

**Atik 6**. Tout moun gen dwa, nou tout pati, nan rekonesans pèsonalite jiridik li.

**Atik 7**. Tout moun egal devan lalwa e genyen, san distenksyon, dwa egal pwoteksyon devan lalwa. Tout moun gen dwa ak yon pwoteksyon ki egal kont diskriminasyon ki transgrese deklarasyon sa e kont tout pwovokasyon ak yon diskriminasyon konsa.

**Atik 8.** Tout moun gen dwa ak yon resous ki fè efè devan tribinal nasyonal konpetan yo, ki mete l fas ak yon aksyon ki vyole dwa fondamantal li yo ke konstitisyon an oubyen lalwa rekonèt.

**Atik 9**. Pa gen moun ki pral abitrèman kenbe, ni pran prizon ni bani.

**Atik 10.** Tout moun gen dwa, nan kondisyon yon egalite konplè, pou fè tande l nan piblik ak jistis pa yon tribinal endepandan epi ki pa gade sou figi moun, pou detèminasyon dwa li yo ak obligasyon yo oubyen pou egzamine nenpòt akizasyon kont li menm nan kesyon pèn.

**Atik 11.**

1.  tout moun yo akize de deli gen dwa pou prezime inosans li depi yo pa ka pwouve kilpabilite l, konfòmeman ak lalwa e jistis piblik nan sa ke li jwenn sekirite sou tout garanti nesesè pou defans li.

2.  Pèsonn pa pral kondane pou aksyon oubyen omisyon ke nan moman l t ap kòmèt li a li pa te yon deli selon dwa nasyonal la oubyen entènasyonal la. Yo pa ka aplke pèn ki pi grav ke sa yo dwe aplike nan moman deli a t ap fèt la.

**Definisyon mo yo**

**Dwa**: "Se, alò, nòm ki reji, san tòde okenn kote, vi moun yo pou rann posib lavi nan sosyete a" (Diccionario de Ciencias Jurídicas, Políticas y Sociales. Heliasta, Argentina: 311).

**Aktivite siplemantè**

Jwenn yon egzanplè konstitisyon politik peyi w la, chache kote ki pale de devwa yo, dwa ak garanti sitwayen yo, fè fotokopi a, bay chak elèv yon kopi epi enimere dwa yo ak devwa yo ke sitwayen nan peyi a genyen. Ekri yo sou yon tablo.

# Yon kote pou viv

### Eudo Prado (Venezuela)

**Vèsè pou n konnen:** "pa bliye m ap toujou la avèk ou, m ap voye je sou ou kote ou pase, m ap fè ou tounen nan peyi sa, paske mwen pap lage ou sanm pa fè tout sa mwen sot di ou la" Jenèz 28:15.

**Bi leson an:** Se pou elèv la konnen dwa pou emigre oubyen chache azil politik konsa kijan genyen yon nasyonalite.

## Entwodiksyon

Liberatè Simon Boliva te di nan yon okazyon: "Bondye te destine lòm pou l lib: Li pwoteje l pou li egzèse fonksyon selès abit li" (Diskou pou prezante pwojè konstitisyon an pou Repiblik Bolivi devan kongrè konstitiyan, 25 me 1826).

San okenn dout, libète moun se yonn nan pi gwo don Bondye e li gen relasyon bazik ak kapasite pou pran desizyon ak pwòp volonte. Chwazi ak volonte w yon kote pou viv se yon ekspresyon bazik libète sa ye. Men kèk fwa moun yo konn yon ti jan nan chanje kote yo rezide san rann kont lib detèminasyon yo.

## I. Nasyonalite a

Nou tout k ap viv tankou èt imen nou fè pati yon nasyon oubyen yon pèp espesyal. Dwa pou gen yon nasyonalite, menm jan ak libète pwòp pou kenbe l, sa te konsakre nan atik 15 ki nan deklarasyon inivèsèl dwa moun yo. Sitwayènte a otorize nou gen dwa ki rekonèt nan lemonn antye, poutèt sa, li enpòtan anpil pou nou konprann enpòtans li

.

### A. Don Bondye pou posede yon nasyonalite

Bib la montre nou orijin nasyon yo, nan Jenèz 10, lè delij la te fin pase desandan Noye yo te gaye sou tout latè. Pi devan, yo endike nou fòmasyon pèp Izrayèl la apati desandans Jakòb, neve Abraram. (Jenèz 28:10-22).

Nou kapab di ke, fè pati yon peyi an patikilye, avèk yon idantite ki pwòp, avèk yon eritaj kiltirèl byen karakterize, se yon don Bondye, depi nan fondman biblik lan menm. Nasyonalite a te dwe wè tankou yon manifestasyon anplis de gras Bondye sou chak grenn moun. Pou sa, nou dwe asime tout responsabilite pou nou posede yon sitwayènte.

## B. Benefis ki genyen pou posede yon nasyonalite

Nan nenpòt nasyon sitwayènte a enpoze yon seri de dwa ak devwa. Nan pati leson sa, nou ta renmen ekzamine enpòtans pou nou akonpli responsabilite nou yo avèk òdonans jiridik peyi nou an, pou nou ka jwi benefis nasyonalite nou yo. Pandan ke n ap baze sou Travay 22: 22-29, nou pral etidye kijan Pòl te asime sitwayènte women an.

Pòl te pitit jwif men li te fèt nan vil grèk Tas la, ki te pou pwovens women de sis la (aktyèl tiki sant meridyonal) poutèt sa li te gen nasyonalite women (22:28). Yon sitwayen women pat dwe sibi move trètman ni kout frèt, ni kondane pou mouri esepte nan ka trayizon. Nan okenn ka li pa te dwe kondane pou mouri krisifye yon mò ki te wonte.

Li klè ke Apot Pòl te konplètman ajou avèk tout sa ki te legal nan sitwayènte women an, paske nan yon lòt fòm li pa t ap ka envoke dwa sa (v.29).

Posede yon nasyonalite, akòde nou yon seri benefis pou yo menm nou pa dwe prive akoz kapris pou pèsonn. Chak peyi posede yon sistèm jiridik ki an relasyon ak sitwayènte a. Kòm kretyen nou genyen responsabilite pou nou akonpli ak jistès avèk lòd legal sa, (Lik 20:25). Nou dwe klè tou ke nan chak peyi sa nan devwa siprèm pou pwoteje sitwayen li yo devan nenpòt sikonstans ki pote tanta ak entegrite li.

## II. Imigran an

Kèk sikonstans sibit, oubyen yon senp dezi pou depase, motive moun yo pou chanje kote yo rezide. Nan sèten ka, jiskaske yo wè bezwen pou soti nan nasyon kote yo fèt la Pou rezide nan lòt peyi, nan kondisyon difisil. Nan aktyalite a, lemonn ap eksperimannte yon kwasans notab nan entansite mouvman migrasyon yo nan plizyè rejyon.

"Dwa pou sikile ak libète epi eli rezidans ou" se

yon lòt prerogativ ki fondamantal nan deklarasyon inivèsèl dwa moun yo.

Bib la genyen anpil istwa ki pale sou imigran yo. Istwa biblik Rit la apwopriye ak etid pati sa a nan leson an. Nou pral baze sou seksyon nan chapit sa yo 1: 1-2 :23. Istwa, pwobableman te make nan lane 1200 ak 1050 a.k. li nan peryòd jij izrayèl yo (1:1). Sa te yon epòk ki te karakterize ak ensansibilite e dekadans espirityèl nasyon an.

## A. Chemen yon imigran

Istwa Nawomi byen dekri nan kriz pwofon yo ki rive fè soufri fanmi imigran yo. Anvan pèspektiv li genyen pou separe ak bèlmè li, li menm ki te vin tankou yon manman pou medam yo, òpa ak Rit, bèl fi li yo., te eksprime pwofon chagren (1:9,14) e Rit te pran desizyon poul akonpaye l.

Moun ki imigran yo oubyen ki soufri derasinen, tonbe an jeneral nan yon eta de frajilite emosyonèl ki pwofon. Li anvayi yo ak santiman solitid, pè ak anksyete, san bliye pwoblèm emosyonèl yo. Anpil fwa, yo santi yo enkoni e pa jwenn valè nan men lòt moun yo. Sa te ka Nawomi ak Rit lè yo t ap tounen.

Legliz la dwe pran swen moun sa yo, pandan l ap chache fòm ki apwopriye pou ofri èd profesyonèl ak materyèl ki kontribye nan soulajman soufrans li.

Apre li te fin pase tan deyò Bètleyèm, Nawomi te vin yon etranje pou pwòp moun li yo (1:19). Pwòp konpreyansyon sou tout bagay rakonte nan fraz ki nan vèse 21. Rit te rann Bondye koupab akoz soufrans li yo, tankou anpil nan nou gen abitid fè. Tandiske, jeneralman, soufrans lan obeyi ak sikonstans sibit yo oubyen pwòp desizyon nou yo.

## B. Sansibilite pou moun ki imigre a

Bib la prezante règ ki ase klè sou atitid nou yo fas ak moun ki etranje yo ak imigran yo. Fondman pou mizèrikòd la ak jistis Izrayelit yo fas ak imigran yo ta dwe, raple ke yo menm tou yo te etranje nan peyi lejip (Levitik 19:33-34). Gras imerite Bondye a fas ak nou menm te dwe toujou premye motivasyon a mizèrikòd ak jistis anvè pwochen nou.

Nan Rit 2 yo pale de yon bon gason ki rele Bowaz, li rele "Paran redanmtè", li yo menm ki te aji jis pou li bay Nawomi byen li te pèdi yo ak diyite li. Kondwit Bowaz reprezante atitid kretyen fas ak moun ki pa

pwoteje e k ap soufri akoz de imigrasyon.

"nan lalwa, paran ki pi pwòch la te gen dwa aji nan non moun ki an danje oubyen avèk pwoblèm. Lè ke moun yo oubyen byen yo te anba pouvwa ennmi an, paran te kapab aji pou jwenn rachte a (konkeri libète). Relasyon santiman ant Bowaz ak Rit te fè tounen al achte tè Nawomi yo e sa te siyifi ke pitit gason yo ta pral bay yon kontinite ak limaj fanmi Nawomi. Jezikri, pandan l ap asime responsabilite pou limanite, te konvèti an paran redanmtè nou ak dwa pou rachte nou" (Comentario Bíblico del Maestro. Lawrence O. Richards. PATMOS, EUA: 2006, p.1291).

Bon konsyans Bowaz, fè l aji ak mizèrikòd ak Rit te akonpli volonte Bondye nou ka wè sa nan Rit 2 :12. Men kretyen yo, pa bezwen genyen yon lyen konsangen pou fè byen ak moun. San Jezikris a se lyen ki rapwoche nou a tout sa yo ki bezwen nou (Kolosyen 3:14).

## III. Azil la

Atik 14 nan Deklarasyon inivèsèl dwa moun yo (n ap jwenn li nan sesyon resous yo) konsakre dwa tout moun genyen "...pou chache azil, epi jwi de li, nan nenpòt peyi". Lè yon moun ki inosan pèsikite, li gen dwa pou l jwenn pwoteksyon sila.

Bib la tou pale de dwa azil ak refij sa a, nan ka omisid envolontè. Nan Nonb 35:11-15, yo mansyone vil refij yo. Yo te sis vil ki te plase estratejikman nan tout teritwa Izrayèl la. Plasman yo te pwokire aksè ki opòten depi soti nan nenpòt kote nan peyi a. yo te fè pati de 48 vil ke yo te bay kòm eritye levit yo, sa ki te pi enpòtan paske sa siyifi ke yo te anba administrasyon moun ki te gen krentif Bondye (Nonb 35:6-7).

## A. Yon kote yo pwoteje inosan an

Azil la pwokire pwopòsyone yon lye kote moun ki pèsikite a kapab jwenn pwoteksyon pou l viv. Lè yo bay yon azil ak moun detèmine, otorite nasyon yo ki resevwa l gen obligasyon pou sekirize entegrite l. li enpòtan pou sonje ke dwa azil pa kakap envoke nan ka deli komin yo. An akò ak tèks etid nou an, moun ki refijye nan peyi Izrayèl la te pwoteje menm si yo t ap pèsevere anndan Limit vil yo te refijye yo (v.27). Nan yon lòt bò, yo te dwe abite la "...jiskaske gran prèt la mouri ..." (v.25). destine li te lye ak vi gran prèt la. Gran prèt la te chaje pou li prezante ekspyasyon pou peche envolontè pèp la. Pwobableman sèl jiska lanmò gran prèt la li te konsidere kòm yon bagay ki kouvri peche refijye a, e sa te ka retounen, ankò, nan lye li te kòmanse a.

### B. Yon kominote ki pwoteje inosan an

Kominote te dwe gen pwoteksyon kòm baz "...moun k ap vanje san an..." (Nonb 35:24-25). "Vanje lanmò paran an ki asasine a se te yon abitid tradisyonèl nan ansyen oryan e yon fason primitif pou fè jistis boujonnen nan yon sosyete kote ki pat gen tribinal yo" (Santa Biblia Reina-Valera 1995, Edición de estudio. SBU, Colombia: 1995, p.225). Moun k ap vanje a te yon paran ki pi pwòch.

Li enpòtan pou sonje ke lalwa mozayik la te reglemante chak sitiyasyon posib e jij yo e genyen yon patwon legal ki t ap gide sa (v.24). Li nesesè pou nou konnen lwa yo ki refere a dwa fondamantal nou yo, avèk objektif pou nou defann yo lè sa nesesè, e pou nou pa soufri abi pou nenpòt koz li ye a.

Volonte Bondye se pou nou rann jistis. Pou yo menm li te prevwa lwa yo, menm jan ak tout otorite yo k ap administre yo (Women 13:1). Nan ka kote ki gen pèsekisyon pou motif politik yo, relijyez, oubyen nenpòt lòt karaktè, nou dwe fè izaj de dwa nou pou resevwa pwoteksyon. Gen òganis nasyonal oubyen entènasyonal yo ki espesyalize nan pote oryantasyon ak pwoteksyon ak sa yo k ap soufri pou motif sa.

### Konklizyon

Libète moun eksprime bazikman nan pouvwa pou mobilize nou pou yon desizyon lib e viv kote nou vle. Sa fè pati dwa fondamantal nou yo, e nou dwe prepare pou defann yo. Pou yon lòt bò kretyen yo nou dwe gen atitid ki bon fas ak moun ki imigran ak refijye yo.

# Resous yo

### Enfòmasyon konplemantè

Si ou dezire ou ka fè kopi atik dwa moun yo ki gen rapò ak leson sa pou klas la oubyen kopye yo sou tablo a oubyen yon fèy papye pou tout moun ka wè. Ou kapab chache jwenn tou kopi menm sa yo nan biwo dwa moun ki nan peyi w la oubyen pran yo sou entènèt.

**Atik 13 :** Tout moun gen dwa pou sikile ak libète epi chwazi rezidans li nan teritwa yon peyi.

Tout moun gen dwa soti nan nenpòt peyi, sa enkli pwòp pa li a, e retounen nan peyi li.

**Atik 14:** Nan ka pèsekisyon, tout moun gen dwa pou chache azil, epi jwi de li nan nenpòt peyi.

Dwa sa pa pral kapab envoke kont yon aksyon jiridisyal reyèlman ki soti nan seri de deli komin oubyen pa aksyon yo ki opoze ak objektif e prensip Nasyon Zini yo.

**Atik 15:** Tout moun gen dwa ak yon nasyonalite.

Yo pa dwe prive pèsonn abitrèman de nasyonalite li ni ak dwa pou l chanje nasyonalite.

### Definisyon mo yo

**Vil refij yo:** "yo te kalkile distans ant chak nan vil sa yo te plase anviwon 110 kilomèt " (Nouvo diksyonè biblik ilistre. CLIE, España: 1985, p.169).

### Aktivite siplemantè

**Dinamik:** Mwen soti lwen e m bezwen èd.

Senp dinamik sa apwopriye kòm pati konklizyon klas la.

**Objektif:** Reyafime enpòtans bon trètman fas ak etranje yo e imigran yo.

**Tan:** 10 minit

**Deskripsyon:** Divize klas ou a an de gwoup epi bay enstriksyon pou yo fè yon dram ki pale de rive Rit ak Nawomi nan peyi Bètleyèm, pandan ke n ap baze nou sou Rit 1:19-22. De moun pra l reprezante Rit ak Nawomi, e rès klas la pra l reprezante moun ki nan vil la, ak Bowaz (pou li menm chwazi yon moun ak atansyon pou jwe wòl li a)

Endike yo pou reprezante istwa a, avèk eleman esansyèl pa yo, men nan langaj ak karakteristik vi aktyèl la. Moun ki jwe wòl Nawomi an pra l kòmanse patisipasyon pandan l ap di : "Mwen soti lwen e m bezwen èd...".

Moun ki jwe wòl Bowaz la pra l bezwen endike pandan l ap pale, paske li pra l koz pou bay èd la, n ap baze nou sou sa nou te aprann nan klas la.

# Dwa
# ak devwa yo

Oscar Villanueva (El Salvador)

**Vèsè pou n konnen:** "Tout sa w vle moun fè pou ou, fè menm bagay la pou yo" Lik 6:31.

**Bi leson an:** Se pou elèv la pa sèlman konnen dwa moun yo, konnen tou devwa moun yo, l dwe asime responsabilite li fas ak sa.

## Entwodiksyon

An nou kontinye tèm ki pale sou dwa moun yo, sa yo ki apwouve epi te fè konnen pa mwayen Oganizasyon Nasyon Zini nan peyi Pari, 10 desanm 1948, kòm "Deklarasyon inivèsèl sou dwa moun yo" (ki te konpoze de 30 atik). Nan leson sa nou pral chita sou 3 ak 12 (ke nou jwenn nan seksyon resous yo). Kant a dwa moun sa yo ke n ap etidye ak lòt yo "Fwa kretyen an enskri nan tout deba jis natiralis pandan l ap afime dwa yo kòm bagay ki ineran ak èt imen an; pa konsidere kòm dwa ki atenn yo, ni ki fèt pa mwayen yon gouvènman byen detèmine, men pito tankou sa ki soti nan kreyatè li ..."(Vè yon Espirityalite Evanjelik Angaje. Harold Segura Carmona. Kairós, Argentina: 2002, p.104). pandan n ap adopte Deklarasyon ki fèt anvan, nou soutni ke nan Bib la nou rankontre baz tewolojik dwa moun yo.

## I. Dwa ki brize yo

### A. Ekzanp trajik yo

Sans atik yo ki mansyone yo klè, tandiske, pou kapte pi pwofon enpòtans li ak valè (pa mwayen kontras la) li nesesè pou mansyone yon siksè istorik kontekstyèl tou pre ak pwomilgasyon li nan peyi lafrans; menm jan dezyèm gè mondyal ki te fèt nan ane 1939-1945, ki te montre yon sèn ki make gran destriksyon ak lanmò, espesyalman olokos jwif kote te sis milyon jwif, ki te objè pi gran vanjans kriyèl nan kesyon diyite moun.

Anplis listwa anseye nou tou afektasyon destriktiv èt imen an nan gran majorite sosyete yo atravè pratik etabli yo pa mwayen sistèm ekonomik yo, politik relijyez yo. Ak sa menm nou poze kesyon: Ak kritè li, kisa ki ta kèk pratik nosiv nan lòd ekonomik aktyèl la? Ki politik ki afekte negativman entegrite moun yo? E Ki pratik relijyez ki se yon atanta ak diyite moun?

### B. Faktè peche a

Orè dezyèm gè mondyal ak pratik kont diyite moun yo nan plizyè pati nan monn lan se yon ekzanp de rezilta yo ke Bib la rele peche. Orijin peche lòm nou jwenn li nan Jenèz 3 e pita apot Pòl te ekri : "menm jan se pa yon nonm peche te rantre nan monn lan e peche mennen lanmò, konsa lanmò te pase pran tout moun, se sak fè tout moun te peche" (Women 5:12).

Peche a gen pou wè dirèkteman ak sa yo rele mank respè ak privasite epi entegrite fizik, mantal, moral ak espirityèl moun yo e nan kèk ka tou li te pèvèti sans dwa moun yo nan panse anpil moun, pa ekzanp pandan y ap pretann jistifye vi gason ak gason ak vi fanm ak fanm tankou yon opsyon ke nou gen dwa tankou moun. Diyite moun pa konpatib ak peche ; li plis degrade moun pito. Sa yo ki transgrese dwa moun ke pwochen li genyen wè pwòp dwa li yo afekte pandan l ka resevwa kòm penn prizon e nan kèk peyi jiska penn lanmò. Dènye sa menm pou sèten se yon tèm polemik li ye.

Bib la gen prensip ki solid sou yo menm defans ak pwomosyon dwa moun yo baze (Ekzòd 20:1, 13-17). Pa egzanp nan limit etik etanazi a se yon tèm delika e ki kontwovèse nan relasyon dwa moun yo. E nan teren jenetik la klonasyon an se yon abi de dwa ko-kreyatif lòm lan.

## II. Kòmansman dwa yo

Dwa moun yo "inalyenab", sa vle di yo pa ka transfere, sa souliye karaktè pèsonèl-endividyèl e sa fè nou rive konsidere orijin yo menm menm.

### A. Orijin li

Sent ekriti yo revele ke Bondye te fòme lòm ak pousyè latè epi "li te soufle nan narin li souf lavi..." (Jenèz 1:7), poutèt sa, Bondye se moun ki te bay lavi ak lòm. Li ba li tou yon libète total ki te gen ladan kapasite li pou deside

(Jenèz 2:16-17). Bondye anplis toujou prevwa pou li yon kote asire pou devlopman li (Jenèz 2:15-17) e sa ki te pi bon an li te fè yon "èd apwopriye" (Jenèz 2:18,21-23), pandan li te enstitiye vi fanm ak gason sou baz sa a pou yo ta fòme yon fanmi ak yon fwaye, evidamman desen Bondye sè ke nan fwaye a, lòm (fanm ak gason) atenn reyalizasyon dwa primè yo ke n ap konsidere yo, men tou devwa yo ke dwa sa yo enplike.

## B. Devwa yo ak dwa yo

Yon bon entegrasyon ak entèraksyon fanmi an ede l rive nan yon devlopman imen ideyal. Se nan milye fanmi an kote yo etabli ak kiltive baz pou fè moun viv ansanm tankou respè endividyèl ki gen ladan l pèsonalite ak diyite chak grenn nan manm li yo akoz dwa ak devwa li. Nan mitan fwaye a chak moun gen dwa pou yo respekte yo epi respekte lòt yo.

Tandiske Jounen jodi a sa ke nou obsève plis nan fwaye yo se relasyon egoyis yo genyen, sipèfisyèl ak sa k ap simen latwoublay yo; otan ke estatistik yo ap montre endis ki wo yo nan vyolans andedan fanmi an jiskaske nou rive nan dezentegrasyon menm li menm lan. Sa se yon lòt evidans trajik peche lòm ke nou te ka priyorize nan premye pati leson an, tandiske nan fwaye a se kote ki eradike tranch (estrago) peche ki pi gwo a. Sa tris anpil fanmi kretyen ki konvèti fè pati de bagay sa. Tris reyalite sa fanmi sa yo an jeneral transande e se yonn nan koz prensipal deteryorasyon moral ak espirityèl sosyete pòsmodèn nan. Men kisa nou kapab fè pou nou leve nivo vi imen an nan fanmi nou yo? An nou pataje kèk sijesyon:

1. Rekonèt e asime responsabilite nou kont pwoblèm peche pèsonèl ak sosyal.
2. Mande Bondye padon pou peche fanmi m yo komèt (si yo te fè) e ke li se sant lavi m.
3. Mande padon e/ou padone ak manm nan fanmim yo ki te ofanse m.
4. Amelyore e vyabilize relasyon yo nan fanmi m pandan m ap konsantre non sou ekzijans dwa m yo men pito pandan m ap konsantre nan akonplisman devwa m yo.

Evidamman nou dwe amelyore avèk èd Seyè a nan lavi familyal la nan sa ki gen pou wè ak dwa yo, men tou nan akonplisman devwa nou yo.

## III. Pwomotè diyite yo ak respè pou pwochen
## A. Yon fè istorik remakab

Li diy pou mansyone ke nan menm ane a (10/Desanm /1948) lè yo te pwoklame Deklarasyon Inivèsèl Dwa moun yo ; Oganizasyon Nasyon Zini (ONU) te rekonèt Izrayèl kòm yon eta ki lib e souveren avèk yon teritwa ki pwòp a li menm nan dat ki te 10 me 1948. Fè sa bay yon mak ak ekzanp notwa pa sèlman nan yon sans pratik dwa yo k ap etidye, men tou enstale baz yo pou etabli yon mak de referans fas ak dwa pèp yo pou pwoteje pa lalwa entènasuonal yo pandan l ap garanti egzistans li, libète, sekirite devlopman ak respè ak entegrite li.

## B. Kreyasyon sistèm kont dwa moun yo

Nan chak peyi yo dwe pwomouvwa lwa yo ki garanti dwa inalyenab moun yo epi enplemante yo atravè antite yo k ap veye ak pwomouvwa dwa sa yo. Nan peyi pa m pa ekzanp, (Salvadò) denominasyon an egziste "Pwokire pou defans dwa moun yo" ki gen yon gwo defi nan zafè sa e fonksyon li mande yon grad ki wo nan enpasyalite pou yo ka konbat anfen enpinite fas ak vyolasyon dwa moun yo.

Legliz kretyèn lan se yon enstitisyon Bondye ak lòm pa ekselans, ke Bondye kreye. Nou rankontre sa nan soutnans enkanasyon pitit Bondye a, sa ki rann diy nati lòm nan pi gwo ekspresyon li. Gras ak sakrifis Jezi sou bwa kalvè a, pandan l ap vèsè san li, li te atenn redanmsyon lòm pandan l ap libere de peche tout sa yo ki kwè nan li e ki resevwa l kòm sovè pèsonèl (Efezyen 1:7, Jan 1:12), sa konstitiye yon baz ki enpòtan anpil pou valorizasyon ak pwomosyon lòm.

## C. Gran priyorite a: Devwa lòm yo

Nan règ lò a (Lik 6:31), Jezi te rekonèt dwa moun yo, men li fè note tou enplikasyon devwa yo. Yon selèb fraz Benito Juárez di ke "Respè dwa lòt yo se devwa pam"; sa ta dwe yon konsiy pou chak moun, men avan tout pou kretyen yo. Premye gran devwa se rekonèt e pwomouvwa dwa pwochen m yo. Jezi se yon ekzanp pa ekselans nan priyorize devwa lòt yo. Vi li te santralize nan "sèvi lòt yo men se pa pou lòt yo sèvi l" (Mak 10:45). Apot Pòl te ekri : "Pa gade pwòp tèt ou sèlman, men pito chak pa lòt yo tankou pa w. Se pou nou gen menm santiman ke Jezikri te genyen an (Filipyen 2:4-5). Nou menm kretyen nou aple pou nou imite modèl kris nan lavi nou "...moun ki afime ke l ap viv pou li, dwe viv menm jan ke li t ap viv la" (1 Jan 2:6). Si chak kretyen pral santre vi li sou "devwa lòm yo" san dout enpak li nan monn lan ta pral pi gran ke sa òganizasyon yo k ap travay nan pati sa yo.

Kesyonè: Sa yo ta dwe tout kou egzanp kèk devwa nou dwe akonpli ak fanmi nou, vwazen yo, legliz la, konpayon travay ak konpayon etid yo? Nan limyè pawòl Bondye a,ki devwa ki enpòtan nou kretyen yo genyen pou akonpli?

Legliz kretyèn yo ape pou panse ak repanse lafwa li e fè lemonn konnen prensip yo epi reflechi sou tèm dwa moun yo, nan baz pawòl Bondye a, pandan l ap demontre l nan vi chak entegran li yo. Anplis de sa li nesesè pou kretyen yo fè siksè nan inisyativ ki ale pi wo nan legliz yo an favè koz dwa moun yo, pandan l ap ankouraje tou "devwa moun yo" kòm pwen prensipal li vize.

## Konklizyon

Nou pra l fini pandan n ap di ke dwa ak lavi, libète, sekirite ak respè diyite moun fè pati desen Bondye pou lòm e yo vital nan devlopman li.

# Resous yo

## Enfòmasyon konplemantè

Si ou vle ou ka fè kopi atik dwa moun yo ki gen relasyon ak leson sa a pou klas la oubyen kopye yo sou tablo oubyen yon fèy papye pou tout moun ka wè. Ou kapab chache jwenn kopi menm yo menm tou nan biwo dwa mou yo ki nan peyi w la oubyen pran yo sou entènèt.

**Atik 3.** Tout moun gen dwa ak lavi, libète ak sekirite tèt li.

**Atik 12.** Pèsonn pa pral objè enjerans abitrè nan vi prive l, fanmi li, domisil li oubyen korespondans li, ni yon atak pou onè li ak repitasyon li. Tout moun gen dwa pou jwenn proteksyon lalwa kont enjerans ak atak sa yo.

**Lik 6:3.** Pasaj sa rakonte ministè Jezi nan yon rejyon ki te popilè anpil (menm jan ak anpil nan vil nou yo nan latino-amerik la) e frape pa yon pakèt bezwen (4:31-41; 5:12-18; 6:17-19). Yon fason sengilye medsen ak ekriven Lik te fè note inegalite ekonomik ak enjistis sosyal la (6:20-21,24,; 16:19-21; 18:1-3), vyolans lan (10:30) ak majinasyon (14:13-14) sa ki fè nou panse ak vyolasyon dwa moun yo. Li enpòtan pou obsève ke si byen ke Jezi te rekonèt dwa chak moun sa vle di: "Tout sa w vle lòt yo fè pou ou", sa enplike tou sans devwa: "Fè menm jan pou yo tou".

## Definisyon mo yo

**Jisnatiralis:** Sa gen pou wè ak egzistans règ sa yo "Dwa Natirèl" ki siperyè ak "dwa pozitif". Dwa natirèl imitab epi l etènèl e konesans li bay pa mwayen rezon oubyen revelasyon, selon kouran (vè yon espirityalite Evanjelik angaje. Haroldo Segura Carmona. Kairós, Argentina: 2002 p.104)

**Inalyenab:** "Ki pa kapab alyene oubyen ki pa kapab pase oubyen transmèt ak lòt" (Océano Uno. Diccionario Enciclopédico Ilustrado. Edición 1993).

**Enjerans:** Entrodwi yon bagay nan yon lòt. Mete ansanm (Océano Uno. Diccionario Enciclopédico ilustrado Edición 1993).

**Vekse mwen:** "Veksasyon. Sati nan ton amizan kote yo mete defo yon moun k ap manifeste. Vekse. Maltrete, fè fache" (Océano Uno. Diccionario Enciclopédico ilustrado Edición 1993).

**Etanazya:** "Lanmò san soufrans fizik. Teyori ki defann lisitid pou koupe lavi yon moun ki malad ki pa ka geri yon fason pou fini ak soufrans li yo" (Océano Uno. Diccionario Enciclopédico ilustrado Edición 1993).

**Klonasyon:** "Prodiksyon de klòn nan mitan repwodiksyon aseksyèl" (Océano Uno. Diccionario Enciclopédico ilustrado Edición 1993).

## Aktivite siplemantè

Kòm entwodiksyon nou kapab bay yon tan pou ke sou fòm endividyèl oubyen nan gwoup pou ekri pwòp definisyon sou:

- Dwa ak lavi
- Dwa ak libète
- Dwa pou gen sekirite

# Dwa ak fanmi
# e ak pwopriyete

## Orlando Serrano (EUA)

**Vèsè pou n konnen:** "Si se pa Bondye ki bati kay la, moun k ap bati l yo ap travay an ven, Si Bondye pa siveye vil la, gadyen k ap veye l la ap fè sa anven" Sòm 127:1.

**Bi leson an:** Se pou elèv la afime valè kretyen yo k ap soutni dwa fanmi an, pwopriyete e fòje respè pou pèsonalite ak entegrite moun yo. li fas ak sa.

## Entwodiksyon

Atik 16 ak 17 (n ap rankontre yo nan seksyon resous yo) se de nan 30 atik ki nan Deklarasyon Inivèsèl Dwa moun yo. Yo mete yon anfaz sou dwa chak grenn moun pou fonde pwòp fanmi li e sou pwopriyete pèsonèl ak kolektif.

Divize klas la an twa gwoup e ba yo kat 4X6 e mande yonn nan gwoup la pou li ekri kèk nan peyi kote "konsantman total moun ki gen pou marye yo" pa pran an konsiderasyon pou etabli yon kontra matrimonyèl moun k ap pran desizyon yo. Mande dezyèm gwoup la pou ofri rezon ki fè li nesesè pou yon òganis sekilè tankou Nasyon Zini dwe fè deklarasyon sa pandan ke fanmi an se yon enstitisyon ke Bondye etabli. Mande twazyèm gwoup la pou l reponn kesyon sa a: Nan kisa dwa pwopriyete a chita?

Nan leson sa a nou konsidere kat dwa inalyenab ke moun yo genyen.

## I. Dwa pou devlope yon sistèm de vi nan fanmi an

Deklarasyon Inivèsèl Dwa Moun yo (atik 16) pa vle admèt ke se Bondye ki te enstitiye fanmi e ke devwa nou gen pou wè ak kreyatè a. Fanmi te pran nesans nan panse Bondye (Jenèz 1:28).

Sa kòmanse ak inyon fanm ak gason (Jenèz 2:18, 24; Pwovèb 18:22; Ebre 13:4). Nan jou sa yo yo pale de dwa fanmi an men yo pa swiv tras Bondye vle.

"Vi konjigal la se yon akò lanmou ki prevwa baz fanmi an. Pou rezon sa, fanmi an vle di plis pase konsanginite, kote ke sa ki gen pou wè ak bagay sangen yo prevwa sèl baz ki pou li. Fanmi an se kote ou jwenn lanmou san kondisyon, e kote ou kapab konte sou lanmou sa menm si omwen yo merite l (Jack O. Balswick y Judith K. Balswick, The Family: A Christian Perspective on the Contemporary Home, 2nd ed. Grand Rapids: Baker Books, 1999, p.19). Definisyon sa gen yon gran verite, lanmou an se baz pou bon fonksyonman yon fanmi menm si manm yo gen relasyon biyolojik ou pa.

## A. Dwa ak devlopman prensip nan fanmi an

Fòmasyon fanmi an nan lòd se yon manda nan pawòl Bondye (1 Korentyen 7:1-2; 1 Tesalonisyen 4:1-4). Esansyèl la se pa si nou pral fòme yon fanmi oubyen non, men pito ki tip fanmi nou pral fòme. N ap viv nan yon tan kote fanmi yo dekri nan Bib la (mari, madanm, ak pitit yo) nan yon pwosesis ekstansyon. Inyon lib ant gason ak fanm vin plis popilè chak jou. Inyon moun yo ki gen menm sèks ak adopsyon timoun kòmanse asepte nan anpil sosyete.

Separasyon ak divòs de moun ki marye pa fè moun sezi ankò (oubyen li pa menm jan li te ye anvan). Gen yon nesesite ijan pou nou vire je gade Bondye li menm ki otè fanmi. San èd li posibilte yo pou enmi an antre pou l detwi, menm jan l te fè l nan Edèn ap vin pi plis toujou. (Sòm 127:1-2).

Dwa pou fòme yon fanmi pa gen anyen pou wè ak nivo sosyal oubyen politik yo. Lè pèp Izrayèl la te an kaptivite nan peyi Babilòn Bondye te ankouraje yo pou yo fonde fanmi (Jeremi 29:4-7). Bondye ap tann menm si anba rejim yo k ap malmennen pèp la (menm jan anpi Babilòn lan te ye), dwa pou devlope yon baz familyal ap respekte.

## B. Pitit yo

Pitit yo konsidere kòm benediksyon Bondye e yo fè ke de patnè vin konvèti ak yon fanmi (Sòm 128:1-3). Pitit yo se "eritaj Bondye" e paran yo gen responsabilite pou ba yo direksyon tankou gèrye ki gen flèch nan men yo (Sòm 127:3-5). Paran yo dwe asire yo ke pitit yo grandi ak yon sans de direksyon epi yon objektif nan vi yo.

## II. Prensip yo nan fanmi an

### A. Madanm lan

Selon lèt yo te voye bay Efezyen yo madanm lan dwe soumèt ak mari li (Efezyen 5:22-24). Ide soumisyon an pa ditou popilè nan jou sa yo. Yonn nan pwoblèm sèke mo soumisyon an vin tounen sinonim feblès, sibòdinasyon ak opresyon. Menm jan yon moun te di, nou dwe "dezenfekte" mo sa pou l ka reflete vrè siyifikasyon li genyen nan bib la. Soumisyon an se pa yon obeyisans avèg, men pito aksepte ak plezi jan mari a ap pwoteje kòm lidè.

### B. Mari a

Mari a bò kote pa l dwe renmen madanm li menm jan Kris te renmen Legliz li (Efezyen 5:25-33). Apot Pòl afime ke Kris "te renmen" legliz la epi li te "bay tèt li" pou li te ka "sanktifye li", li te "pirifye l" pou "prezante l" a li menm (vv. 25-27). Fòm pawòl yo soti nan pase jis rive nan tan k ap vini. Lanmou mari a pou madanm li dwe pwogresif. Nou dakò ak Apòt Pòl se responsabilite mari a pou fè madanm li limen epi bèl. Kris te sakrifye vi li pou sèvi legliz la, pou li ka vin tout sa ke li te dezire pou l ye. Ki egzanp ki pi bèl pou mari yo pase sa nan XXI syèk sa a!

Mari a dwe renmen madanm li menm jan li renmen pwòp tèt pa li (vv. 28-31). Tip lanmou sa a mande sakrifis, bay vi w pou moun ou renmen an. Si lè w an tèt sa reprezante pouvwa, alò sa se pouvwa pou pwoteje men se pa pou detwi, pouvwa pou sèvi se pa pou domine, pouvwa pou fasilite otoreyalizasyon men se pa pou detwi li.

### C. Responsabilite paran yo ak pitit yo

Devwa pitit yo anvè paran yo se obeyi yo "paske se yon bagay ki jis" (Efezyen 6:1-4). Obeyisans sa baze sou de lwa: 1) Lwa natirèl ke Bondye te ekri nan kè moun yo. Obeyisans pitit yo anvè paran yo pat kesyone. 2) Obeyisans ak paran yo revele tou nan lwa Bondye a (vv.2-3; Éxodo 20:12). Poutèt sa, obeyi ak paran nou yo se yon responsabilite devan Bondye. Onore paran nou yo pa chita nan montre obeyisans nou sèlman men tou nan lanmou ak respè.

Yon lòt kote nou dwe rann nou kont devwa paran yo anvè pitit yo (v.4). Sa ki negatif, paran yo pa dwe pwovoke timoun yo ak kòlè. Yo dwe evite itilize otorite yo mal pandan y ap mande bagay ki pa jis ki pa pèmèt ke pitit yo demontre mank de matirite ak esperyans. Yo dwe evite favoritis ak kèk poutan ekzijans prèske enposib ak lòt yo. Paran k ap imilye pitit yo oubyen k ap pase yo nan rizib pwovoke resantiman ak kòlè. Sa ki pozitif, paran yo dwe elve yo nan "disiplin ak krent pou Seyè a". Ide literal la se nouri oubyen ba yo manje menm jan nou fè l pou kò natirèl nou yo. Enplikasyon an nan san sa sè ke paran yo pa dwe sede responsabilite yo ak pèsonn lòt. Lòt rekòmandasyon sè ke paran yo dwe envesti tan ak pitit yo pou konnen yo e ofri yo konsèy lè yo gen bezwen epi montre yo nouvo chemen ki dwat lè yo ta vle devye.

## III. Dwa ak pwopriyete

Atik 17 refere espesifikman ak dwa pwopriyete a.

### A. Reyalite aktyèl la

Opresyon ak eksplwatasyon fèb yo se yon bagay ke nou te devlope yon fason ki tris kèk endiferans. Sa fè nou fache lè nou wè enjistis yo men li pa fè nou mal jan l ta dwe a. Saj la pale de yon lòd yerachik sou opresyon yo, chak nan yo pran fenèt ki pi fèb la, "Sou yon gwo vijilans yon lòt pi gwo, e yonn ki pi gwo toujou sou tèt yo" (Eklezyas 5:8-9). Derek Kidner t ap kòmante sou pasaj sa li di: "Nou pa ka sezi ke sitwayen an ki nan fon sistèm sa a rankontre ke jistis la se yon liks pou sa ki pa ka peye". (The Message of Ecclesiastes, ed. Derek Kidner, J. A. Mtyer, Downers Grove, IL: Inter-Varsity Press: 1976, p.55).

### B. Pwomès Bondye

Pwofèt Ezayi (li menm ak Miche te pwofetize sou wayòm sid la) li te denonse enjistis moun ki gen pouvwa yo (Ezayi 5:8). Yon lòt bò pwofèt Miche te genyen yon mesaj esperans pou pòv yo (Miche 4:1,4). Pandan n ap kòmante sou chapit sa a, kòmantè David Prior obsève: "Yonn nan rezon ki fè pasaj sa a bèl sèke li konplètman andeyò amoni avèk reyalite monn nou an, tandiske, li ranpli ak amoni avèk sa ke nou ta renmen monn lan ye" (The Message of Joel, David Prior, Micah and Habakkuk, ed. J. A. Motyer, Donwners Grove, IL: Inter-Varsity Press, 1998, p.148). Moman pra l rive ke pòv yo pa pral pòv ankò e yo pa pral genyen pou okipe lye ke lòt yo fè pou yo.

### C. Yon modèl ideyal pou pèp kretyen an

Nan chapit kat liv travay la yo dekri lavi premye

kretyen yo (Travay 4:32, 34-35). Vi sa te karakterize pa yon vi nan kominote ki te gen karakteristik sa yo:

Yo te gen tout bagay nan tèt ansanm (v.32).

Pa te gen moun ki nan bezwen (v.34)

Reponn ak bezwen lòt yo te pi enpòtan pase sa yo posede yo (v.34)

Yo te konfye nan lidèchip Legliz la (v.35).

Menm lè sa m pa kwè li t ap nesesèman preskriptif men pito deskriptif, ofri legliz Kris la yon modèl ideyal pou pran swen sa yo ki nan bezwen nan kominote kretyen an.

## Konklizyon

Dwa ak fanmi e ak pwopriyete se dwa ki inalyenab ke Bondye bay kòm yon benediksyon pou moun yo nan tan kreyasyon an. Legliz la dwe leve vwa pwofetik li pou denonse enjistis yo e pwokire egalite pou tout moun.

# Resous yo

## Enfòmasyon konplemantè

Si ou vle ou ka fè kopi atik dwa moun yo ki gen rapò ak leson an pou klas la oubyen kopye yo sou tablo oubyen yon fèy papye pou tout moun ka wè yo. Ou kapab chache jwenn kopi yo menm nan biwo Dwa moun yo ki nan peyi w la, oubyen pran yo sou entènèt.

### Atik 16.

1.  Gason yo ak fanm yo, apati de laj ki pi pipiti a, gen dwa, san okenn restriksyon pou kesyon ras, nasyonalite oubyen relijyon, pou marye e pou fonde yon fanmi, e jwi menm dwa sa yo nan sa ki gen pou wè ak lavi konjigal pandan lavi matrimonyèl la e nan ka pa gen vi sa a ankò.

2.  Sèlman ak lib e plen konsantman moun ki pral marye yo sa ka rive fèt.

3.  Fanmi an se yon eleman natirèl e fondamantal nan sosyete a e li gen dwa ak pwoteksyon nan sosyete a ak leta.

### Atik 17.

1.  Tout moun gen dwa ak pwopriyete, endividyèl oubyen kolektif.

2.  Pèsonn pa gen dwa prive abitrèman de pwopriyete li.

### Pèp Izrayèl la e dwa li genyen pou gen pwopriyete li

"Pèp Izrayèl la se te eritye yon sèl vi sosyo-ekonomik. Nan sant sa te genyen tè yo te pwomèt yo a, dezinye ak douz tribi pou Bondye yon fason pridan. Tè a an reyalite te pou Bondye e pèp la te sèlman yon jeran. Bondye te etabli lwa yo klè nan jibile a (Levitik 25) e li te fè pwovizyon espesifik pou sa ki pa te genyen anpil yo (pòv yo, vèv yo ak òfelen yo, etranje yo). Atravè pwovizyon sa yo tè a retounen al jwenn vrè mèt li chak 50 ane e sa yo ki te responsab pwopriyete yo te mande yo pou okipe moun ki nan bezwen yo.

Nan tan Miche yo, afliyans k ap grandi a te kondui nan andisisman kè (2:1-2) e yon sèl kou nan dezobeyisans total lwa Bondye a (6:10-12). Responsab yo ki te la pou administre jistis ki dakò ak lwa sa yo te fè siksè nan konspirasyon, soudwaman ak lòt fòm koripsyon (3:1-3, 9-11; 7:3). Mank de moralite sa te domine menm lè se yon swadizan tewokrasi, kote ke prèt ak pwofèt te mele nan enjistis sa (3:11). Se ak moun oprime sa yo ke Bondye te pale atravè Miche pou l te pwomèt yon demen miyò kote tout pral genyen pwòp pwopriyete pa yo a ki pral ka jwi pwodwi tè a" (David Prior, The Message of Joel, Micah and Habakkuk, ed. J. A. Motyer, Donwners Grove, IL: Inter-Varsity Press, 1998, pp. 104-105).

### Definisyon mo yo

**Sistèm:** Pòs yon fason ki senp, yon sistèm se total tout manm yo ak aksyon e reyaksyon diferan yo. Pèsonn pa viv oubyen aji yon fason izole, e nou tout afekte pa aksyon lòt yo.

**Fanmi:** Fanmi an se yon inite sosyal bazik ki konpoze de paran yo ak pitit yo. (Family [en línea] http://dictionary.reference.com/browse/family [consulta: 31 de marzo de 2010]).

**Dwa moun yo:** Abityèlman, yo defini tankou bagay ki ineran a moun nan, irevokab, inalyenab, entransmisib e irenonsab... anplis de sa yo atanporal e endependan de kontèks sosyal ak istorik yo (Derechos Humanos [en línea] http://es.wikipedia.org/wiki/Derechos_Humanos [consulta: 30 de marzo de 2011]).

### Aktivite siplemantè

Pandan n ap rankontre solisyon yo, lè w ap kòmanse klas la, divize l an de gwoup e mande premye gwoup la pou l ofri omwen twa altènatif pou ke chak moun ka gen aksè a yon pwopriyete. Mande dezyèm gwoup la pou ofri twa solisyon pou ke dwa fanmi an ka respekte nan tout peyi yo.

# Kwè ak kouraj e libète

## Eudo Prado (Venezuela)

**Vèsè pou n konnen:** " Pòl reponn li: Kit koulye a, kit pita, m ap lapriyè Bondye ni pou ou ni pou nou tout k ap koute m jòdi a pou yon lè konsa nou vin tankou m, wetan chenn sa yo !(Travay 26 : 29)

**Bi leson an:** Se pou elèv la konnen dwa ak libète rejyon li yo, panse ak ekspresyon e kapab pratike yo.

### Entwodiksyon

Libète pou lòm eksprime kwayans li ak opinyon li yo li te kòmanse reglemante menm anvan peryòd kretyen an. Tandiske, yon libète konsa te menase istorikman pa plizyè faktè diferan, tankou entolerans relijyez, rejim politik otoritè yo eks. Deklarasyon Inivèsèl Dwa moun yo, dedye yon pati nan atik li yo ak sijè sa a nan atik 18,19 ak 20 ke nou rankontre nan seksyon resous yo.

### I. Libète pou n pratike e anseye kwayans nou yo

Kòmanse pandan w ap li atik 18 ak 20. Premye bagay enpòtan ke nou dwe kòmanse pran swen kretyen yo nan ekzèsis libète relijyez nou se kenbe yon kondwit ki entèg. Sa, afime dwa nou, e kontribye ak pwogrè temwayaj kretyen an.

Pou etidye tèm sa a, nou pra l soti nan ka akizasyon Pòl (Travay 23-26). Nan preparasyon pou klas la, okipe nan kesyon etidye tout seksyon ki nan ekriti yo.

### A. Pandan n ap afime dwa pou pratike lafwa nou

Nan travay 25:6-12 li ekspoze menm jan ak apòt Pòl te afime devan tribinal women an dwa pou pratike ak libète kwayans ou yo. Pòl te endike pou li te obeyi ak konsyans li e ak konviksyon pwofon li yo nan eksperyans li ak Kris la.

Pandan epòk Nouvo Testaman, anperè Women an te pèmèt ak pèp yo ki kolonize pou pratike pwòp koutim yo ak pratik relijyez yo. Nan anpil pwovens te gen divès kwayans ki te ko-egziste e otorite women yo pat fè aparisyon nan diferans relijyez entèn kominote yo, a mwen ke yo dejeneralize nan altèkasyon yo nan lòd piblik la.

Tankou sitwayen women, Pòl te genyen yon pi bon sekirite nan kesyon dwa endividyèl li yo ke kòm yon senp jwif. Li te afime dwa sa yo ak yon fèm

detèminasyon, e sa pwopòsyone nou yon ansèyman enpòtan anpil sou sijè sa pou aktyalite a. menm jan liv travay la relate l, a pati de konvèsyon li, Pòl te pèsekite pa konpayon relijyon li yo. Yo te konsidere Pòl tankou yon eretik e pwobableman, kòm yon trayizon, paske l t ap pale sou Sali payen yo.

Presyon imans ki te fè Pòl soumèt anba jijman, li dekri grafikman nan Travay 25:7 "...jwif yo te antoure yo...", se te menm atitid ke akizatèkris yo te pran nan Lik 23:10. Sa vle di, ke nan moman sa Apòt Pòl te soumèt anba yon presyon terib. Tandiske, Lik te siyale ke yon akizasyon konsa te gen rezilta "endemontrab". Nan lòt mo, yo te enkonsyan, oubyen san okenn fondman, "...yo pa te ka bay prèv".

Nou kapab pase tou pa yon presyon entans anba yon moun ki opoze ak kwayans nou, oubyen ki pretann limite dwa nou genyen pou pratike yo. Kèk fwa, presyon sa ka soti nan lòt gwoup relijyez yo, e nan lòt okazyon yo, de gouvènman otoritè yo ki pa respekte dwa sitwayen yo. Tandiske, kèlkeswa sitiyasyon li ta ka ye a, nou pa dwe janm sede. Nou dwe toujou sonje ke: Anyen pa ka kont verite a, e anfen se li k ap triyonfe! (2 Korentyen 13:8).

Li te enposib pou akizatè jwif yo pou yo apwouve legalman kondwit entèg Pòl (Travay 25:8). Sa fè nou sonje ke, yon kondwit entèg ban nou ase otorite kont nenpòt kalomni oubyen fo temwayaj kont nou menm. Men plis pase sekirite Pòl te genyen sètitid ke l pa te janm vyole lalwa, pè pwofon li a te eradike nan pwomès pwoteksyon li te resevwa ki soti nan Kris la dirèkteman, menm jan li menm te temwaye sa anvan nan defans li devan wa Agripa (Travay 26:16-18).

Nou kapab afime ke, konpayi asire e pèmanan Seyè a se pi bon sekirite nou ka konte sou li kòm kwayan, lè y ap pèsekite nou pou temwayaj nou. Men afimasyon dwa nou pou libète relijyez, mande tou posibilite pou defann espas sila yo kote ekspresyon kwayans nou yo parèt limite nan kesyon pratik la.

Nan kèk peyi, menm lè Konstitisyon Nasyonal la garanti libète relijyez la, sa limite pa lòt lwa ki derive yo, oubyen pa egzèsis gouvènmantal otoritè. Nan kèk ka, yo siprime enstriksyon relijyez nan lekòl yo, rezève pouvwa sa sèlman pou leta, li menm ki reyalize fonksyon sa jeneralman ak fen ideyolojik yo.

Ekzanp Pòl la enpòtan anpil, nan sans ke li pote ban nou yon prensip ke nou ka swiv lè nou nan menm sitiyasyon ki sanble. Genlè, lè anperè a rele Pòl, pi lwen toujou pase defans dwa pèsonèl li, li te chache afimasyon dwa kolektif kretyèn yo pou pratike kwayans yo ak libète (Travay 25:11). "Si nou konprann apelasyon Pòl la nan mòd li te fèt la, tankou yon apelasyon ke anperè a te fè menm, nou pra l fini poun di ke se pa pou sekirite pèsonèl li sèlman, men tou ak dezi pou l genyen rekonesans legliz yo nan anpi an pou yo ka aksepte ke y ap pratike yon yon relijyon ki lisit diferan ak pa jidayis la" (Comentario Bíblico Beacon. Tomo VII. CNP, EUA, s/f p.541).

San dout, sa te yon atitid ki saj anpil bò kote Pòl. Li anseye nou ke, nou dwe aji ak sajès e valè nan yon sitiyasyon parèy, e pwofite nenpòt opòtinite ki prezante devan nou pou afime dwa nou genyen ak libète relijyez la. Li anseye nou tou ke, pi lwen toujou pase byennèt patikilye nou, kretyen yo dwe pwokire toujou pwogrè misyon legliz la. Nou pa dwe dekouraje devan opozisyon libète relijyez la, men Seyè a pwomèt pou l libere nou nan nenpòt pwoblèm, pandan n ap konsève sajès ak valè, pou nou ka temwen fidèl Kris la.

## B. Pandan n ap repann korèkteman kwayans nou yo

Yon lòt sijè ki enpòtan anpil se ak li yo refere libète relijyon an se lè nou ka difize kwayans nou an nan fason diferan (sèvis adorasyon, ansèyman, eks.), men dwa sa nou dwe ekzèse l nan yon fason ki kòrèk. Kèk kwayan abize de libète yo, pandan yo pa trete ak lanmou sa yo ki gen lòt konfesyon, e sepandan yo pa respekte prensip yo ki etabli pa otorite yo pou ekzèsis fonksyon relijyez la.

Kontni defans Pòl la devan wa Agripa nan travay 26, ban nou yon ansèyman adekwat sou sijè sa a. Premyèman, li enpòtan pou note kijan odyans jijman an te fèt. Nou pra l konpare wa Agripa, gouvènè Fetis, tribinal yo, yo menm ki kapitèn senk granizon militè

women yo nan Sezare, e gason ki te pi enpòtan nan vil sila (Travay 25:23-27).

Ki opòtinite mèvèye Pòl te genyen pou bay temwayaj Kris la ak moun sa yo ki te si enpòtan, e jeneralman inaksesib nan bagay ki konsène kretyen yo! Pa janm pwoteste devan Bondye pou sitiyasyon presan yo n ap travèse nan ministè a, alò anpil fwa yo cache objektif ki saj la. Pi byen, nou priye pou sitiyasyon sa yo rive pou glwa Seyè a, ak ekstansyon wayòm li.

An dezyèm lye, nou wè ke Pòl te prezante defans lafwa li "avèk dousè e reverans". Sa se, san dout, yon prensip neo testamentè ki enpòtan anpil pou temwayaj kretyen an (1 Pyè 3:15; 2 Timote 2:24-25; Tit 3:1-5). Li te dirije vè yo menm ak anpil koutwazi e respè, menm lè yo t ap pwovoke l e ensilte l (Travay 26:2,25). Rezilta seke l te genyen nan yon sèten fòm kondesandans yo tout, menm wa Agripa (Travay 26:30-32). Tout moun sila yo te rete epate akoz veyemans ak pwofon konviksyon temwayaj li. Respè ak konsiderasyon anvè sa yo k ap dirije nou, pra l toujou pèmèt yon pi gran efikasite nan temwayaj kretyen nou.

## II. Libète pou nou eksprime nou ak opine

Kretyen yo nou gen dwa, e devwa tou, pou nou eksprime yon pawòl enpòtan sou anpil aspè lavi a, se pa sèlman sou sijè relijyez yo. li atik 19 la.

## A. Libète pou denonse sa ki mal

Se responsabilite kretyen nou pou nou pale nan moman favorab sou sitiyasyon yo ki ka yon reflè enjistis ak mal nan monn lan. Anpil fwa nou te "espirityalize" mesaj levanjil la, a pwen ke nou rann li abstrè de reyalite ki antoure nou. Kesyonè: Ki pètinans mesaj legliz lokal nou an pou kominote kote l ye a?

Nan Lik 11:37-12:3 Jezi te denonse non sèlman aspè relijye yo men tou kijan aksyon lidè sa yo te afekte negativman vi pèp la. Nan "doulè" Jezi yo, nou ka note ke pèvèsite ipokrizi farizyen yo te yon enstriman ki plen pouvwa pou pratike enjistis anvè sa yo ki te plis fèb nan mitan pèp la. Yo te manipilatè metye yo, yo te pwofite de pozisyon relijye ak politik enfliyan yo te genyen pou ka vòlè byen lòt yo.

Jezi te itilize mo ledven an nan yon sans metaforik pou enfliyans konduit yo (12:1b). Enfliyans yon konduit peche kapab vin destriktif pou yon moun k ap swiv Jezi, pou li nou dwe chwazi ak ki moun n ap asosye nou nan nenpòt nivo nan vi nou. Relijyon eskrib yo ak farizyen yo te konn anseye te, dakò ak sa ki remakab pou Jezi, vid san okenn etik e san okenn fondman nan jistis Bondye a.

## B. Libète pou nou konfye konsyans nou nan Bondye

Aji epi eksprime akò konsyans nou, menm si se yon dwa imen ki fondamantal, nan kèk okazyon sa ka lakoz anpil difikilte. Nan Lik 12:4-7, Jezi te anseye disip li yo sou atitid yo te dwe pran lè yo te pèsekite, paske yo te konn mennen yon lavi ki bon e ki jis.

Li natirèl ke, krent ki kontwole menas ak entegrite fizik nou lite andedan nou pou fè nou pè pou nou pa eksprime konviksyon nou yo ak libète. Men Jezi te avèti ke, prensipal obligasyon konsyans nou se ak jistis Bondye e non avèk pa lèzòm.

Jezi te voye disip li yo pou yo pat gen pè pou denonse enjistis (Lik 12:4-5). Entegrite opinyon nou yo fonde sou akonplisman volonte Bondye, alò se li menm ke nou dwe rann kont sou tout aksyon nou yo.

Kwayan yo, nou kapab asime ak anpil konfyans risk materyèl yo, ak tout enplikasyon difisil yo pou yon gwoup disip ki fidèl e angaje avèk valè wayòm nan, kidonk Bondye pran swen nou nèt ale (Lik 12:7a). Seyè a ankouraje nou defann dwa nou yo epi pratike yo. Nou pral pe oubyen nou pra l pwoklame verite a ak tout libète? Dakò ak ansèyman klè ki nan bib la, nou pa dwe fè lach ni sede devan pèsekisyon relijye oubyen vyolasyon dwa sa yo, kidonk Bondye ap ba nou asirans prezans li ak fòs li.

## Konklizyon

Libète pou nou pratike relijyon nou, aji epi eksprime nou ak konsyans, asosye nou ak libète, se dwa fondamantal Lòm yo ye. Nou dwe defann yo lè yo menase epi ekzèse yo kòm sa dwa annakò ak lwa yo e volonte Bondye.

# Resous yo

**Enfòmasyon konplemantè**

Si ou vle ou ka fè kopi atik dwa moun yo ki gen rapò ak leson sa a pou klas la oubyen kopye yo sou tablo oubyen yon fèy papye pou tout moun ka wè yo. Oubyen tou ou ka chache jwenn kopi yo menm ki nan biwo dwa moun yo ki nan peyi w la oubyen pran yo sou entènèt.

**Atik 18.**

Tout moun gen dwa ak libète de panse, konsyans ak relijyon; dwa sa gen pou wè ak libète pou chanje relijyon oubyen kwayans, menm jan ak libète pou manifeste relijyon w oubyen kwayans, endividyèl e kolektiv, an piblik kou anprive, pou ansèyman, pratik, sèvis ak obsèvans.

**Atik 19.**

Tout moun gen dwa a libète opinyon e ekspresyon; dwa sa gen nan li kesyon pou y opa fè w fache akoz de opinyon w yo, dwa pou envestige ak resevwa enfòmasyon ak opinyon yo, e dwa pou pwopaje yo, san limitasyon fwontyè, pa nenpòt mwayen ekspresyon.

**Atik 20.**

1.      Tout moun gen dwa a libète reyinyon ak asosyasyon pasifik yo.

2.      Yo pa dwe oblije pèsonn fè pati yon asosyasyon.

**Definisyon mo yo**

**Apelasyon:** Dwa tout sitwayen women genyen pou ekspoze kòz yo devan tribinal enperyal pi wo nivo nan peyi Wòm. Li pa nesesè pou se devan seza menm pou parèt, men gen yon gwo garanti dwa sitwayen yo.

**Mesaj espirityalize:** li siyifi mank de pètinans mesaj kretyen yo genyen sou pwoblèm aktyèl monn lan.

**Aktivite siplemantè**

**Dyalòg pou kòmanse**

Seleksyone twa patisipan e ba yo chak yon atik 18, 19 ak 20 nan Deklarasyon Inivèsèl Dwa Moun yo. Mande pou chak nan patisipan yo li byen fò atik pa li, epi eksplike byen vit siyifikasyon pratik la. An mezi ke chak patisipan ap fini ak entèvansyon li, mande ke kèk nan rès elèv yo bay ekzanp ki pratik, oubyen bay opinyon yo sou ekzèsis dwa sa.

# Patisipasyon politik ak sekirite sosyal

Esdras Jiménez (Costa Rica)

**Vèsè pou n konnen:** "Se pou nou bay chak moun respè li merite. Renmen tout frè nou yo, gen krentif pou Bondye, respekte wa a. Honrad a todos." 1 Pyè 2:17.

**Bi leson an:** Se pou elèv la konprann privilèj ki genyen nan patisipasyon politik ak sekirite sosyal e responsabilite ke nou genyen kòm kretyen.

## Entwodiksyon

Chak jou nan televizyon nou kapab wè anpil nouvèl ki gen rapò ak sèk politik e gouvènman yo nan peyi kote n ap viv. Sa fè nou wè enpòtans ke fè politik la genyen nan lavi nou. Anpil nan nouvèl sa yo revele ke kèk desizyon fèt pou swaf pouvwa ak egoyis.

Sa lye pafètman ak lòt fenomèn, kondisyon yo ke klas ouvriye peyi nou an ap travay. Nou ta kapab poze kesyon sa : Nan ki kondisyon ouvriye nan peyi m yo ye? Eske gouvènman yo ak patwon yo konsyan de kondisyon sa yo?

## I. Vèti sa yo ki aspire pou eli kòm lidè

Pou nou kòmanse pwen sa mande klas la pou l li Atik 21 dwa moun yo ke n ap jwenn nan seksyon resous yo.

Nenpòt moun ka yon lidè politik. Men ki diferans ki genyen avèk yon lidè politik kretyen?

Yon bò nou dwe "konfòme nou" ak estrikti sistematik yo nan monn sa, sa vle di pèp Bondye a toujou dwe genyen nòm etik yo ak plan ki ankò pi wo ke nenpòt sosyete (Women 12:2; 1 Pyè 1:14-15).

Nou dwe di ke kretyen an kapab e dwe patisipe aktivman nan gouvènman ak egzekisyon gouvènman. Pwoblèm lan pa chita nan sa, sètènman nou dwe fè l.

## A. Pridans ak sajès

Pwoblèm lan pa chita nan patisipe aktivman nan politik, pwoblèm lan chita nan ¿kijan kretyen an dwe patisipe nan politik? Ki vèti yo dwe kiltive?

Premye pasaj nou dwe abòde se Jenèz 41:33, kote Jozèf te mansyone Farawon de karakteristik nonm k ap dirije pèp la nan moman difisil yo. Yon bon gouvènman te dwe: Pridan epi saj. Sa yo se menm karakteristik ke Bondye te bay Salomon (1 Wa 4:29).

Pou defini de karakteristik sa yo an nou itilize konsèp biblik. Pridans, nan sans biblik se mete tout konfyans nan Bondye (Pwovèb 3:5), nan lye pridans lòm sa ke nou dwe fè se genyen yon kontak entim ak Bondye e li pra l dirije chemen nou yo. Sajès nan sans biblik se "krent pou Seyè a" (Jòb 28:28), se pa konesans. Sajès la chita nan Bondye, li menm sèl ki ka rezoud pwoblèm lòm. Sèlman nou ka atenn tip sajès sa lè nou desann nou e imilye nou devan l. Yon bon aspiran ki vle gouvène pèp li a dwe kiltive de karakteristik sa yo nan sans biblik la.

## B. Verite ak jenewozite

Lòm nan gen dezi oubyen aspirasyon bagay sa yo a 100% natirèl, yo pa ni bon ni mal, Bondye kreye nou ak dezi pou nou triyonfe e depase. Tandiske nan moun ki lwen Bondye, swaf pouvwa transfòme rapidman dezi sa an egoyis ak dezi pou renye sou lòt yo. Kèk fwa nou kapab wè sa itilize rapidman kòm glas sosyete nou an.

Tandiske Bib la nan Ekzòd 18:21 rakonte nou ke Jetwo te sigjere Moyiz ke sa yo ki pral gouvène yo ak jije yo nan mitan pèp la ta dwe gason an verite, se pou yo rayi avaris. Nèg sa yo pa dwe kite yo pote ak dezi gouvène lòt yo, men pito ak jenewozite yo te dwe viv pou sèvi lòt yo. Bondye se otè tout pouvwa ak otorite e lòm ki renmen l e k ap sèvi l pa pral oze fè sa ki mal menm lè opòtinite a ta prezante pou fè l an sekrè, paske Lespri a ap rann kè li fò.

## II. Ajan libète, men pa opresyon

Pou kòmanse pwen sa mande klas la pou yo li Atik 22 Dwa Moun yo ki nan seksyon resous yo.

## A. Yon pèp dwe chache jistis sosyal la

Nan Detewonòm 15 gen yon konjigezon sèvis ak jistis sosyal. Vèsè 4 ak 5 lan espesyalman enpòtan lè Bondye ekzòte pèp la pou l disparèt kondisyon pòv ak mandyan. Asireman sa pat toujou rive konsa nan mitan pèp Izrayèl la menm jan ti pwofèt yo te temwaye l, tandiske apèl la t ap kontinye, objektif Bondye a pou pèp la se te pou tout te viv tankou frè epi egal.

Sa gen yon enpòtans patikilye pou konprann ke pèp la te resevwa apèl sa nan plas yo (libète nan esklavaj) te dwe pratike jistis ak egalite, ke yo te resevwa nan gras Bondye a.

Nou menm tou menm jan ak yo nou te sove nan atachman nou yo, e sa dwe devwa nou, apèl nou pratik jistis la ak egalite a.

## B. Ajan jistis nan dwa travayè a

Gen plizyè pasaj ki egziste ki pale sou dwa sosyal travayè yo (Levitik 19:13; Detewonòm 24:14; Jeremi 22:13; Malachi 3:5; Lik 10:7; 1 Timote 5:18). Kèk nan pasaj sa yo se avètisman sevè pou sa yo ki kenbe lajan travayè yo, anplwaye oubyen jounalye gen dwa. Kòm kretyen nou rele pou nou vin ajan de chanjman nan sosyete nou an pratike yon etik ki pi elve pase jan nou te wè anvan. Nou ta dwe premye moun ki peye chaj sosyal yo, pou minis nou yo, tankou anplwaye yo ak sa yo k ap travay pa jou (gadyen, jadinye yo, eks.). Yon règ pou nou se ta "pa kritike leta ak sèvis yo si nou pa dispoze akonpli obligasyon nou yo" (Matye 22:21; Women 13:1-8).

## C. Rekonpans pou sa k ap chache jistis la

Nan epit Jak 1:25, li di ke yo pral ere sa yo ki akonpli "lwa pafè a", se pa tankou yon ekoutè pa aza. Pandan nap swiv menm liy sa Jak eksplike ke "lwa pafè" sa se: "Renmen pwochen w menm jan ak ou menm" (Jak 2:8). Nou aple pou nou poze aksyon, lè Seyè a ban nou "Règ ki fèt ak lò a", li ban nou li pozitivman, pou nou reyalize li nan pratik sa ke nou renmen pou nou (Matye 7:12).

Gen yon jwa andedan kretyen an ki akonpli apèl li, ki viv pou l sèvi lòt yo e k ap chache jistis (Jan 13:17). Pandan n ap pran kòm ekzanp pèp Izrayèl la nan Ansyen Testaman nou kapab di tou genyen yon jwa nan pèp k ap chache jistis la, (Detewonòm 15:1-18) e yonn nan pwomès ki pi gran yo se lapè pou sa a ki simen lapè.

Konklizyon

Nou dwe chache nan gouvènman vèti ki nesesè yo pou aji tankou enstriman nan men Bondye, gen kretyen ki aple espesyalman pou gouvènen e yo dwe fè l, menm jan ak Jozèf yo dwe kiltive depandans ak sentete devan Bondye

# Resous yo

## Enfòmasyon konplemantè

Si ou vle ou kapab fè kopi atik Dwa moun yo ki gen rapò ak leson an pou klas la oubyen kopye yo sou tablo a oubyen yon fèy papye pou tout moun ka wè yo. Oubyen tou ou kapab chache jwenn kopi yo menm nan biwo dwa moun yo ki nan peyi w la oubyen pran yo sou entènèt.

### Atik 21.

1. Tout moun gen dwa patisipe nan gouvènman peyi li, dirèkteman oubyen pa mwayen reprezantan ki chwazi libreman.

2. Tout moun gen dwa gen aksè, nan kondisyon egalite yo, nan fonksyon piblik peyi li.

3. Volonte pèp la se baz otorite pouvwa piblik la; volonte sila pral eksprime nan mitan eleksyon ki otantik yo ki pral selebre chak peryòd, pa sifraj inivèsèl epi egal ak pa vòt sekrè oubyen lòt posedi ki menm jan ki ka garanti libète vòt la.

### Atik 22.

Tout moun, tankou manm nan sosyete a, gen dwa a sekirite sosyal, e jwenn, pa mwayen efò nasyonal e kowoperasyon entènasyonal, abi kont òganizasyon an e resous chak eta yo, satisfaksyon dwa ekonomik yo, sosyal ak kiltirèl yo, endispansab a diyite l e ak lib devlopman pèsonalite li.

## Enfòmasyon siplemantè
### Kijan distenge anbisyon egoyis la?

Kijan nou pra l konnen si anbisyon nou entèresan? Genyen prèv? Yon saj kapab fè limyè pou nou?

Li pa osi fasil. Sepandan, avèk yon ti refleksyon nou kapab depann de Lespri Sen an pou l ka siyale peche nan lavi nou. Sa se travay li. Kitel pale, e asire pou w wè si w genyen anbisyon egoyis yo, li pra l ekspoze yo. Medite sou kesyon ki vini apre yo, epi tande vwa Lespri Sen an. Menm jan ak Samyèl, di sa: "Pale, Seyè, sèvitè w ap koute" (1 Samyèl 3:9-10). Si li siyale w yon bagay, reponn nan obeyisans. Si w pa tande anyen, kontinye ak yon konsyans ki lib. Men si li pale, chache netwayaj li vle fè nan kè w la. Medite sou kesyon sa yo. Sigjere ke li kalifye avèk A, B, C, oubyen D pou chak kesyon, tankou A se nòt ki reprezante pi bon atitid oubyen pèspektiv.

1. Glwa plis entèrese m pase objektif la?

2. Kijan m ap santim si yon lòt moun kòmanse fè siksè nan "pwojèm lan", oubyen akonpli rèv mwen an? ¿M ap rejwi ak li oubyen m ap santi yon ti anvi oubyen jalouzi?

3. Eske mwayen an plis preokipe m ke finalite a?

4. M wè pwòp tèt mwen pandan m ap fè sa ke m reve, oubyen m vize lòt yo ki ka benefisye de travay mwen an? ¿Sa oryante travay la an favè nesesite oubyen onè ke m pra l resevwa?

5. M renmen pouvwa anpil, lajan, prestij, enfliyans?

6. Anbisyon m se yon bagay ki pa dire, oubyen li gen yon long dire nan vi m? ¿Pwojè a te pran ase tan pou l "asezone" nan panse m, oubyen eske se yon enspirasyon sibit?

7. Eske l te pran yon fòm espesifik, klè, oubyen konfiz, difisil pou eksplike?

8. Eske l te soti nan preokipasyon pou sèvi lòt yo, oubyen li soti nan dezi m pou fè l anfavè pwòp tèt pa m?

9. Eske lidè yo – sa yo ki genyen otorite espirityèl ak administratif sou mwen yo – konfime anbisyon sa nan mwen? ¿Yo di mwen: "Annavan!"

10. Eske gen volontè ki ofri tèt yo pou ede pouse pou pi devan ak travay la?

11. Eske panse m obsede nan atant gran objektif sa?

12. Eske m dispoze pou peye yon pri pou pwojè a ka soti byen, oubyen m vle yon moun fèm kado?

13. Eske m kapab wè l nan lesprim?... Vizwalize fen an?

14. Konpay mwen, paran m yo, lòt kwayan yo konfime m anbisyon sa?

15. Eske m ap santi m "libere" si Bondye ta leve yon lòt moun ki ka fè l pi byen pase m?

16. Eske m rayi zanmi ak asosye m yo ki te ede m rive kote m ye kounye a?

17. Kijan Bondye ta ka resevwa glwa si m ta akonpli anbisyon m pi pwofon toujou?

18. Eske m te febli nan konviksyon pèsonèl mwen yo ak fen pou pouse pou pi devan jiskake m rive nan nivo atent aktyèl mwen ye la? (Drury, Keith. Disciplinas Espirituales para todo creyente, Indianápolis, Indiana, USA: 1996, Wesleyan Publishing House, p.127)

## Definisyon mo yo

**Dwa sosyal:** "Dwa sosyal yo se sa yo ki garanti inivèsèlman, sa vle di, ak tout sitwayen depi se sa w ye, e non tankou charite oubyen politik asistansyèl, aksè a mwayen nesesè yo pou genyen yon seri de kondisyon vi ki diy". (Dwa sosyal yo. Retrieved Enero 06, 2011, from Wikipedia:

http://es.wikipedia.org/wiki/Derechos_sociales)

**Dezi yo:** Dezi ki nan ou (epikimya) li moralman net. Jezi te dezire "entanseman" manje pak la ak douz disip li yo nan Jerizalèm (Lk. 22:15, BA; véase Fil. 1:23; 1 Ts. 2:17).

"Dezire plis pase kontanple oubyen anvi yon bagay. Epithumía denote yon solisyon ki fèm e literalman, reyinyon enèji fizik la pou fè vizyon an tounen yon reyalite nan lespri nou. Pandan dènye tan yo nan NT, mo a te itilize eksklizivman tankou sinonim bagay ki mal (Jak 1:14-15; 2 Tim. 2:22; Tit. 2:12)" (Diccionario Teológico Beacon. CNP, EUA: 1995. p.201).

Oganizasyon Entènasyonal Travay,[OIT ], nan yon dokiman yo pibliye nan lane1991 ki rele "Administrasyon sekirite sosyal" te defini sekirite sosyal tankou:

Pwoteksyon ke sosyete mande pou manm li yo, pa mwayen yon seri de mezi piblik, kont privasyon ekonomik ak sosyal yo ke si li pa ta konsa, yo ka lakoz dezaparisyon oubyen yon gwo rediksyon nan administrasyon yo a koz maladi, matènite, aksidan nan travay, oubyen maladi laboral, chomaj, envalidite, vyeyès ak lanmò; e tou pwoteksyon sou fòm asistans medikal ak èd ak fanmi ki gen pitit yo".

## Aktivite siplemantè

Prepare omwen kat joural sou semèn ki pase a. Bristòl oubyen papye ak kòl.

Divize elèv yo nan menm nonb joural ou genyen pou klas la.

Mande elèv yo pou eseye kalkile pousantaj kontni ki dedye ak tèm politik oubyen enstriksyon gouvènman yo e ki eli twa sijè ki gen rapò ak kontèks ki dedye ak kontèks ki mande atansyon otorite yo.

Kesyone: Koman nou menm ki kretyen kapab ede nan solisyon sijè sa yo?

Avèk menm joural sa yo mande tout gwoup la pou yo fè yon endistri oubyen yon kolaj k ap promouvwa responsabilite kretyen an nan sekirite sosyal la.

# Nou bezwen
# yon repo

Jorge Rodríguez (Ecuador)

**Vèsè pou n konnen:** "lè sa yo n a va travay sis jou, n a fè tout sa nou te genyen pou fè. Men setyèm jou a se jou repo apa nou dwe mete pou Seyè nou an (Ekzòd 20 :9-10a)"

**Bi leson an:** Se pou elèv la konprann ke travay ak repo se yon responsabilite e privilèj ki ka kontribye nan bon devlopman fanmi an ak sosyete a an jeneral.

## Entwodiksyon

Bondye li menm sèl ki se sous ak mèt tout kreyasyon an nèt (Jenèz 1-2:1) te kreye chak eleman ak èt vivan pou pran swen epi devlope tout kreyasyon an. Avèk sètitid n ap eksprime ke tout bagay Bondye kreye gen yon gwo valè paske li ede ekilibre gran sistèm lan. Nou dwe panse ke tout sa kreyatè nou an te fè bon e pafè. Kòm sentèz, nou menm kounye a se pou nou konn viv, pandan n ap respekte lòd ak dwa tout bagay.

## I. Travay: Privilèj ak responsabilite

Kòmanse seksyon sa a pandan w ap li atik 23 ki pale de dwa moun ke n ap jwenn nan seksyon resous yo. Bondye te enstitiye travay pou asire l ke lòm ta viv byen. Atravè tan yo, yo espekile anpil konsèp diferan sou enpòtans li, privilèj ak responsabilite ke nou genyen fas don Bondye sa, jodi a nou pra l wè l sou de pèspektiv:

### A. Travay: Pèspektiv lòm

Pou sa ki jeneral lòm gen ide ki ka fè yo fè erè sou travay, twa nan yo se:

Travay la se tout bagay nan lavi a. panse konsa kapab pote kòm konsekans pwoblèm ki serye. Li pa menm bagay travay pou viv, ke viv pou travay. Jounen jodi a gen moun ki fè travay tounen dye yo, yo vinn tounen esklav li, e sa ki pi mal la nan ka sa yo konn rive menm pèdi fanmi yo, sante e menm pwòp vi yo.

Travay la se yon pinisyon Bondye bay. Lòt sa yo ki pi radikal kwè ke travay la se yon malediksyon. Sa fè tris paske konsèp sa, mal entèprete e kretyen yo menm panse ke se konsekans peche adamik lan, Bondye te voye lòm travay e sa se pa te vre. Sa Bondye te di nan Jenèz 3:19a se te pou lòm lan kounye a pa pra l jwi tout fòs Bondye ba li jiska lafen e fòs sa yo ta pra l diminye jiskaske l mouri epi tounen nan pousyè. Responsabilite lòm fas ak travay li te etabli anvan l te chite (Jenèz 1:28).

Jezi pra l vini byento nou pap travay. Panse sa vini depi lè ke Jezi t ap monte nan syèl yo e poutèt sa anpil kretyen nan legliz primitiv, pa te pran swen responsabilite pèsonèl yo ak fanmi yo. Pou rezon sa Pòl te ekzòte ak anpil lanmou e otorite Legliz Tesalonik lan (2 Tesalonisyen 3:10b).

Travay la se yon kòmandman avèk benediksyon, yon dwa e yon responsabilite ke Bondye te etabli, lè w paf è l oubyen ou neglije l sa kapab yon aksyon dezobeyisans oubyen dezòdone. (2 Tesalonisyen 3:11-12).

### B. Travay: Pèspektiv biblik

Genyen kat verite biblik ki ekziste ki pra l ede nou konprann volonte Bondye nan kesyon travay la:

1.  Bondye se mèt tout kreyasyon an e li te bay lòm responsabilite pou administre travay li a (Jenèz 1:28b-31). Bondye te mande lòm pou l dirije tout kreyasyon an e viv ak fwi travay li (Eklezyas 3:13).

2.  Travay la gen yon lyen entim ak imaj e resanblans Bondye. Bondye kontinye pandan l ap travay an favè nou. Travay la se yon kòmandman, (Ekzòd 20:9) ke nou dwe pran ak anpil responsabilite. Apòt Pòl te rekòmande travay la pou byenèt tout moun yo, pou bon temwayaj e pou ede lòt yo (1 Tesalonisyen 4:10—11; Efezyen 4:28).

3.  Travay la se yon benediksyon pou nou ak pou lòt yo, (Sòm 128:2; Efezyen 4:28). Nou dwe santi nou beni lè nou genyen yon sous admisyon pou soutni nou e pou nou pataje ak lòt yo ki pa genyen.

4.  Jezi te fè resòti yon aspè travay pou pwofi espirityèl (Jan 6:27). Pou li menm manje a se fè volonte Bondye e fini travay la (Jan 4:34). Travay la pou Bondye toujou depase tout atant

lòm, paske Bondye pi byen rekonpanse pase lòm.

## II. Repo: Privilèj ak responsabilite

Li atik 24 dwa moun yo..

Se Bondye menm ki te mete repo epi l te pratike l (Ekzòd 20:11) e pou rezon sa se yon dwa ineliktab se pou lòm rejwi de sa. Yon bagay ke nou dwe diferansye sè ke se pa menm yon repo merite ak, parès enjistifye. Repo a enpòtan e nesesè anpil. Nan seksyon sa nou pra l pale sou enpòtans fizik ak espirityèl ke yon moun bezwen kòm sa kif è pati byennèt li.

### A. Enpòtans repo fizik la

Zannimo yo, lòm ak tè a bezwen benefis repo a pou prezèvasyon ekzistans li.

Pou Bondye li enpòtan anpil pou lòm konsidere yon tan pou fè yon poz nan aktivite ak travay li yo. Nan Ekzòd 20:10 nou li ke repo a ke nou te dwe aplike a t ap fè tout moun plezi (esklav tankou etranje) ak zannimo yo. Nan mwayen nesesè yo pou pratike repo fizik la, nou gen rekreyasyon nan jounen travay yo, yon jou nan semenn lan ak vakans chak ane travay yo, eks.

Jezi kòm yon nonm ki te eksperimante fatig fizik "...te chita ap poze tou pre yon pi" (Jan 4:6b).

Repo fizik la nesesè e se yon dwa pou nati ke nou genyen menm lan, pa kite yo retire dwa sa nan men nou, atant kont sante nou, kont bonrelasyon nou ak Bondye e fanmi nou. Repo fizik la ede nou renove fòs nou yo.

### B. Enpòtans repo espirityèl la

Bondye te etabli depi nan kòmansman kreyasyon an jou sakre sa (Jenèz 2:3). Nan liv Ekzòd 20:8 li di: "Sonje jou repo a pou nou ka sanktifye li", jounen jodi a Legliz kretyèn pratike kòmandman biblik sa, pandan y ap konsakre yon jou nan semenn lan (dimanch) pou yo reyini e eksprime adorasyon yo a Bondye e kominyon kretyèn nan.

Jezi dispoze pou pote chay emosyonèl nou yo, sikolojik e espirityèl yo pou ede nou eksperimante vrè repo a (Matye 11:28-30).

## III. Fanmi: Privilèj e responsabilite

Li atik 25 sou Dwa Moun yo.

Nou kwè ke yonn nan don ki pi bèl ke Bondye te bay lòm se privilèj pou l te vin paran. Sa siyifi ke nan plan kreyatè a fanmi te deja la. Poutèt sa, nou genyen dwa pou nou reprodwi kòm responsab akonplisman kòmandman Bondye (Jenèz 1:27).

Sosyològ yo te konsidere fanmi an tankou nwayo sosyete a, sa siyifi ke lavi ak estabilite nan yon sosyete genyen yon entèrelasyon tou ak lavi nan fanmi an. Si pa gen fanmi pa gen sosyete tou.

Bondye tankou papa tou te konstitiye fanmi lafwa, ki se Legliz li a. Sa menm gen pou misyon pou pwopaje mesaj gloriye levanjil la e vin yon limyè nan mitan sosyete a. Nou pra l wè fanmi sou latè ak fanmi nan lafwa, tankou òganis vital pou devlopman moun.

### A. Fanmi sou latè

Se fanmi kote Bondye te vle pou nou fèt epi grandi. Sa ki ideyal la se rive genyen yon fanmi solid, men sa fè tris pou wè fanmi sou latè chak jou ap fè fas ak divès kriz ki reprezante enmi pou estabilite l. Defi nou genyen se pou kontrekare yo e konsa n a sove entegrite li. Jounen jodi a lamantableman genyen yon gran pousantaj fanmi ki pap fonksyone, k ap konfwonte yon pakèt enmi tankou migrasyon, eksè nan travay, relasyon afekte nan mitan patnè yo, ak lòt toujou. Nan okazyon sa nou pra l trete twa nan yo.

Premye enmi ki afekte estabilite yon fanmi, se fenomèn migrasyon an pa mank de travay nan lye kote yonn oubyen de nan paran yo fèt la. Sa prodwi yon dezekilib emosyonèl sevè nan pitit yo, sa konn koz yon move kondwit.

Yon dezyèm enmi nosif, se eksè nan travay de yonn oubyen de moun marye yo. Sa san dout se opoze ak migrasyon an, men san nou pap doute li genyen menm efè ò. Paran yo konn si tèlman okipe ke menm dyalòg pa genyen, kominikasyon oubyen atansyon dirèk ak timoun yo.

Twazyèm enmi an, se movèz relasyon nan mitan moun marye yo. Sa tris divòs la pou anpil moun vin tounen pi bon altènativ pou evite oubyen solisyone pwoblèm yo. Sa okazyone nan tout li menm, resantiman, amètim, rayisman ak sou estimasyon pwòp nou menm. Bondye kòm kreyatè fanmi dezire pou nou responsab pou kòmanse e okipe yon fanmi ki an sante. Ant kèk fondman e konsèy biblik yo nou genyen:

- Jenèz 2:24. Moun ki marye yo dwe fè yon sèl.
- Pwovèb 18:22 moun ki marye yo Bondye beni yo.
- Malachi 2:14-16 tou de moun yo dwe lwayal.

- 1 Timote 5:7-8 Yo dwe responsab.

Nou genyen privilèj pou nou fòme yon fanmi, men tou gran responsabilite pou pran kenbe li.

Li tris pou wè anpil moun pa konnen diferans ant genyen yon bèl ka yak genyen yon bèl fwaye. Yon bèl kay sa ki konpoze l se pati fizik yo, men yon bèl fwaye se moun ki anndan l yo ki fòme ak relasyon ke yo genyen. Bondye sekouri nou pa mwayen benediksyon li ede nou ak sajès e fòs li, e nou menm se pou nou rete nan obeyisans e sansib pou evite enmi yo antre, pran fòs epi detwi travay li a.

## B. Fanmi Bondye a

Yonn nan ansèyman ki te pi tèrès Jezi yo e nan moman pi difisil nan vi li sou tè a se te lè li te sou menm kwa. Selon Jan 19:26-27 lè li te wè manman li, ak disip li te renmen an, te la, li te di manman l: "Fanm, men pitit ou". Apre li te di disip la: "Men manman w". Disip la te konprann ke fanmi espirityèl la enpòtan e nou aple pou nou pwoteje ak entegrite frè nou yo nan lafwa e ranpli vid emosyonèl yo ak bezwen materyèl yo lè yo mande sa. Pòl te afime ankò enpòtans sou kijan Bondye entegre nou nan yon fanmi espesyal (Efezyen 2:19), nou se yon fanmi e nou dwe trete nou antan ke sa pou laglwa papa nou ki nan syèl la.

Egliz kretyèn jodi a atravè manm li yo dwe karakterize pou l vin yon kominote ki ka entegre epi ki cho. Nou tout aple pou nou fè pati agrandisman li san diskriminasyon. Ou fè pati nan legliz kote Bondye mete w la.

## Konklizyon

Travay se yon benediksyon e yon dwa ke Bondye te konstitiye e nou dwe jwi li. Repo fè pati de dwa sa e nou dwe konsidere l. E fanmi an se pi bèl bagay Bondye te ka ban nou pou nou jere.

# Resous yo

**Enfòmasyon konplemantè**

Si ou vle ou kapab fè kopi atik Dwa Moun yo ki gen rapò ak leson sa pou klas la oubyen kopye yo sou tablo a oubyen yon fèy papye pou tout moun ka wè yo. Oubyen tou w ka chache jwenn kopi yo menm nan biwo dwa moun ki nan peyi w la oubyen pran yo sou entènèt.

**Atik 23.**

1. Tout moun gen dwa pou travay, ak libète pou chwazi travay li, ak kondisyon ekitativ e satisfezan nan travay li e pwoteksyon kont chomaj.

2. Tout moun gen dwa, san okenn diskriminasyon, ak menm salè si y ap fè menm travay.

3. Tout moun k ap travay gen dwa ak yon salè ekitatif e ki satisfè l, ki ka mete l ansekitite, li menm ak fanmi li, yon ekzistans ki konfòm ak diyite moun e ka pral konplè, nan ka ki nesesè, pa nenpòt lòt mwayen pwoteksyon sosyal yo.

4. Tout moun gen dwa pou fonde sendika yo e pou sendikalize yo pou defans enterè yo.

**Atik 24.**

Tout moun gen dwa pou repoze, e jwi de tan ki lib la, nan yon limitasyon ki rezonab ak tan travay la pran e ak vakans peryodik yo peye yo.

Atik 25.

1. Tout moun gen dwa ak yon nivo vi ki nòmal ki sekirize l, ak fanmi li, sante ak byennèt, e nan espesyal alimantasyon, vètman, kay pou rete, asistans medikal ak lòt sèvis sosyal ki nesesè; genyen pou li menm dwa ak asirans nan ka li pèdi travay li, maladi, envalidite, vèv, vyeyès oubyen lòt ka ki gen pou wè ak pèd mwayen de sibstans yo pou sikonstans ki endepandan de volonte li.

II. Matènite ak anfans gen dwa ak swenyaj e asistans espesyal yo. Tout timoun yo, ki fèt nan maryaj, oubyen andeyò maryaj, gen dwa ak menm pwoteksyon sosyal.

**Bondye ak dwa moun yo:** Bondye tankou mèt tout kreyati vle pou lòm, dènye kreyasyon li a jwi e evolye yon fason ki jis. Li te devlope yon sistèm entèraksyon pafè ke nou dwe respekte e kontribye pou viv an amoni. Pou sa nou dwe rekonèt dwa minim yo ki fèt pou konsève jistis ak ekite sosyal.

**Definisyon mo yo**

**Konstitisyon:** Se règleman nan yon peyi ki gen lwa yo ak objektif pou ede kenbe ak amelyore sistèm nan.

Fanmi ki pa fonksyone: Se manb yo nan yon fanmi ki te pèdi wòl yo ak respè nan mitan yo.

**Aktivite siplemantè**

Anvan nou kòmanse ekspoze pwen yo mande klas la pou li redije pwòp atik pa li anfavè fanmi an, travay ak repo. E pandan w ap fini chak pwen konpare yo ak atik Dwa moun yo ki koresponn ak yo.

# Dwa ak edikasyon e kilti

## Téxar Alfaro (México)

> **Vèsè pou n konnen:** "Chache gen konesans se premye bagay yon nonm lespri dwe fè. Nenpòt kisa ou ka genyen, bay li pou ou vin gen konprann. Renmen konesans, l ap fè ou mache tèt wo. Kenbe l pa lage l l a fè yo respekte ou" Pwovèb 4:7-8.'
>
> **Bi leson an:** Se pou elèv la konprann ke nan ekriti yo privilejye dwa ak edikasyon ak kilti pou ka rann devlopman moun yo posib.

### Entwodiksyon

Nan deklarasyon Inivèsèl dwa moun yo enonse, nan atik 26 ak 27, dwa ke tout moun yo, san esepsyon, genyen aksè ak edikasyon epi kilti.

Jan nou wè, Bib la, prezante nou kèk istwa depi kote nou ka detounen entèpretasyon yo nan menm sans.

### I. Sistèm edikatif ak kiltirèl nan mitan ebre yo
### A. Lwa nan kontèks istwa ebre a

Se yon fè ki pa ka nye pou di pentatek la, yo konnen l tou kòm lwa, se yon resous edikatif, kiltirèl e istorik pèp Izrayèl la. Sa gen twa etap:

a) Peryòd monachik la... ekri ak finalite pou ke pèp ebre a kenbe idantite li nan evènman istorik ekzòd la, sa ki ta konfere l yon òdonans konstitisyonèl (lwa oubyen dekalòg la), yon lafwa (Detewonòm 6:1-9) ak yon tè (tè pwomiz oubyen kanaran).

b) Peryòd final manachik la, pandan refòm Jozyas la. Nan evènman istorik sa yo te rive mete anlè premye edisyon Detewonòm ki te konvèti pou nasyon ebre a an yon dokiman ki nòmativ e yon lwa ki konstitisyonèl. Finalite Detewonòm lan ak refòm Jozyas la se te pou òganize inite pèp la, inite nan lafwa, inite sèvis la ki pale de yon sanktyè ki inik e krentif pou yon sèl Bondye.

c) Ekzil ak pòsekzil: Pandan ekzil la pèp Irayèl la te soufri yon transfòmasyon kalitativ. Li te sispann yon eta oubyen yon nasyon epi li te konvèti an yon kominote relijyez. Monachi yo te disparèt e alò klas sasèdotal la te anchaje pou prezide pèp la. Wè Izrayelit yo, sa ki bani yo tankou sa yo k ap viv Palestin, yo te pase pa yon grav kriz mele ak ensètitid, lekòl sasèdotal la te pwopoze avèk travay li, kenbe idantite Izrayèl

la, ankouraje fwa ak esperans nan elaborasyon estati yo ak enstitisyon relijyez yo ki ta pra l konfigire nan jou k ap vini yo. Mesaj sasèdotal la jwenn eksplikasyon nan Pentatek depi nan Jenèz rive nan Detewonòm: Devan dekourajman, dezesperans, montre istwa Izrayèl nan yon kontèks kreyasyon, istwa liberasyon an, istwa konkèt tè pwomiz lan ak istwa enstorasyon sèvis ak sèl Bondye ak objektif pou kenbe idantite li ak fwa li nan Yave oubyen nan Eloyim, (Detewonòm 6:1-12).

Kijan nou ka obsève, pentatek la te sèl sous kontni edikasyon an nan diferant etap istorik pèp ebre yo, sou tout bagay nan peryòd kriz la e li te fonksyone byen jiskaske l te konstwi nan tout yon sistèm edikatif fòmèl e ke menm Jezi te benefisye de sa.

Tout jwif te gen dwa ak aksè ak edikasyon ki te gen pou wè nan ansèyman lalwa, pwofèt yo ak sòm yo. Edikasyon an te inisye nan kay patènèl la, li te kontinye nan sinagòg yo oubyen nan mitan disip yo e rive nan mitan raben distenge yo.

### B. Orijin kilti a

Nan enfòme konsèy Willowbank sou tèm "Levanjil ak kilti", li soutyen ke pasaj Biblik biblik Jenèz 1:26-30, gen manda ki sot nan Bondye ki konstitiye orijin kilti moun: Bondye te kreye gason ak fanm ak imaj li e resanblans li pandan l ap dote yo de yon seri de fakilte ki sou rezon, moral, sosyal, kreyatris ak espirityèl. Li te ba yo lòd pou yo reprodwi, miltipliye, ranpli tè a, epi ekzèse otorite sou lanati. Kontwòl sou milye anbyan, jwisans resous natirèl yo, kapasite pou devlope plizyè fòm òganizasyon ak konvivans sosyal sa yo ki se baz kilti a.

Ansyen Testaman te santre atansyon l sou twa eleman de baz (tribi yo, tè a ak istwa li) pou konprann identite pèp Izrayèl la. Sa ki etnik yo, sa ki nan teritwa ak sa ki nan istwa yo (nenpòt sa yo te ye a, kote yo t ap viv e kote yo te soti) yo te prezante tankou se sous fòm vi ekonomik, ekolojik, sosyal ak atistik ki te fè yo jwenn richès ak byennèt kiltirèl ak nasyon ebre a.

Twa eleman ki mansyone la yo konseptyalize e dekri nan lwa, pwofèt yo ak ekri yo, jan nou te konfime nan sa ki dèyè yo, yo te konstitiye nan edikasyon fòmèl nan mitan ebre yo, men nan menm tan yo te reprezante yon kilti legal pou pwòp yo menm e ak jeneresyon k ap vini yo.

Alò, nou kapab konkli nan pati leson sa kòm pèp Bondye, Izrayelit yo te jenere pwòp sistèm edikatif ak kiltirèl pou fòme e prezève identite li atravè divès peryòd istorik yo. Sa te posib pandan l ap garanti ke tout sitwayen yo, san okenn eksepsyon, te jwenn aksè ak edikasyon e kilti.

**II. Aksè ak edikasyon e kilti**
**A. Akizisyon konesans lan**

Aksè a konesans se yon tèm ke Bib la abòde e privilejye, a yon tèl degre pou mete l an relasyon dirèk menm jan ak sa ki favorize krent Bondye nan moun (Pwovèb 2:1-6).

Menm si nou dwe garanti dwa ak edikasyon a tout moun yo, tandiske, aksè ak konesans lan mande kèk kondisyon ki soti nan moun lan, e nan sans sa pasaj pwovèb yo, endike nou kondisyon sa yo:

1. Sajès ak syans lan dwe agreyab pou moun nan (Pwovèb 2:10).
2. Moun nan dwe atantif ak sajès la (Pwovèb 2:2).
3. Moun nan dwe chache e ekzaminen ak entèlijans (Pwovèb 2:3-4).
4. Moun nan dwe akeri sajès ak entèlijans epi fè yo grandi (Pwovèb 4:5-9).

Aksè a edikasyon gen sans si moun na akonpli kèk rekizisyon e kondisyon pou akeri sajès ak entèlijans.

**B. Edikasyon ak kilti: Patrimwàn sosyete sekilye a**

Pasaj biblik Danyèl 1:1-7 montre nou ka kat jenn ebre ki te nan babilòn kòm prizonye lagè, e pou kalite yo wa te fè yon lye pou yo ak kondisyon favorab pou yo aksede ak sistèm edikasyon babilonyen an. Yon bagay ki sanble ak sa te rive avèk Moyiz, li menm ki depi nan anfans li ki te jwenn edikasyon nan sajès ejipsyen an. Ka sa yo dwe anseye nou bagay sa yo:

1) Edikasyon an genyen lye pa li ak fonksyònman nan sosyete sekilye a.
2) Sistèm edikatif yo te nan pouvwa gouvènman sivil yo ke chak sosyete te detèmine genyen e se yo ki planifye tan yo ak modalite yo pou mete yo a atant sitwayen yo.
3) Aksè a sistèm edikasyon fòmèl yo pran orijin nan sivilizasyon sosyete yo, paske l promouvwa devlopman teknolojik, syantifik ak sosyal.

Kilti a se patrmwàn pèp la, se sak fè se yo menm ki kreyatè prodwi kilti yo tankou atizana, relijyon, filozofi, koutim yo, lwa ak konesans popilè yo.

Tankou manb sosyete sa yo nou se kreyatè, konsomè, ak promotè kilti nou an,sa vle di, nou gen aksè ak li yon fason ki natirèl. Se pa menm lan ki rive avèk edikasyon an, pou rezon sa, gouvènman yo ak soyete a menm dwe garanti ke tout sitwayen yo genyen dwa pou patisipe nan pwòp sistèm edikativ yo, menm nan sitiyasyon kote ki gen migrasyon.

Bondye te pèmèt pèp li a, te jwenn yon sistèm edikatif ki ta pral pèmèt li konprann e prezève identite li nan divès peryòd nan istwa li.

Kreyasyon literè a, rityèl yo, lwa relijyez yo, evènman moun yo e pèp la, rakont esperans nan tan k ap vini yo, nan lòt sa yo,li te ba yo fòm ak twa pati esansyèl eritaj edikatif ak kiltirèl li: Lwa, pwofèt yo ak ekri yo.

Tankou pati yon pèp oubyen yon nasyon nou genyen tou yon eritaj kiltirèl e edikatif ke nou ta dwe aksede epi okipe ak dilijans, alò yo pwopòsyone nou baz primè nan identite nou.

Kretyen yo kòm pati nan sosyete a pa dwe meprize opòtinite pou aksede ak sistèm edikatif sa yo. Sistèm edikatif yo se prodwi ki nòb nan kilti nou e kretyen yo menm jan ak nenpòt sitwayen nou dwe aspire e lite pou nou genyen aksè ak sistèm sa yo.

**Konklizyon**

Edikasyon ak kilti bay posibilite ak devlopman pèsonèl e kolektif e sa fèt epi repati nan nan sant eskolè yo ki nan sosyete sekilye e nan fanmi e kòm sitwayen peyi kote nou yen ou gen dwa pou aksede ak li.

# Resous yo

**Enfòmasyon konplemantè**

Si ou vle ou ka fè kopi atik dwa moun yo ki gen rapò ak leson sa pou klas la oubyen kopye yo sou yon tablo oubyen yon fèy papye pou tout moun ka wè yo. Oubyen tou ou ka chache jwenn kopi yo menm nan biwo dwa moun ki nan peyi w la oubyen pran yo sou entènèt.

**Atik 26.**

1. Tout moun gen dwa ak edikasyon. Edikasyon an dwe gratis, sèlman nan sa ki konsène enstriksyon elemantal ak fondamantal. Enstriksyon elemantal la pral obligatwa. Enstriksyon teknik ak profesyonèl pral jeneralize; aksè ak etid siperyè yo pral egal pou tout moun, an fonksyon merit respektiv yo.

2. Edikasyon pral gen pou objè dèvlopman an plen pèsonalite moun e fòtifikasyon respè ak dwa moun yo ak libète fondamantal yo; li pral favorize konpreyansyon, tolerans ak zanmitay nan mitan tout nasyon yo e tout gwoup etnik oubyen relijye yo, e l pral promouvwa dèvlopman aktivite nasyon zini yo pou retabli lapè.

3. Paran yo pral genyen dwa preferans pou chwazi tip edikasyon pou bay pitit yo.

**Atik 27.**

1. Tout moun gen dwa pran pati lib nan vi kiltirèl kominote a, rejwi de bagay atizana yo epi patisipe nan pwogrè syantifik ak benefis ke yo bay.

2. Tout moun gen dwa a proteksyon enterè moral ak materyèl ki koresponn ak yo pou rezon prodwi syantifik yo, literè oubyen atistik yo.

Jenèz 28:1: Mo "sibjije l" ki itilize nan vèsyon Reyina Valera, Revizyon 1960, fè referans ak vèb jije, e sa siyifi emèt jijman ak yon karaktè ki valorize. Yo te òdone lòm pou l soumèt anba lanati sou baz jijman ki valorize sikonstans li yo. Soumisyon an ak pwofi li pa dwe abitrè, ni yo pa dwe sa kounye a.

**Pentatek:** Nan kad tradisyon kretyèn nan yo te soutni ke Moyiz se otè senk premye liv nan Bib la, men anndan etid akademik avanse yo e espesyalize yo yo aksepte teyori kat sous yo ki fòme pentatek la. Teyori sa prezante pentatek la kòm rezilta final yon pwosesis ki ka fòme a pati de kat sous de dokiman: 1)Yavis, 2)Eloyis, 3) Detewonomis, lè yo pale de sosyete sekilye yo bay yon

sans otonòm ki gen pou wè ak respè limit eklezyastik la. Sa pa siyifi nesesèman ke tout sa ki sekilye se bagay mal oubyen dyabolik. Menm si sa kontamine pa peche lòm, sosyete sekilye a gen prodwi ki bon tankou edikasyon, enstitisyon yo, byen yo k ap konsome eks.

Aksè ak edikasyon: Se yon dwa pou tout moun, men aksè ak konesans pou prodwi devlopman moun, detèmine pa kondisyon entèn yo ak ekstèn yo. Nan sa ki entèn yo nou ka konsidere yo kòm bagay sikolojik (devlopman mantal, emotivite, matirite, pèsonalite, ak lòt ankò) e sa ki ekstèn kòm bagay sosyal (familyal, gwoup yo, politik edikatif yo, ekonomik).

## Definisyon mo yo

**Kilti:** Kilti a anglobe totalite konplèks prodwi yo ki nan sosyete a li gen ladan l konesans yo, kwayans yo, atizana, moral, valè yo, lwa yo, koutim yo, relijyon, syans, teknoji ak lòt kreyasyon yo, keseswa endividi oubyen gwoup sosyal yo. Idantite sosyete a defini a pati kilti li; li fòme, li prezève oubyen transfòme pa mwayen edikasyon eskolè, familyal, eklezyal oubyen gwoup.

**Edikasyon:** Edikasyon itilize prodwi kapital kiltirèl sosyete a ak twa finalite: Fòme, prezève e transfòme. Enstitisyon kote objektif sa yo chita se lekòl, Legliz, fanmi ak gwoup sosyal yo.

## Aktivite siplemantè

Sijesyon pou kòmanse ak leson an:

Apre nou fin li kontni leson an, seleksyone kesyon an oubyen kesyon yo ki ka fasilite n abòde leson an, epi ekri yo sou tablo a oubyen yon papye kèlkonk.

Kesyon yo sigjere yo se sila yo:

1) Nan ki fason legliz nou ta kapab patisipe, pou garanti ke tout moun nan kominote nou an genyen aksè ak edikasyon?

2) Nou genyen eleman biblik yo ki ban nou prensip pou fonde e oryante patisipasyon sosyal nou nan sa ki konsène dwa inivèsèl ki bay aksè ak edikasyon?

3) Ki prodwi nan kilti nou an nou ta dwe promouvwa pou tout moun ki nan kominote nou an ka gen aksè?

4) Nan ki fason legliz nou an ta kapab patisipe pou transfòme prodwi kiltirèl ki nosif yo pou kominote nou an?

Leson **23**

# Selebre
# Wa a pou tout tan

Eudo Prado (Venezuela)

**Vèsè pou n konnen:** "Lè Jezi antre lavil Jerizalèm, tout lavil la te tèt anba. Moun yo t ap mande: Kimoun nonm sa ye menm?" Matye 21:10.

**Bi leson an:** Se pou elèv la reflechi sou enpòtans selebrasyon sa a.

Leson Espesyal: Dimanch Ramo

## Entwodiksyon

Dimanch ramo se yon selebrasyon ki popilè anpil nan plizyè kote nan monn lan. Nan kèk vil yo reyalize gwo fèt akonpaye ak dram sou istwa evènman biblik la. Jeneralman, selebrasyon relijyez popilè yo gen kwayans sipèstisyon, menm jan ak ka benediksyon palmye yo. Moun yo mete lakay yo yon palmye "Beni" sou fòm yon kwa e yo mete l nan rantre, oubyen dèyè pòt yo, avèk pretansyon ke se yon fetich oubyen objè pou pwoteje fwaye a.

Tandiske, pi lwen pase nenpòt kwayans popilè, okazyon sa a, genyen yon siyifikasyon pwofon. Se opòtinite pou selebre wa a pou tout tan, li menm ke rèy li pap fini; Jezi pitit Bondye, k ap renye nan kè sa yo ki renmen l. Se yon opòtinite tou pou kwayan nou yo panse seryezman sou enpòtans pou pwoklame nan monn lan kiyès Jezi ye reyèlman.

## I. Antre nan Jerizalèm lan

Evènman rantre triyonfal la rakonte, avèk kèk diferans, nan kat evanjelis yo. Sinoptik yo, (Matye, Mak e Lik) sèlman yo rakonte vizit sa Jezi te fè nan lavil sent lan pandan vi piblik li (Matye 21:1-11). Tandiske, Jan li menm, pale de plizyè vizit li te fè anvan (Jan 2:13; 5:1; 7:10; 10:22-23).

### A. Kòtèj triyonfal la

Jezi te rantre Jerizalèm, li soti Galile, li te akonpaye ak disip li yo pou selebre fèt pak la (Matye 21:1-11). Fèt sa reyini chak ane tout jwif yo pou ka sonje gran travay Bondye anfavè pèp li a. Tout lari nan Jerizalèm te ranpli ak yon anbyans festival e kontantman popilè. Nan opòtinite sa tout fèvè popilè sa te dirije vè Jezi. Anpil moun t ap soti vin swete l byenvini e akonpaye l. Miltitid la te santi yo kontan pou gwo mirak li te konn fè, espesyalman pou rezireksyon Laza (Jan 12:17-18). Nan lòt mo, Jezi se te sant ki atire moun nan aktivite sila a.

Selon koutim lan, pandan kòtèj triyonfal yo, pèleren yo t ap mache pandan y ap leve fèy palmis yo, itilize tankou senbòl viktwa (Revelasyon 7:9). Jwif yo tou genyen abitid salye nouvo gwoup yo ki rive nan fèt la, avèk aklamasyon e kantik yo. Wa yo, te konn salye pandan y ap flote fèy bwa yo e pandan y ap kouvri chemen an ak menm fèy sa yo, menm jan yo t ap fè l pou Jezi.

Identifikasyon Jezi tankou "Pitit David la", ke moun ki t ap aklame l yo te fè, endike nati ekspektatif li kòm yon mesi. Yo t ap ret tann yon restorasyon k ap soti nan men David, men ak yon konotasyon tanporèl. Menm miltitid sa ki t ap aklame anfavè Seyè a, pral nye yon jou pita lè yo te kondui l nan pye lakwa. Li posib pou ajitasyon emosyonèl la te ranplase pa yon adorasyon tout bon e pa konsekan, sa ta anpeche konprann ki moun Jezi ye reyèlman.

Kontrèman ak santiman foul la, nan pèspektiv Jezi nou te rankontre sakrifis lakwa kòm sant misyon li (Matye 20:17-19). Pitit lòm lan te vini "pou bay vi li pou sove anpil moun" (Matye 20:28). Dialoge ak klas la sou danje ki genyen lè Legliz la genyen plis okipasyon nan aktivite politik, sosyal, oubyen nenpòt lòt fonksyon, pou detriman misyon santral: Pwoklamasyon Levanjil la.

### B. Kri pèp la

Mo "te aklame" (grèk ekrazon) la li siyifi, kriye byen fò, bay vwa yo. "Ozana" se yon ekspresyon ebre Ki siyifi "esepte, nou priye ou". Ekspresyon aklamasyon yo ke nou jwenn nan Matye 21:9 te fòme pati yon seksyon nan sòm yo, ke yo konnen sou non Hallel (Sòm 118:25-26), yo te konn chante yo nan fèt ki pi solanèl nan peyi Izrayèl. Nan opòtinite sa a, li posib, pou pèp la te chante kantik sa a, plis pase yon bagay ki nan tradisyon relijyez li, pito tankou yon vif dezi nan liberasyon soufrans li.

Antouka, li klè ke menm si Seyè a pat ankouraje nan okenn moman pretansyon politik moun ki t ap swiv li yo, li te genyen yon konpasyon pratik pou nesesite fizik pou moun yo ki te fè y ap swiv li (Matye 9:36; 14:14; 15:32). Sa konstitiye an yon prensip aksyon pou Legliz la: Konpasyon an, pa opsyonèl, men yon estil de vi.

Ou kapab diskite avèk klas la, sou enpòtans travay konpasyon kretyèn lan ak diferan fòm sèvis ke legliz lokal la ka pote nan kominote ki antoure l oubyen nan vil kote l ye a.

## II. Pwofesi akonpli

Evanjelis Matye aplike sou Jezi yonn nan apèl tèks mesyanik yo, sa ke nou rankontre nan Zakari 9 :9. Nan pasaj sa a, Mesi a te prezante kòm wa yo te pwomèt la, ki t ap soti nan ras fanmi David. Pwofesi Zakari a, sou rive Mesi-wa nan Jerizalèm lan, liberatè e pòtè lapè, te nan pwòp tan li yon mesaj esperans pou pèp ki te anba dominasyon Lapès (li pwobab pou redaksyon tèks sa a te fèt nan fen IVèm syèk la. K.).

### A. Wa ki sovè a rive

"Lè y ap pwoche Jerizalèm, yo te Betfaje, sou montay Oliv la..." (Matye 21:1), montay Oliv la te prezante pa eskatoloji jwif la tankou yon lye kote Wa Mesi a te parèt (Zakari 14:4). Ekspektativ mesyanik la te parèt nan santiman popilè a nan jou ke Jezi te sou latè, malgre kondisyon istorik difisil yo ke yo te konnen. Menm si pwofesi mesyanik Ansyen Testaman yo te genyen yon akonplisman objektif nan anpil detay nan lavi Jezi, ni pèp la, ni lidè relijye yo pat ka rekonèt li kòm pitit Bondye, Sovè ki te pwomèt la. Menm disip yo pa te ka konprann siyifikasyon yon evènman konsa se jis nan moman glorifikasyon an yo te vin konprann li.

Li posib pou, nou menm tou, lè nou soumèt konsa nan evantyalite yo e woulman aktivis relijye, nou rive pa konnen volonte Bondye. Sa motive paske, aktivis relijye a ranplase entimite ak kominyon pèsonèl e pou sa menm, li kondui nou vè yon disipoula sipèfisyèl e nou pa angaje nou ak Jezi.

Nou ka diskite sou diferans ki egziste ant aktivis relijye ak vrè disipoula kretyèn nan.

### B. Misyon Wa ki Sovè a

"...gade, men wa nou an ap vin jwenn nou, li san lògèy, li monte sou yon bourik, yon ti bourik dèyè manman..." (Matye 21:5). Pèleren yo ki vini Jerizalèm te deplase nòmalman a pye. Pou motif sa, rantre Jezi a, yon fason yo pa te janm abitye, te atire ak pisans atansyon. Nan Ansyen oryan, bourik te esansyèlman monti pou pòv yo ak moun ki renmen lapè. Lefèt ke Jezi te itlize yon tip de monti konsa fè soti siyifikasyon pasifik la e bazikman espirityèl de aksyon li. Sa te siyale tou, identifikasyon li ak pòv yo e sa ki nan nesesite yo.

Kondisyon istorik pèp Bondye yo nan epòk pwofèt Zakari a ak sa ki te nan tan Jezi yo te sanble anpil. Zakari te pale ak yon pèp ki t ap soufri yon eprèv egzil ki te di, sèvitid ak povrete. Miltitid nan tan Jezi yo, te rankontre menm pwoblèm. Mache tou dezoryante e san esperans. Pi gwo trajedi Izrayèl nan moman sa, tandiske, li te konsiste nan pa konnen tan vizitasyon Bondye a (Lik 19:41-44). Pi gwo trajedi yon èt imen, se, san dout, lè l pa konnen volonte Bondye.

Anpil nan nou dirije nan kontèks kote ki genyen anpil nesesite yo. Men tou nan vil nou yo miltitid yo ap flannen san okenn esperans. Gran defi legliz la se kapab montre Jezi, Wa ak Sovè a, sèl moun ki bay lòm pèdi yon vi an abondans k ap dire pou toutan.

Sèl konesans yon Bondye pèsonèl, toupisan e mizèrikòdye, kapab bay lòm vrè esperans lan.

### III. Enpòtans evènman sa a
### A. Enpak prezans Jezi a

"...tout vil la te mobilize..." (Matye 21:10). "sa enkli Jerizalèm te paralize pa yon fòmalis relijye e sosyalman trè rezèv e l te rete mobilize poutèt kontantman popilasyon an, tankou se yon gwo van oubyen yon tranbleman tè ki te pase" (Comentario al texto griego del Nuevo Testamento. A. T. Robertson. Clie, España: 2003, p.55). Prezans Jezi a te afekte tout moun nan fason diferan. Antouka, tout vil Jerizalèm lan te epate akoz prezans li. Li klè ke pa gen moun ki ka rete endiferan devan Jezi. Lidè relijye jwif yo te ranpli ak jalou kont Jezi, men moun nan tanp lan te ranpli ak jwa e alegrès (Matye 21:15).

Youn nan atitid prensipal ki fè nou konnen Jezi kòm wa nan lavi nou se devosyon pèsonèl. Devosyon yon disip anvè Jezi manifeste sou diferan fòm : Louwanj, temwayaj, obeyisans, sèvis, eks.

### B. Pwoklamasyon vrè Jezi a

"... Kiyès moun sa ye?...". (Matye 21:10). Devan kesyon lojik sa, ki t ap pale de bouch an bouch nan tout vil Jerizalèm lan, te genyen yon sèl repons menm moun yo t ap bay: Sa se Jezi pwofèt la, ki soti Nazarèt peyi Galile a. Moun yo nan inyorans yo, konseptyalize Jezi tankou yon pwofèt plis pase sa l te ye a an reyalite: Pitit Bondye, Sovè monn lan. Sa tris pou wè temwayaj disip yo te briye nan absans li devan opòtinite mèveye konsa Que!

Mansyone diferan konsèp ewone ki ekziste sou Jezi aktyèlman: yon lidè revolisyonè yon pwofèt anplis, yon manifestasyon de divinite li nan pwòp epòk li, tankou Bouda oubyen nenpòt lòt, yon zanj Bondye kreye eks.

Dialoge sou enpòtans temwayaj opòten kretyen an. Kijan ou ap moutre legliz lokal ou a vrè Jezi a nan pwòp kominote li a?

### Konklizyon

Selebre Jezi kòm wa pou tout tan, siyifi, an premye lye konprann kiyès li ye reyèlman: Pitit Bondye, Sovè monn nan. An dezyèm lye, fè nou patisipe ansanm nan misyon santral li e pwoklame levanjil atravè yon angajman nan disipoula.

---

# Resous yo

### Enfòmasyon konplemantè

**Fèt pak la:** "Pak la oubyen fèt pen san ledven an, ki etabli depi sou lalwa a, pou selebre soti nan peyi lejip. Te kòmanse jou kite 14 Nisan (premye mwa ki nan kalandriye ebre a) e li te dire yon semèn (Levitik 23:5-8). Asistans ak patisipasyon gason yo te obligatwa (Detewonòm 16:16)" (Diccionario Manual de la Biblia. Merril C. Tenney. Vida, Miami: 1976, p.109).

**Hallel:** "-louwanj-. Mo ke jwif yo te konn itilize pou deziye yon seri de sòm ki te konn kòmanse ak mo alelouya (hallelú yáh "louwe Jewova"). Te genyen twa Hallel: Ejipsyen an (ki konpoze de Sòm 113-118), gran Hallel la (entegre pa Sòm 120-136, sou tout dènye), e ti Hallel la (ki fome pa senk dènye sòm yo, 146-150) (Diccionario Manual de la Biblia. Merril C. Tenney. Vida, Miami: 1976, p.123).

**Betfaje:** "-kay kote fig yo ye a -. vwazen Jerizalèm ki bò mòn Oliv la... li te tou pre Betani..."(Nuevo Diccionario Bíblico Ilustrado. Vila-Escuain. Clie, Barcelona: 1985, p.112). Pwobableman la yo te soumèt anba rit pirifikasyon pèleren yo ki te vini nan fèt pak la Jerizalèm.

### Definisyon mo yo

**Eskatoloji:** Mo sa a soti nan mo grèk yo: éscatos, ki siyifi "evènman final yo", ak lógos, "mo oubyen rezònman". Mo sa, refere ak entèpretasyon ansèyman biblik ki pale sou evènman ki gen pou rive nan fen istwa monn lan.

**Ekspektativ Mesyanik:** Relativ ak "Mesi", mo sa derive de ebre a ki se meshiach, ki siyifi "wen an"; fòm grèk la se Kristòs, "Kris". "Nan syèk yo ki te vin apre destriksyon Jida a (586 a. K.), esperans jwif yo te santre sou restorasyon endepandans li a nan retablisman monachi a avèk yon desandan David, tròn ni an t a pral demere pou toutan (2 Samyèl 7:16; Sòm 89:29)" (Diccionario Teológico Beacon. CNP, EUA: s/f, p.430).

### Aktivite siplemantè

**Dinamik:** Mwen selebre Jezi wa mwen avèk...
Ou kapab reyalize senp dinamik sa tankou yon pati pou konkli klas la.

**Objektif:** Konprann kisa sa siyifi selebre a
Jezi tankou wa lavi nou.

**Tan:** Senk minit

**Devlopman:**

1. Mansyone nan ki fòm objektif miltitid la te onore Jezi nan rantre triyonfal la: Yonn te prete bourik li pou Jezi monte sou li, disip li yo te mete manto yo sou bourik la, lòt moun yo te tann manto yo sou chimen an, yo te koupe branch bwa pou mete sou chemen an, e anpil t ap aklame l ak kantik e ekspresyon de louwanj.

2. Eksplike ke jodi a nou kapab onore Jezi kòm wa lavi nou atravè atitid kretyèn nou yo.

3. Mande pou senk patisipan eksprime, avèk ki atitid kretyèn pratik yo onore Jezi jodi a, pandan w ap kòmanse avèk fraz sa "mwen selebre wa mwen an avèk...", e lè yo fini mansyone atitid la fè yo eksplike briyèvman poukisa yo konsidere l enpòtan pou fè Seyè a plezi...

# Jezikri sovè nou an vivan!

### Daniel Ncuna (Guinea Ecuatorial)

**Vèsè pou n konnen:** Jezi di yo: Mwen se rezireksyon e lavi; moun ki kwè nan mwen, menm lè li mouri l ap viv" Jan 11:25.

**Bi leson an:** Se pou elèv la konprann enpòtans rezireksyon an genyen pou Sali li.

## Entwodiksyon

Memwa lòm frajil anpil e li limite. Nou sijè ak bliye epi fasilite konsèy ak avètisman ke nou te resevwa nan diferan etap nan lavi nou ki genyen pwomès ak ansèyman biblik yo ki soutni lafwa nou. Rezireksyon Seyè nou an Jezikris pa ta dwe pwovoke sa li te pwovoke nan disip yo, lè n ap konsidere ke yo te avèk li, yo t ap koute l k ap anseye nan piblik kou nan prive e li te revele tout tip de mistè ak yo sou moun li te ye a. N ap kontinye pou nou wè kisa ki te pwovoke nan disip yo nan anons rezireksyon Jezi a.

## I. Sipriz Mari a

Mande klas la pou l li Jan 20 :1-3. Mari Madlèn se te yonn nan fanm ki t ap swiv Jezi yo lè li te fin geri paske l te posede ak demon. "Douz disip Jezi yo t ap mache ak li tou ak anpil fanm. Fanm sa yo te konn ede Jezi ak disip li yo nan zafè lajan. Ak kèk nan yo, Jezi te geri maladi diferan e chase move lespri sou yo. Nan mitan fanm sa yo te genyen Mari yo te rele l Madlèn, ki te gen anvan sèt demon sou li" (Lik 8:1-2 TLA). Genyen evidans pou apre rankont sa a ak Jezi, Mari te akonpaye Seyè a ak disip li yo pandan ministè evanjelik li nan epòk sa a. Mari Madlèn se te yon fanm ki te predispoze pou li swiv Seyè li a san l pa bay enpòtans ak sa sa te ka koute l, se dispozisyon sa ki te pèmèt li ale byen bonè nan tonbo kote kò Seyè a te ye a, pandan l t ap defye tout enpòtans ak obstak tankou: Kisa moun ta ka di? Oubyen Kiyès ki ta pral deplase wòch ki devan tonbo a? Men pandan l rive nan tonbo a fanm sa te etone devan reyalite li t ap viv la:

### A. Yo te retire wòch ki devan kavo a

Mari Madlèn te konnen pase li e de kisa li te libere, pou rezon sa lanmou li pou Seyè a te gran konsa. Petèt se poutèt sa li te genyen privilèj pou l wè premye evidans vizyèl rezireksyon Jezikris la, oubyen ke, wòch la te soti devan antre tonbo a "Premye jou nan semenn nan, Mari Madlèn ale byen bonè nan maten, li te toujou fè nwa, nan tonbo a ; e li te wè wòch la pa te bò tonbo a" (Jan 20:1). Se pa sèlman wòch la ki te woule bò kavo a, men kò Seyè a pat la tou. Sa te fè l sezi anpil e te vin rann li tris anpil. "Mari te rete deyò tonbo a, l ap kriye. Pandan l ap kriye a, li te bese pou gade anndan tonbo a" (Jan 20:11 TLA), nan moman sa, Mari Madlèn pa te konprann si Bondye te bay vi li san l pa retounen vin chache l oubyen, san l pa te resisite li pa tap ka akonpli volonte papa.

### B. Mari te rive fè yon move konklizyon

Lefèt ke Mari te devan yon evènman inik e siprenan nan listwa limanite avèk yon bèl dòz tristès, sa te fè l fè yon konklizyon byen vit men ki te gen erè ladan l. " Yo te leve kò Seyè a nan kavo a, e nou pa konnen kote y al mete li" (Jan 20:2b). Se te yon gran prèv pou Mari lè l wè ke kò Seyè a te disparèt.

Li enpòtan pou nou reflechi sou pawòl Bondye e medite sou ansèyman li yo sa ap ka ede nou konprann e fè volonte Bondye. Gen kèk okazyon nou konn presipite lè nou wè evènman yo e nou reyaji nan fason ki ewone oubyen prese sa ki pa pèmèt nou wè men Bondye k ap aji nan lavi nou oubyen nan lavi lòt moun yo. Lè yon bagay rive ke nou pa konprann oubyen ki dekonsantre nou an nou chache Seyè a nan lapriyè e nan pawòl li nou pa dwe pran desizyon k ap kapab afekte lavi nou ak vi sanblab nou yo.

## II. Disip yo te ale nan tonbo a

Mande klas la pou l li : Jan 20:4-10.

### A. Pa satisfè ak temwayaj Mari a

Simon Pyè ak (Jan), lòt disip la menm jan pasaj sa rele l la, te resevwa nouvèl la nan men Mari Madlèn kote ke kò Seyè a te disparèt oubyen yo te vòlè l nan tonbo a. Pandan yo t ap tande deklarasyon sa kouri byen vit al verifye sa ki te pase a. Nou ka siyale ke menm disip sa yo te tande sa ki te konn soti nan bouch Seyè a, deklarasyon sa yo: "Mwen se rezireksyon e lavi..." (Jan 11:25); "Paske Bondye pa yon Bondye moun mouri, men li se yon Bondye pou moun ki vivan..." (Lik 20:38); "E apre yo te finn bat li, yo te touye l ; e nan twazyèm jou a li gen poul resisite" (Lik 18:33); men nan moman sa a mantal yo te vid.

Rive de disip sa yo nan kavo a, fè yo konprann yon dezyèm evidans sou rezireksyon Jezikris la, "yo tou de t ap kouri ; men lòt disip la te kouri pi vit ke Pyè, e li te rive an premye nan tonbo a. E pandan l bese pou gade, li te wè moso twal yo te la, men li pa te antre" (Jan 20:4-5). Dra ki te vlope kò Jezi yo, (bann yo) te la. Yo pat vòlè kò Seyè a jan Mari te kwèl la, paske fòk yo ta leve bann twal yo ansanm ak tout kò a, pou kontinye, yo te anile ipotèz sa a.

## B. Yo te bliye sa Jezi te di yo sou lanmò li

Jan nou te di li anvan, didip Seyè a te resevwa nan plizyè okazyon anons ke l ta pral kondane amò. E lanmò li ta pral dire sèlman twa jou, paske lanmò pa te kapab kenbe wa linivè a (Matye 20:17-19). Nan pasaj Matye 20 an Kris te pi eksplisit ke anvan lè li t ap predi soufrans li yo. Nan mansyon lanmò li ak soufrans li yo, li te tou pale de rezireksyon li, pou bay kouraj ak disip li yo pou yo te ka konsole. Malgre anons sa yo kris te bay ak disip li yo, nan jou verite a pèsonn pat sonje imedyatman mo kouraj ak fòs sa yo.

Disip yo te tonbe nan lekti ansèyman mèt yo ak nan entèpretasyon Ekriti yo. Nan premye moman yo pa te konprann ke Kris la ta dwe resisite nan mitan mò yo "¡Paske ou pap kite m kote mò yo ye a!" (Sòm 16:10 TLA). Men nou menm, Jodi a nou genyen tout prèv yo ak evidans pou nou pa fè menm erè a. Kris te resisite. Nan li menm nou jwenn padon pou peche yo, jistifikasyon ak lavi an abondans.

## C. Lòt disip la te kwè se lè li fin wè

Temwayaj an silans de tonbo vid la te ase pou ke yonn nan disip yo ki te resevwa temwayaj sa a, ta kwè apre yo fin wè. Sa se twazyèm evidans rezireksyon Seyè a, "...ansanm ak moso twal ki te mare tèt Jezi a. Men moso twal sa pat menm kote ak bann twal fen yo , li te vlope apa yon lòt kote. Se lè sa lòt disip ki te rive anvan bò kavo a rantre tou. Li wè, li kwè" (Jan 20:7-8) yon kavo vid. Se sa ki temwaye lafwa nou.

Yo te woule wòch la. Dra ki te vlope kò Seyè a te la. Kò Seyè a pa te nan kavo a ¿Kisa ki ta ka pase? ¿Yo te vòlè kò Seyè a? Disip yo te twonpe de kavo? Repons la se yon non byen fò, reyalite a se sa ou pral wè la : Seyè tout Seyè yo, Wa tout Wa yo te resisite. Li pat la, ni li pat mouri, li vivan.

## III. Siyifikasyon rezireksyon an

Rezireksyon Kris la anseye nou verite sa yo ke nou pa ka nye :

### A. Jezikris te totalman Bondye e totalman lòm

Mwen renmen anpil deklarasyon Gene Williams fè nan entwodiksyon yonn nan sèmon li yo. Li pale de Jezikris tankou yon nonm ke listwa li pa fini:

1. "Boudis yo konnen ke kavo Bouda nan peyi Nepal.
2. Disip Konfisiyis yo konnen ke kavo li yon kote ki rele Shantung.
3. Disip Mawomè yo konnen ke kavo li nan Meka.
Disip Jezi yo pale de yon kavo ki vid paske istwa li pa janm fini" (Bosquejos de sermones para ocasiones especiales. Dr. Gene Williams. CNP, EUA: 2000, p.28).

Si Jezikri te sèlman yon nonm menm jan kèk moun vle di l la, istwa li t ap fini depi nan lanmò fizik li e pa gen okenn diferans ki ta pral ekziste jodi a ant krisyanis la ak lòt relijyon yo tankou boudis, islam eks. Nou menm kretyen yo n ap pale de yon Sovè ki vivan (Jan 20:14, 19,26,30; 21:1). Li te venk lanmò e jodi a li adwat papa a l ap renye sou tout pouvwa ak otorite. Rezireksyon an se yon prèv ki diy de fwa ki fè konnen ke Jezi se Bondye, li menm ki te asime nati imen an pou l te ka pi byen montre lanmou li pou nou (Jan 3:16)

.

### B. Kris se baz lafwa ki sove a ak levanjil

Si Jezikri pa te resisite, krisyanis lan Pa t ap gen fondman (1 korentyen 15:14,17) e bòn nouvèl li yo (levanjil) pa t ap gen otorite; (Matye 28:18). Nou pa te kwè senpleman nan yon mèt ki t ap bay anpil bon prensip moral. Nou pa te sove pa yon senp nonm. Nou ankle e depase edifye nan Kris (1 Korentyen 3:11). Pèsonn ni anyen pa ka konpare ak Seyè Sovè Jezi nou an.

### C. gen lavi apre lanmò

"Ann fè lwanj Bondye, Papa Jezikri, Senyè nou an.

Paske, nan kè sansib li, li ban nou lavi ankò lè li te fè Jezikri soti vivan nan lanmò a. Sa fè nou viv ak anpil espwa" (1 Pyè 1:3). Tout relijyon yo ki ekziste te eseye bay yon eksplikasyon de sa ki pral pase ak lòm apre lanmò. Gen kèk nan yo ki afime ke reyenkanasyon an se yonn nan opsyon yo, lòt yo nye vi ki genyen apre lanmò, eks. Men nou menm ki te kwè nan Jezikri nou gen yon esperans ki fèm ki fè nou konnen nou pral viv ere pou toutan apre lanmò fizik la. Rezireksyon Kris la se prèv ak esperans de deklarasyon sa a; "Mwen se rezireksyon e lavi, moun ki kwè nan mwen, menm lè l ta mouri, l ap viv" (Jan 11:25).

## Konklizyon

An nou selebre jou siyifikatif sa a avèk yon nouvo sans. An nou sonje ke se yon jou viktwa, ke se yon jou esperans e se yon jou kote limanite te pran yon nouvèl direksyon.

# Resous yo

### Enfòmasyon konplemantè

**Mari Magdala:** "Non sa a pwobableman derive de vil galile de Magdala. Aparisyon li anvan evènman pasyon an limite nan Lik 8:2 kote nou wè pami fanm ki te geri ak move lespri yo e ki te akonpaye Seyè a ak disip li yo pandan ministè evanjelik li nou te jwenn Mari Magdala sa yo te retire sèt demon sou li yo (Mak 16:9)" (Nuevo Diccionario Bíblico Certeza. Certeza Unidas. Argentina: 2003, p.860).

**Pyè:** "Non orijinal Pyè se te, sanble ak ebre a Simeyon (Travay 15:14; 1 Pyè 1:1) Petèt tankou anpil jwif tou te adopte Simon, ki itilize nan Nouvo Testaman kòm non grèk ki gen menm son an. Papa li te rele Jonas (Matye 16:17). Li te marye (Mak 1:30). Lè li t ap vwayaje kòm misyonè madanm li te konn akonpaye l (1 Korentyen 9:5). Li te moun Betsayida (Jan 1:44). Men li te gen kay Kapènawòm a rebò lak la (Mak 1:21). Li te yonn nan premye disip yo ki jwenn apèl; li toujou parèt nan premye lye nan lis disip yo; li te yonn tou nan sa yo ki te fòme yon sèk entim otou mèt la (Mak 5:37, 9:2, 14:33) li te sa ki te konn pale nan non douz yo (Matye 14:28; Mak 14:29; Lik 5:8) (Nuevo Diccionario Bíblico Certeza. Certeza Unidas. Argentina: 2003, p.1047).

### Definisyon mo yo

**Sepilk:** "Travay yon pakèt wòch, ke yo leve nan tè a, pou bay sepilti ak kadav yonn oubyen plizyè moun" (Diccionario de la Real Academia Española). Jwif yo nan okazyon bati tonbo ak tè, men nan pi souvan se gwòt atifisyèl oubyen natirèl (Jenèz 23:9; Matye 27:60; Jan 11:38).

**Disip:** "Moun k ap swiv yon pwofèt, yon mèt, eks. Li anseye pou li e li patisipe nan ansèyman sa (Ezayi 8:16; Matye 10:24; Mak 2:18). Konsa douz apòt yo te rele disip (Matye 10:1), menm jan ak lòt gwoup ki gen plis moun ki nan pati pa Jezi a (Jan 6:66; Lik 10:1-12). Matye 18:19 di literalman: fè disip nan tout pèp yo. Nan Travay, jis nan vèsè 21:16, tout adèp yo (fanm ladan l tou) aple pou vin disip Jezi... Se bazikman elèv yon anseyan, mo a te rive siyifi yon konsepayon aderan patikilye an relijyon oubyen filozofi" (Nuevo Diccionario Bíblico Certeza. Certeza Unidas. Argentina: 2003, p.369).

**Bann yo:** "Sa gen pou wè ak twal ki fèt ak len, koton oubyen lòt fib vejetal ki sanble. Nan NT yo pale de bann ki te anvlope kò Jezi yo (Lik 24:12; Jan 19:40, 20:5-7), e nan evènman gran dra ki t ap desann sot nan syèl la ak anpil zannimo seremonyèlman enpi, nan vizyoon Pyè a (Travay 10:11; 11:5)" (Recursos E- SWORD. Versión electrónica WWW.E-sword.net 16/09/2010).

**Lenj tèt la:** "Bann yo mete sou devan fwon oubyen ak sa yo vlope kadav la" (Diccionario de la Real Academia española en línea).

### Aktivite siplemantè

Apre nou fin li tèks biblik la pou entrodwi tèm nan mande ak de oubyen twa elèv volontè ki vle konte kèk pwomès ke yo te resevwa nan men Seyè a e ki te bliye l, jiskaske gras yon moman kriz nan vi yo li te vin pèmèt yo apwopriye yon lòt fwa ankò ak pwomès sa.

# Leson 25

# Yon trezò kache

## Edgar Baldeón (Ecuador)

**Vèsè pou n konnen:** "...sa te fèt konsa pou moun ki pa jwif yo te ka rive resevwa benediksyon Bondye te pwomèt Abraram lan gremensi Jezikri pou nou tout te ka resevwa lespri Bondye te pwomèt la" Galat 3:14.

**Bi leson an:** Se pou elèv la konfime oubyen kwè nan pwomès Lespri Sen an e mande papa pou sa ka yon reyalite nan lavi li.

### Entwodiksyon

Nan tèks nou pral li la Jezi te refere l ak pwomès ki pi enpòtan ke yon moun pa te janm fè pou vi li, yon pwomès ke anpil nan nou pa te konnen oubyen pa te tande, menm jan nan ka disip li yo anvan pannkòt la. Li avèk klas la Travay 1:1-11.

### I. Papa akonpli sa l te pwomèt la

Nan pasaj la nou rankontre Jezi, ki gentan resisite, k ap anseye disip li yo sou wayòm Bondye e k ap pale yo yon lòt fwa sou pwomès papa, (ak sa ke nou te refere nou pi devan nan Lik 11:13; 12:12; 24:49) pou batize yo ak Lespri Sen an.

#### A. Anons pwomès la

Jan Batis ak Jezi te refere ak pwomès Lespri Sen an. Sa se yonn nan ti kras ansèyman ki repete nan 4 levanjil yo. Li enpòtan pou la vi chak kwayan e lavi legliz la pou pèsonn nan yo pa te omèt li (Matye 3:11; Mak 1:8; Lik 3:16; Jan 1:32-34).

Pwomès la pa te rete nan pawòl yo sèlman menm jan nou swete sa konn rive avèk majorite moun pito lè yo te rive akonpli sa nan yon jou e nan yon lye espesifik.

#### B. Akonplisman pwomès la

Pwomès sa Jezi ak Jan Batis t ap pale a te akonpli nan jou fèt pannkòt la, menm jan yo rakonte l nan Travay 2.

Pandan 120 disip t ap priye nan chanmòt la Lespri Sen an te desann ak yon manifestasyon ki ka fè mirak. Bib la pale de "... yo rete konsa, epi yon sèl bri sot nan syèl la tankou yon gwo van k ap soufle, li plen tout kay kote yo te chita a ; lè sa a yon bann lang parèt tankou ti flanm dife ki separe yonn ak lòt ... yo tout te vin anba pouvwa Sentespri..." e yo te genyen kapasite pou pale nan lòt lang mèveye bondye yo (Travay 2:2-4).

Nan evènman sa disip yo te temwen e yon miltitid jwif ak sa ki p a jwif (Travay 2:9-11) ki pa te konprann sa ki t ap pase a. Pwomès la te akonpli e sa te evidan pou tout moun.

Menm si evènman sa genyen entèpretasyon pwofon yo an relasyon nan atant levanjil la, ki pa sikonskri pèp jwif la sèlman, la nou renmen atire atansyon an prensipalman ak fè konkrè ki te anonse yon bagay e ki ta pral rive pita. Nou dwe pote atansyon ak kòmansman tan li a, "tan Bondye a", pwomès yo akonpli nan yon tan favorab.

#### C. Entèpretasyon pwomès la

Pyè te eksplike imedyatman ke sa se Bondye ki te pwomèt li, 830 lane anvan Kris, atravè pwofèt Jowèl sou kesyon Lespri Sen k ap desann nan "dènye jou yo", oubyen tan eskatolojik oubyen final yo (Jowèl 2:28-32; Travay 2:16-21).

Apòt Pyè te di tou Lespri Sen an k ap desann lan se te konsekans travay Jezikri apre ke l te fin resisite e ke pwomès sa se te pou jwif yo e ak pou tout moun Bondye va rele (Travay 2:32-33,39).

Pòl te ale pi lwen, li te di ke Lespri Sen an k ap desann lan te fè pati benediksyon ke Bondye te pwomèt Abraram e ke kounye a li te reyalize pou sa yo ki te aksepte Jezikri (Galat 3:14).

Jan te ajoute ke Lespri Sen an k ap desann nan li te evidans Bondye pou nou ka konnen ak sètitid ke nou nan li e li menm tou li nan nou "Nan sa n a konnen ke n ap pèsevere nan li, e li menm nan nou, e ke li ban nou Lespri Sen li" (1 Jan 4:13).

Istwa sa ki rakonte la nan liv Travay la se inik paske li rakonte nan moman inisyal Lespri Sen an t ap desann nan monn lan, menm jan papa te pwomèt li a, li te akonpli l.

Se konviksyon nou e temwayaj ke Lespri Sen an prezan e aktiv nan monn lan. Nu kapab asire nou epi konfye ke papa ap akonpli e li pral akonpli tout pwomès li yo.

Desann Lespri Sen an nan pannkòt la, (menm jan yo rakonte l nan liv Travay 4:31; 10:44-46; 19:6), montre ke sa se yon evènman ki kapab repete.

## II. Papa dezire ban nou Lespri Sen li a

Sa gen yon enpòtans patikilye sa ke Seyè Jezi te di sou entansyon papa fas ak Sentespri li a "Si nou menm kip a bon, nou konnen pou nou bay pitit nou bon bagay, konbyen plis rezon ki genyen pou papa nou ki nan syèl la, pa ta bay Sentespri ak moun ki mande l" (Lik 11:13 TLA). Tèks sa di klèman, se pa sèlman Sentespri disponib men papa ki bon anpil dispoze pou bay li. Yon lòt fwa ankò yo repete ke Sentespri disponib, tout moun ki vle resevwal, mande l. ¿Paske pwomès Sentespri a se yon bagay ki nan labib, poukisa papa gen tout dezi sa pou l ban nou li? La nou gen kèk repons.

### A. Prezans Sentespri a

Nan Galat 3:14 li di: "...sa te fèt konsa pou moun ki pa jwif yo te ka rive resevwa benediksyon, paske nou te mete konfyans nou nan li".

Bondye te di Abraram ke li ta pral beni e pa limenm tout fanmi sou latè ta pral beni. Abraram te kwè e li te beni menm jan Bondye te di li a.

Nan pasaj Galat la Pòl te eksprime ke benediksyon Abraram nan ta pral aksesib pou ni jwif ni sa ki pa jwif (Galat 3:8,14). Gran benediksyon sa te bay Sentespri kòm yonn nan pi gran don ke moun te ka jwenn pa lafwa.

Prezans Sentespri Bondye a asosye ak fwi Lespri a tankou (Galat 5:22-23) "...lanmou, jwa, lapè, pasyans, bon kè, bonte, tanperans ak lafwa...". Nan Travay prezans Sentespri gen relasyon ak pouvwa li "Men mwen vle nou konnen ke Sentespri pral vini sou nou, e n ap resevwa pouvwa pou nou pale de mwen nan Jerizalèm, e nan tout teritwa Jide ak Samari a, e jis rive nan kote ki pi lwen nan monn lan" (Travay 1:8 TLA). Endividyèlman prezans li mennen gid, konsèy ak èd. Kolektivman nan legliz la, Sentespri a repati don yo jan li vle (1 Korentyen 12:7-13).

Nan vi Sentespri a, Jezi te konpare l ak yon "rivyè dlo vivan" Jan 7:37-38 di: "Nan dènye gran jou fèt sa, Jezi te kanpe e li te monte vwa li, pandan l t ap di: Si yon moun swaf, vin jwenn mwen epi bwè. Sa ki kwè nan mwen, jan ekriti a di l la, anndan li yon sous dlo viv ap koule". Yon bèl metafò ki pale de abondans lavi Papa vle ban nou.

### B. Sentespri a afime esperans nou nan redanmsyon final la

Apòt Pòl te afime: "...Bondye te make nou ak letanp li tou, li ban nou Sentespri li te pwomèt la, Sentespri sa se yon avalwa Bondye ban nou sou eritaj li te pwomèt li t ap bay pèp li a..." (Efezyen 1:13-14). Nan pasaj sa Apòt Pòl te plase pwomès Sentespri a tankou avalwa eritaj ke papa te pwomèt l ap ban nou an. Li mèvèye pou konnen grandè don Sentespri a e sa li siyifi nan vi kretyèn nan e pou vi Legliz la. Li pi mèveye toujou pou konnen ke se jis yon avalwa eritaj ke papa vle ban nou. Petèt pou sa menm v.14 fini pandan l ap di "...pou louwanj non li".

Papa dezire ban nou Sentespri li pou nou ka afime esperans akonplisman tout sa li pral ban nou nan jou redanmsyon final la. Li vle ban nou premye pri a, avalwa, garanti sa ke nou pral genyen ansanm ak li. Prezans Sentespri a se pa sèlman sa ki ban nou soutyen e ede nou nan viv sou tè sa men tou avalwa benediksyon selès yo ki fè pati eritaj pitit Papa nou ki se Bondye.

### C. Sentespri a ede nou renmen e konfye nan Papa

Lè Jezi te pale de pwomès Papa avèk disip li yo Travay 1:4, yo te mande l: "...ou pral restore waòm Izrayèl la nan tan sa" (Travay 1:6). Repons Jezi a te envite yo pou konfye nan Papa, alò sèl li konnen ki lè wayòm li an ap etabli: "Se pa nou menm ki pou konnen tan oubyen sezon, papa te pran pou otorite li sèl...men nou pral resevwa pisans lè Sentespri a va desann sou nou n a va vin temwenm ..." (Travay 1:7-8).

Pwomès Lespri a vle atenn grandisman konfyans nou nan Papa nou li menm ki gen kontwòl ak otorite pou gide vi nou ak istwa lòm: "Alò si nou menm ki move je, konn pou nou bay bon ti bagay ak pitit nou ¿Bondye menm ki Papa nou nan syèl la pap neglije bay Sentespri ak sa yo ki mande l yo?" (Lik 11:13). Yon pwomès ki akonpli nan fason sa kapab mande sèlman konfyans, gratitid ak lanmou devan jenewozite Papa nou ki nan syèl la.

Gen yon kesyon ki rete pou rezoud, ¿Kijan nou

ka mande Sentespri a pou Papa ban nou li?

Se pa plis ke yon priyè, ki gen pou wè ak konpreyansyon nou sou ki moun Bondye ye e kiyès nou yen ou menm, sa gen pou wè ak kondisyon espirityèl nou e relasyon nou avèk li, sa gen pou wè ak evalyasyon priyorite nou ak dezi ki pi entim nou yo, e ak plas ke Jezikri okipe reyèlman nan vi nou. Pou rezon sa, devwa pou semèn sa pral chita sou evalyasyon nou menm menm e fonksyon sa ke nou dekouvri, ekri an detay yon plan aksyon ki pèmèt nou nan kondisyon pou mande

Papa akonpli pwomès li nan nou.

## Konklizyon

Pwomès Sentespri a se yon pwomès-benediksyon ki pi enpòtan ke yon moun ta ka fè nou pandan n ap viv sou tè sa. Se te yon pwomès ki te akonpli nan yon jou istorik men an menm tan li te akonpli nan lavi chak kretyen. Se yon pwomès ki asire paske l repoze nan karaktè Papa a. Nou konnen li te akonpli sa ke li te pwomèt la e li pral bay Sentespri ak tout sa yo ki mande l.

# Resous yo

### Enfòmasyon konplemantè

Analiz ke Pòl fè ant pwomès Sentespri a ak benediksyon Abraram lan endike ke pi gwo don nou kapab resevwa se don Sentespri a.

San Sentespri vi kretyèn ak misyon Legliz la ap vinn san richès ak pouvwa.

Bay etidyan yo defi pou kreye yon plan rechèch Sentespri a ak plizyè aktivite pèsonèl e kolektif, e ak mòd akonpayman, ki genyen nan li espas pou temwaye de akonplisman pwomès sa. Bay etidyan yo defi pou akonpli pwomès yo fè lòt moun ki se pati nan posesis sa.

### Definisyon mo yo

**Janti yo:** Tout nasyon ki p a te soti nan ras Izrayelit la.

**Pannkòt:** Dezyèm fèt nan twa fèt jwif yo fè chak ane.

**Chanmòt:** "Chanm ki nan pati siperyè kay ebre a, sa ki pran pi bon lè e ki pi konfòm lan, li te konsidere kòm diy pou resevwa moun distenge" (Nuevo Diccionario Bíblico Iustrado. Vila Samuel & Escuain, Santiago. CLIE. España: 1985. p.68).

**monnen:** "Objè oubyen sòm lajan ke moun k ap achte a bay vandè a nan moman y ap siyen yon akò, pou asire ekzekisyon li" (Nuevo Diccionario Bíblico Iustrado. Vila Samuel & Escuain, Santiago. CLIE. España: 1985. p.77).

Redanmsyon: "Mo ki nan NT... refere ak "rescape", peye pou jwenn libète de yon mal kèlkonk, "pri liberasyon an "... Redanmsyon sa siyifi padon pou peche yo... li siyifi tou yon nouvo relasyon entèpèsonèl ak Bondye... li pote tou pwovizyon nan vi k ap vini an. (Diccionario Teológico Beacon. CNP, EUA: s/f. pp.577-578.)

### Aktivite siplemantè

**Materyèl:** Papye ak kreyon

**Objektif:** Kreye enterè e wè reyaksyon yo klas la devan yon pwomès pou konpare l ak pwomès Papa a.

**Tan:** Dis minit anviwon

**Devlopman:** Kòmanse klas la nan yon ton eksklamatif, ¡M pa vle pèsonn fè m pwomès! (fè yon ti silans e pi devan konplete fraz la) ... si moun sa pa ka akonpli l.

Apre eksplike: Tèm klas la gen pou l wè avèk yon pwomès. Chak moun pral sonje yon eksperyans pèsonèl nan sa ke l te pran plezi yon pwomès enpòtan ke yo te fè l oubyen ke w te fè.

Apre mande pou yo reponn ak de kesyon:

- ¿Ki sa ki pi bon nan yon pwomès?

  (Ke li akonpli, ke l pote esperans, ke l afime konfyans nan moun ki fè pwomès la, ke nou rejwi nan ret tann li akonpli).

- ¿Kisa ki pi pa bon nan yon pwomès?

  (ke li pa satisfè atant nou, ke li pa akonpli, ke yo ban nou manti, ke yo akonpli a demi, ke yo pwomèt li pa obligasyon, ke nou pa fè moun nan kredi).

Bay yon ti tan pou chak etidyan genyen opòtinite pou ekri e pataje repons yo pou tire yon konklizyon jeneral. A la fen li pral bon pou konnen ke gen moun ki pa konn akonpli pwomès yo, e ke genyen lòt ki akonpli epi ki nou santi nou byen.

Leson 26

# Bib la ak
# Dwa moun yo

## Patricia Picavea (Guatemala)

**Vèsè pou n konnen:** 'Senyè, ou pa nan patipri. Ou jije tout moun menm jan" Sòm 119 :137.

**Bi leson an:** Se pou elèv yo konprann ke Bondye ki kreye yo a li te panse ak dwa moun yo anpil anvan li te kreye bagay sa yo pa òganizasyon nasyon zini yo.

## I. Nou fèt pou nou lib

### A. Bondye mande libète pou tout moun

Bondye te kreye nou lib, poutèt sa li se yon nesesite pou chak moun pou jwi libète sa a. Esklavaj te konn pratike e ap kontinye pratike kont volonte Bondye. Sa a se te onètete bib la, ki te pase menm jan ak esklavaj pèp yo bò kote Izrayèl la e aprè nan menm pèp Bondye a, abitan sa yo t ap kopye pratik sa a sou vwazen yo a, pafwa t ap pran esklav yo pou dèt yo, lòt yo kòm pati avantaj gè a.

San yo pa konn ras ou, nasyonalite w ak koulè po w, ki panse w gen de relijyon yon moun ke anyen pa jistifye retriksyon libète a.

Bondye te etabli dèt e sa te dwe fèt chak 7 ane e sa te egzije kèlke swa dèt (Detewonòm 15 : 1-2,9; 31:10). Pou yon lòt kote li te etabli jibile ki te dwe fèt pandan chak senkant ane, e li te dwe padone kèlke swa dèt oubyen yo te dwe renmèt moun yo pa yo a epi kite tè a repoze san simen anyen (Levitik 25:10-13). Tou de te egzije liberasyon lòm ak richès ke Bondye te ba yo. De enstriksyon sa yo te kapab chanje pou soulaje kondisyon lavi yo pou yon pakèt rezon paske yo te gentan nan esklvaj, pou tèt dèt yo, gè yo, eksetera. Se p at, ni plan Bondye, ke se p at plan Bondye ki te detwi valè moun yo, pi piti nan pèp Bondye a ki te responsab pou montre ak anseye prensip fondamantal sa yo ak tout sa ki te nan relasyon ak yo.

Se pa mwayen Bib la, ke Bondye, te bay konnen enterè sa yo san ke yo p at soumèt yo oubyen nwi enjisteman moun sa yo.

Lalwa yo nan pifò eta ki genyen nan mond lan te fini ak esklavaj ansanm ak pèn sou kèlke swa kondisyon an. Nan konstitisyon politik yo nan pifò peyi yo, li te etabli nan yon chapit ki veye pou akonplisman dwa moun yo, nan lwa espesefik yo, avèk karaktè konstitisyonèl la. Okenn moun oubyen eta pa gen dwa pou nwi libman yon lòt, san rann kont kote w soti ki ras ou (Egzòd 12:48-49; 20: 10; 22:21; 23:9), nivo ekonomik oubyen edikatif, pozisyon sosyal oubyen politik, eksetera. (Egzòd 23:3, 11; 30:15; Levitik 14:21; 19:10,15; Detewonòm 15:11; 24:12,14). Pa gen rezon ki ka jistifye diskriminasyon, eksplwatasyon, inegalite ak restriksyon libète a sou kèlke swa fòm nan.

### B. Garanti endividyèl yo

Bib la di ke Bondye jis, li renmen jistis, nan li pa gen enjistis, e li pa aksepte enjistis (2 Kwonik 19:7; Jòb 34:12; Sòm 11:7; 92:15; Women 1:18; 2:6-8).

Youn e lòt fwa se nan pawòl Bondye a ke pèp la t ap rele nan mitan afliksyon ak opresyon, sa fè Bondye te tande bri yo e li te reponn yo pandan l t ap ede ak libere pèp li a ak sèvitè l yo, pandan l t ap kraze chenn opresyon yo, e li t ap bay libète ak byen èt pou tout moun (Egzòd 3:7,17; 4:31; Jij 6:6-8; Jak 5:4). Bondye konn tou bagay, se li ki fè tout bagay ak pouvwa li e menm kote a li se pi gran gouvènè siprèm mond lan. Volonte Bondye nou an se pou l ban nou tout otorite ki bon, sen epi jis.

### C. Yon kote nou ka viv

Bib la montre nou ke orijin nasyon yo, nan Jenèz 10, aprè delij la desandan Noye yo te blayi sou tè a. Pi devan, li endike nou fòmasyon pèp Izraèl la depi kòmanse nan desandan Jakòb la, pitit pitit Abraram nan. Abraram te bay li pou Bondye pwomès la beni tout nasyon sou la tè pa mwayen desandans lan. Pwomès sa a te rektifye pa Jakòb nan Jenèz 28, nan rankont bètèl la. Nou kapab di ke, fè pati yon peyi an patikilye, ak yon idantite ki pwòp ak yon eritaj kiltirèl, karakteristik se don ki soti nan Bondye, depi nan

Menm fondman biblik la. Nasyonalite a wè kòm yon manifestasyon plis ke gras Bondye sou nou, pou li, nou dwe aksepte l avèk responsabilite.

Posede yon nasyonalite, nou aksepte yon seri benefis kote nou pa kapab gade yo pou kont nou pou plezi pèsonn moun. Chak peyi gen yon sistèm jiridik ki mache ak sitwayen. Kòm kretyen nou gen responsabilite pou nou konfòme nou ak lòd legal sa, (Lik 20:25). Nou dwe klè tou ke chak peyi gen devwa siprèm pou pwoteje chak sitwayen devan nenpòt sikonstans ki atante entegrite li.

Bib la prezante pwen ki ase klè kote sou kijan nou ta dwe aji anvè etranje ak imigran yo. Fondman pou mizèrikòd la ak jistis Izrayelit yo anvè imigran yo ta dwe, fè yo sonje ke yo menm tou te etranje nan peyi lejip (Levitik 19:33-34). Gras imerite Bondye a anvè nou menm dwe toujou premye motivasyon nou a mizèrikòd e jistis anvè pwochen nou.

Volonte Bondye se pou li fè jistis. Se poutèt sa li te prevwa lwa yo, menm jan ak diferan otorite k ap administre yo (Women 13:1). Nan ka pèsekisyon pou motif politik, relijye, oubyen nenpòt lòt bagay, nou dwe fè izaj dwa nou pou nou ka jwenn pwoteksyon.

## II. Dwa a bagay ki enpòtan yo
## A. Dwa ak devwa nou yo

Nan chak peyi yo dwe pibliye lwa ki garanti dwa inelyab moun yo epi enplante yo atravè antite yo k ap veye e k ap pwomouvwa dwa sa yo.

Legliz kretyèn nan se yon enstitisyon diven epi imen pa ekselans, se Bondye ki kreye l. Nou jwenn sa soutni nan enkanasyon pitit Bondye, li menm ki koube l e rann diy nati imèn nan dènye bout li. Gras ak sakrifis Jezi a sou kalvè a, pandan l t ap vèse san li, li te atenn redanmsyon lòm pandan l t ap libere tout sa yo ki kwè nan li de peche yo ak sa ki resevwa li kòm Sovè pèsonèl (Efezyen 1:7, Jan 1:12), sa konstitiye yon baz enpòtan pou valorasyon e pwomosyon lòm.

Nan règ dò a (Lik 6:31), Jezi te rekonèt dwa moun yo, men li te fè note tou enplikasyon devwa yo.

## B. Dwa pou gen yon fanmi ak yon kote pou viv

Fanmi an soti nan tèt Bondye (Jenèz 1:28). Sa kòmanse depi nan inyon yon fanm ak yon gason nan maryaj (Jenèz 2:18, 24; Pwovèb 18:22; Ebre 13:4). Nan jou sa yo nou pale de dwa fanmi men yo pa nesesèman swiv modèl Bondye a

Fòmasyon fanmi an nan lòd se yon manda ki nan pawòl Bondye a (1 Korentyen 7:1-2; 1 Tesalonisyen 4:1-4). Sijè se pa si nou pral fòme yon fanmi oubyen non, men pito ki tip de fanmi nou pral fòme.

Pitit yo konsidere tankou benediksyon Bondye e fè ke de patnè konvèti an yon fanmi (Sòm 128:1-3). Timoun yo se "eritaj Bondye" e paran yo gen responsabilite pou ba yo direksyon menm jan gèrye yo k ap gide flèch yo (Sòm 127:3-5). Paran yo dwe asire ke pitit yo ap grandi ak yon sans de direksyon e yon objektif pou lavi yo.

Pwofèt Ezayi te denonse enjistis gwo chèf yo (Ezayi 5:8). Yon lòt bò pwofèt Miche te jwenn yon mesaj esperans pou pòv yo (Miche 4:1,4). Moman pral rive kote pòv yo pap pòv ankò e y opa pral gen pou okipe lye lòt yo ba yo.

### C. Lib pou pwofese e panse
**Relijyon:** nou menm tou nou kapab pase pa presyon ki entans pou nenpòt sa yo ki opoze ak kwayans nou, oubyen ki pretann limite dwa nou pou nou pa pratike yo. Kèk fwa, yon presyon konsa konn soti nan lòt gwoup relijye yo e nan lòt okazyon, nan gouvènman otorite yo kip a respekte dwa yon sitwayen yo. Tandiske nepòt jan sitiyasyon nou te ka ye, nou pa dwe janm sede. Nou dwe toujou sonje ke : ¡pa gen anyen ki ka kont verite, e finalman l ap triyonfe! (2 Korentyen 13:8).
**Panse:** Kretyen yo nou genyen dwa ak devwa tou, pou nou di yon mo enpòtan sou anpil aspè nan lavi a. Se responsabilite nou kòm kretyen pou nou eksprime lè moman prezante devan sitiyasyon ki ka yon reflè enjistis e kriyote nan monn lan. Anpil fwa nou "espirityalize" mesaj levanjil la, a pwen ke nou rann li abstrè de reyalite ki anviwonnen nou.

Jezi te voye disip li yo pou y opa gen pè pou denonse enjistis (Lik 12:4-5). Entegrite opinyon nou yo chita sou akonplisman volonte Bondye, alò se li menm ke nou dwe rann kont de tout aksyon nou yo.
Kwayan yo, nou kapab asime ak anpil konfyans risk materyèl yo e tout enplikasyon difisil yon disip oula fidèl e angaje avèk valè wayòm nan, alò Bondye a pran swen nou nèt ale (Lik 12:7a).

### III. Sa nou sible yo kòm sitwayen
### A. Politik ak sekirite sosyal la

Pwoblèm nan pa chita na patisipe aktivman nan politik la, pwoblèm nan chita nan ¿kijan patisipasyon kretyen an dwe ye nan politik la? ¿Ki vèti yo ta dwe kiltive?

Premye pasaj nou dwe abòde se Jenèz 41 :33,

kote Jozèf te mansyone Farawon de karakteristik ke lòm lan dwe genyen pou dirije yon pèp pandan yon peryòd patikilyèman difisil. Yon bon gouvènè te dwe yonn ki: Pridan e saj. Sa yo se menm karakteristik ke Bondye te bay Salomon (1 Wa 4:29).

Yon lòt bò gen anpil pasaj ki ekziste ki pale sou dwa sosyal yo travayè a (Levitik 19:13; Detewonòm 24:14; Jeremi 22:13; Malachi 3:5; Lik 10:7; 1 Timote 5:18). Kèk nan pasaj sa yo se sevè avètisman pou sa yo kip a vle peye travayè yo, anplwaye oubyen jounalye genyen dwa.

Kòm kretyen nou aple pou nou vinn moun ki la pou chanje sosyete nou an, pratike yon etik pi elve jan nou te wè l déjà. Nou ta dwe premye moun k ap peye chaj sosyal yo, tan pou minis nou yo, ak pou anplwaye yo oubyen tankou yonn k ap travay jounalye.

Yon règ ke nou ta dwe pratike se "pa kritike Leta ak sèvis li yo si nou pa dispoze akonpli obligasyon nou yo" (Matye 22:21; Women 13:1-8).

## B. Travay ak repo a

1. Bondye se mèt tout kreyasyon an e li te bay responsabilite a lòm pou l administre travay li (Jenèz 1:28b-31). Bondye te voye lòm pou jere kreyasyon an e pou viv de fwi travay li (Eklezyas 3:13).

2. Travay la lye entimman ak imaj e resanblans Bondye. Bondye kontinye ap travay anfavè nou. Travay la se yon manda (Ekzòd 20:9) ke nou dwe pran ak anpil responsabilite. Apòt Pòl te rekòmande travay pou byennèt tout moun, bon temwayaj, pou ka ede lòt yo (1 Tesalonisyen 4:10—11; Efezyen 4:28).

3. Travay se yon benediksyon pou nou menm ak pou lòt yo, (Sòm 128:2; Efezyen 4:28). Nou dwe santi nou ere lè nou genyen yon sous pou soutni nou e pou pataje ak sila yo ki pa genyen.

4. Jezi te fè soti yo aspè nan travay la pou pwofi espirityèl (Jan 6:27). Pou li menm manje se te fè volonte Bondye e fini ak travay li (Jan 4:34). Travay pou Bondye toujou depase atant lòm, paske Bondye rekonpanse pi byen pase lòm.

## C. Repo: Privilèj ak responsabilite

Repo a tou te enstitiye e pratike pa Bondye (Ekzòd 20:11) e pou rezon sa se yon dwa ki san parèy pou lòm lan rejwi de sa. Yon bagay ke nou dwe diferansye sè ke repo merite a, pa menm ak vanjans ki pa jistifye a. Repo a enpòtan epi l nesesè anpil.

Zannimo yo, lòm ak tè a bezwen benefisye repo pou prezèvasyon ekzistans li.

Pou Bondye li enpòtan anpil ke lòm lan konsidere yon tan pou fè yon ti kanpe nan aktivite li yo. Nan ekzòd 20:10 nou li ke repo ke nou te dwe pratike a konsène tout moun (esklav kou etranje) ak zannimo yo.

Bondye te etabli depi nan kòmansman kreyasyon an jou sakre sa (Jenèz 2:3). Nan liv Ekzòd 20:8 li di: "sonje jou repo a pou nou ka sanktifye l", jounen jodi a legliz kretyèn lan pratike manda biblik sa, pandan l konsakre yon jou nan semenn lan (dimanch) pou reyini e eksprime adorasyon li a Bondye e kominyon kretyèn nan.

## D. Dwa ak edikasyon e ak kilti

Aksè ak konesans se yon tèm ke labib abode e privilejye, nan degree relasyon dirèk sa tankou sa ki favorize krent Bondye nan lòm (Pwovèb 2:1-6).

Kilti a se patrimwàn pèp la, nan kesyon ke sila se kreyatè prodwi kilti yo tankou atizana, relijyon, filozofi, koutim yo, lwa yo ak konesans popilè yo.

Kòm manm sosyete detèmine nan sosyete sa yo nou se kreyatè, konsomè ak pwomotè kilti nou an, sa vle di, nou gen aksè ak li yon fason natirèl. Se pa menm bagay la ki rive pou edikasyon, pou rezon sa, gouvènman yo ak sosyete a dwe garanti ke tout sitwayen yo gen dwa patisipe nan pwòp sistèm edikatif ki fè yo plezi, menm lè se nan sitiyasyon de migrasyon ke yo ye.

Bondye te pèmèt pèp li a, te genyen yon sistèm edikatif ki ka pèmèt li konprann ak prezève idantite li nan plizyè peryòd nan listwa.

## Konklizyon

Li mèveye pou wè ke anpil tan anvan lòm te panse ak dwa ke moun dwe genyen, Bondye nan mizèrikòd li te gentan panse sa e li te etabli l. kòm kretyen nou dwe fòmante yo e pratike yo.

# Wayòm Bondye a dapre Mak

# Wayòm Bondye
# a pre rive

Elimelec Juantá (Costa Rica)

**Vèsè pou n konnen:** Men li m ap voye mesaje m nan devan ou. Li va pare wout la pou ou « Mak 1 :2b »

**Bi leson an:** Se pou elèv yo analize preparasyon chemen an pou kòmanse ministè Jezi a.

## Entwodiksyon

Ekspoze sitiyasyon sa a ak etidyan yo : Imajine ke ou se yon monitè lekòl dominikal nan yon ti legliz nan lokalite ou, ou gen gwo privilèj pou ouvè yon kanpay evanjelizasyon pa plis ke yon ane

W ap pataje mesaj nan premye sèvis kanpay la. Yon predikatè ki gen anpil eksperyans ta la nan vil la ou menm ou devanse l.

Kijan w ta ka reyaji nan sitiyasyon sa a ?

## I. Janbatis te prepare chemen an pou Jezi.
### A. Pwofesi a

Nan Ezayi nou jwenn yon pwofesi ki di : « Tande vwa yon moun k ap rele byen fò : Pare chemen Senyè a nan dezè a. Louvri yon wout nan savann lan pou Bondye nou an. » Ezayi 40 :3) ; Pwofesi sa te akonpli lè Janbatis te parèt nan dezè a, li t ap pwoklame batèm lan kòm siy repantans pou padon peche. Janbatis se pitit yon prèt e nesans li te anonse pa yon Zanj Bondye (Lik 1 :5,11). Se Bondye ki te dirije lavi Janbatis pandan ke li t ap devlope. Tout fason li t ap viv la vi te kòrèk. Li te konte sou èd fanmi l pou l te ka devni devan Bondye, ranpli ak Lespri Sen, ki fè ke anpil pitit Izrayèl te vin Jwenn Seyè a (Lik 1 :15,16-17)

Gen nan kèk sitiyasyon Jan te konn manje krikèt ak myèl sovaj (Mak 1 :6). Pwobableman, li te gen anpil renome pa mwayen mesaj li te konn bay:"Moun k ap vin apre m lan gen pi plis pouvwa pase m, mwen pa bon ase pou m ta bese demare sapat ki nan pye li. » (Mak 1 :7) Nan Travay chapit 13 :25 apòt Pòl te fè referans ak pawòl sa a lè l t ap diskite ak jwif yo epi payen sou tèm Sali a ke ou jwenn nan Jezikri.

### B. Obeyisans

Yon pèsonaj senp avèk yon mesaj klè e dirèk. Definitivman, se Bondye ki te voye Janbatis (Matye 3 :1,4). Ou te Kapab wè plan ak bi Bondye nan lavi

obeyisans ak devouman Janbatis, anplis, pawòl ki plen avèk konviksyon ki t ap soti nan bouch li, te fè pèp la repanti (Mak 1 :4). Li te denonse pratik relijye, politik ak sosyal, gouvènè ak moun pèp jide ak Jerizalèm (Matye 14 :3-4 ; Mak 6 :17-18).

Sitasyon pwofetik ke Mak itilize a li sibjektif: Mwen voye mesaje m devan pou prepare chemen an.Malachi 3:1. Nan kontèks orijinal la, sa a se yon menas. Sou tan malachi prèt yo pat akonpli devwa yo. Se te bèt ki mèg, malad yo te konn prezante kòm ofrann; sèvis yo te konn fè nan tanp lan pat gen cham

Mesaje a te dwe netwaye e pirifye sèvis ke yo t ap fè nan tanp lan anvan moun Bondye Chwazi a te vini. Se konsa vini Kris la se te yon mwayen pou pirifye lavi moun e mond lan te nesesite pirifikasyon sa a."(Kòmantè nan Nouvo Testaman. Travay konplè. William Barclay, CLIE :

## II. Tantasyon ak batèm Jezi
### A. Batèm

Salmis la te anonse deja konfimasyon Bondye sou lavi Jezi : « M ap fè nou konnen sa Senyè a deside. Li di mwen : ou se pitit mwen. Depi jodi a, se mwen ki papa ou. » (Sòm 2 :7). Nan inogirasyon wayòm nan nou kapab gade pawòl sa yo :

**Desizyon :** Pandan 30 lane Jezi te akonpli tout travay ak obligasyon fanmi l. Sepandan akoz tan an ki kout, li te rekonèt lè l te rive pou l akonpli misyon l li te aksepte defi a ki t ap tann li.

**Idantikasyon :** Jezi pa t bezwen repanti pou peche paske li pa fè peche, sepandan, li te gen dispozisyon pou moun yo te batize e vin jwenn Bondye, li te deside volontèman batize menm jan avè yo.

Favè :

**Adopsyon :** Dapre Mak chapit 1 :11, Jezi te gen relasyon dirèk avèk Bondye : « Ou se pitit mwen renmen anpil, li menm Bondye t ap pale dirèkteman, nan relasyon entim papa ak pitit. Nan moman batèm nan, Jezi te soumèt li bay Bondye, li menm ki te ba li favè,

**Ekipman:** Lè Lespri Sen an te desann sou Jezi tankou yon pijon, Janbatis ki te temwen di : Mwen wè Lespri Bondye a desann sot nan syèl la tankou yon ti pijon, li rete sou tèt li. » (Jan 1 :32). Pijon an reprezante Lespri Bondye, Ki se yon ekipman pafè poul te kapab kòmanse ministè li.

**B. Tantasyon**

Se menm jan lè ou antre nan yon lekòl w ap aprann matematik, ou pa rete sèlman nan aprann chif, si nan premye ane a nou aprann chif, answit nou aprann fè adisyon, apre soustrasyon, miltiplikasyon, jiskaske nou rive nan operasyon ki pi konplike. Si nou pa ta fè l konsa, nou pa t ap janm kapab atenn objektif k ap mennen nou nan finalite pwogram etid la jiskaske nou gradye.

Nan mitan etid la nou gen pou n fè egzamen ki demontre ke nou aprann pou nou pase nan nivo siperyè. Nan lavi kretyèn, eprèv yo anpil fwa vini avèk tantasyon, ki jwe tou yon wòl fondamantal nan kwasans ak devlopman nou kòm kretyen.

Pou Jezi se te moman poul te pran yon desizyon, li te genyen bò kote papa l yon mesaj damou pou atenn limanite e yon lòt bò advèsè Bondye ki se satan, ki te vle kontrenn li itilize lafòs, sou fòm yon diktatè, pou l afime pozisyon l kòm pitit Bondye.

(Matye 4 :3-9) Devan tantasyon sa yo, Jezi te soti viktorye pa mwayen pawòl la, answit li te pare pou kontinye ministè li isit nan mond lan. (Matye 4 :10-11)

**III. Kòmansman ministè Jezi**
**A. Yo pa t vle tande**

Yo pat vle Konprann wayòm Bondye a pèp la t ap tann depi byen lontan, ke yo wè ak zye kounya, ki se yon reyalite. (Jan 1 :14)

Konsèp wayòm Bondye a nan Nouvo Testaman se pwolojman rasin nan Ansyen Testaman. Bondye te pale de tan sa a (Galat 4:1-5) pou l te ka kòmanse anonse levanjil wayòm Bondye a, atravè ministè li, pandan ke li t ap preche yon de vi, baze sou lavi pa l.

Se te yon wayòm Diven, men ki pa t yon wayòm tèrès menm jan jwif yo te espere l la, yon wayòm ki te inogire lapè e non lafòs, yon wayòm pandan ke l te parèt, ki te manifeste pa mwayen de yon nouvèl nesans, repantans ak konviksyon ke ou dwe genyen nan Kris

kòm pitit Bondye. « Jezi reponn li : sa m ap di ou la se vre wi : Pèsonn pa ka antre nan peyi kote Bondye wa a si li pa fèt nan dlo ak nan Sentespri. (Jan 3 :5)

Premye mesaj ke Jezi te bay pèp la : Tan an fini e wayòm Bondye a pwòch ; se pou nou repanti e aksepte bòn nouvèl la. (Mak 1 :15) Repantans la se te kle mesaj la. Mo repantans lan vle di chanje direksyon se detounen ou konplètman de premye direksyon ou te ye, pou pa tonbe ladann ankò. Jezi mande tou pou kwè nan bòn nouvèl la, bòn nouvèl nou resevwa avèk Jezi Kri ki vi n etabli wayòm li sou tè a. Malerezman zye espirityèl ak gid relijye nan moman an pat ka wè ni konprann sa k te rive a.

**B. Eske nou konprann Ministè Jezi jounen jodi a ?**

Jounen Jodi a nou pèdi idantite nou kòm kretyen. Anpil nan nou antremele nan sa k ap pase nan mond la. Sa pèmèt nou pa ka fè okenn enpak nan anviwònman sosyal n ap evolye a.

Nan Lik 11 :2 nou jwenn lapriyè Jezi te fè a, ki di : « Vi n etabli gouvènman ou pou yo fè volonte ou sou tè a, tankou yo fè l nan syèl la ». Lè viv deklarasyon Jezi fè nan priyè a li kapab chanje fason wè mond lan ak moun k ap viv ladann. Si nou chache wayòm Bondye ak Jistis n ap kapab wè epi trete rich yo ak pòv yo diferan, n ap gen volonte pou n atenn lòt kilti pou Kris. Sa ap yon eslogan nan vi chak jou a. Se ta difisil pou mete nou dakò avèk vyolans pi fò yo ak egzèse sou sa ki pi fèb yo, nou gen yon konsèp diferan de sa yo ki nan mond lan konsènan lagè, lapè, koripsyon eks. Nan nouvo wayòm lan, n ap gen pou n viv etènèlman an rekonesans ak Dye pou bèl kreyasyon san defo sa a li fè pou nou. Sekrètman nou okipe yon mèt kare nan lanati. Lè nou raple nou pawòl apot Pòl, nou pa genyen yon gran konsepsyon de nou menm. Nou raple tou ke malad yo, timoun yo, moun ki abandone yo, Jezi dakò pou l pran swen yo. Nou dwe itilize talan nou ak resous nou pou sa ki nan bezwen. Si nou fè sa, non sèlman n ap aji kòm kretyen nan mond, men tou aji kòm sitwayen wayòm lan. Definitivman lè nou fè l konsa nou pote wayòm Bondye sou tè a.

**Konklizyon**
Janbatis tou kòm Jezi te fidèl ak kòmandman Bondye yo e yo akonpli misyon yo nan tan ki te fikse. Menm jan avèk yo nou dwe obeyisan e nou dwe mande Bondye pou l fè nou konnen volonte li e ede akonpli l.

# Resous yo

**Enfòmasyon Konplemantè**

Jan te vin anonse batèm repantans. Jwif yo te gentan abitye avèk Jan nan kesyon rityèl. Pou plis detay gade Levitik 11-15. Tètilyen di ke Jwif yo lave kò yo chak jou paske tout jou yo kontamine. Senbòl lavman an e pirifikasyon te antremele nan menm dikou rityèl Jwif yo.Yon payen te konsidere kòm enpi, paske yo

Pa t janm akonpli anyen nan lwa jwif la. Pa konsekan, yon payen ki fè l pwozelit, sa vle di, lè l konvèti nan la fwa jwif, li te genyen pou devwa pou l pliye anba twa bagay. Premye bagay la se te sikonsizyon, ki se yon siy pèp Bondye a nan Ansyen Testaman. Dezyèm bagay ou te gen pou ofri yon sakrifis pou li paske se yon nesesite pou rekonsilye avèk Bondye. Se sèlman san ki te kapab fè ekspiyasyon pou peche ou.Twazyèm nan, se pou ou te Batize ki se senbòl pirifikasyon de tout kontaminasyon nan lavi pase ou. Natirèlman Batèm nan se pa aspèje kò ou avèk anpe dlo, men se plonje tout kò a nan yon basen. Jwif yo te konnen batèm nan; men yo te etone wè batèm pa Janbatis la se menm bagay.Yon Jwif te mande ak lòt Jwif yo pou yo soumèt ak sa k ap fèt paske yo te panse se payen yo sèlman ki bezwen sa. Janbatis te fè yon tèrib dekouvèt. Se pa jwif nan sans rasyal ki ka fè l manb yon pèp Bondye Chwazi, yon jwif kapab twouve l egzakteman nan menm pozisyon ak yon payen.Se pa lavi jwif, men yon lavi sanktifye, se sa ke Bondye reklame.

**Definisyon Kèk tèm**

**Pwofèt**: « Tèm Ebre Nabi Sa vle di pwofèt »Pwobableman se nan menn rasin mo ki siyifi « anonse ou pwoklame »Nan Ansyen Testaman li aplike a yon varyete moun. Nan Nouvo Testaman mo grèk pwofèt li aplike espesyalman a pwofèt Nouvo Testaman, men okazyonèlman a Jezi, Janbatis, ak kèk lòt moun nan Legliz.

**Obeyisans:** Tèm ki tradwi mo obeyisans nan Ansyen Testaman (Shama) kòm nan Nouvo Testaman (hypakouo ak eisakouo) endike aksyon tande oubyen prete atansyon. Byen ke mo obeyisans itilize tou nan sans sekilye, li syifi derive santral relasyon avèk Bondye. Li fè konnen volonte li pa mwayen vwa li oubyen ekriti a. Anfas bagay sa yo pa gen netralite posib: Prete atansyon se obeyi san pretansyon, Tandiske meprize pawòl Bondye a se rebele oubyen dezobeyi. (Sòm 81:11); Jeremi 7:24-28). Obeyisans a Bondye se yon soumisyon total a volonte li, Pa konsekan obeyisans ak lafwa fè yo sèl (Jenèz 7 :24-28) ;(Women 10 :17)

.

**Aktivite siplemantè**

**Dinamik :** Karakteristik wayòm nan

**Materyèl :** Fèy papye blanch ak Kreyon

**Objektif :** Konnen kisa elèv yo panse de karakteristik wayòm Bondye a

**Tan:** pa plis ke senk minit.

**Devlopman :** Divize klas an twa(3)gwoup e bay chak gwoup yon fèy kaye ak yon kreyon. Elèv yo ap itilize pwòp konesans yo sou tèm nan (Se petèt yon tèm yo inyore, apò n ap pote yo ap enpòtan tou), Note dapre nou menm karakteristik wayòm Bondye a.Yon reprezantan nan chak gwoup dwe ekspoze rapò a epi kòmante rès la avèk klas la.

# Leson 28

# Disip Wayòm nan

## Juan Carlos Fernández (Cuba)

> **Vèsè pou n konnen:** « Jezi kite kote l te ye a, l ale nan vil kote l te grandi a. Disip li yo te ale avè l tou ». Mak 6:1)
>
> **Bi leson an:** Se pou elèv yo konprann ke disip wayòm nan menm jan ak mèt li dwe priye ak sèvi a.

### Entwodiksyon

Predikasyon levanjil wayòm nan te rive akonpli avèk Janbatis (Mak 1:1-8), Jezikri pandan tout ministè li (Mak 1:14-15) ansanm ak disip yo, (Mak 3:13-14); Travay apot 6:7;8:12).

Jezi t ap pwofetize ke menm mesaj sa a ap rive toupatou sou tè a (Matye 24:14), se pou ke li te bay disip li yo lòd, li te pwomèt yo l ap ba yo Lesentespri pou yo te kapab akonpli travay sa a. (Travay apot 1:3-8).

Wayòm Bondye a se prezans, pouvwa ak souverènte Bondye nan kè moun. Jezi te vin pote wayòm nan ban nou, li brize pisans mal la, li pèmèt nou eksperimante lajwa ak lapè Sali a. Lè yon moun aksepte Jezi li devni sitwayen wayòm Bondye. Vrè sitwayen devni yon disip.

Konbyen nan nou ki dispoze reyèlman pou n konvèti an disip wayòm nan?

### I. Jezi lanse yon apèl pou swiv li

Lapèch se te endistri ki te pi popilè nan Galile. Byen ke sa pa t rapòte anpil, men li te pèmèt anpil moun te reponn ak bezwen fanmi yo e menm plis nan kèk okazyon. Lapèch avèk filè se te sa ki te konn plis itilize. Pandan Jezi t ap mache bò lanmè galile a, Genyen de nonm ki gen imilite ki te resevwa yon bagay etranj (Mak 1:17). Swiv Jezi reprezante devan lòt bagay posiblite pou pèdi estabilite ekonomik ke lapèch la t ap rapòte yo pandan moman sa a.

### A. Jezi mande yo pou yo swiv li

Andre ak Simon te fè premye pa a, yo te prete atansyon ak pawòl Jezi a epi yo reponn ak apèl (Mak 1:16-17)

Li sèten ke nou reponn deja ak apèl la, poun atenn Sali a (Kolosyen 1:13), Se sa ki plase nou anba manto pwotektè Kris la. Sepandan, Kretyen yo pèdi trè souvan gwo benediksyon paske yo mele nan bagay ki p ap itil yo anyen, nan bagay ki pa gen anyen pou edifye pa

nou nan vwayaj sa a.....Kòm disip Senyè a nou dwe reponn ak apèl li e swiv li fidèlman chak jou.

### B. Tande apèl pou swiv li.

Pwopozisyon pou yo tounen pechè moun te kapab trè enteresan, men enkonpreyansib o kòmansman. Nan kèk okazyon disip yo te afiche inyorans fas ak lavi, misyon ak travay mèt la (Mak 9:14-19; 35-45; 14:3-9).

Li enteresan ankò jounen jodi a pou konnen gen anpil kretyen ki pa konprann kisa sa vle di swiv Kris. Mande :Kisa nou konprann lè yo di swiv Kris ? swiv li enplike : mete l nan premye plas nan vi nou. (Matye 6:33). Fè l plezi nan tout bagay, renonse ak pwòp tèt nou, Renonse ak byen materyèl yo si sa ta mete yon baryè pou nou swiv li. (Matye 19:16-30), Mete nan 2e pozisyon lòt angajman nou yo, poun kapab konsantre nou sou avansman wayòm li sou tè a. (Mak 9:42-48). Pou rezime, se poze tèt nou kesyon nan ckak moman nan vi nou : Kisa Kris t ap fè nan plas mwen ? Ou menm fè l.

### II. Jezi te gen tan pou l priye.

Depi nan dezè a rive nan Jetsemani nou te wè Jezi t ap priye. Priye se pale avèk Bondye, k ap tande priyè nou. Gen kèk moman presi, disip yo wè Jezi ap priye, yo apwoche l e yo mande l poul montre yo priye. Bib la di nou la priyè fè :

- Nou Prezève de tantasyon (Lik 22:46)
- Nou fòtifye espirityèlman (Lik 22:39-43)
- Nou jwenn èd nan mitan Tristès yo (Jak 5:13)
- Nou se moun k ap entèsede pou lòt (1Timote 2:1-4)

### A. Definisyon Lapriyè

Trè souvan nou konn tande fraz sa : « Beni mwen Senyè ». Se yon bèl ti fraz an reyalite. Nou gen tandans defigire l lè nou repete l machinalman. Nou pa dwe pèdi okazyon pou ta defini fason nou ta vle resevwa benediksyon Bondye. Pou sa nou chak dwe ale nan prezans Bondye avèk yon kè sensè ki reflete lavi nou devan Bondye ki wè e ki konnen tout bagay. Pa mwayen priyè a nou ouvri kè nou bay Bondye, nou prezante l bezwen nou yo nou remèsye l atravè priyè nou yo, mande l pou l pirifye nou. Pa neglijans nou pou ale nan sèvis yo, nan parès nou yo pou nou priye, mank de liberalite nan ofrann nou yo ak anpil lòt bagay nan vi nou ; Tout bagay sa yo nou dwe prezante nan priyè nou bay Bondye pou Sentespri a kapab transfòme lavi nou.

## B. Repons ak priyè nou

Jezi te konsakre tan pou lapriyè, li te gen konfyans ke Bondye t ap reponn priyè l nan moman an (Mak 1 :35)

Jeneralman lè nou priye e nou pa resevwa sa nou mande a nou kwè ke yo pa t tande nou, sepandan nou pa dwe bliye ke « non » se yon repons tou. Nou kapab wè sa nan jaden jetsemani lè Jezi  t ap rele papa l li t ap mande l si se posib pou l elwaye koup sa e papa a te gade silans e l te bay yon « non » kòm repons,li te nesesè pou san l te vèse pou l te ka pote Sali nan mond sa a. (Mak 14 :32-42)?

Gen kèk moman Bondye pa di « non »se petèt moman pou jwenn repons lan ki poko rive.

Lè se moman ki rive pou egzamine la vi an detay ou remake ou devan yon « non ankò »Eske w ap gen yon bagay nan ou k ap pouse ale nan lapriyè ?

Te gen yon lè mwen t ap pale avèk yon jènjan ki t ap priye pou l jwenn yon madanm, yon bann tan pase li pa jwenn okenn repons. Mwen te raple l avèk sètitid ke Bondye gen yon moun espesyal, yon moun ke Bondye renmen e li ta vle bay kòm kado tou ak yon moun espesyal. Apre kèk jou fin pase li di mwen : « Pastè, mwen konnen poukisa Bondye pat ban mwen madanm lan. Nan vi mwen, gen kèk bagay ki pa an amoni avèk volonte l. Mwen pa t ap yon bon kado pou moun sa a, mwen dispoze poum chanje ».

Yon ti tan apre li te vin jwenn yon moun trè espesyal, yo marye, y ap viv byen, y ap sèvi Bondye e y ap pran swen 2 pitit gason yo genyen.

Se etonan tou ou wè w ap priye souvan, ou aji kontinyèlman, nou bliye travay nou,petèt dèske ou pa jwenn sa ou t ap mande a nan moman ke ou te bezwenn lan.Kretyen dwe aprann gen esperans nan Bondye. Lèt nou yo pa t tonbe tankou yon papye lotri, kote kèk nimewo ap soti tonbe pa aza.Priyè nou te al enan prezans Bondye.se trè janti lè jeneralman nou pa jwenn sa nou mande a, yo ban nou yon rezon ki  fè repons la negativ. Konbyen fwa nou raple lèt ke nou te fè yon jou, apre anpil tan nou resevwa repons li ?

## III. Jezi te sèvi

Panse ki te nan tèt jwif yo se te lide yon mesi ki te gen plen pouvwa militè, ki ta pral foule ènmi l yo anba pye, pou yo te kapab libere de sa yo ki t ap peze yo. Sepandan, Bondye konn bannou sipriz pafwa, li voye pitit li yon fason ke yo pat imajine. Jezi te prezante li menm kòm yon viv egzanp de sèvis (Mak 10:45) kòm akonplisman pwofesi a (Ezayi 53:4,Sòm 147 :3),lasante fizik tou kòm sante espirityèl te fè pati aktiv de ministè li sou tè a (Matye 8 :17)

## A. Sèvi pandan l ap preche ak fè Disip

Jezi, lè l te kòmanse ministè li, li t ap preche ansanm ak disip li yo (Lik 8 :1) answit li te voye yo al fè travay sa a, Pandan ke li te ankò sou tè a. (Mak 1 :38-39) ;6 :7)

Li vrèman enpresyonan fason ke Jezi rele  yo pou yo kite tout bagay pou swiv li.Yo te bay tout vi yo a travay ke yo t ap fè a, finalman sa pat di yo anyen pou yo te pèdi l, alò yo te konprann ke travay sa a genyen yon enplikasyon etènèl.

Anpil ladan yo te rive konnen vrè nati misyon yo lè Senyè a te deja krisifye. Li te trè fasil pou yo te soude pa mwayen  lapriyè,…..Se sèlman konsa yo te kapab rive siviv anba anpil pèsekisyon yo te livre kont yo.Travay yo te tèlman anpil nan yon peryòd ki pat twò laj, mwatye popilasyon anpi women an te deja aksepte doktrin Kris la.

Jounen jodi a sitiyasyon nou pa twò diferan de kondwit nou ak misyon nou, byen ke rezilta yo pa menm.Disip Kris yo te aple pou anonse bòn nouvèl wayòm nan ak tout nasyon, kòmanse nan kote  nou konn rankontre. Anpèchman pou mennen travay sa ki te egziste toujou k ap kontinye egziste swa an majorite oubyen an minorite, tou depann de kontèks la, men apèl pou preche ak fè disip kontinye flou pou disip wayòm nan.

## B. Sèvi kòm moun k ap pwopaje sante a

.        Se enteresan pou wè dewoulman lavi Jezi nan

mitan bezwen moun yo, k ap anseye, soulaje ak geri malad yo.

Atravè levanjil Mak la nou kapab wè yon fwa ankò enterè Senyè a pou malad yo lèl t ap geri lepre a (Mak 1:40-45). Nonm sa te pèdi espwa e li te mete ajenou devan Jezi pou l te jwenn Gerizon kò a. (V.40), ke l te jwenn kouvri avèk lèp e repons Senyè a pat kite l pèdi espwa (V.41-42). Nan okazyon sa a nou te wè yon fwa ankò konpasyon Jezi kite an aksyon.

Legliz gen yon tach de gerizon, disip Jezi yo tou dwe okipe yo de kò. Lasante tou kòm lasante mantal dwe entèrese tout moun k ap preche bòn nouvèl la. Nou pa dwe bliye tou ke sèvis la ki etann li nan lòt zòn se yon mwayen efikas

Se menm jan Senyè a dwe dispoze akonpanye nan maladi yo, swa nan yon lopital oubyen lòt kote, pafwa avèk malad la tou kòm fanmi an, pou pote lapè ak èd nan moman tèt chaje a pou asiste avèk lapawòl nan moman gwo kriz yo tankou pwoblèm familyal, divòs, doulè eks. Bòn nouvèl la se yon zouti pisans ki kapab geri nan mitan soufrans.

## Konklizyon

Yo te rele disip wayòm nan pou anonse Bòn nouvèl la ak tout nasyon yo, Kòmanse nan lye kote nou rankontre. Li enperatif pou n depann de lapriyè, kòm mwayen pou resevwa fòs ak direksyon bò kote Senyè a.

# Resous yo

### Enfòmasyon Konplemantè

**Disip :** Yon disip se yon moun k ap aprann yon doktrin, yon syans oubyen yon moun ki anba direksyon yon mèt. « tèm ke yo itilize pou dezinye yon moun kòm ( apranti , elèv) ke yon moun aprann de yon pwofesè…Senyè Jezi, byen ke li pa t rekonèt ofisyèlman kòm mèt nan peyi Izrayèl, men pèp la te konnen l sou non Rabi (Jan 1 :38,49 ;3 :2,26)…Menm Jezi sa a te aksepte ke yo rele l « mèt »(Jan 13 :13), Men li klè ke sa yo ki ta vle gen tit sa a dwe reyini kèk karakteristik ki andedan nan deklarasyon sa yo :Si yon moun vle mache dèyèm, se pou li bliye tèt li, epi swiv mwen (Matye 16 :24)

Sou renonsman a tout bagay, « si yon moun vle mache dèyèm,, li pa rayi papa l, manman l, pitit li, frè l ak sè l e menm pwòp vi pa l , si li pa renonse ak tout sa li posede li pa kapab disip mwen.(Lik 14 :26,33) ; son obeyisans total ak pawòl li, youn nan karakteristik se lanmou »si nou yonn renmen lòt ,lè sa a tout moun va konnen se disip mwen nou ye.

### Definisyon kèk tèm

**Nonchalans :** Neglijans, parès.
**Bombo :** bwat silendrik ou esferik oubyen pivotan ki sèvi pou kenbe nimewo, ti papye ekri oubyen lòt bagay ou kapab rale pa faktè chans.

### Aktivite siplemantè

Avan ou kòmanse klas la, mande elèv yo pou defini mo disip e pou yo enimere tout karakteristik mo a. Si se posib, ekri yo sou tablo a pou yo wè l pandan klas la ap mache.

# Opozisyon
# ak wayòm nan

Pedro Julio Fernández (Canadá)

**Vèsè pou n konnen:** "Lè yon moun an sante, li pa bezwen doktè. Se moun malad ki bezwen doktè. Enben mwen pa vin rele moun k ap mache dwat devan Bondye, men moun k ap fè sa ki mal yo. Mak 2 :17

**Bi leson an:** se pou elèv la konprann ke menm jan anpil nan yo mal konprann wayòm nan, nou menm tou y ap mal konprann nou. Men sèlman nou bezwen rete obeyisan nan relasyon n avèk Bondye.

## Entwodiksyon

Reyaksyon ènmi wayòm nan mnifeste nan nivo ki pi wo nan epòk Jezi. Malgre mesi a te vini pou chanje mòd lavi moun yo pa mwayen mesaj bòn nouvèl la ; sa k te nan prizon kay dyab la, li te geri sa k te malad. Kopòl relijyez nan epòk la te meprize. Yo t ap viv anpil moman kritik pandan ke gen byen k ap fèt, lòt ap soufri kòmkwa se yon malfektè. Mande klas la poul pataje kèk esperyans de yon bagay yo t ap fè ki bon epi ke yo jwenn baryè.

## I. Blasfèm ak Akizasyon
### A. Enkonpreyansyon

.                Yon fwa nan kapenawòm anpil moun afè pabon te soti deyò pou chache Jezi. Kòm anpil moun te la, kay kot Jezi te ye a pa t ka pran tout moun gen kèk ki te rete deyò. Sa k pi enteresan nan istwa a, se devouman kèk zanmi yon nonm paralize ki pa kapab antre nan pòt kay la, yo fè yon twou nan tèt kay kote Jezi ye a, epi yo file nonm paralize a desann nan twou a pou Jezi geri l(4). Jezi wè jan zanmi paralitik la gen konfyans nan li, li padone peche nonm paralitik la e li sove lavi l. (v.5)Te gen kèk direktè lalwa ki te akize Jezi de blasfematè paske l te padone peche nonm lan.Yo te kritike Jezi menm lè tout sa li t ap fè yo te bon. Paralitik la jwenn plis kontrèman ak sa zanmi l yo te espere.

Nan yon sen demonstrasyon pouvwa Bondye ak apwochman wayòm li. Jezi pa t Sèlman padone peche nonm lan men tou li te deklare li sen, li di nan vèsè 12 la ke nou tande vwa Senyè a."Li leve touswit, li pran nat li, li soti devan tout moun... »Wayòm Bondye a vini pou akonpli plan ak objektik Bondye menm jan Jezi te di l nan Lik 7 18-22

### B. : Akizasyon san prèv

Vini wayòm Bondye a te reyalize avèk lapèl sensè tout peche yo,favè e kado Bondye fè nou(Mak 2 :14-15)

Rele yon nonm ki gen move renome pou l devni yon enstriman wayòm Bondye a lakoz yon rejè pou Jezi. Pratik ki gen valè nan wayòm Bondye a se estil lavi ak ansèyman Jezi, men anpil moun pa t kapab konprann sa. (v.16-17). Mèt la pa t gade pèsonn moun sou aparans, li te chita ak tout klas moun, imilite l ak mizèrikòd li pa t gen limit, men devan chèf prèt nan epòk li a se te yon Pratik enkonpreyansib. Nan kèk okazyon yo te akize li dèske li te chita ak moun  pibliken yo ak pechè yo nan plen akonplisman misyon l.

Menm jan ak Jezi nou pa gen dwa rejte pèsonn pou kelkeswa koz la, okontrè nou dwe renmen ak preche mesaj bòn nouvèl la yon fason ki onèt, sensè, ki fokalize yon atak sou peche e non kont moun.  Jezi pa t di levi kontinye fè mal, li te di li swiv mwen, sa enplike abandone peche.

## II. Règ yo pa respekte
### A. Repons sou jèn

Jèn nan se te disiplin Jwif yo te konn pratike. Disip Jan yo te fè l menm jan avèk Farizyen yo, men disip Jezi yo pa t fè l konsa (Mak 2:18-22). Sa yo ki pa t dakò Jezi te toujou ap tann sa k t ap rive pou kesyone sou ansèyman li a.

Nan okazyon sa a repons la se te sou jèn nan. Mèt la te di yo ke yo pa t gen nesesite pou yo jene paske l te la avèk yo, wayòm lan te an fèt akoz prezans pitit Bondye a sou tè a.Jezi te di yo, si li pa t la fizikman avè yo, nan ka sa a yo te kapab jene.

Nan moman sa a li pa t nesesè paske « Emanyèl te la » « Bondye te avèk nou »avèk disip yo (v.19), men gen yon moman ki t ap rive li t ap kite yo e lè sa li t ap nesesè pou yo jene pou yo ale nan prezans Bondye (v.20) Men oditè yo ankò pa t kapab tande sa k te rive a.

### B. Jezi se Senyè

Pou Jwif yo li te pi enpòtan pou yo te swiv règ ke chèf prèt yo te enpoze yo, olye pou yo te akonpli lwa Bondye a. Jezi di yo mwen pa vini poum aboli lalwa, mem pou m akonpli l (Matye 5 :17).

Nan Mak 2 :23-28 Jezi te pèmèt disip li yo keyi e manje grap ble nan jou repo a. Pou yon sektè nan sosyete jwif la, Jistis la te deyò, legalis e seremonyèl. Pou nou eksplike sa nan lòt mo, li te pi kanpe sou aparans.Tout jou nan semèn nan se Bondye ki te mete yo pou lòm. Bondye fè 7 jou. Sis (6) pou lòm travay, youn pou lòm repoze, swivan modèl ke li menm li te itilize lè l t ap kreye mond lan. Jezi ki se menm Bondye a montre ke li siperyè ak nenpòt jou nan semèn nan li reprimande disip li yo ki t ap pran ble sèch pou yo manje.

Nan vèsè 25-27 Jezi te anseye yo ke yo pa t vyole prensip jou repo a pou yo manje, alò moun nan te gen bezwen nan jou sa a.Ou te mèt grangou li te entèdi pou chache manje pou ou manje, disip yo te benefisye bonte ak konpasyon Bondye yo te manje sa yo te fè.

Jezi te konpare sa k rive l la ak istwa Samyel gran prèt la ki te bay David ak sèvitè l pen ki te konsakre pou Bondye paske yo te grangou ; Sa a pa t kòrèk nan zye chèf relijye yo, gran prèt la te fè sa k kòrèk li pa t yon legalis. (1 Samuel 21 :1-6)

### III. Opozisyon relijyez ak politik
### A. Yon opozisyon nouvo

Jis nan pwen sa a,Mak 2 :1-3 :6 Nou te wè Jezi t ap fè mirak, li t ap preche bòn nouvèl la nan kay (2 :1),nan lye travay (2 :13), nan Chemen (2 :23), nan sinagòg la (3 :1) Nan dènye lye sa a, lidè relijye yo te gen kontwòl de sa li kapab fè e sa li pa dwe fè. Se pou sa chak fwa Jezi ale nan sinagòg la, yo te la pou yo te kapab akize l pou pi piti bagay ke l ta fè (Mak 3 :1-6). Pandan okazyon sa a te gen yon nonm ki te vin parèt avèk men l ki paralize sa estimile lanmou ak konpasyon Jezi ki se siy manifestasyon wayòm Bondye a (V.3). Kòm Jezi konnen moun ki te la yo, li te poze yo kesyon sa a : « Kisa lalwa nou an pèmèt moun fè jou repo a ? Byen osinon mal ? sove lavi yon nonm osinon kite l mouri ? » (v.4) yo pa louvri bouch yo reponn li. Lè sa a Jezi fache, li pwonmennen je l sou yo tout : sa te fè l lapenn pou l te wè jan yo te gen move santiman »Nan menm jou a, nan menm sinsgòg la li geri yon malad. Menm lè a Farizyen mete tèt yo ansanm ak patizan Ewod yo pou yo wè kijan pou yo touye Jezi. (v.6)

Jezi te Konnen tout kè ki t ap chache fè mal, men li te pote wayòm ak misyon prensipal ke l genyen pou l atenn kè gason ak fanm ki nan bezwen.Pi devan Apot Pyè anseye: Si yo joure nou paske n ap suiv Kris la, konsidere sa tankou yon benediksyon. Sa vle di Lespri ki gen gwo pouvwa a, Lespri Bondye a nan nou. Si youn nan nou ap soufri paske li touye moun, osinon paske li vòlè, osinon paske li te foure bouch li nan zafe ki pa gade li. Men si yon moun ap soufri paske se kretyen li ye, li pa bezwen wont pou sa. Okontrè, se pou li fè lwanj Bondye dèske li pote non Kris la.

Li enpòtan pou konprann chwa Bondye sou Jezi li ankò sou kretyen yo, lè yo le soufrans la vini pou yo fè sa ki byen oubyen sa ki kòrèk, « Bondye ap beni nou, si poutèt mwen y ap maltrete nou , y ap fè manti sou nou. Fè kè nou kontan.Wi nou mèt kontan nèt, paske yon gwo rekonpans ap tann nou nan syèl la.

Se konsa yo te maltrete pwofèt yo ki te la avan nou. (Matye 5 :11-12TLA).

Jounen jodi a tou kretyen yo gen anpil enmi akoz fwa yo.Yo gen kòm objektif prensipal elwanye kretyen yo de lasent doktrin pou antrene yo nan mond lan. Kouran sa yo trennen anpil kretyen nan mond lan e fè abandone lafwa.

### B. Yon mirak nan jou repo a

Avèk kesyon kisa lalwa pèmèt nou fè byen oubyen mal nan jou repo a (Mak 3 :4). Jezi te vle fè moun ki te la yo reflechi sou enpòtans mizerikòd Bondye,

Wayòm Bondye a dwe pratike chak jou.Geri yon moun k ap soufri paske l gen you men ki enpòtan a ki kreye anpil enkonvenyan pou anpeche ou debouye ou nan lavi kotidyen se kèk bagay ijan e nesesè ke ou pat atann.

### Konklizyon

Se enpòtan pou konprann ak rekonèt si ou sibi yon ofans pandan w ap fè sa k byen w ap rekonpanse avèk Bondye.Devwa nou se fè volonte l an tout tan , nenpòt ki kote, Bondye ap okipe l de rès yo.

# Resous yo

## Enfòmasyon Konplemantè
### Pèspektiv jwif konsènan wayòm nan.

Pèspektiv jwif yo te genyen osijè wayòm nan se te premyeman divize wayòm Izrayel an de (2) answit pou yo te wè tou de wayòm yo tonbe. Pati Izrayèl nò a ak pati Izrayèl sid la. Lòt kou di a pou Jwif yo se te wè tanp Salomon te konstwi a detwi. Bagay sa yo t ap kite avèk espwa ke mesi a ap vini pou l restore wayòm nan, rekonstwi tanp lan e mete deyò ènmi ki t ap peze yo a.

Se avèk menm ide sa a disip Jezi yo te viv. Janbatis ansanm ak apòt yo te konn sa k ki t ap pase nan epòk la, ke mesi a te gen pou l vini e ekspilse women yo ki etabli kò yo nan nouvo rèy David la. Se sak fè Janbatis te voye mande Jezi si se li menm ki te gen pou vini an oubyen èske nou dwe tann yon lòt.(Lik 7 :19). Disip Emayis yo tou te panse ke se li menm ki te genyen pou l libere Pèp Izrayèl la. (Lik 24 : 21) Finalman apòt yo te genyen kesyon milyon avan ke Jezi te desann sot nan syèl « Mèt èske se kounya ou pral mete gouvènman pèp Izrayèl la sou pyel ankò ? (Travay apot 1 :6). Depi plis ke 3 ane Jezi t ap demontre kòman wayòm Bondye ap etabli e ankò yo te gen vizyon ewone de kijan li ta pral fèt.

## Definisyon kèk tèm

**Blasfèm :** Yo gen abitid defini blasfèm nan konsa « Se yon mank respè grav anvè yon moun oubyen yon bagay ki merite apresye."Se tankou lè ou aji mal kont Bondye.

**Sinagòg :** Se yon lye de sèvis kote fidèl Jwif yo reyini pou yo li lalwa (Travay apot 15 :21)

**Farizyen :** Se te yon gwoup Jwif ki te sevè anpil nan sèvis Bondye men an reyalite ki pa t swiv Jezi. Farizyen yo te gen move renome (Matye 23 :1-3)

**Direktè lalwa yo :** Moun ki te konn kopye liv Ansyen kontra yo. Se moun ki te fò nan ekri lang Ebre a. Pou Ebre yo, yon direktè lalwa se te yon ekriven labib ,paske zafè lalwa a yo te konn entèprete l byen.Yo aji menm jan ak farizyen yo,Sa yo anseye a se pa li yo fè.
(Matye 23 :1-3)

**Ewodyen:** Se yon pati jwif ke yo pa t ka idantifye a pa ke sa ki endike non yo te ba yo a,oswa patizan ewòd.Yo te parèt menm jan ak farizyen yo ki te opoze ak Jezi. (Diksyonè de lasent bib ak Mak 3 :6)

**Jou repo a:** Se jou yo te sispann travay pou te ka pase tout tan yo nan sinsgòg la ap fè sèvis pou Bondye .

## Aktivite siplemantè

Drese yon tablo de Jezi nan kèk lye diferan e mande klas la pou yo reflechi e kijan yo ta ka aji jounen jodi a.

Lokalizasyon jewografik

1.   Jezi anseye nan yon kay ki pa t kay li
2.   Jezi nan mache a
3.   Jezi ap mache nan chemen an
4.   Jezi nan lye travay mwen an

# Kwasans
# Wayòm nan

### Yanet Ortiz (España)

> **Vèsè pou n konnen:** « Pou fini gen moun ki tankou bon tè a.Yo tande pawòl la, yo resevwa l epi yo donnen. Gen ladan yo ki bay trant pou youn, lòt bay swasant pou youn, lòt ankò bay san(100) pou youn Mak 4 :20.
>
> **Bi leson an:** « se pou elèv yo konprann rezon ki fè legliz la dwe kontribye nan kwasans wayòm nan.

## Entwodiksyon

Fòk ou ta sèlman wè ak tande nouvèl pou wè kijan li tris kòman bagay yo ye nan kèk pati nan lemond. Nou ajoute nan vokabilè nou mo « kriz », « tout moun ap pale de « kriz » diferan, lè n plonje nan sitiyasyon sa a nou dwe lanse yon defi pou pataje bòn nouvèl la ki se pi bon bagay moun kapab tande. Kòm disip kolaboratè wayòm nan sa ta dwe yon defi pou nou.

## I. Disip ak devlopman wayòm lan
### A. Jezi te fè yon chwa

Jounen jodi a si yo ofri nou travay, li nòmal poun antre nan yon pwosesis de chwa. Nou konsyan devan yon òf danplwa nou dwe prezante pou entèvyou pou n defann kourikoulòm nou pou klarifye kèk dout ke moun k ap fè entèvyou a genyen. Nan ka sa a nou dwe tann repons si wi oubyen non, paske nou pa sèlman inik moun ki bezwen travay. Nan ka sa a, sa mèt la te fè a se toutafè kontrè,li te rele moun li te vle e li te chwazi yo san li pa t fè sou yon kritè de chwa.

Moun li te chwazi yo, yo te anviwon douz avèk tanperaman diferan. Li te chaje yo pou yo gaye bòn nouvèl wayòm nan. Mak 3:13-19 endike nou apre l te fin monte sou mòn nan, li rele moun li te bezwen yo. Raple nou ke, avan mèt la te chwazi kolaboratè l yo, li te monte sou mòn lan e sa fè nou panse ke l te pale ak papa l ki nan syèl la anvan l te pran desizyon an.

### B. Jezi te prepare yo

Mèt la gen ekip travayè ke l te bezwen pou elaji wayòm nan. Li te bezwen fòme yo pou yo te kapab vini disip li.Yo pa t senpleman anplwaye oubyen patizan, men disip.Yon disip se yon moun k ap gide pa yon pwofesè k ap fè disip.Tèm sa a itilize pou nome tout disip Jezi, ki aprann ansèyman l yo e ki aplike l nan vi yo.(Lik 14 :27).Genyen yon diferans enòm ant patizan kris ak disip kris.Disip la se youn ki rete kole ak mèt li e ki vle sanble ak mèt li(Jan 15 :5).

Nou pa t ap konprann wayòm nan e nou pa t ap bon disip si nou pa konnen wa k ap dirije wayòm nan. Jezi te rele douz yo pou yo te menm jan avè l(Mak 3 :14).Rapwochman a Jezi ap fè yo renmen l plis (Matye 22 :37-38) n ap sanble plis avè l.

Lè nou renmen Bondye n ap renmen sa l renmen (Jan3 :16),n ap rayi peche, n ap gade menm jan avè l (Matye 9 :37-38) e n ap renmen pwochen nou menm jan ak pwòp tèt pa nou (Matye 22 :39).Sa ap pèmèt nou akonpli misyon ke nou te aple e lè sa a n ap vrèman disip li.

Douz moun te aksepte envitasyon an, yo di yo: si mèt la avèk yo chanje mond lan nan epòk li a, sa te enplike gwo responsabilite ak defi.

## II. Evanjelizasyon ak kwasans wayòm nan

Jezi se pi gran mèt nou pa ekselans e li te vle asire ke genyen ansèyman, motivasyon, metodoloji e teknik pedagojik pandan ke w ap fè disip. Nan liv mak la nou wè mèt la t ap anseye pa mwayen kesyon senp e chak jou.

Nan okazyon sa a li anseye yo pa mwayen istwa semè a. Mèt la anseye ke pa gen eskiz pou rete ou pa simen bon grenn nan, sa pral depann de sikonstans lan, si grenn nan jèmen oubyen si l pa jèmen.

An akò avèk Mak 4 :1-7 nou kapab remake ke semè a fè fas avèk divès kategori tè pou l simen e nou te rann kont nan mwason an te gen rezilta diferan.
Alò nou pral wè diferan kategori tè:

**1.Grenn ki tonbe bò chemen an :** Pawòl la di kèk grenn tonbe bò chemen an (Mak 4 :4,15). Nou lage semans bòn nouvèl la nan kè moun yo, men dyab la vini li vòlè semans (Jan 10:10). Raple nou pawòl Bondye ki di : « Pou fini chache fòs nou nan lavi n ap mennen ansanm ak Senyè a ak nan gwo puvwa li. Pran mete sou nou tout kalite zam Bondye ban nou pou nou ka kenbe tèt nou anba riz satan. (Efezyen 6 :10-11). Pawòl dwe simen men nou dwe konnen ke genyen kèk k ap kite pawòl la ale.

**2. Semans ki tonbe nan tè wòch :** Yon pati tonbe nan mitan wòch, kote ki pa gen anpil tè e yo leve byen vit men rasin yo pa fon.Yo pa kenbe pou lontan, paske lè moman pèsekisyon an vini lamenn yo jwenn okazyon pou yo tonbe nan peche. (Mak4 :56,16-17)

Alò raple nou kèk lòt konsèy biblik lè Pòl te di : « Kisa, atò, ki va fè nou pèdi renmen Kris la gen pou nou an ? Soufrans osinon kè sere ? Pèsekisyon osinon grangou? Men sou tout bagay sa yo, nou genyen batay la nèt ale, gremensi moun ki renmen nou an.Pa gen anyen nan tout kreyasyon Bondye a ki ka janm fè nou pèdi renmen Bondye fè nou wè nan Jezi Kris, Senyè nou an. « (Women8 :35-39).

**3. Semans ki tonbe nan tè pikan an:** Pawòl la di : « yon pati tonbe nan pikan ; pikan yo grandi, yo toufe bon ti plant yo ki fè yo pa donnen. Se sa yo ki tande pawòl la, men traka lavi, anvi gen lajan ak tout lòt anvi antre nan kè yo, li toufe pawòl la. (Mak 4 :7 18). « Mwen pa kwè mwen deja mete men m sou kote m dwe rive a. Pandan nou sou chemen an,obstak yo kapab retire nou osinon devye nou nan objektif final la.(Filipyen 3 :13-14)

Li enpòtan pou n raple sa mèt la te di ,nan sèmon li t ap bay sou montay la, kote Bondye genyen sou kontwòl li tout sa nou bezwen ,tankou manje, rad,soulye…)(Matye 6 :25-34). Pandan n ap okipe bagay konsènan wayòm nan, Papa nou ki nan syèl la ap okipe l tou de bezwen nou yo. (Matye 6:33). Moun sa yo koute pawòl avèk kè kontan men yo pa janm gen tan pou travay Senyè a. Se travay yo,fanmi yo, zanmi yo eks.. jamè bay yon ti tan pou Seyè a.

**4. Semans ki tonbe nan bon tè a :** Ki soulajman ! ekriti a di :Men yon lòt pati ankò tonbe nan bon tè a,yo grandi,yo donnen.Gen ladan yo ki bay trant(30), grenn,lòt bay swasant(60),lòt ankò bay san(100). "Mak 4:8,20).Glwa a Dye! Semans la pote fwi e an kantite.Grenn bòn nouvèl la bezwen simen. N ap fè travay la, n ap kite rezilta nan men Bondye. Raple nou, se bon tè a sèlman ki bay fwi.Pa konsekan : Nan ki kategori tè ou ye ? Nou swete ou se bon tè a, alò ann mete men nan travay la.N'ap bay fwi !

**I. Grandi tankou misyon wayòm**
**A. Kijan semans lan Grandi ?**

semans lan, nan tè a.Yon fwa semans fèt ou espere l ap jèmen, grandi epi pote fwi.

Jèminasyon an se pwosesis semans la pase pou l devlope jiskaske l transfòme an nouvo plant.Pwosesis sa rive a tèm lè anbriyon an gonfle, anvlòp la tonbe.Pou jwenn li konsa, Tout nouvo plant bezwen eleman debaz pou l devlope.Limyè, dlo, oksijèn, sèl mineral.Tout bagay sa yo ap bay fwi ke n ap tann lan.Yon fwa wayòm Bondye plante nan kè nou se pou nou espere rezilta.

Senyè a fè semans, se menm jan grenn nan jèmen, li grandi san moun ki simen an pa fè anyen, se konsa Kris pa entèmedyè disip li yo te gaye pawòl la. Konsa nou genyen pou n preche pawòl la ; Se responsabilite ouvriye yo, yo menm Senyè a te bay lòd pandan absans li pou yo leve gwo defi sa a. Men lè mwason an rive, y ap rele moun ki te simen an ankò pou l aji. Lè sa a se Kris k ap vini, se li menm pèsonèlman k ap chaje pou ranmase rekòt la.

**B. Pi piti a se li k pi gran**

Senyè a chwazi lòt analoji pou l dekri karaktè wayòm nan. Pi piti grenn ki plante a se li ki pi gran. (Mak 4 :32), pi gran sou tè a, ki kapab ofri pwoteksyon a nenpòt moun ki vin chache refij nan li.

Grenn moutad la se yon ti grenn li ye .Lè ou plante l, li rive bay yon pyebwa ki gen trè gran dimansyon. Nan peyi Palestin pye moutad la rive bay yon gwo pyebwa…li te trè kouran nan peyi sa pou wè yon kolonn zwazo ki t ap vole sou ti pye bwa sa a, paske yo renmen ti grenn nwa a pyebwa sa a t ap bay.Yo te poze sou branch li pou manje ti grenn sa yo.

Jezi konpare wayòm li a ak yon grenn moutad ki tou piti men lè l kòmanse grandi li vin gran.
N ap kontinye preche pou wayòm

Tout èd nou kapab pote ankò se lè nou panse l piti, l ap genyen enpòtans li,raple nou kisa apot Pòl di konsènan legliz Korent : « Konsa frèm yo,kenbe fèm,pa brannen. Se pou n toujou pi cho nan travay Senyè a,paske nou konnen travay n ap fè pandan n ap viv ansanm ak Senyè a p ap janm pèdi. »(IKorentyen 15 :58).

Kwasans la se pa pou yon sware rive yon maten, pwosesis kwasans la se chak jou ou bay Senyè a.Men desizyon pou kolabore avèk wayòm nan ak pataje pawòl la se pran l, paske gen anpil moun ki nesesite l , ki ta renmen tande l.

**Konklizyon**

Kite klas la imajine yon konklizyon pou leson an, yo va ekri l sou fèy papye aktivite a.

# Resous yo

**Enfomasyon Konplemante**

Gen yon tè di bò chemen an .Semans sa a te kapab tonbe nan tè ki pi di a pou 2 rezon.Jaden nan Palestin genyen fom bann laj ki jennen tou.Bann sa yo divize sou fom ti wout pou moun ka pase.Sa k te vin rive seke ti wout sa yo moun te konn pase vin di afos yo te pase ladann.Le seme a fe semans,yon pati nan grenn sa yo tonbe inevitableman nan pati di a,alo pat gen posiblite pou l te devlope.

Sepandan gen lòt mannye tou pou simen.Kek fwa yo konn mete yon sak semans sou yon bourik,yo fe ti twou nan pwent sak la, le bet la ap monte desann semans la ap tonbe.Le bourik la rive sou wout ki bo kot jaden an kek grenn tonbe nan chemen an,ou pa kapab evite zwazo vin manje l.

Genyen teren ki plen wòch.Se pa ke tout teren an ki plen woch;se petet yon pati ki kouvri ak woch kalke. Pifo Galile te konsa. Nan anpil teren out e kapab we woch la paret sou te a.Semans ki te tonbe ladann nan jemen vit, men te a di li kenbe mwens imidite, mwens eleman nitritif,chale soley la seche ti plant k ap pouse a.

Genyen yon teren kite plen pikan.Peyizan plestinyen yo te parese.Yo coupe sa k ap soti nan move plant yo;pafwa yo menm rive boule sa k deyo yo,jaden kapab paret pwop;men rasin kontinye ap grandi anba te a;apre yon ti tan li pouse avek fos.Li grandi avek tel rapidite ,li toufe bon plant lan.

**Definisyon kèk tèm**

**Semans :** « semans la komanse nan epòk le lapli ap tonbe an oktob.Lalwa te egzije pou semans la bon (Levitik 11 :37-38) »

**Moutad :** « Yo te fè plizye sipozisyon konsènan ki plant li ye.Pi bon plant yo dekri ki koresponn ak moutad se sinap ,yon grenn ki trè komen an Palestin.Se yon grenn ki ekstrèmman piti,li grandi li vi n fè yon ti pyebwa ki gen plis ke 3m otè .Ti zwazo yo kapab fè nich nan branch li.

**Aktivite siplemante**

Jwenn 4 resipyan an kristal ki kapab kenbe diferan tip semans,gade si ou ta ka mete grenn moutad la.

Answit mande de etidyan pou yo pataje briyèvman kijan semans bòn nouvèl ye nan vi ou.Mande lòt elèv yo pou yo pale kòman simen bòn nouvèl nan lavi lòt moun.

# Yon nonm tankou li menm sèlman ki te ka Bondye !

## Aldo Genes (Paraguay)

**Vèsè pou n konnen:** « Yo te pè yon sèl pè. Youn t ap di lòt : Bon ! Kilès li ye ki fè menm van ak lanmè obeyi li ? » Mak 4 :41

**Bi leson an:** se pou etidyan an konnen Jezikri gen pouvwa sou lanati, demon yo, maladi ak lanmò.

### Entwodiksyon

Jezi Kri Etènel Dye fèt chè, toujou pisan te aksepte, rejte an menm tan, pa yon kategori gwoup moun. Kèk aksepte l, kwè nan li; pandan kèk lòt se foli pou sa yo ki fè kwè yo se disip.

Tip diferans sa yo pa nouvo. Mak relate diferans sa yo nan twa mirak youn dèye lòt, kèk ladan yo t ap sipliye Jezi pou l kite zòn nan (5 :17); pandan lòt yo ap sipliye anpil pou ale lakay yo (5 :23). Anpil lòt te genyen lafwa, yon ti touche sèlman te sifi (5:28,34); anpil lòt li te repwoche yo paske yo pa t gen lafwa (4:40).Travay Jezi t ap fè yo te soulve anpil pwotestasyon. Nou pra l analize twa evènman diferan kote Jezi t ap montre pouvwa l.

### I. Pouvwa Jezi sou lanati

Nan Mak 4 :35-41, Nou wè kijan Jezi egkzèse pouvwa sou lanati. Menm jou sa a, lè aswè rive Jezi di yo, annou travèse lòt bò a » (v.35), yon lòt ti kote pou n repoze. Pandan yo te rive lòt bò a, yo te dirije yo nan pati lès lanmè Galile, nan teritwa payen yo.

Disip yo te obeyi ak mèt la, yo te travèse lòt bò lanmè a (v.36), yon gwo van tanpèt leve, lanm yo t ap frape antre nan kannòt la (v.37).

Men, Kote moun kite bay lòd pou travèse a? ........ ? Fatige.............., Jezi li menm t ap dòmi sou zòrye a dèyè kannòt la. (v.38a).

.        Men, Mak 4 :38 pa fini la.Tradiksyon bib la nan langaj kouran fè yon ...tradiksyon nan reyaksyon disip Jezi yo : » Disip yo reveye l, yo rele byen fò-Mèt, èske sa pa fè w anyen dèske n ap peri ? »Si ou li byen ! yo kriye ! ......., Yo kriye tankou yon papa ki rele anpil pou l ka reveye pitit li.

Jezi leve.Li di sèlman de(2) pawòl van an rete »(39). Seyè a pa t bezwen plis ke 2 pawòl, sèlman de(2). Lanati nan moman sa te rete trankil apre mèt la te fi n pale.Travay Senyè a te pote yon trankilite nan bak la

paske lanmè a te kalme....

Leson nou dwe tire nan repwòch Jezi te adrese avèk disip yo sèke yo te manke konfyans nan li. Nou bezwen aprann gen konfyans nan li konplètman, Byen ke anpil fwa dezobeyisans nou kondwi n nan touman, swa pèsekisyon ak lòt ankò.

Se pa disip yo ki te mande Jezi pou yo travèse lòt bò lak la, men se Jezi ki te mande yo sa. Mesye yo pa t andeyò volonte Bondye. Nan Mak 4:41 « Men disip yo te pè anpil anpil, yonn t ap di lòt konsa » Ki moun li ye menm, pou jouk van ak dlo lanmè obeyi l? Repons lan, Se Jezi Senyè nou an avèk lanati. Li menm ki kapab fè pase de lanmò a lavi yon pechè ki vle vini jwenn li. Gwo pa disip yo fè ki merite aplodi se lè yo t ap chache Jezi nan moman yo te pèdi tout espwa. Pwobableman paske yo te evoke nan lespri yo pawòl Sòm sa a: "Anba tout tray sa yo Yo rele nan pye Senyè a, li wete yo nan lafliksyon sa a. Li kase gwo van an. Lanm lanmè yo sispann fè bri. Kalmi fèt.

### II. Pouvwa Jezi sou demon yo

N ap analize kounya sou yon 2e faz otorite Jezi. Fwa sa se sou demon yo, espri enpi yo tou soumèt ak Jezi (Mak 5 :1-20).

Yo rive lòt bò lanmè a, nan peyi Gadarenyen yo, yon nonm ak yon move lespri sou li, soti nan tonm lan, li vi n antre nan sinagòg la ak move lespri a, li rele byen fò, li di Jezi : pitit Bondye souveren an, ou menm avèk mwen, nan kisa nou ye ansanm ? sèmante devan Bondye ou ap toumante mwen.

Mande  non an obeyi a kisa, alò yo kwè jwenn non advèsè se te deja yon premye pa pou detwi li. Demon sa yo pa t vle ale nan okenn rejyon.Yo te konnen sò final se ale nan twou san fon an.

Byen ke tèm santral la se pa pèdi kochon yo, ou pa ka evite pale de sa, sèke sete yon gwo pèt .Vèsè 13 pale nou se te demil(2000) kochon anviwon. Men, nou pran yon kantite ki egzat, demil, an nou kalkile chak kochon vo 50 dola, nou t ap pale de sanmil dola ! Avèk sa Bondye montre nou rachte yon moun nan grif satan sa pa gen pri. Mèt la dispoze pou fè tout bagay pou nou. Li renmen nou li rive menm bay lavi l pou nou.

Natirèlman « yon pèt konsa » t ap deranje nenpòt moun (v.17) ki ta sipliye Jezi pou l ale pou menm bagay sa a pa rive, pou l pa touche enterè yo ni twouble lavi yo ( Mak 16 :16-21).

Vèsè 15 lan anplwaye bagay ki pa t twò nesesè pou sètifye touman moun nan te gen avan, se te menm bagay la avèk Jezi,

Sali Jezi ofri nou an, chache afekte tout ti kwen lavi nou : Fizik, sikolojik, sosyal ak espirityèl. Se yon Sali antye."

Men, Eske li pa t genyen konesans ak fòmasyon nesesè pou l akonpli travay sa a ? Non. Li gen yon bagay moun pa ka kontredi ; yon temwayaj pèsonèl ke pyès moun pa ka kesyone.

Moun sa yo te kontan temwayaj nonm lan (v.20). Li te te vi n yon bon misyonè, obyisan a Jezi. Non sèlman li te pataje temwayaj la jan Senyè te endike l pou l fè l lakay li ak lòt moun nan vil la (v.19), men l ale pi lwen nan Dekapolis ki siyifi konfederasyon de « dis »li mache fè konnen tout sa Jezi fè pou li.

### III. Pouvwa Jezi sou maladi ak lanmò

Nou rive sou yon twazyèm kadran de otorite Jezi. Mirak li fè avan yo se te sou lanati ak demon yo. Kounya se sou maladi ak lanmò. Nan istwa sa se te yon espès de pou youn. Iistwa fè nou konnen, li resisite pitit fi Jayiris la, li te geri yon fanm ki te an pèdisyon (Mak 5 :21-42). Premye pote sou sèn yon nonm respekte, ki nan bon pozisyon, men ki pèdi espwa.Nonm sa a se Jayiris Ki syifi "Jewova briye »Jayiris nan angwas li tande epi li konnen Jezi, l al chache l pou sove ti pitit fi l ki te gen 12 lane.(v.22-23)

Senyè a te akspte san replik ak demand nonm lan (v.24). Jayiris, nan touman li te panse ke se yon bon siy pou sove pitit fi li a ! sa li pa t konte se te fanm malad ki te sou chemen an ki pa t fè randevou ni antre nan liy moun ki t ap tann yo (v.25-28).

Dapre lwa Moyiz la fanm sa a ki te an pèdisyon an ta dwe mete l nan izolman, paske li enpi (Levitik 15 :25-27).

Apre 12 ane soufrans ak yon maladi li te sou dènye zèl kat li » men li gen odas pou l te ankò nan mitan

moun. Li te ekspoze l, paske li konnen yo te kapab blame l akòz li te an pèdisyon. Depi ou nan kondisyon sa a ou pa dwe nan mitan moun. Dapre koutim yo konsidere ou enpi.Sa pa gen enpòtans pou fanm lan ; li te panse,swa li viv oubyen li mouri.

Foul la te konnen kisa ? gen yon mirak ki t ap fèt! Kisa k ap libere l nan 12 lane soufrans sa a? ( v.34)

Lafwa l. Piske li te mete konfyans li nan Bondye, mirak sa te opere nan lavi fanm lan pa filyè Jezikri. Li kite fou l la dèyè, l al chita kote Pyè, Jak ak Jan (v.37), li te ale lakay Jayiris, yo tande yon bri tèrib (v.38).Yo t ap moke li, lè li te fè entèvansyon l. (v.39) men li te konnen sa k ta pral rive. Li pran yon ti gwoup moun, ( v.40) li antre kote defen an te ye a.

Eske te gen yon bagay enposib pou li ? ( v.41) Ti fi mwen di ou leve »( 42)Men non ! Poukisa li gen pouvwa sou maladi ak lanmò. Pandan tan sa a, Jezi te wè moun yo te kontan, yo te etone li te mande pou paran tifi a al ba l manje pou moun yo t al nan okipasyon yo. Nan pasaj sa nou wè gen moun ki t ap chache èd Jezi pou rezon maladi, lòt yo pou yon tifi ki te prèske mouri.Yo te kite tout prejije pou yo te ale kote Jezi. Konbyen fwa nou menm tou nou tonbe nan sitiyasyon sa oubyen nou wè lòt moun konsa tou. Mande: Eske nou konnen yon moun ki tonbe nan yon sitiyasyon parèy? Ebre 13 :8 di nou : « Jezikri se menm moun lan ayè, jodi a ak pou tout tan. » Ezayi ajoute pou l di : « Non ! se pa paske Senyè a manke fòs kifè li pa vi n delivre nou. Se pa paske li soudè kifè li pa tande lè n ap lapriyè nan pye l. »Kisa sa vle di pou nou jodi a ? Mesaj la klè. Mirak Jezi yo pa t sèlman fè pati istwa, sevre Bondye kapab kontinye fè yo tou jounen jodi a.

Youn nan priyè legliz primitiv te konn fè ou jwenn li nan Travay apot 4 :29-30 « Kounya, Bondye, gade kijan y ap fè nou menas.Bay sèvitè ou yo fòs pou yo ka fè konnen mesaj ou a avèk konviksyon. Lonje men ou pou yo ka fè gerizon, mirak, ak lòt bèl bagay nan non Jezi, sèvitè ki te viv pou ou a. »

Mirak Jezi poko fini. Lafwa moun sa yo kapab manifeste pouvwa Bondye nan kèk sikonstans diferan. Premyèman sou lanati, answit sou demon yo ; kounya sou maladi ak lanmò. Reyèlman Bondye pa gen limit.

### Konklizyon

Kite lafwa nou devlope, konfye nan pouvwa Bondye ki kontinye rete menm jan an. Repoze nan li, pa doute, konfye nou nan pouvwa l.

# Resous yo

### Enfòmasyon Konplemantè

Mak 5 :2-3 « Zòn ki gen Gwòt natirèl yo te konn itilize yo pou tonm. Anplis de sa yo te kwè ke tonm yo se kay demon yo te prefere.

Mak 5 :38 Pouki eskandal…moun k ap plede rele, moun k ap plede kriye: " Li te koutim lè yon moun mouri, yo fè kontra ak moun ki konn jwe flit epi moun ki konn kriye byen (Fanm yo peye pou yo kriye). Se konsa yo te konn eksplike anbyans dèy la.

Mak 5:41 Talita, cumi: fraz arameyen, lang yo te konn pale nan peyi Palestin nan tan Jezi.

### Definisyon kèk tèm

**Mirak:** « Kisa yon mirak ye ?…Yon definisyon pi laj ki di, yon mirak se yon evènman kontrè ak lanati. Yon meyè definisyon ki di: yon mirak se yon evènman ki kontrè a sa yo konnen osijè lanati. Yon twazyèm definisyon ki ankò pi meyè ke ou jwenn nan bib la. Yon mirak se zak Bondye sou lanati.

**Sinagòg:** « Lye kote jwif yo reyini pou yo lapriyè, li bib la, tande kòmante doktè lalwa yo. Epi pou yo kapab resevwa benediksyon granprèt yo.

### Aktivite Siplemantè

Ou kapab kòmanse leson an pandan w ap tande oubyen y ap chante ansanm avèk klas la chanson sa a « Pisans » de Danilo Montero. Si yo pa konnen tèm nan yo ka chwazi yon lòt pou egzalte non Bondye.

Travay pou semèn: Vizite epi lapriyè pou yon moun ki malad oubyen dezespere.

# Konfimasyon
# Pitit Bondye a

Juan Carlos Fernández (Cuba)

**Vèsè pou n konnen:** « Jezi ale avèk disip li yo nan bouk Sezare Filip yo. Pandan yo sou wout la, li poze disip yo kesyon. « Kilès lèzòm di mwen ye » Mak 8 :27

**Bi leson an:** se pou elèv yo konprann konfesyon Pyè a avèk evènman transfigirasyon an te revele Jezi kòm pitit Bondye.

## Entwodiksyon

Pèp Izrayèl la t ap tann Mesi a pandan anpil ane.Konsa  sa te pwofetize. Izrayèl te toujou soumèt anba lòt nasyon, kounya sou dominasyon anperè Women ki nan yon moman detèmine te parèt kèk gwoup ki te transfòme an fwaye rebèl. Makabe yo ki te yon egzanp vivan ki te konvèti an Zelòt.

De tanzantan gen lòt pèsonaj tankou Tedas ki te kanpe, answit Jida moun Galile, Kanpe, li rale anpil moun dèyè l nan mitan pèp la. Konsa, yo t al pale ak youn nan gwo notab yo rele gamalyèl ki te konn moun ki t ap pèsekite disip Jezi yo , li ba yo konsèy sa a : rete lwen mesye sa yo !kite yo trankil !vrèmanvre, si plan sa a oubyen travay sa a se nan lèzòm li soti, li va kraze. Men si se nan Bondye li soti, nou pa kapab Kraze l.Osinon, nou ka twouve tèt nou nan lagè ak Bondye tou. (Travay 5 :38-39). Konsèy sa a te bon pou tout moun.

Tèm kle a li sitiye nan vizyon jwif yo menm jan ak fason Mesi a te vini. Apre kèk ane an kaptivite, soumisyon ak imilyasyon sou tout fòm, Jezi, chèf pisan te kapab met izrayèl sou de pye l menm jan Moyiz te fè l, Jozye ak lòt nan tan pase yo te kondwi pèp la sou chemen viktwa.

Sepandan plan Bondye pa t janm tonbe aplon ak sa lèzòm t ap tann. Se konsa bagay yo te fèt, yon nwit, nan yon krèch nan peyi bètleyèm, lè etwal klere lye ti pitit la fèt la, li menm ki se vrè sovè mond lan.

## I. Pyè revele sa pèp Izrayèl la pa kapab wè
## A. Jezi Chwazi douz disip li yo

Apre sa li monte sou yon mòn, li rele moun li te vle yo.Yo vini kote li. (Mak 3 :13-19). Mesye yo te pòv, yo te enb, yo pa t save men se yo menm Jezi te chwazi. Li te viv bò kote yo pandan 3 lane. Sa te transfòme tankou yon

veritab seminè teworik kòm pratik pou te kapab pote Sali a pou Izrayèl ak lemond.

## A. Jezi mande 2 bagay

.       Apre Jezi te fin bay foul moun yo manje, l ale Betsayida li geri yon nonm ki te avèg, li te ale nan bouk sezare Filip yo. Pandan yo sou wout la, li poze disip yo yon premye kesyon. Li di yo : « Kilès lèzòm di mwen ye ? »Disip yo reponn li : Janbatis ! lòt moun di : Eli. Lòt moun ankò di : « Youn nan pwofèt yo »(Mak * :28). Sepandan Senyè a fèmen sèk la plis, epi li di yo :Men nou menm, kilès nou di mwen ye ?-Alò Apot Pyè, ansyen Pechè pwason, lòm ki toujou pi cho devan bann, te bay pi gwo repons la :ou se kris la !pitit Bondye vivan an. (Matye 16 :16).

Se la Pyè te fè pi gran dekouvèt la. Li te reponn kesyon an korèkteman. Petèt se pa youn nan kesyon ki te pi enpòtan?-Repons Pyè te genyen yon enplikasyon etènèl. Afime Jezi se te kris la oubyen demanti l, L ap la pou toutan.

## II. Odonans Bondye

A. Jezi pran Pyè, Jak ak Jan apa, li mennen yo pou kont yo sou yon mòn byen wo, epi li transfòme devan yo. (Mak ( :2-13). Nou fè fas ak yon evènman ki pi ekstrawòdinè nan NouvoTestaman. Jezi te pran 3 manb nan ekip la ki se (Pyè, Jan, Jak) li mennen yo sou mòn nan. Lik di nou, yo t al lapriyè. Pandan l ap lapriyè a, aparans figi l chanje epi rad li vi n klere tou blan (Lik9 :28-29).

Nou pran an kont levanjil Mak pase avèk rapidite denye etap ministè Jezi sou latè. Nou wè klèman sovè a chak fwa li te branche sou lapriyè, pandan moman krisifiksyon an t ap apwoche.

## B. Temwen glwa li

Pandan yo sou mòn nan laglwa Bondye

manifeste epi rad li vin klere tou blan. Blan tankou lanèj.Okenn lesivye sou latè pa kapab fè rad la blan konsa. (v.3). Anpil fwa nou ale nan prezans Senyè a, akable pa move moman yo, n ap kriye nan fon kè nou, nou pa kapab san nou pa konnen kisa pou n mande, menm yon mo nou pa ka di. Lespri a ap jemi avèk jemisman nou pa ka dekri. Alò nou transpòte nan yo eta de jwa ke nou pa kapab dekri, yon eksperyans ekstrawòdinè ki fè figi nou briye ak ekla selès ki diferan avèk sitiyasyon, pwoblèm, tantasyon, lit ki kondwi nou nan lapriyè.

Kounya bagay yo chanje. Jezi te parèt devan yo an glwa. Moyiz ak Eli parèt sou yo.Yo t ap pale ak Jezi.Yo pa t wè pèsonn ankò. Men se Jezi sèl ki te avèk yo.Yon nyaj vi n kouvri yo, epi yon vwa ki soti nan nyaj la di: li se pitit mwen renmen anpil la koute li! (Mak 9 :7)

### C. revelasyon selès

Si nan yon ti moman vwal enkonpreyansyon an fè n pèdi bon sans nou, kounya vwal sa a ap soti .....
Deklarasyon Pyè a, ak glwa epi onè Jezi te resevwa nan men Bondye sou mòn nan revele definitvman li se pitit Bondye. Deja pa ta dwe egziste okenn dout nan mitan disip yo.

Evènman ki te rive sou mòn nan te si evidan e enpresyonan kote sovè a te manisfeste glwa li, anpil ane apre apot Pyè te raple nou : « Vrèmanvre li te resevwa onè ak glwa nan men Bondye papa a. Lè sa a,yon kalite vwa ki soti nan gwo glwa a di li konsa : « li menm, li se pitit byenneme m nan. Li fè m plezi anpil.Vwa sa a ki te sot nan syèl la, se li, mwen menm ak lòt yo nou te tande a. Lè sa a nou te sou mòn sakre a ak Senyè a.

### III. Kisa Jezi ye pou ou ?
### A. Divès opinyon

Gen divès fason yo opine sou Jezi. Genyen ki fè sanblan inyore sa listwa revele, yo di sa pa t janm egziste.Gen lòt ki wè kòm yon gran revolisyonè nan tan pa l la.Sepandan majorite lòt ki pa t disip li yo fè konnen li te yon gran pwofesè moral, yon moun sensè ki t ap anseye sa ki byen. Li te resevwa lanmò sou lakwa an echanj ak inosans li, anyen ankò.

### A. Dediksyon nesesè

.       Yo te menm di tou li se yon mantè.Tout lè istwa ap fè chemen l, anpil ekspè nan sikoloji, nan sikyatri yo anlize pawòl Jezi yo an detay, yo konkli ke pawòl sa yo se te meyè trètman pou sante mantal ou pa t janm di tou jwenn.

Jodia nou kapab poze tèt nou kesyon sa a avèk senserite : Kisa Jezi ye pou nou ?-repons la dwe pèsonèl, inik devan Senyè a. Etènite ou ap depann de repons ou bay la.

# Resous yo

## fòmasyon Konplemantè
### Deklarasyon Pyè a

Jezi fè disip li yo rekonèt li se Bondye. Li te anonse yo kòman li t ap vi n etabli legliz li. 2 tèm vitalman lye. Deklarasyon Pyè a ak repons Jezi a endike kijan legliz la t ap fonde e lakwa kòm chemen viktwa ki make pwen kle nan twa levanjil sinoptik. Sentetikman, levanjil se pwoklamasyon de sa Bondye fè pa mwayen pitit li Jezikri ki tèmine sou lanmò li, rezireksyon l ak asansyon l ki ratache pèp li rachte a legliz li etabli a.

Kesyon yo te genyen objektif pou detèmine nan ki mezi disip yo te konnen vrè idantite Jezi kontrèman ak sa piblik la t ap di. Sa k pi enpòtan : Jezi te vle konnen nan ki dimansyon disip li yo te sezi vrè nati li. Pou kapab yon mesaje efikas nan wayòm Bondye a, li nesesè pou gen yon kontak entim avèk moun ou pretann dirije a.

Li enpòtan pou ou konnen kijan pou ou panse sou yon seri de tèm ; men espesyalman kòman ou panse pa rapò ak pitit lòm nan (v.13) »

## Definisyon kèk tèm

**Ekstaz :** Etadam antyèman vlope pa yon santiman admirasyon, jwa, eks. 2-Etadam karakterize nan inyon mistik avèk Dye gras ak kontanplasyon, lanmou oubyen pa arè egzèsis sans yo.

Aktivite siplemantè

Dinamik

**Materyèl :** Tablo ak lakrè oubyen papye, makè, kreyon

**Objektif :** konnen konsèp ke gwoup la genyen konsènan Jezi. Libere panse espontane e kreyatè

**Tan :** 3 minit

**Devlopman :** Mèt l ap mande elèv yo pou yo defini nan mwens ke senk fraz, kisa Jezi ye pou yo, y ap ekri l sou tablo a. Aktivite a dwe fèmen lè gwoup yo tèmine.

# Atitid nou ak Wayòm nan

## Mary de Prado (Venezuela)

**Vèsè pou n konnen:** : « Sa m ap di nou la se vre wi : si yon moun pa aksepte otorite Bondye a tankou yon timoun , li p ap janm ka mete pye l nan peyi kote Bondye wa. »Mak 10 :15

**Bi leson an:** se pou elèv la deside gen yon atitid korèk fas ak wayòm Bondye a.

### Entwodiksyon.

Jeneralman, yo te konprann wayòm Bondye a sou yon pwentvi fiti. Jwif yo sou tan Jezi te konprann wayòm nan kòm yon chanjman move tan ak yon bon tan a lavni, lib de tout peche, de tout mal, kote ap renye yon obeyisans total a Dye; Se sa yo te rele « è Mesyanik ». Definisyon sa a pa akòde avèk fason Jezi te anonse l la, paske li te refere wayòm nan kòm yon aktivite prezan e imedya. Jezi te montre wayòm prezan akoz li menm ki te la nan ministè l; Pa t gen moun nan mond sa a ki te resevwa wayòm nan sinon ke moun ki te resevwa nan vi yo.

Wayòm Bondye a pisan nan lavi sa yo ki te resevwa l avèk lafwa, avèk yon kè ki pi e obeyisan.Jezi te defini yon tèl atitid tankou yon timoun (Mak 10:15) avèk yon obeyisans senp, eman e konfyan.

### I. Atitid disip fas ak wayòm nan.

Answit Jezi rele disip yo, li voye y al pwopaje mesaj wayòm Bondye a. Li te prepare yo, li menm pèsonèlman yon fason pratik pou ministè a(Mak 8 :31;9 :2,31,35 ; 10 :32-34). Apre sa li voye de pa de (Mak 6 :7). Repetisyon chif nimeral 2 pa 2 la se mo Ebrayik ki endike kamaradri ak api yo dwe genyen youn pou lòt. Li ba yo pouvwa pou yo chase move lespri epi pou yo geri tout maladi ak tout enfimite. (Matye 10 :1). Se te predikatè itineran yo te ye.Yo t ap anseye epi dirije dapre bezwen moun yo.

### A. Obeyisans ak dispozisyon disip yo.

« Lè yo soti ,yo preche,yo di se pou moun repanti.(Mak 6 :12). Mo preche a vle di nan mo grèk la: « aksyon reyalize konstamman »Fason yo t ap preche se tankou se dekri yo t ap dekri lavi Jezi ; de tout sa Jezi t ap anseye. Apre li te fi n mandate yo, disip yo soti an frè, yo te obeyi ak mèt yo pou y al anonse bòn nouvèl Sali a (Mak

3 :14). Li te nesesè pou yo tande pawòl sa a, repanti epi kwè nan bòn nouvèl la. (Mak 1 :15 ;16 :16) Kwayans nan bòn nouvèl la se te baz obeyisans ak lafwa nan Jezikri. (Jan 2 :22).

Ou kapab wè sa, mank dispozisyon ak lanmou pou byen materyèl se yo menm jeneralman ki anpeche moun vrè disip, pou pwokame fidèlman wayòm Bondye a (Matye 16 :24-27 ;Lik 14 :25-35).

Diskite avèk klas la sou nesesite pou anseye, preche sou baz mesaj Kris la epi dispoze pou sèvi l anvan tout enterè pesònèl.

### B. Enkredilite disip yo :

Poukisa yo pa t konprann ...paske kè yo te vi n di »(mak 6 :52).Tèm itilize pou kè a, li ale nan yon sans jeneral, nan andedan tout moun, sa vle di entansyon ou ak lespri ou. Se menm pawòl ou jwenn lè Jezi t ap anseye sou bagay ki kapab kontamine moun (Mak 7). Pawòl la tradwi tankou « tèt di » (v.52) ki vle di literalman di tankou beton, Ke deja pa kapab resevwa okenn mak.Ou jwenn orijin attitid enkredil disip yo nan kondisyon entenn yo, konsènan peche yo te gen nan kè yo (Kè di), Yo pa t ankò eksperimante netwayaj ak pirifikasyon nan fon kè yo, men ki te reyalize nan jou pannkòt la (Travay 15 :8-9).

Nan Mak 6 :45-52 Jezi te montre disip li yo, mèvèy li reyalize lè l t ap mache sou lanmè a, Pouvwa li te plase pi wo ke lwa natirèl yo.

### II. Atitid payen yo fas ak wayòm nan.

Lè Jezi te vizite zòn kote moun ki t ap sèvi zidòl yo, li te rankontre kèk moun ki te gen lafwa fèb, paske yo te sèlman tande mirak Jezi te fè. Moun sa yo kontrèman ak Jwif yo, yo te glorifye non Bondye. (Mak 7:24-37). Se posib fas ak atitid gwo lafwa sa a payen yo te manifeste ki fè nan okazyon sa a li fè referans ak enkredilite Toma a

(Jan 20 :29). Benediksyon pou tout moun ki va kwè san yo pa wè mwen.

Jezi te gen opòtnite pou l te fas ak yon fanm ki gen anpil lafwa nan yon seksyon yo rele fenisi lè l t al vizite lavil Ti (Mak 7 :25-26). Ou mo « rogar » an grèk ki siyifi ensiste, fè yon demand oubyen mande avèk ensistans. Pòv fanm sa a ki t ap sipliye, kriye nan pye Jezi pou yon kras nan pouvwa l. Fas ak jès imilite sa, lafwa fanm sa a, Jezi te pran pitye pou li. yon atitid de fwa, imilite ak pèseverans se sa k ap louvri pòt benediksyon pou nou nan wayòm Bondye a. Jezi te fè ..(v.28) Deja avan li te diPaske sa pa bon pou wete pen nan bouch timoun pou bay ti chen..( v.27). Jezi te vle ale kot jwif yo an premye avan li ale kote moun lòt nasyon yo. ( Mak 7 :27 ; Women 1 :16). Atitid moun yo te montre ak bezwen yo te pi enpòtan pou Jezi. Lafwa fanm lan ak anvi li te genyen pou l chache Jezi te fè Jezi gen pitye pou li. T Fanm sa se te yon echantiyon Lafwa Jezi te jwenn lakay payen yo. Kòm pitit Bondye nou dwe fleksib , non pa yon legalis lè sitiyasyon prezante li mande pou n fè yon aksyon devan nesesite prochen nou yo pou n pran pitye menm jan Jezi te fè l. Benediksyon Bondye pa sèlman pou legliz men tou pou sa k ap chache l avèk imilite. (Matye 7 :1-12).Ede se yon atitid ki karakterize pitit wayòm. Ou jwenn sa nan parabòl bon Samariten. (Lik 10 :25-37)

**B.Yon atitid reseptif**

Malgre nan kominote payen yo moun yo pratike anpil idolatri yo te byen akeyi ansèyman Jezi yo. Yo te vrèman reseptif sa lakoz Jezi te fè anpil gerizon nan mitan yo. Santenye a ke yo site nan Lik 7:9 se yon lòt egzanp bò kote payen yo. Jezi te fè referans a sa lè l te di: Li pa janm jwenn yon si gran lafwa konsa an Izrayèl. Sali payen an te nan plan Jezi. Mo « Janti yo » yo itilize l pou nasyon, yo vle pale egzakteman vil payen oubyen idolat. Anpil mouvman relijye ki pa konfòm, Byen ke y ap chache Bondye. Malgre sa yo konnen se bon mesaj Sali y ap anseye.

Pale avèk klas sou atitid diferan ki egziste fas ak levanjil. Se sa yo sèlman k ap tande, k ap chache Bondye nan pwoblèm yo, ki ouvè kè yo ba li k ap jete sa k pa bon epi k ap pran sa ki bon.

**I. Atitid Farizyen yo devan Wayòm nan**

Atitid farizyen yo adopte a depann de kwayans yo ak pèspektiv yo genyen de yon moun oubyen yon bagay. Atitid kritik oubyen atitid de rejè fas ak ansèyman Jezi a sou wayòm nan se paske nan mitan yo te toujou gen diskisyon sou tradisyon, ògèy ak ipokrizi ( Mak 6:6,13;Matye 23;Lik 16 :14,15).Yo te santi yon menas politik paske yo te pè pou aksyon Jezi te nwi ekilib politik nasyon Ebre a. Se menm jan pou sadiseyen tou yo te gen krent pou yo pat pèdi pozisyon yo paske se yo menm ki te reprezante elit pèp la. Se menm reyalite a tou nan epòk pa nou an tou. Anpil ak pratike yon levanjil politize avèk yon tewoloji melanje ki pa gen okenn anyen pou wè ak espirityalite. Sèlman Jezi, liberatè ki kapab mete fen ak enjistis sosyal. Moun yo gen anpil atitid negatif jounen Jodi a fas ak levanjil la ki gen dekwa pou choke pwòp konsepsyon relijyez yo ak rebelyon devan valè kretyèn ki opoze ak sa ki nan mond lan.

**A. Yon Kritik sanksyone**

Yo wè te gen nan disip li yo ki t ap manje ak men yo tou sal, sa vle di, san yo pa t lave men yo anvan (Mak 7:2) Mo kondane a siyifi jijman. (Jan 7:24). Jezi ak disip li yo te jije epi kondane pa farizyen yo dapre tradisyon yo ak rezònman tewolojik yo (Lik 11:37-39). Jezi kondane atitid yo ak jan yo aji kòm moun k ap fè enjistis. Pou jwif yo pa lave men an, se kòm si ou pa bon pou Bondye. Lave men an se yon
Zak relijye baze sou ekspiyasyon ki te vrèman nesesè pou gen aksè kot Bondye. (Egzòd 19:10,11,14).Yo te gen yon atitid fanatik, enjis. Poutèt sa yon konsèp ewone de sentete baze sou aparans. (Lik 11:39-42). Sepandan bib la montre nou, pou Bondye sa k pi enpòtan se lè ou san tach

**B. Rejè ak Opozisyon**

Trè souvan farizyen ap siveye Jezi pou yo kapab detounen l nan ansèyman li t ap bay pèp la. Atitid Farizyen yo ak pozisyon tewolojik yo te totalman opoze ak ansèyman espirityèl Jezi t ap bay (Mak 7:8). Jwif yo te demontre yon atitid de rejè ak opozisyon devan sa Jezi t ap di yo.Wayòm Bondye a. Lè nou pretann rivalize ansèyman levanjil ak ansèyman lèzòm nou aji mal fas ak sa pawòl la di. Nan jan 4:24 Pawòl la di : "Bondye se Lespri li ye.Tout moun k ap sèvi l, se pou yo sèvi l nan lespri yo jan sa dwe fèt.

## Konklizyon

Moun ki pran atitid diferan devan wayòm lan kapab resewa oubyen rejte l. Sepandan pòt la rete ouvè pou tout sa yo ki rekonèt peche yo , sa yo k ap chache Bondye ak tout Kè yo nan yon fason pou yo kapab gen sante espirityèl.

# Resous yo

### Enfòmasyon Konplemantè
### Leven Farizyen yo

« Leven Farizyen yo reprezante peche a nan bib la . move doktrin fofile dousman nan bon sèvis legliz la. Chastete legliz wayòm lan ap kòwonpi ti kras pa ti kras pa yon pwosesis dejeneratif entèn, dapre sa nou wè nan kadran krisyanis la (Matye 13 :3)

### Definisyon kèk tèm

**Farizyen:** Mo sa a soti nan yon mo arameyen ki vle di separe. Gwoup moun sa yo se yo menm ki te pi di.
**Janti yo :** oubyen nasyon moun ki gen menm tandans.

### Ativite siplemantè

Atitid pou elwanye nou oubyen pou rapwoche de wayòm lan.
**Materyèl :** Fèy papye ak kreyon
**Objektif :** konnen de fason pratik atitid ki elwanye nou ou rapwoche nou vè wayòm lan.
**Dire :** 10mn
**Devlopman :** note youn nan sitasyon biblik sa yo sou yon fèy papye ansanm avèk kesyon sa yo : Matye 23 :23 ; Mak 6 :6,12 ;7 :6 ;7 :25
- Atitid s ap apwoche m oubyen ap elwanye m de wayòm ?

Divize klas an ti gwoup. Ba yo 5mn pou reponn a kesyon sa yo.

Lè aktivite a fini mande kèk elèv pou eksplike travay yo te fè a.

Dyaloge avèk klas sou fason pou yo enfliyanse atitid yo nan relasyon avèk wayòm Bondye a.

Lè Jezi te vizite kèk rejyon kote yo t ap pwofese kwayans payen yo, yo te jwenn kèk moun ki te genyen yon fwa senp, paske yo te sèlman tande pale de mirak Jezi te fè, san yo pa t wè yo.

Poukisa yo pa t konprann ...paske kè yo te vi n di »(Mak 6 :52).Tèm itilize pou kè a, l ale nan yon sans jeneral, nan andedan tout moun, sa vle di entansyon ou ak lespri ou. Se menm pawòl ou jwenn lè Jezi t ap anseye sou bagay ki kapab kontamine moun (Mak 7). Pawol la tradwi tankou « tèt di » (v.52) ki vle di literalman di tankou beton, Ke deja pa kapab resevwa okenn mak. Ou jwenn orijin attitid enkredil disip yo nan kondisyon entèn yo, konsènan peche yo te gen nan kè yo (Kè di), Yo pa t ankò eksperimante netwayaj ak pirifikasyon nan fon kè yo, men ki te reyalize nan jou pannkòt la (Travay 15 :8-9).

Nan Mak 6 :45-52 Jezi te montre disip li yo, mèvèy li reyalize lè l t ap mache sou lanmè a, Pouvwa li te plase pi wo ke lwa natirel yo.

# Kondisyon Wayòm nan

Vicente Longo (Argentina)

**Vèsè pou n konnen: :** « Si yon moun vle premye, li dwe dènye pou tout moun, epi li dwe sèvitè tout moun. » Mak 9 :35

**Bi leson an:** se pou chak elèv konprann ke pou fè pati wayòm Bondye a, li mande pou pran tout dispozisyon pou peye pri ke Bondye etabli a.

## Entwodiksyon

Prèske tout kat konstitisyonel lòt peyi nan amerik la genyen plizyè pati :1) Dwa pou jwi byenfè peyi 2) Garanti pou benefisye sa peyi a ap ofri 3) Obligasyon pou sitwayen an angaje l.

Senyè Jezi te gentan di wayòm Bondye a pre rive (Matye 4 :17), tout moun kapab fè pati wayòm nan. Nan bib la nou jwenn yo dekri tout garanti ak dwa prezan epi fiti pou sitwayen wayòm sa a. Men nou jwenn tou gen anpil kondisyon : Se sèlman sa yo ki repanti de peche yo, ki konvèti epi ki angaje tout lavi l pou sa. Anpil fè premye pa nan lafwa, yo kwè tout deja prè.Yo genyen dwa sitwayen yo epi direksyon syèl la ; men si nou kontinye aprann de Senyè a, nou etidye bib la, n ap wè ke se sèlman sa ki kòmansman chemen an. Dwa sitwayen nou ap devlope nan lamezi ke n al chache genyen idantite kretyèn nou.

## I. Kondisyon ak Dispozisyon pou sèvi

Sen Augustin di : Moun ki pa viv pou l sèvi, yo p ap sèvi l pou l viv". Kesyon : KiJan ou ka entèprete deklarasyon sa a ?-Kisa mo sèvi a siyifi ? Kòman nou kapab montre sèvis nou anvè lòt yo ?-Lavi Jezi te yon egzanp de sèvis. Sèvi pou sitwayen wayòm nan siyifi se mete ou disponib pou lòt yo. Se dispoze pou fè byen epi sakrifye ou pou lòt yo ; se demontre lanmou pou moun w ap sèvi a ; se montre senserite nan aksyon (ou pa bezwen montre sa), enterè ak pasyans anvè moun k ap sèvi a. Nan fason Jezi t ap sèvi a nou jwenn de (2) karakteristik prensipal : imilite ak lanmou.

Nan filipyen 2 :7 Pòl di : Jezi te mete l antyèman a dispozisyon nou. Nan men nou, avèk tout konsekans sa ta okazyone. Kòmanse nan enkanasyon l, pase nan pasyon jiskas ke li mouri. Jezi montre nou ke Bondye mete l osèvis nou, li pran tout responsablite nou, li revele n kijan e kòman Bondye ye, li tou pre nou.

Yon bagay natirèl nan moun, men ki pran nesans a pati de eksperyans daprantisaj ke nou genyen pou model nan fason Jezi te konn sèvi. Anpil fwa nou wè nan legliz gen moun ki dispoze pou travay nan diferan ministè : Tankou ministè timoun, granmoun ak pòv...men ki pa dispoze pou bale oubyen lave pye lòt yo menm jan Jezi te konn fè l. Sèvis la dwe yon atitid konstan ant sitwayen wayòm nan e angaje tout yo menm. Ou pa kapab redwi travay ou sou okenn fòm izòlman.

Sèvis la se yon siy damou total, jenere, dezenterese, jiska lafen ; menm lè y ap fè nou soufri, menm lè nou pa jwenn okenn gratifikasyon.

Nan mak 9 :33-37 Disip yo te poze Jezi yon kesyon : yo te mande l « kilès ki pi enpòtan ?-Kòm repons li pran yon ti moun li mete l nan mitan yo , li pran li nan bra li. Sa nou pra l di la pa nouvo, ni nou pa kapab kite sa pase inapèsi.Timoun yo te toujou okipe plas ki pi ba nan sosyete a yo pa t jwi anpil konsiderasyon.Yo dekouvri ou gran se lè ou disponib pou ede sak pi piti yo, sa k pa gen pwoteksyon, sak viktim nan yon sosyete privilijye.

Kesyon : Poukisa anpil fwa nou pè mete n osèvis lòt yo ?-Nan ki ka oubyen nan ki sitiyasyon konkrèt ou santi ou lè w ap sèvi lòt moun ?-Ki sèvis ki koute ou plis ?;Poukisa ?

## A. Sèvi avèk imilite

Nan levanji l Mak, Senyè Jezikri plase pou nenpòt moun ki vle sèvi l dwat pou yo fè l avèk imilite. Poukisa Senyè a te pale nan fason sa a ?-Paske disip yo t ap diskite kilès nan yo k ap pi gran nan wayòm nan. Pòl te gentan wè defo chanèl lakay filipyen yo, li ekri yo lèt sa nan filipyen 2 :3-4 : « Pa fè anyen ak pwòp  anbisyon oubyen nan granpanpan.

## A. Sèvi avèk amou

Nan filozofi popilè, motivasyon pou moun sèvi jeneralman ou jwenn li nan…Motivasyon pou moun sèvi nan wayòm nan jwenn oriji n yo nan lanmou. Galat 5 :13 ki di : « Kanta nou menm frèm yo, Bondye te rele nou pou n te ka gen libète nou. Sèlman pa pran libète a sèvi eskiz pou nou viv dapre egzijans lachè. Okontrè, se pou nou youn sèvi lòt nan renmen youn gen pou lòt »

## II. Kondisyon 2: Dispozisyon pou venk tantasyon yo

Nan mak 9 :41-42 Senyè a eksplike nou egzèse sou moun ki nan bezwen yo p ap rete san rekonpans. Sa ki opoze yo tou p ap rete san rekonpans etènèl. Se tèrib lè ou peche, li pi tèrib ankò lè mennen yon moun nan erè. Pasaj Mak kontinye pale pou l di n pou n fè atansyon pou n pa tonbe nan tantasyon.

### A. Atansyon ak men nou.

Nan pasaj men nou reprezante aksyon nou yo (Mak 9 :43). Menm men sa kapab bay, menm men sa a ka retire. Menm men sa kapab karese, menm men sa a kapab repouse. Nou dwe reflechi pou nou konnen nan ki fason n ap itilize men nou. Mande: Kijan nou kapab kondwi lòt nan erè ?

### B. Atansyon ak pye nou

Nan Mak 9 : 45 li di : « Si se pye ou ki pou ta fè ou tonbe nan peche, koupe l, voye l jete. Eske ou gen pye pou ale kot Senyè a pa ale ? Yon istwa de yon ti demwazèl ki vle vi n yon manb legliz, pastè a di l, li pa dwe al nan bal, li reponn pastè a li kapab pale de Bondye nan lye sa a. Pastè a pa t dakò pou te livre l nan aktivite sa yo. Men li pat tande pastè a. Lè li ale nan bal, l al danse avèk yon jenòm li mande l si li konn Bondye, jenòm lan reponn non. Demwazèl tonbe pale l de lanmou Bondye, jenòm lan reponn si sa ou di se vre, kisa w ap fè la ?

### C. Atansyon ak zye nou

Mak 9 :47 li di nou : « si se je ou ki pou ta fè ou tonbe nan peche, rache l voye l jete…Gen anpil bagay ki frape zye nou. Zye nou gen yon langaj espesyal. Zye nou kominike tou. Se fenèt kote mond n ap gade a pase pou

yo antre nan lespri nou. Mande Senyè a pou l pirifye men nou, pye nou, zye nou pa pouvwa Sentespri li pou nou pa tonbe nan tantasyon.

Apot Pòl ajoute pou l di : « Se poutèt sa sispann bay manti se pou nou di verite lè n ap pale ak frè nou, paske nou tout se manm yon sèl kò nou ye. Meyè fason pou n fè atansyon se pou nou pale de pawòl li. Jezi bannou yon bèl egzanp lè l t ap tante pa dyab nan dezè : Men sa Ki ekri »

## III. Kondisyon 3 : Dispozisyon pou n renonse ak swiv

Dispozisyon an se mo kle etid nou. Sa k pou bouje ou nan fraz se lafwa. Abraram se yon egzanp klè. li te gen dispozisyon pou l renonse ak tout bagay pou l swiv vwa Bondye.

Eske nou renonse ak tout bagay pou n swiv vwa Bondye ?

Nou dwe renonse ak peche nou konn fè, mande Bondye padon pa mwayen pitit li Jezi kri. David te fè deklarasyon sa a nan Sòm 32 :5 nan moman repantans li : « Lè sa a, mwen rekonèt peche m yo devan ou, mwen pat kache ou sa m te fè ki mal. Mwen di m ap rakonte senyè tout bagay, apre sa ou te padone tout peche m yo. » N ap viv nan yo mond ki vle kache peche avèk bèl pawòl ak fo ansèyman. Yon kontèks kote sak bon se mal yo di, kote sak mal se byen yo di. Li lè pou n bay Sentespri a plas pou l pirifye nou konplètman. Konsa, lè Jezikri, Senyè nou an, va vini, li p ap jwenn nou ak okenn defo, ni nan kò nou, ni nan lespri nou, ni nan nanm nou. ( I Tesalonisyen 5 :23)

Nou dwe renonse ak tout sa ki anpeche n pou n Sèvi Bondye, nou dwe debarase nou de tout sa ki kapab distrè nou. Li enpòtan pou n evalye tan nou pou Bondye. Depi kounya nou dwe kòmanse chanje priyorite nou, mande Bondye pou l montre nou kòman nou kapab itilize tan nou.

## Konklizyon

Eksperyans padon an, lave, pirifye ap fè nou dispoze pou n sèvi Bondye avèk imilite epi amou. Lè sa a n ap kapab venk divès tantasyon ènmi an tann sou chemen nou, n ap dispoze pou n renonse ak tout sa ki anpeche nou swiv Senyè a.

# Resous yo

**Enfòmasyon konplemantè**

**Refleksyon sou filipyen 2**

Gen yon gran ekriven yo rele Lewis C.S li di : Nan yon ti ekri yo rele « gwo mirak »Bondye desann pou l remonte. Li desann vi n jwenn limanite, vi n chache sa ki pèdi.

Pawòl sa yo dekri enkanasyon mirak santral krisyanis. Sa ki pi entèresan sè ke li vi n fèt chè, li rete pami nou.

**Definisyon kèk tèm**

**Sitwayen :** Natirèl oubyen Abitan yon peyi.

**Filantwopi :** Se yon vokab orijin Grèk ki siyifi amou. Se yon tèm pozitif ki fè referans avèk èd ou kapab ofri yon pwochen ou san ou pa mande anyen an echanj.

**Kenozis :** Tèm grèk ki siyifi depouyman, aneyantisman ( Filipyen 2 :7-8), pale de enkanasyon Jezikri pitit Bondye a pou l vi n fèt chè pami nou.

**Aktivite siplemantè**

Apre prezantasyon leson an ou pral ekri fraz kle sa yo sou tablo. Kisa yon sitwayen ye ? kisa sa sa vle di sitwayen yon peyi ? Eske gen yon kote ou ta renmen sitwayen ?

Ou gen dwa chwazi nenpòt materyèl pou fè sa.

Eske nenpòt moun ka fè l sitwayen yon peyi ?

Ou kapab reyini kèk kondisyon oubyen kèk angajman

118

# Yon wayòm diferan

## Mario Martínez (Guinea Ecuatorial)

> **Vèsè pou n konnen:** : « Pou nou menm sa p ap konsa.Okontrè moun ki ta vle vin gran nan mitan nou, li va sèvitè nou. Moun sa a tou, ki ta vle vini an premye, li va esklav tout moun. »Mak 10 :43-44
>
> **Bi leson an:** se pou elèv yo konprann enplikasyon pou fè pati wayòm Bondye a.

### Entwodiksyon

Pi gran tantasyon nan lavi tout moun se petèt egzaltasyon tèt ou, sa vle di pou parèt anvan, pou moun flate ou e pou resevwa onè. Bagay sa yo sanble demontre yo diferan, oubyen se parèt siperyè ak lòt. Sitiyasyon sa a fè koule anpil lank nan milye sosyal yo.

Nou vle siyale ou, dezi pou yon moun depase yon lòt pa yon domaj, men pito se bagay ki bon. Pwoblèm nan se lè dezi depasman an fè referans negativ an konparezon ak lòt moun, se lè ou retire moun, sa ki enpòtan pou ou se enterè pèsonèl ou ak egoyis, asosye avèk pouvwa w ap egzèse.

Se jan de sitiyasyon sa yo ki atire atansyon nou sou etid pasaj la ki se ak konstititif wayòm Bondye a.

### I. Nan wayòm Bondye a pa gen laglwa san kwa.

Nan Mak 10 :35-45 Disip yo pa t ankò konprann chemen Jezi vè laglwa atravè soufrans li.

#### A. Demand de 2 anbisye

Jak ak Jan gen pretansyon se yo menm ki te pi bon e pi diy ke rès disip yo, se sa ki te pouse y al fè demand sa ak Jezi (v.37). Jezi te reponn yo, pòs sa yo se Bondye ki bay yo ak sa yo k ap sèvi l, pa pou sa yo ki gen anbisyon pou premye plas.

Jezi te rekonèt ke demand sa te fèt pa inyorans. Li te kòmanse anseye yo sou sa. « Gode ak batèm » (v.38) li te fè referans ak soufrans li sou lakwa kòm prèv lanmou li pou limanite. Se pa yon lanmou nan bouch men ki te enplike menm pwòp lavi li.

Nan anpil okazyon nou wè gen moun ki vle rakousi chemen an, yo vle laglwa san yo pa soufri. Li enpòtan pou n konprann ke rekonpans lan ap vini apre nou fi n travay di nan viy Senyè a.

#### B. 10 anbisye ap fè Jalouzi

Lòt disip yo te fache pou demand 2 frè (Mak 10 :41). Yo te montre menm dezi avèk yo. Jezi te pale avèk yo. Nan wayòm mond lan yo pale de pouvvwa, dominasyon ak gouvèman, (v.42), men nan wayòm Bondye a, nenpòt moun ki ta vle vi n gran li dwe dispoze sakrifye l pou lòt yo se lè sa Bondye ap leve l.

Gen yon moum ki di : kwa kris plase yon gwo X sou tout pretansyon imèn.

Filipyen 2 :5-9 montre nou klèman ke imilyasyon Jezi a depoye l non sèlman de nati men de tout pretansyon Diven. Se pou sa Bondye te leve l pi wo, paske se li menm sèl ki te jwenn glwa atravè Lakwa. Malgre ansèyman Jezi a te klè, sa pa anpeche nou kontamine avèk dezi nan mond lan e nou eseye pote l nan legliz. Nou bliye ke pou Jezi siksè a se lè nou sèvi dapre kapasite san entansyon pou yo wè nou.

### II. Yon wayòm diferan de mond lan
#### A. Konsèp sèvis diferan

Nan tan sa a kote gen anpil liv, anpil konferans fèt , espesyalis an lidèchip, anpil aktivite espòtif, gwo antreprenè bonbade nou avèk konsèp e fòmil majik ki an kontradiksyon ak pawòl Bondye de kòman pou ou yon bon lidè. Pawòl Bondye a travèse tan e espas : « pou nou menm sa p ap konsa » (Mak 10 :43)

Nan wayòm ki pra l etabli, prensip sa a p ap gen plas li. Tout sèvitè m yo ap menm jan. Inik grandè ki va genyen se va grandè imilite ak devosyon nan sèvis youn ak lòt. Moun ki desann plis nan pratike sèvis imilite ak sakrifis pèsonèl ap monte pi wo e l ap okipe yon plas prensipal nan wayòm nan. Se konsa menm jan ak pitit lòm, imilyasyon ak sakrifis li te fè pou lòt yo te bali dwa pou anlè tout.

#### B. Yon konsèp radikalman opoze

Si pou n ta ilistre konsèp sa a, se ap tankou yon piramid kote moun ki gen plis pouvwa ap anlè e, sa k ap sèvi a, ap anba. Avèk Senyè a sa p ap konsa.

Ou ka itilize menm piramid la men de fason envèse paske nan mitan sa pa dwe konsa. Okontrè moun ki vle vi n gran an nan mitan nou, li va sèvitè nou. Nan mitan disip yo konsèp konsènan sa k ap pi gran nan wayòm nan pa kenbe. Jezi rele yo li di yo: nou konnen kijan moun yo rekonèt kòm chèf nasyon yo fè diktatè sou nasyon yo epi kijan grannèg yo domine sou nasyon yo. Li avèti yo ke bagay p ap menm jan nan wayòm nan. Okontrè moun ki ta vle vin pi gran nan mitan nou, li va sèvitè nou. Pou Mak vrè grandè a se nan imilite ak sèvi. Sa yo ki reyalize bagay sa yo, se yo menm ki va pi gran.

### III. Yon wayòm kote se sèvis la ki chemen grandè a

Nou pa repwoche dezi yon moun pou gran, nou senpleman voye l nan yon lòt direksyon « Kòman ou kapab vi n gran ? Jete yon rega sou konbyen ou kapab sèvi, nan ki dimansyon ou kapab fè sa e pou konbyen w ap kapab fè l. Fè ou yon sèvitè !

### IV. Yon wayòm kote wa bay egzanp moun k ap sèvi
### A. Jezi li menm t ap fè wè grandè li.

Jezi se meyè egzanp pou moun k ap sèvi. (Mak 10 :45). Pawòl Pòl yo ede nou konprann lavi de sèvis Jezi a, lè nou di nou dwe chache fason pou n fè tèt nou plezi, okontrè se pou nou chak chache mwayen pou nou fè frè nou plezi. Paske kris pa t chache sa ki te fè l plezi (Women 15 :1-3). Pòl menm di pawòl sa a : Li menm li te rich, li fè tèt li tounen pòv pou nou. Konsa lè l fè tèt li tounen pòv, nou menm nou rich.  ( 2 korentyen 8 :9) ;

Kris te renmen legliz , li te bay lavi l pou li ( Efezyen 5 :25). Nan fason sa Kris te bay yon bon egzanp lidechip kòm sèvitè.Yon moun k ap egzèse lidèchip nan legliz Senyè a, dwe fè l nan fason kris la.

Kijan sèvi olye pou w ap chache pou sèvi ou. Disip Jezi yo kapab vi n menm jan avè l, lè y ap chache kijan pou yo fè lòt moun plezi ; lè ou dispoze pou anrichi lòt ou anplwaye nan travay ; lè ou renmen lòt yo ou ka rive mouri pou yo.

### B. Menm Jezi sa te afiche yon modèl de sèvis

Jezi te montre disip li yo olye pou yo t ap chache konnen kilès k ap pi gran nan wayòm nan, yo dwe dispoze pou yo imilye yo, fè travay ki pi imilyan an ;

ki pi salisan ke ou pa ta kapab imajine, pou benefis lòt moun ki pa konprann yo oubyen ki kapab opoze ak yo.

Yon nonm ki twò bwòdè, kijan li kapab sal men l nan netwayaj legliz la, yon moun ki twò espirityèl, kijan pou l lave asyèt apre yon agap ; kijan yon moun ki toujou okipe ap kapab pran swen sa yo ki nan bezwen, ou pa ta dwe okipe okenn plas nan lidèchip legliz la.

Lidè yo nan legliz la, pa janm yon jou mande manb yo kisa yo te fè, kisa y ap fè, kisa yo dispoze fè !

### konklizyon

Si nou vle fè pati wayòm  nan nou bezwen swiv egzanp Jezi nan fason li te konn sèvi. Limenm ki te sipòte fèb yo, ki te pwoteje vèv yo, ki te geri malad yo, ki te pran swen timoun yo, ki te anseye avèk senplisite, ki te bon anvè sa yo, yo rejte, sa yo ki majinalize; li te bay lavi l osèvis lòt yo.

# Resous yo

**Enfòmasyon konplemantè**

**Lidè yo sèvi nan legliz la**

... Chache sèvi anvan pou yo sèvi

... Chache opòtinite pou sèvis la, non pa egzèse siperyorite, pouvwa ak onè.

... Konprann yo, nan tach lidè yo, yo egziste pou benefis legliz la; non pa legliz la pou yo.

... Konsidere yo menm kòm ki fè pati kongregasyon an, non pa sou tèt kongregasyon an. mwens okipe pou yo menm olye pou tout

l egliz la.

... Motive pa amou pou fè sa ki bon pou fè Bondye plezi.

... Konprann ke lidèchip la se yon privilèj epi dispoze tan ak enèji pou fè l.

... Egzèse lidèchip la nan aksyon ou, atravè egzanp olye ou pale ; pa mande disip pou yo fè sa yo pa dispoze fè.

## Definisyon kèk tèm

« Dwat » premye lye, « goch » dezyèmman

Li fè referans ak pòs administratif oubyen syèj privilejye. Konpare « dwat » nan Mak 12 :36 ;14 :62 epi tou de tèm yo nan Mak 15 :27.

Koup « nan Ansyen Testaman reprezante kòlè Bondye ( Ezayi 51 :17,22 ;Jeremi 25 :15 ;Lamantasyon 4 :21 ; ezekyèl 23 :33

Se yon bagay ki difisil pou vale' »

**Batèm :** Nan pasaj sa a li gen konotasyon  « plonje nan soufrans » ( Ezayi 43 :2 ;Sòm 42 :7 ;69 :2 ;Lik 12 :50) »( Levanjil dapre Mak.

## Aktivite siplemantè

Analiz grafik : Prepare yon fèy papye epi afiche l.

Entwodwi leson an epi mande elèv yo si yo dakò oubyen si yo pa dakò ak grafik la epi mande pou kisa ? Ou kapab ekri ide yo sou tablo.

## Refleksyon

Pran yon ti tan pou reflechi epi diskite sitasyon Dietrich Bonhoeffer. Jwenn pwen komen yo ak divèjans yo.

## Pase nan teyori pou rive nan aksyon

Panse plizyè fason klas kapab sèvi kote      y ap viv la. Ou ta ka motive elèv ou yo pou yo reyalize pwojè pou sèvi nan yon sans pratik epi reyalizab

# Revelasyon
# Wayòm nan

Luis Meza (Colombia)

**Vèsè pou n konnen:** : Tan an rive ! Wayòm Bondye a pre rive! Repanti!Kwè nan bòn nouvèl la" Mak 1:15

**Bi leson an:** Se pou elèv yo konnen epi reflechi sou revelasyon wayòm Bondye a.

## Entwodiksyon

Evanjelis Lik di nou lè Jezi kòmanse ministè li nan Nazarèt epi li antre nan sinagòg la, yo remèt li liv pwofèt Ezayi. Lè li dewoule liv la, li jwenn kote ki ekri : Lespri Senyè a sou mwen, paske li konsakre m pou m anonse pòv yo bòn nouvèl la. Li voye mwen pou mwen geri moun ki ak chagren nan kè yo, pou mwen anonse prizonye yo libète, pou mwen anonse avèg yo, yo ka wè, pou mwen voye moun ki anba dominasyon yo ale ak libète. Pou mwen anonse ane Senyè a ap fè gras la. Epi li woule liv la, li remèt li bay sekretè a, li chita. Je tout moun nan sinagòg la te fikse sou li. Epi li kòmanse di yo : Jodi a, Ekriti sa akonpli nan tande nou tande l la. Mak bò kote pa l, lè l refere l nan kòmansman ministè Jezi li di : depi jan te fi n nan prizon, Jezi te vi n Galile pou l preche bòn nouvèl wayòm nan li t ap di : Tan an rive ! Wayòm Bondye a pre rive!Repanti ! Kwè nan Bòn Nouvèl la. Jezi te vi n revele wayòm Bondye a, Wayòm li te pwomèt nan liv Danyèl la (Danyèl 2 :44). Bondye nan syèl ap kanpe yon wayòm ki p ap janm detwi, l ap rete pou tout tan. Jezi te kapab di avèk tout otorite l, tan an rive ! Wayòm Bondye a pre rive »

## I. Siy Wayòm nan

Non sèlman Jezi te pale de wayòm, men li te manifeste prezans li nan gwo mirak li t ap fè pou moun ki te nan bezwen. Sèvis sanitè, rezireksyon epi pouvwa l sou lanati te demontre prezans wayòm nan sou tè a.

## A. Avèg Batime

Li entèresan pou ou konnen istwa Batime (Mak 10 :46-52) e gade fason nonm sa sa te dirije vè Jezi : Jezi pitit David la gen pitye pou mwen (v.47) Pawòl sa yo te itilize nan tan sa a paske jwif yo t ap tann yon liberatè.Tit mesyanik sa a li pote lide yon mesi konkeran, yon wa ki soti nan ras David ki kapab retire Izrayèl anba men moun k ap peze l.

Lafwa Batime nan Jezi ki fè ke li rele l, li mande l Kisa ou vle m fè pou ou ? Avèg la di li mwen vle wè ankò. Menm lè a, li wè ankò.

Bi mirak sa yo se pou anonse ke wayòm Bondye a pre rive : avèg yo wè, kaptif yo libere epi anonse bòn nouvèl a pòv yo. (Lik 4:18-19). Bi gerizon Batime se pou fè wayòm Bondye a vizib devan l.

## B. Antre triyonfal

Pwofèt Zakari kèk ane pase, fè deklarasyon sa a: « Nou menm moun ki rete sou mòn Siyon an, fè fèt Fè gwo fèt! Nou menm moun Lavil Jerizalem, rele, chante tèlman nou kontan ! Gade! Men wa nou an ap vini jwenn nou! li rann Jistis san patipri. Li genyen batay la. Li san lògèy li moute yon ti bourik, yon ti bourik dèyè manman. » (Zakari 9 :9)

Nan tan lontan lè wa ta pra l nan lagè, yo te konn ale sou cheval; men lè yo pral siyen yon trete de pè y al sou bourik. Lè Jezi te antre sou ti bourik jou sa nan Jerizalèm, li prezante lèt kreyans li kòm wa; li te montre patizan wa ki t ap rele: dousè ak imilite pote lapè (Mak 11 :1-11)

Aksyon l te diferan ak sa moun yo te espere. Foul la te kwè ke lwayote l t ap vini sou tèm konkeran, se konsa yo panse li t ap vini pou l te chanbade enmi politik nan Jerizalèm, pa kòm yon wa damou. Nan vèsè 9 ak10 yo parèt ak mo sa a « Ozana! » pafwa yo itilize mo sa a pou yo pale de lwanj; men an reyalite se yon tradiksyon mo ebre ki vle di sove kounyeya. Li eksprime kri pèp la k ap mande èd ak pwoteksyon ak wa yo. Lè foul la kriye Ozana se yon kri ki ale kote Bondye pou l ka vin delivre pèp li.

## C. Netwayaj tanp lan

Tout pati konsakre nan tanp lan genyen plizyè

lakou. Ensidan sa a te pase nan lakou payen yo. (Mak 11 :15-19). Lakou sa te konsakre kòm yon lye priyè ak preparasyon pou sakrifis; ti kras pa ti kras yo pwofane l. Vakam k ap fèt, moun k ap mache ale vini fè ke li enposib pou moun priye ak medite.

Jezi di nou fè kay papa m nan tounen yon kavèn vòlè, li konpare l avèk gwòt vòlè yo sou chemen Jerizalem ak Jeriko. Jezi te endinye sou fason yo t ap eksplwate vwayajè yo, men plis ankò pou tanp Bondye yo t ap pwofane. Sa te fè yo pèdi prezans Bondye nan tanp la. Nan Ezayi 56:7 pawòl la di : y ap rele Kay mwen an kay de priyè pou tout pèp mwen an.

Elwood di nan yon kòmantè biblik : Sa se te yon dezyèm zak mesyanik semèn nan, Senyè a tanp la, li repanti, li tounen nan tanp li tankou yon dife pou pirifye l, kòm yon savon pou lave l ( Malachi 3 :1-3)

## II. Wayòm kesyone
## A. Lidè yo kesyone otorite Jezi.

Yo te an reyalite yon delegasyon: granprèt yo, eskrib yo ak ansyen yo t ap kesyone sou otorite Jezi (Mak 11:27-33).

Piske yon moun netwaye lakou yon payen, se yon bagay anòmal. Se pou rezon sa a yo te poze kesyon an: Avèk ki otorite w ap fè bagay sa yo?
Yo te panse yo t ap mete Jezi nan yon dilèm. Si l di li aji sou pwòp otorite l yo te kapab arete l pou enpòstè. Si l di l ap aji sou otorite Bondye yo te kapab arete l pou blasfèm"

## C. Konfli nan wayòm yo
Farizyen yo ak Ewodyen yo t ap kesyone sou Jezi nan okazyon sa a (Mak 12 :13-17)

Yo te konprann yo te kapab pyeje l, men Jezi se yon mèt entèlijan. Si l te di li legal pou peye enpo, pèp la t ap pran l pou trèt. Si l di non yo t ap akize l devan Women yo kòm revolisyonè. Jezi di : Pote yon pyès monnen ban mwen » li mande yo sa a se pòtrè kilès (V.15-16) pyès monnen an te genyen imaj seza sou li, bay seza sa k pou seza.

Lòm genyen imaj Bondye, bay Bondye sa k pou Bondye. Gen yon pati nan lòm ki pou Bondye, yo pa kapab bay seza l. Si se atribisyon leta, ou dwe bay leta sèvis avèk lwayote; leta tou kòm lendivide yo tout se pou Bondye; pa konsekan, si gen konfli nan demand yo, lwayote Bondye a okipe premye plas.

## D. Pi gran kòmandman an
Ki kòmandman ki pi enpòtan? (Mak 12:28-34). Se yon Kesyon ki te toujou ap debat nan lekòl mèt yo. Gen yon doub tandans nan Jidayis. Tandans se te etann lwa nan yon santèn de règ avèk nòm. Lòt tandans lan se te eseye rezime l nan yon sèl fraz.
Jezi te pran tou de (2) kòmandman yo li mete yo ansanm (Mak 12 :29-31).

Eskrib yo te aksepte repons la, yo ajoute ke tip lanmou sa li te meyè ke tout sakrifis. Pwofèt Oze di Konsa : « Bonte vo plis ke sakrifis, Konesans Bondye vo plis ke olokos » (Oze 6 :6). Jezi wè li li di l avèk sajès : Ou pa lwen wayòm Bondye a.

## III. Fiti wayòm nan
Jezi te chita sou mòn Olivye a. Disip yo te pwoche bò kote l yo mande l : « Di nou kilè bagay sa yo ap rive epi ki siy ki va parèt, lè tout bagay sa yo pral rive ?

Nan pasaj sa Jezi te pale sou twa tèm : destriksyon tanp lan, retou li kòm Senyè (Jou pitit lòm) finisman mond lan. Jezi te avèti yo : nou menm n ap jwenn repons la (Mak 13 :28-29). Jezi fè alizyon ak dekadans Jerizalem, men tou ak dezyèm retou li pou etabli wayòm li pou toutan.

Bi ti pwofesi sa a, se pa yon diskou espekilativ, men yon diskou pratik ; non pa pou ede nou a fè pwonostik sou lavni men pou nou kapab entèprete tan prezan an.

La a gen twa ansèyman nou ka mete an evidans : Jezi ap vini yon lòt fwa pou etabli renye pou toutan (Mak 13 :32) Men kanta pou ki jou oubyen ki lè, pèsonn pa konnen, pa menm zanj yo ki nan syèl la, pa menm pitit la, men sèl papa a.

Donk veye! pase nou pa konnen kilè mèt la ap vini. (v.35-36)

Malerezman tout moun pa konprann mesaj Jezi t ap bay la. Gen yon moman ki te rive menm Janbatis te doute, li te voye yon mesaje mande Jezi (Matye 11 :2) Jezi te reponn, prezans wayòm nan manifeste nan geri malad, nan resisite mò epi pòv ap tande bòn nouvèl ( Matye 11 :4)

Rene Padilla di : an akò ak volonte Bondye, legliz aple pou l manifeste wayòm Bondye a isit epi kounya pou toutan. Legliz la dwe yon pòtè bòn nouvèl wayòm nan avèk pouvwa Lespri sen an.

### Konklizyon

Jezi, depi lè li te kòmanse ministè li te anonse tan an fini, wayòm Bondye a pre rive. Wayòm gen yon aspè eskatologik, li an rapò avèk dezyèm retou kris la. Lè sa a Jezi ap syeje sou twòn li pou jijman final. Pandan tan sa a legliz dwe pwoklame bòn nouvèl nan tout mond lan.

# Resous yo

### Enfòmasyon Konplemantè

Yon wayòm, yon wa ki se Senyè a."Jezi Kris se Senyè a, volonte li se pou tout avèg wè, moun ki tris jwenn la jwa, paralitik mache, sa ki pa gen rad ak manje jwenn an abondans. Lanmou ak jistis dwe pratike kòm siy wayòm nan ( Lik 4 :18-19) ak Matye 9 :35-36).
Legliz se kominote wayòm nan ki dwe demontre ekla wayòm nan Bondye a pa mwayen valè ou: Yon wayòm rekonsilyasyon, pè ak yon vi nouvèl.

Yo rele nou pou n fè valè wayòm nan. Yo voye legliz pou pataje jwa ak esperans, nan mitan tristès ak angwas moun yo nan tan pa nou. Sa yo ki pòv oubyen aflije sou kèlkeswa fòm nan.
Jezi te voye disip li yo ak legliz mache pou fè konnen gouvènman Bondye a. (Lik 9 :2)
Pa gen dout ke sou prezantasyon bòn nouvèl jounen jodi a dwe ale avèk menm demonstrasyon lespri a. Sa se mesaj epi nòm legliz primitiv. Se legliz jodi a ki eksperimante pouvwa Bondye kòm nou te wè legliz primitiv te fè l. Si se pa konsa, poukisa non ?

### Definisyon kèk tèm
**Eskatoloji :** Mo sa fòme ak de (2) tèm grèk ki siyifi « dènye »oubyen dènye evènman ».Tradisyonèlman eskatoloji fè referans ak entèpretasyon ansèyman biblik konsènan sa k gen pou rive nan dènye tan »

### Aktivite siplemantè
**Diskisyon epi dyalòg :** « revelasyon wayòm nan
**Materyèl:** pli kachte oubyen fèy papye, Makè, yon woulo adezif.
**Objektif :** Idantifye siy wayòm Bondye a epi aplikel nan kontèks jounen Jodi a.
**Tan :** 10 minit
**Devlopman :** ekri sou yon fèy papye , siy ki te manifeste lè Jezi te kòmanse ministè li. Pran kòm pasaj Lik 4 :18-21
Ekri sou yon lòt fèy pou di ki siy wayòm ki dwe ki manifeste nan legliz jounen jodi a.
Diskite, Ki sa ladan yo ki deja akonpli oubyen ki poko ? poukisa yo poko akonpli ?

# Agoni an

Victor Alvarado (Honduras)

**Vèsè pou n konnen:** : Papa nanpwen anyen ou paka fè, tanpri souple wete gode soufrans sa a nan je mwen men, fè sa ou vle. Pa fè sa mwen vle. Mak 14: 36.

**Bi leson an:** Fè elèv yo wè soufrans Jezi kòm yon pati nan volonte papa a pou akonpli objektif li ki se sovè lemond.

## Entwodiksyon

Lavi Seyè a te bannou ekzanp soumisyon e ki te fini avèk yon lanmò trajik pou peche limanite. Lavi l pat senp, yo te fè l pase kòm ennmi opozisyon an, nan mal konprann, enmi relijye yo, trayizan youn nan disip li yo, soufrans lan te fini pa mwayen lanmò li sou lakwa.

Dènye moman Jezi sou latè se te yon moman ke pèsonn pa ta renmen viv, entimite l nan doulè li, soufrans li ak izòlman li se bagay ke pèsòn moun pa t ap prepare li.

Pou nou ka wè enpotans la, fòk nou ale nan pawòl la al wè koman aksyon ak konpòtman Jezi te ye nan moman soufrans li, li fè pati lavi nou ke nou ka konfwonte, touche e viv li.

## 1-Kòmansman soufrans Jezi yo:

### A. Lapriyè nan Jetsemani

Lapriyè Jezi kri nan asanble a (Jan 17: 1-26) gen yon gwo diferans ak lapriyè nan Jetsemani. Nan premye priyè sa a gen plis kalmi, pou demand li fè papa a pou limanite, Seyè a te fè l ak otorite, sepandan tout bagay te diferan nan jaden Jetsemani (mak 14: 32-42) paske li te kòmanse pote chay peche tout bagay sou do l. Nan degre Seyè a te rive a se te pi gwo lapenn li (v.34). Koup Anmè sa a te rive tou pre bouch li, feblès, la pènn plis atwòsite nan soufrans li (v.35-36). Satan te deplwaye pouvwa fènwa li nan moman sa a, se te lè tout move fòs yo te rankontre pou yon dènye konfli.

### B Jezi te mande ranfò

Nan jestemani Jezi te santi nesesite pou moun ede l lapriyè papa a. menm moman an tout moun te fè yon sèk pou yo priye, li pran Pyè, Jak ak Jan, e yo te kòmanse gen lapenn. Yo pat ka konprann anyen paske lapenn te make sou figi yo. Yo rete y ap veye jouk li mouri. (Mak, 14: 33-34). Jezi te espere resevwa sa li te bezwen an, men disip yo (Pyè, Jak ak Jan) pat konprann twò byen oubyen yo pat kapab fè sa paske chagren te make sou figi mèt la pandan l ap priye: lè sa rive Jezi te jwenn yo ap dòmi li di Pyè, Simon, n ap dòmi? Eske nou pa kapab rete inèdtan(1nèdtan) konsa san dòmi? (v.37).

Nou bezwen lapriyè an ijans, paske l te wè moman difisil k ap tann li e li konnen sèlman ak sipò papa l l ap rive reziste, sepandan, disip yo te dòmi, yo pat ka kontinye priye. Lè mèt la tounen ankò li jwenn yo ap dòmi. Li retounen yon twazyèm fwa, li di yo: dòmi e repoze nou.(vv.40-41)."

Lapriyè sa a nan pye Jezi nan Jetsemani ka rapple nou, nan kèk okazyon nou tout bezwen yon moun ede nou lapriyè pou pwoblèm nou lè nou nan sitiyasyon difisil kote n ap viv epi mande zanmi yo ak frè yo pou yo lapriyè pou nou e konsa nou ka santi n byen.

Soufrans Jezi Seyè nou an te kòmanse nan Jetsemani, nan yon moman kote Seyè nou an te deklare nati li kòm moun, men tou gen yon gwo soumisyon pou Bondye, akonpaye yon inite nan bèl glwa li (v.36).

### C. Moman doulè yo.

Nan ministè Jezi sou latè Li te toujou koube anba volonte papa a. Sa dwe yon egzanp pou nou swiv nou menm ki la jodi a. Anplis menm nan moman agoni yo menm lè bagay yo te difisil Li te toujou fè referans ak volonte Papa l : Papa mwen, nanpwen anyen ou pa ka fè. Tanpri souple, wete gode soufrans sa a devan je mwen. Men, fè sa ou menm ou vle a. Pa fè sa mwen menm mwen ta vle a (Mak 14 :36).Chak kretyen dwe aspire pou yo reyalize plan ak objektif Bondye,sou kelkeswa fòm nan li pa dwe janm anakò ak sa ou menm ou vle.

Se menm bagay la ki te rive ak Jezi nan Jetsemani. Nan lavi nou n ap rankontre anpil sitiyasyon difisil ke n ap santi nou pou kont nou, aparamman san nou pa tande epi Bondye pa tou pre nou. Se konsa Jezi te santi l nan Jetsemani ; sepandan menm jan l te fè l la nou kapab priye Papa Bondye ki anwo nan syèl la pou l ka bannou fòs nesesè epi pèmèt nou akonpli volonte L.

## II- Jezi te koube anba volonte Bondye
## A- Dènye egzanp obeyisans lan

Krisifiksyon se te mwayen nòmal pou yo te konbat kriminèl yo, se te yon mò kriyèl, brital epi defansè a te pase anpil èdtan e menm plizyè jou anvan l te mouri anba anpil gwo doulè.Bouwo yo sete ekspè yo te ye, yo te konn fè travay yo byen. Kwa a te fèt ak 2 moso bwa, youn vètikal epi lòt la orizontal kote pou yo te kloure pye ak men yo.

Yo konn mete prizonye yo sou kwa a pandan l kouche atè epi apre yo leve l met kanpe. Se konsa Jezi Seyè a te krisifye tou.

Nou ka imajine byen fasil pou wè ki doulè lanmò sa a te pwodui nan moman kondanasyon sa a. Kalomni, mansonj, tout kalite vye mo yo t ap lanse pasi pala. Bouwo yo kè yo te tèlman di pa gen anyen k t ap fè yo pè. Men nan fwa sa a, se te diferan. Levanjil Mak 15 : 27 fè konnen kijan Jezi te krisifye nan mitan de (2) kriminèl yon kote k te rele kalvè (V. 22). Li fè nou konnen ke Jezi te pale nan yon klima kalm, sa vle di Li te fè sa pandan plizyè fwa. De kisa Jezi t ap pale ? san l pat ensilte ni regrèt Li te di : « Papa padone yo paske yo pa konn sa y ap fè a » (Lik 23 : 34).Sa Jezi t ap di yo se te yon priyè, yon demand, yon petisyon, men li te kapab pa menm bagay la tou si se pat pou tout moun li te krisifye.Sa a se glwa Jezi, ki se diferans ant lèzòm ak tout lòt anseyan nan mond lan. Jezi te vini pou l moutre lanmoun Bondye, padone peche lèzòm e nan okazyon sa a li te moutre jan kè Bondye te depase konpreyansyon lèzòm. Ki rezon, oswa ki jistifikasyon nou kapab bay pou nou pa tande pawòl Kris la pandan l te sou kwa a ki t ap entèsede pou mande padon pou peche nou tout anjeneral ?

## B- Obeyisans total

Nan ministè Jezi sou tè a nou rann nou kont ke tout tan li te toujou koube anba volonte papa l. Sa dwe pou nou menm kòm kwayan yon modèl pou nou swiv. Menn nan moman soufrans yo Li te konnen anpil moman difisil, Li te aksepte sa paske Li te konnen se pou volonte papa a fèt... Jida ki te youn nan 12 disip li yo te vini ak yon foul ame ak epe epi baton ki te gen ladan gran prèt, eskrib ak ansyen yo... chak jou m te avè nou nan tan plan nou pat pranm...se konsa pou volonte papa a akonpli. (Mak 12 : 43).

Moman Jezi te pase nan arestasyon l lan pat fasil. Menm si gen defans ki tap pretann pou fèt men li te konnen ke se plan ak objektif diven. Kòm kreyen nou resevwa apèl pou nou mennen yon lavi selon plan ak finalite Bondye, men nan okenn ka oswa selon jan sa ye li pa dwe selon volonte pa nou. Nou dwe rete lakay Li pou nou kapab pèmèt pawòl Li abite nan nou pou nou ka aprann fè volonte l.

Pa gen anyen k te fasil nan soufrans Jezi t ap andire yo.Mak refere nou lòt moman difisil li te sipoze konnen : « Apre yo fin pase l nan betiz kont kò yo, yo wete gwo rad la ; yo mete rad pa l sou li ankò ; epi yo mennen l ale pou yo kloure l sou yon kwa ».Jezi te kontinye ap sibi moman imilyan, men nou bezwen konnen ke ridikil ak awogans se zam ki pi efikas satan konn itilize. Apre yo fin moke l yo wete rad sou li, mete lòt nan plas li, epi yo te ale kote yo t a pral krisifye l la avè l. Nan moman sa a, nonsèlman yo te trete Jezi ak mepri yo te meprize jwif yo to. Lanmò Jezi se te yon aksyon volontè, konsyans plen ak lanmou enkonparab.

Lè nou sonje priyè l nan Jetsemani nou ta kapab pase tout nwit la ap priye menm jan Jezi te fè l la, men nou pa dwe janm bliye fè yon priyè soumisyon pou volonte papa a, paske se egzanp sa a li te bannou nan moman soufrans li yo. Swiv Kris se yon avantaj nou jwenn nan plan pafè li a, nou dwe gen souplès epi nou dwe prepare pou nou ale kote volonte l mennen nou. Kwayan nan kris dwe pran plèzi pou fè volonte Bondye ke Jezi li menm li te fè epi "Papa nou" anseye nou li : « vin tabli gouvènman ou, pou yo fè volonte ou sou latè, tankou yo fè l nan syèl la »(Matye 6 : 10).

## III- Fen soufrans li

Soufrans Jezi yo ban nou anpil gwo leson,lè n ap li Bib la nou kapab imajine senaryo Seyè a, eprèv li sou kwa a se te moman ki te difisil anpil li te konnen, men li te toujou koube anba volonte papa a. Nan okenn moman Jezi pat doute sou soufrans li pou peye peche lèzòm sou lakwa a, epi se te volonte papa a ki anwo nan syèl la.

Sou wout pou ale sou mòn kalvè a te gen anpil bagay ki te anseye nou yon leson :
« Yo te vle ba li diven melanje ak yon siwo fèt ak lanmi pou l te bwè. Men, li pa t pran li....

Apre yo fin kloure l sou kwa a, yo separe rad li yo ant yo: yo tire osò pou konnen sa ki t ap soti pou yo chak...Li te nevè (9vè) nan maten lè yo te kloure l sou kwa a...Yo te bay kòz ki fè yo te kondannen l lan sou yon ti pankat ki te ekri: Wa jwif yo! »(Mak 15 : 23-26).

a) Premye bagay li te anseye nou sete lapasyans.Mak 15 :17-20, lè tout bagay sa yo t ap rive li te sipote yo, li pat janm kondane moun ki t ap rele sou li yo paske premye ansèyman an se pasyans li ye. Soufrans li te parèt aklè nan tout sa k t ap pase yo.

b) Dezyèm ansèyman se sajès ak imilite, Mak 15 :23-32. Depi lè Jezi te fèt li moutre ke li se yon moun ki gen yon gran sajès. Tout ministè ki sou tè a te santi yo touche pa mwayen yon gran kalite konsa. Se te yon egzamp pou tout pitit Bondye yo ; men lè li ta pral rann dènye souf li, li te moutre sajès ke li genyen pandan ke li t ap aksepte kwa a tankou yon vagabon, menm lè se pitit Bondye li te ye.(Mak15 :27-28).

c) Twazyèm ansèyman, obeyisans,Mak15 :34. Lè moman an te vini pou l mouri  Seyè a te santi l sèl anpil se poutèt sa li tonbe di Bondye Papa pouki sa a w abandonen m ? peche moun yo ke l te aksepte pote te elwaye l de prezans Papa a. Prezans sa a si se te nan lòt sikonstans li t ap rann li pi fò e li t ap akonpanye l tou. Nan moman sa a li te santi l abandone e li te santi l sèl. Men li te aksepte tout bagay sa yo pou l te pwouve obeyisans li ak Papa l.

## Konklizyon

Moun ki kwè nan Bondye yo toujou ap chache fè volonte Bondye. Jezi se egzanp nou ka pran e swiv kòm moun ki fè l jouskaske l mouri.

# Resous yo

## Enfomasyon konplemantè

"Fè volonte..."Mak14 :32-42

" Pati sa a se yon pasaj ki prèske ba nou gwo krent poun li, paske li mete nou an kontak direk avèk fason ke Jezi ta pral soufri. Se si nou nan yon nivo ki wo sèlman n ap wè ke se yon bagay ki danje. Avèk otorite yo nan ankèt yo e avèk Jida ki te deside trayi li. Pwen byen wo sa a ta konsidere tankou yon somè, Jezi te gen yon lòt kote pou l te ale,paske Jida te konnen li tap rankontre Jezi  nan jetsemani ,sa moutre ke Jezi te gen abitid ale lòt bò a. Nan Jerizalèm sa a pat gen jaden ,vil la te twò modi, te gen yon lwa ki te atire atansyon moun yo anpil kote talon sen an ki nan vil la pral kontamine ak bagas ki nan jaden yo. Paske moun rich yo te gen jaden pèsonèl yo nan mòn olivye, kote yo te resève pou yo poze. Jezi te gen zanmi ki bal mwayen poul itilize jaden an nan lannwit "(komantè nouvo testaman, volim 3. Marcos. William Barclay. Clie, espay : 1995, p. 397-398.)

## Definisyon tèm yo

**Blasfème :** pawòl ou eskpresyon ki pa bon kont Bondye ou byen "pawòl grav kont yon moun.

Ofans (Enjire) : Mo ki grav anpil, zèv outraj ou pawol. Fè enjistis ak yon moun.

## Aktivite siplemantè

Lè w fini ak entwodiksyon an.

Poze kesyon : kisa nou ka aprann sou priyè Jezi a nan jedsemani ? kisa ansèyman Jezi a vle di pou nou sou chemin kalvè a ?

Aplikasyon : bay 3 egzamp pratik kijan ou pral aplike ansèyman sa a nan lavi pèsonel ou, fanmi ou ak nan travay ou.

## Travay ansanm

Divize klas la an 3 gwoup e bay chak yon kalite diferan ak valè yo: obeyisans, pasyans ak imilite.

Nan 5 minit chak gwoup ap bay yon egzamp pratik sou lavi yo chak jou sou tout kalite sa yo e valè yo tou. Pou n fini chak gwoup yo ap voye yon moderatè pale nan non yo.

# Misyon wayòm nan : Yon mesaj pou pataje

Leson 38

Sharon Víquez (Costa Rica)

**Vèsè pou n konnen:** : N ap chache Jezi, moun Nazarèt yo te kloure sou kwa a? Enben, li leve soti vivan nan lanmò, li pa isit la.. Mak 16 :6

**Bi leson an:** Fè elèv yo konprann pouvwa rezireksyon Jezi a epi pran yon angajman konplè ak misyon wayòm nan.

## Entwodiksyon

Lè nou ap analize lavi jezi kri, nou wè nan tout ministè li, li moutre plis mirak li te reyalize, enkredilite a te yon son pou menm sak te pi prèl yo. Mak dekril pou nou fanm yo te rive nan tonb nan, yo te konvenk yo te rankontre kò mèt la andan an. Nou wè ide fanm yo se te ale nan tonb lan pou yo te wè kòman yo te ka deplase gwo wòch ki te nan entre bouch tonb lan,e konsa yo tap fè antere kò mèt ou. Kèl pat plen ak kontantman avan pwomès Jezi te fè menm sou rezireksyon l, (Mak 8 :31,9 :31, 10 :32-34). Nou rankontre 4 fwa nan pasaj editid sa a disip yo pat kwè avan anons sou rezireksyon an.

## I.Rezireksyon garanti misyon an
## A. Wòch la te woule

Mak di lè fanm yo te rive nan tonb lan yo te sezi wè wòch la te woule. Selon Matye 28 :1-4, 11-15 epi sòlda women yo tou te sezi pou yo wè sak te rive a. Vrèman yo pat kapab kwè ak je yo kò Seyè a pat la. Non sèlman yo pat kwè, men disip yo te gen menm konpòtman an lè yo te tande nouvèl la (Mak 16 :11,13).Finalman Jezi te vinn parèt bò disip yo e li te repwoche yo pou enkredilite yo e pou kè di yo(v.14).

Jodi a li posib pou n poze kesyon sa a: kòman kè w ye ? Eske w kwè nan pwomès Bondye te fè yo nan pawòl li.

Wòch tonm lan te woule, se pat pou Jezi te sòti, men se pou fanm yo te gen aksè pou yo al wè e konfime ak je yo, sa zanj lan te di yo a:" Li te resisite, li pa isit la, gade kote l te ye a ("v.6"). Se kòmantè Beacon ki bay eklèsisman sou 3 deklarasyon sa yo ki rasanble a:

1. Rezireksyon : fè santral : Jezi te resisite, pwomès li te akonpli, li te moutre prèv ke li se pitit Bondye a epi okenn lòt moun pat ka prevwa lanmò l ak rezireksyon l.

2. Li pat la : se pou rezon sa a yo pat wè l. li pat la, kò li pat nan tonm yo t ap veye a. Pou ennmi l yo rezireksyon an se te yon prèv anplis.

3. Gade kote sa : prèv ke li te la, te bay fòs atravè eskperyans sa a, lafwa disip yo te vin djanm... anpil nan yo te temwen lè yo t ap kloure li sou kwa, gen lòt temwen dirèk ki wè kote yo depoze kò li andan tonm lan e menm ennmi l yo te bay garanti yo te ka vòlè kò Seyè a. "(kòmantè biblik Beacon. Tom 6.CNP, EUA : 1991, p.419).

## B. Prèv rezireksyon an

Poze elèv yo kesyon: ki prèv ki te bay verite sou rezireksyon an? Jodi a menm, gen anpil moun ki ta pral di rezireksyon an se yon manti, disip yo te vòlè kò. Rezireksyon Kris la se yon prèv ki parèt plis nan ekriti pase tout lòt yo. Gen anpil prèv ki moutre Jezi te mouri vrèman e anpil lòt moutre l te resisite.

1. Gen yon ofisye women ki te konfime lanmò Jezi anvan Pilat.(Mak 15 :44)

2. Jan te fè yon remak enpòtan yo te pèse kòt li ak yon lans, dlo ak san te sòti (Jan 19:34-35) moutre ke li deja mouri.

3. Jezi te avèti moun yo pou yo pat suiv li men ki te diferan pou manb sanedren yo(Jan 19 :38-39) antèman l te dwe fèt nan yon nouvo tèritwa prive men nan yon direksyon nou te konnen.

Yo konnen dis aparisyon diferan sou Jezi ki resisite anvan plis pase 500 moun k ap fè rezireksyon li an evidan (Matye 28:9-10,16-20; Mak 16:9-19; Lik 24:9-53; Jan 20:11-31; 21:1-25; Travay 1:3-9; 1 Korentyen 15:5-8).

5. Yon lòt bò nou wè chanjman nan jou adorasyon saba a nan premye jou nan semenn lan oubyen jou Seyè a kòm yon demonstrasyon konviksyon ke Kris te resisite byen bonè nan premye jou semenn nan (Mak 16:9).

## II. Enpòtans rezireksyon an

Rezireksyon an se yon tèm santral nan mesaj ke nou dwe pataje kòm disip Kris. Jezi te akonpli pwomès li a li leve vivan nan mitan mò yo konsa nou kapab kwè ke li pral akonpli lòt pwomès li yo (Mak 8:31, 9:31, 10:32-34). Pòl te ekri ke rezireksyon an se yon verite krisyal, san li menm lafwa pa gen valè e peche pa gen padon. Nan kesyon leve nan lanmò a, Kris asire nou ke nou menm tou nou gen pou n resisite, (Jan 14:19; 1 Korentyen 15:21-26).

Menm jan Kris te resisite pami mò yo (jan li te pwomèt li a) sa revele nou ke afimasyon li an se verite ; li se Bondye e kòm li te resisite, nou kapab asire nou ke l ap entèsede pou nou (Women 8 :34). Sa ban nou tou yon esperans ke konsa li te pwomèt l ap resisite e li te resisite konsa tou nou pral resisite jan ke li te pwomèt li a (Jan 6:40; 2 Korentyen 4:14).

Pouvwa Bondye ki te leve kò Kris la nan mitan mò yo toujou an vigè jouk jounen jodi a pou bay lavi ak moralite nou e espirityalite nou ki mouri, pandan l ap transfòme nou e fè nou grandi, (Women 6:5-11). Menm jan ak moun k ap swiv Jezi yo nan premye syèk la, nou menm tou nou montre enkredilite nou devan pwomès Bondye fè nou sou lavi etènèl ak rezireksyon nan mitan mò yo. Men menm jan an, nou gen nesesite pou nou konfwonte mete aksan sou wòch k ap woule ankò, pou nou fè pawòl sa a tounen pawòl pa nou " Pa fè kè nou sote ; nou ap chache Jezi moun nan Nazarèt la, sa yo te krisifye a ; li te resisite, li pa isit la ; gade kote yo te metel la ".

Menm jan ak lòt disip yo, nou dwe kouri chache prezans li, nou dwe kouri chache pawòl li pou nou afime lafwa nou, nou dwe priye e mande l pou li konble vi nou avèk pouvwa Sentespri li, pou nou gen pouvwa pou nou temwen rezireksyon li an.

## III. Yon misyon pou akonpli
### A. Yon mesaj pou pwoklame

Egzanp fanm yo ki nan Mak 16 : 5-8, 10 di nou ke lè yo rankontre avèk zanj lan, fanm yo te pè, men yo te fè devwa ke yo te gen pou yo fè, "...ale bay anons lan ak disip yo".

Atitid disip yo nan Mak 16:10,13 montre nou ke apre yo fin wè Jezi resisite, atitid disip yo te vin menm ak sa fanm yo te genyen : "...pwoklame rezireksyon an nan mitan rès disip yo".

Manda Jezi a te anonse mesaj la ak lòt yo (Matye 28:19-20, Mak 16:15), objektif misyonè pou kretyen yo te klè, Jezi li menm te mande ak disip li yo pou yo vin temwen pandan y ap preche levanjil. Lè Seyè a te bay gran komisyon an, se pa t premye fwa li te mande yo pou anonse mesaj repantans lan ; nou note ke apòt yo te rele pou tach sa a, Simon ak Andre te gentan konfwonte misyon sa a nan menm moman li te rele yo pou te ka swiv li (Matye 1:16-17). Lè li te rele douz yo tou manda a te klè (Mak 3:14).

Predikasyon an nan mo grèk se "Kerygma" nan Nouvo testaman li siyifi yon anons, oubyen bay yon mesaj, san nesesèman ide predikasyon fòmèl la jan yo konprann li jounen jodi a. lè yo t ap pèsekite Legliz Jerizalèm lan, premye kretyen yo te dispèse, esepte apòt yo e yo te ale anpil kote «pandan y ap anonse levanjil la» (Travay 8:4).

Bondye itilize predikasyon, anonse bòn nouvèl yo, pou fè moun yo konnen Sali monn lan (Women 10:14-15). Objektif prensipal predikasyon an oubyen pwoklamasyon levanjil la se pou moun ak travay Seyè Jezikri a, Bondye ki manifeste nan lachè, mouri pou peche nou yo e resisite pou jistifikasyon nou an (Jan 1:1,14; 1 Timote 3:16; Women 4:25), li menm ki pral retounen pou jije monn lan avèk jistis (Travay 17:31).

### B. Pouvwa pou akonpli misyon an

Pi devan lè Sentespri a te desann nan jou pannkòt la, nan Travay 1:1-8 disip yo te ekipe ak pisans espesyal pou yo te ka temwen. Devwa yo se pou temwaye sa ke yo te wè e tande (1 Jan 1:1,3), e yo te pati al pwoklame levanjil la ki te rekòmande : Ke Jezi te fèt, li mouri e li te resisite, pandan l ap ban nou epi li akonpli pwomès la, padon pou peche yo ak sekirite rezireksyon an pou yon vi etènèl avèk Bondye, (Travay 1:1-4, 2:22-32, 4:1-4, 10:41, 13:33, Jan 14:19, 1 Korentyen 15:21-26).

Legliz primitiv la te fè devwa sa a ak gran dedikas, "Gran komisyon an" se te manda ki bay pou mèt ak lidè a epi li te dwe akonpli, fè disip. Nou dwe kite li klè apèl Bondye te fè ak apòt li yo, e konsa nou menm nou ka transande travay evanjelizasyon an, apèl li te ban nou se pou "Fè disip".

Si nou etidye pasaj ki paralèl ak Matye 28:16-20, nou pral rann nou kont ke menm pasaj la endike nou chema pou fè disip e sa pa dwe:

"an ale", ki parèt nan Bib la tankou "ale" (Matye 28:19)

tout kote ke n a mete pye nou nou dwe ale pwoklame levanjil Jezikri a, menm lè n ap viv lavi nou chak jou.

Jezi te kontinye pou l di "batize" (Matye 28:20) menm lè nou prale epi preche nou pa dwe bliye akonpli manda sa a pou nou fè sakreman sa a kòm yon temwayaj piblik.

An menm tan an li voye nou al anseye, se pa sèlman konvèti moun yo men se pou nou fòme yo tou se pou sa li voye nou ale "anseye" (Matye 28:20), ak "sa yo ki kenbe tout bagay sa yo nou te bay lòd la", pandan li te deklare nan fòm sa a ke fè disip se yon bagay ki enseparab ak fòmasyon entegral.

Tom Rainer, mansyone nan liv li a "Legliz ki fè siksè yo", se pou Legliz ki fè siksè yo se legliz biblik yo ye, kote lidè yo genyen yon konsèp ki wo sou Sent Ekriti ak anpil obeyisans fas ak gran komisyon an, leve legliz la pou l wè pi lwen toujou pase sa l gen pou fè. Lidè sa yo, Rainer di, "yo bay evanjelizasyon an priyorite e fè kongregasyon an travay nan lòt tip ministè yo pi lwen toujou nan legliz la" ( Legliz ki fè siksè yo. Rainer Tom S. Vida, EUA: 2007 pp.34,47). Pandan n ap site menm otè a, mansyone " si evanjelizasyon an pa tout bagay nan sante ministeryèl yon legliz, nou pa kwè ke nou kapab di ke se yon Legliz ki ansante, si manm yo pa obeyisan ak gran komisyon Kris la" (Legliz ki fè siksè yo. Rainer Thom S. Vida, EUA: 2007, p.231).

### Konklizyon

Kòm kretyen, nou dwe evalye angajman nou avèk wayòm nan pou nou preche Pawòl la e poze tèt nou kesyon tankou: Ak konbyen moun mwen te pataje mesaj Sali a? Eske m dispoze pou m viv pa pisans rezireksyon li an, pran desizyon poum viv nouvo vi nan Kris e temwen rezireksyon li?

# Resous yo

### Enfòmasyon konplemantè

Kèk moun te ensiste pou afime ke rezireksyon an pa t janm rive, sa yo se kèk nan agiman ke istorikman yo te bay e nou pral jwenn repons yo nan evidans rezireksyon ki menm jan nan pwen III nan leson sa a:

1.  "Jezi te tou senpleman toudi e nan pita li te revini.

    Evidans ki demanti sa: Mak 15:44-45: Sètifikasyon lanmò Jezi pa mwayen yon sòlda women ak Jan.

2.  Fanm yo te twonpe kavo.

    Evidans: Jan 19:38-39 kavo a pa te yon bagay sekrè, ni pou zanmi li yo ni pou enmi li yo.

3.  Vòlè te pran kò Jezi.

    Evidans: Matye 27:63-64. Siveyans kavo a pa mwayen enmi Jezi yo" (Biblia del Diario Vivir, 1997, p.1337).

### Definisyon mo yo

**Konvèjans:** Inyon de(2) oubyen plizyè bagay ki rankontre nan menm pwen, konvèjans plizyè ri nan yon tonèl. Asosyasyon plizyè opinyon oubyen tandans sosyal, ekonomik oubyen kiltirèl.

**Asansyon:** "Li anplwaye pou tradwui plizyè mo grèk ki siyifi "monte" oubyen "leve" e sa refere ak pati Jezi a nan syèl yo pandan l ap finalize ministè istorik li". (Diksyonè Teyolojik "Beacon". CNP, EUA: 1995, p.67).

### Aktivite siplemantè

**Dinamik:** Pwen konvèjans

**Materyèl yo:** Makè ak tablo

**Objektif:** Se pou klas la idantifye pwen konvèjans e mete l avèk enpòtans ministè terès Jezi a.

**Tan:** Senk minit.

**Devlopman:** Mande yon volontè pou l desine sou tablo a yon pwen konvèjans (n ap jwenn li nan definisyon mo yo) e ou kapab itilize ekzanp diferan de konvèjans lan, menm jan ak pòtè nan definisyon yo.

Apre sa mande klas la pou y al sou tablo a pou yo ekri sa yo kwè ki se pwen konvèjans lan (inyon/asosyasyon), ant Ansyen ak Nouvo Testaman.

Pwen konvèjans nan lafwa nou fè apèl ak Kris. Li te fèt, li te mouri e li te resisite e avèk sa li te akonpli tout sa li te anonse sou li ki te pwofetize nan Ansyen Testaman. Li te bay kòmansman ak yon Nouvo Testaman, sa ki te rakonte lavi li ak ministè li tankou akonplisman nan pwofesi a nan Ansyen Testaman. Jodi a, plis pase de mil ane apre, istwa nesans li, lanmò ak rezireksyon Kris la, li te kontinye rete yon tèm santral nan predikasyon bòn nouvèl Kris la.

# Aparisyon wayòm nan selon Mak

Patricia Picavea (Guatemala)

**Vèsè pou n konnen:** : Jou a rive, kounye a Bondye ki wa nan syèl la ap vin pran pouvwa nan men li. Tounen vin jwenn Bondye. Asepte Bòn nouvèl la.

**Bi leson an:** se pou elèv la anmezi pou l fè yon revizyon sou sa l te aprann konsènan leson "Aparisyon Wayòm nan selon Levanjil Mak la".

## Entwodiksyon :

Levanjil Mak la prezante aparisyon Wayòm nan yon sans ki sansib e ki pi brèf pase lòt Levanjil yo. Nan kòmansman Levanjil la yo prezante pwofesi Ezayi 40 :3 ki te akonpli pa mwayen Jean Baptiste.

Jan se te yon pèsonaj ki te sansib. Men ak yon mesaj ki te klè e dirèk. Definitivman li se yon moun Bondye te voye. Matye 3 : 1,4. Plan ak objektif Bondye yo, yo ka wè yo nan lavi l atravè obeyisans li.........anplis, se pawòl konviksyon ki kapab mennen moun retounen vin Jwenn kris k ap soti nan bouch li. (Mak 1 :4) epi tou li te konn ap demantle relijyon, dirijan politik, sosyo-relijye, lidè ak abitan Jide, ak Jerizalèm (Matye 14:3-4, Mak 6:17-18).

## I- Jezi, Seyè nan Wayòm nan
## A- Disip Wayòm nan

Andre ak Simon fè premye pa a, ki se atire atansyon sou pawòl Jezi yo, reponn ak apèl la epi swiv (Mak 1:16-18). Li rache nou anba pouvwa fènwa a, li fè nou antre nan peyi kote Pitit li renmen anpil la wa a (Kolosyen 1 : 13), li mete n anba manto pwotektè Jezi Kris la. Sepandan, anpil fwa nou menm kretyen yo pèdi anpil gwo ak divèsite benediksyon nan sa k banal ki pa gen twò gwo enpòtans ki fè nou pran reta nan diferan etap nou gen pou nou pakouri, yo fè nou pa efikas e anpil fwa menm anbetan. Kòm disip Seyè a nou dwe reponn apèl la epi swiv li fidèlman chak jou.

Pandan anpil fwa disip yo te moutre siy inyorans yo nan kesyon lavi a, misyon ak travay mèt la (Mak 9:14-19, 10:35-45, 14:3-9).

Li enteresan pou nou konstate, jouk jounen jodi a gen anpil kretyen k pa konn sa sa vle di swiv Kris. Swiv li siyifi bali premye plas nan lavi nou (Matye 6 : 33), remèsye l nan tout bagay, abandone tèt nou, abandone byen materyèl yo si yo anpeche nou swiv, (Matye 19 : 16-30). Dezyèm lòt angajman ak diskisyon sou avènman

wayòn nou sou tè a (Mak 9:42-48).

## B- Opozisyon wayòm nan

Aparisyon wayòm Bondye a konkretize avèk apèl sensè li fè ak tout pechè yo avèk favè e avantaj ke Bondye bay. (Mak 2 : 14-15).

Yo te akize Jezi pou l te reponn ak kesyon pibliken yo ak lòt pechè lè l t ap egzèse misyon l. (Mak 2 : 16-17).

Nou menm tankou Jezi nou paka jete nenpòt ki moun pou nenpòt rezon, men preche mesaj levanjil la ak lanmou, onètete ak senserite pou atake peche dirèkteman men pa moun nan pèsonèlman.

Pou jwif yo li te trèzenpòtan pou yo te swiv òdonans dirijan yo te enpoze yo nan yon fason pou yo kapab detwi akonplisman reyèl lwa Bondye yo. Se sa k fè Jezi te di li pa t vini pou l aboli Lwa Moyiz la men li vini pou l eksplike sa yo vle di tout bon.

Pou yon sektè nan sosyete jwif la jistis la te andeyò legalis ak fòmalis. Nan lòt mo, aparans yo te konte anpil. Li enpòtan poun konprann ke santiman Bondye konsènan Jezi e menm konsènan kretyen yo, sèke menm lè moman soufrans yo rive nou dwe toujou fè sa ki byen oswa kòrèk. (Matye 5 : 11-12).

Youn nan pi gwo kritik yo te fè sèke Jezi te geri malad nan jou saba a, nou dwe konprann ke lavi kretyèn nan se yon lavi nou dwe viv jou apre jou, objektif la se sèvi Bondye epi fè byen nenpòt jou l ta ye a. Bondye ap atann ke pitit li yo gen mizerikòd nenpòt kote l ta ye oswa jou l ta ye a. « Mwen ta pito wè nou renmen m tout bon pase pou n ap fè tout ofrann bèt sa yo ban mwen. Mwen ta pito wè nou chache konnen m vre, mwen menm Bondye nou an, pase pou n ap boule tout bèt sa yo pou mwen ».

## II. Jezi kòm Pitit Bondye

Jezi t ap konfwonte ak disip yo yon kesyon ke

repons lan ta pral ba Li endikasyon sou fason ke moun yo konprann li ak disip yo."Ki moun ki di moun yo kiyès mwen ye ?"(Mak 8 : 27b). Pa pran tan, pa fè parese, disip yo reponn li: -Gen moun ki di se Jan Batis ou ye. Gen lòt ki di ou se Eli; gen lòt ankò ki di ou se youn nan pwofèt yo.(Mak 8 :28). Epi Jezi menm fèmen sèk la, Li poze yo yon dezyèm kesyon : Bon nou menm ki moun nou di mwen ye ? (Mak 8 : 29a). Pyè nèg ki te pi peche a, vit li te pi vyolan bay repons kòrèk la, li konfese avan : « Ou se Kris la »(Mak 8 : 29b). Nan Levanjil Matye a nou jwenn repons konplèt toujou sou pètinans repons lan "Ou se Kris Pitit Bondye Vivan an"..."Matye 16 : 16" Konfime ke Jezi se te Kris la oswa neglije l, oswa fè yon enpak pou toujou. Sètènman li pat Jan Batis, Ni Eli, ni yon pwofèt. Jezi sete Mesi ki te pwomèt la depi anpil ane pase, epi sete li menm ki te vrè Pitit Bondye a. Konfesyon Pyè ak glwa   nan moman an te moutre transfigirasyon (chanjman) ki te revele definitivman nan Jezikri Pitit Bondye a. Kounye a pa ta dwe gen okenn dout "Eskwad Zanmi " patizan yo.  Kondisyon an te rive etabli.

## A- Atitid nou konsènan Wayòm nan

Nan Levanjil nou wè disip yo te gen yon move atitid konsènan wayòm nan pa rapò ak yon mank konpreyansyon, yo pat konprann paske kè yo te vin pi di/ensansib (Mak 6 : 52).

Tèm kè a refere jeneralman ak anndan moun ki gen pou wè ak konesans epi Lespri. Se menm pawòl la ki gen ladan tou, ansèyman Jezi sou bagay ki pa bon nan lòm. (Mak 7). Mo ki tradui "andisi a" se yon mo grèk "peporomene"ki vle di egzateman di tankou beton ki pa ka resevwa nenpòt mak. Atitid enkredil disip yo te gen orijin ni nan etat entèn peche a (Kè di). Pat ko gen lavaj oswa pirifikasyon k te fèt ladan ki te rive nan jou Pantkòt la. (Travay Apòt 15:8-9).

Yon lòt bò an nou wè atitid payen yo fas ak wayòm nan, e kisa nou te ka di sou imilite ak senplisite. Lè Jezi te vizite rejyon sa yo kote yo te konn pwofese kwayans payèn yo, li te jwenn ke gen kèk moun ki gen lafwa fèb, yo te kwè sèlman lè yo wè oubyen tande pale de mirak yo, menm lè yo pa te wè l. Nan sa yo, diferans ki genyen ant yo menm ak jwif yo, sèke yo menm yo te gen yon atitid de fwa e yo t ap bay Bondye glwa (Mak 7:24-37).

Yon lòt bò annou wè atitid farizyen ak sadiseyen yo ki te sou kritike epi elimine ansèyman Jezi yo nan wayòm nan. Sa yo te motive, pale fè ke atravè yo menm yo te konfwonte tradisyon yo, ògèy, oswa tantasyon ak ipokrizi (Mak 6:6,13; Matye 23; Lik 16:14,15). Anplis de sa sadiseyen yo te santi yo menase politikman paske yo te pè pou aksyon Jezi yo pat pote prejidis ak ekilib politik nasyon ebre a.

Jodi a atitid kretyen yo fas ak wayòm nan nan anpil ka se yon ti kras angajman e anpil fwa li konvèti menm jan ak Farizyen yo nan yon atitid obsèvasyon e kritik san siksè e san vi mizèrikòd la nan tout bagay yo.

## B. Sa wayòm nan mande yo

Nou kapab di ke genyen twa demand enpòtan pou sitwayen wayòm nan: Dispozisyon pou sèvi, dispozisyon pou venk tantasyon e dispozisyon pou renonse ak tout bagay pou swiv li.

Dispozisyon pou sèvi a se yon bagay ki sòti nan lavi ak ministè Jezi. Sèvi siyifi dispoze pou yon moun, dispoze pou benefis li, sakrifye w pou lòt la; se demontre lanmou anvè moun w ap sèvi a, montre senserite nan aksyon yo (pa bezwen fè fent) e enterè ak pasyans anvè moun w ap sèvi yo. Nan sèvis Jezi yo nou wè de karakteristik prensipal yo ki te genyen aksyon andeyò imilite li ak lanmou li. De karakteristik sa yo pa ka rate sitwayen Wayòm nan k ap sèvi a.

Nan pasaj Filipyen 2:7, Pòl di ke Jezi te mete l adispozisyon nou, nan men nou,ak tout konsekans ke li te ka pote. Enkanasyon l te fini nan pasyon li ak lanmò li. Jezi te moutre nou Bondye ki te mete l prè pou sèvis nou, pandan l ap andire tout sa sa ka koute, li te revele nou kiyès e kòman Bondye ye e li tou pre pou l reponn atant nou.

Sèvis la se siy ak ekspresyon yon lanmou total, jenere, dezentèrese, viv jiska lafen, li gen soufrans ladan tou, lè sa fè nou soufri e nou pa eksperimante okenn gratifikasyon. Nou dwe ekzamine nan lavi nou lè nou fè sèvis pou yon moun, kòman nou santi nou lè nou satisfè anndan nou, ak jwa oubyen ak fristrasyon? Lè nou fè yon sèvis: Kisa nou eksprime eksteryèman jemisman pou sa nou te fè e pou fatig sa te pwovoke? Li enpòtan pou sèvi, men pi enpòtan se fè l ak yon bon atitid, ak lanmou e imilite.

Yon lòt kondisyon enpòtan pou fè pati wayòm sa a se volonte pou venk tantasyon. Men, pye ak je nou kapab mwayen ki pèmèt nou fè sa ki mal epi ale lwen

Bondye. Nou dwe pran prekosyon ak chak ti detay nan lavi nou epi fè tout sa nou panse Seyè a ap pran plezi ladan pou l rete bò kote nou pandan ke l ap gade sa n ap fè ak tout sa nou bezwen pou nou rann Bondye kont. Tantasyon pa peche, men li kapab peche si nou tonbe ladan.Twazyèm obligasyon nou genyen se volonte pou abandone e swiv. Volonte se mo kle ki nan Wayòm nan.Men sa k rann mo sa a pi fò se kwayans (lafwa), ak kwayans nou n ap rive apwoche bò kote Seyè a epi fè anpil bagay nou pat panse nou t ap ka rive fè. Konbyen moun ki deside fè bak pou yo pa sèvi Seyè a ? Li lè, li tan pou nou bay pouvwa Sentespri a plas nan lavi nou pou nou kapab sanktifye pou jiskaske jou Jezi kris Seyè nou an rive.(1 Tesalonisyen 5 : 23).

## II- Revelasyon Wayòm nan

Malgre ansèyman Teyorik ak Pratik Jezi te byen klè, nou konstate ke nou enfekte souvan ak dezi monden an e menm dezi sa a ap eseye entwodui andedan Legliz. Nou bliye siksè Jezi sèke nou bay tèt nou, nou menm ak kapasite nou pou nou sèvi men pa tankou sa nou wè.

### A- Yon Wayòm Diferan

Konsèp sekilye pouvwa a totalman opoze ak nosyon Wayòm Jezi vini an. Konsèp biblik pisans lan se yon konsèp ki te difisil pou konprann depi lontan e jouk jounen jodi a li toujou difisil pou konpran : « Nenpòt moun ki ta vle vin gran pami nou dwe sèvi lòt yo »(Mak 10 : 43). Pami didip Jezi yo, pa gen konsèp ki fèt pou lòm sèlman konsènan grandè wayòm nan. Kontrèman ak mond lan sim ta vle ekselan nan Wayòm Bondye a, mwen ta dwe imilye m pou m sèvi, wè kijan m ka ede lòt yo epi fè sa san ezitasyon. Nan wayòm nan se pa yon kesyon ap mande kisa lòt yo ka fè pou mwen, men pito kisa m ka fè pou vwazenm nan. Sèvis se yon mo kle nan wayòm sa a ki disponib pou moun ki modès yo.

### B- Revelasyon Wayòm nan

Jezi pat pale sèlman konsènan wayòm nan, men li te fè santi prezans ak pisans li pandan l t ap fè mirak epi ede moun ki te nan bezwen yo.Gerizon, rezireksyon ak dominasyon lanati sete demonstrasyon prezans wayòm Bondye sou tè a. Bi mirak Jezi yo se te pou anonse ke rèy Bondye a rive.(Lik 4 : 18-19).

### C- Agoni an

Nan ministè Jezi sou tè a li te toujou soumèt li anba volonte papa l nan tout sa l ap fè. Sa a dwe yon egzanp pou nou swiv, e menm nan moman soufrans (agoni) li, li te toujou soumèt anba volonte papa l : «Li t ap di: -O! Papa mwen, nanpwen anyen ou pa kapab fè. Tanpri souple, wete gode soufrans sa a devan je mwen. Men, fè sa ou menm ou vle a. Pa fè sa mwen menm mwen ta vle a.(Mak 14 : 36).

Chak kretye dwe chache fè sa ki nan plan ak volonte Bondye, men nepòt jan sa ta ye pa janm fè sa ki nan volonte l sèlman. Menm Jan Jezi te fè l nan Jetsemane, nou menm nou gen pwòp jetsemane pa nou nan sikonstans difisil yo. Pafwa nan lavi nou, gen kèk sitiyasyon difisil nou konn santi kòm si nou sèl san èd Bondye. Se konsa Jezi te santil lè l te Jetsemani an e menm jan l te fè a nou kapab priye papa nou ki anwo nan syèl la, ki ban nou fòs ke nou bezwen an e ki ede nou pou nou akonpli pwòp volonte l.

### D- Misyon Wayòm nan

Egzanp fanm yo nan Mak 16:5-8, 10, aprann nou ke lè yo te wè zanj lan yo te pè men yo te fè travay yo te gen pou yo fè a, "Ale bay Disip yo nouvèl la".

Atitid disip yo nan Mak 16 : 10,13 moutre nou ke apre yo te fin wè Jezi resisite atitid yo te rete menm jan an...."Pwokame rezireksyon an bay lòt disip yo". Kòmandman Jezi se pou l te pataje Levanjil la bay lòt yo.(Matye 28 : 19-20,Mak 16 :15), Bi misyon kretyèn nan te klè, Jezi li menm te yon defi pou disip li yo pou l te temwen yo preche levanjil la. Lè Seyè a te bay grand komisyon an, se pat premye fwa yo te resevwa lòd pou yo pwoklame mesaj repantans lan. Nou kapab remake ke apòt yo te resevwa apèl pou travay sa a, Simon ak Andre te resevwa menm misyon an tou lè yo te resevwa apèl pou yo swiv. (Matye 1 : 16-17). Lè l te rele 12 apòt yo tou kòmandman an te klè: " Li te ensiste pou l te gen 12 apòt avè l pou l te voye yo preche. (Mak 3 : 14). Jounen jodi a Bondye rele nou pou n preche mesaj sa a. Eske n santi nou prè pou ekzèse manda l la ? Levanjil Mak la fè nou konprann wayòm Bondye a nan yon pèspektiv diran, men avèk yon mesaj ki klè.Kòm Pitit Bondye e sitwayen nan wayòm nan nou dwe imite Jezi epi toujou fè volonte papa a, san nou pa janm sispann preche pawòl li toupatou.

# Jozye, sèvitè reskonsab

## Katryèm trimès

Preparasyon yon lidè reskonsab

Jozye : yon modèl lidè reskonsab

Bondye te rele Jozye, yon lidè reskonsab

Depandans ak  konfyans lidè reskonsab la

Rekonesans ak remèsiman pou Bondye

Peche pat rete kache

 Move alyans

Bondye akonpli  pwomès li

Liy dwat yon lidè devan pèp l ap dirije

Egzòtasyon, defi ak avètisman

Lidè reskonsab ki pa gen ranplasan

Jozye, lidè reskonsab

# Preparasyon
# yon lidè reskonsab

## Humberto Salinas (Mexico)

**Vèsè pou n konnen:** : Se Jozye, pitit gason Noun lan kap sèvi avèk ou la, ki va antre nan plas ou. Ankouraje l tande, paske se li menm ki pou fè pèp Izrayèl la antre nan peyi a (Deteronòm 1 : 38).

**Bi leson an:** Fòk elèv la ka wè Jozye l ap fòme kòm lidè reskonsab

### Entwodiksyon

Gen de kalite moun ki fè pati lavi nou; youn se moun nou renmen n ap swiv la, sa vle di lidè nou an epi lòt la se moun kap swiv nou an. Kilès ki lidè nou? Epitou kilès kap swiv nou?

Nan yon mannyè, moun enfliyanse nou konsa tou nou enfliyanse moun. Annou panse yon ti moman pou nou wè si moun sa a nap swiv la depi plizyè lanne se sevitè Bondye. Oubyen ou menm ki se lidè, oubyen ki vle vin lidè, pou n gen karakteristik yon sevitè ki fòme, yon moun kap chache plis kapasite chak jou epi ki gen bon renome. Annou wè fòmasyon yon lidè reskonsab nan pawòl Bondye a.

### I. Fòmasyon yon lidè reskonsab

Jeneral yon lame konnen ki gran reskonsablite ki repoze sou tèt li; reskonsablite pou komande yon twoup militè pi gran pase yon rejiman tankou yon brigad, se yon reskonsablite ki mande anpil.

Chak sòlda anvan li rive vin Jeneral gen yon pwosesis li dwe pase ladan l. Paregzanp, nan yon lame jeneralman lè w fèk antre, ou se yon senp sòlda, se apre plizyè lanne ou ka komanse pran grad tankou dezyèm sèjan, premye sèjan, dezyèm kaptenn, premye kaptenn, soukolonel, kolonel, general brigadye, jeneral brigad epi jeneral divizyon ki se ran majè. Men pou rive nan nivo sa a ou dwe aprann yon bagay enpòtan anpil pou yerachi li epi se konesans pou resevwa lòd. Anyen pa fèt konsa konsa nan yon bat je, men genyen yon pwosesis ki egziste nan divès etap lavi a.

### A. Obeyisans, estrateji ki pi bon an

Bib la di nou anpil bagay nan sa ki konsène obeyisans. Pou yon lidè reskonsab, nou ka di se youn nan devwa siprèm, obeyi Bondye sou tout lòt bagay (travay 4 :19). Lè w obeyi Bondye, ou dwe fè sa ak tout kèw, nan tout bagay poutoutan. (1 jan5 : 2-3)

Pawòl Bondye a nan liv egzòd 17 : 8-14 di Moyiz se te reprezante Bondye devan pèp ebre a epi Jozye te dwe obeyi ak sa Moyiz te di li : "Moyiz te di Jozye konsa" (Egzòd 17 : 9 NVI). Obeyisans se komansman ki korèk nan yon estrateji. Mande: Eske yo obeyi san mimire? Pou yon vrè lidè reskonsab, obeyisans dwe fèt san kesyon. Jozye kòm jeneral lame ebre yo te konnen Moyiz te obeyi Bondye, konsa obeyisans se estrateji nou pa dwe bliye.

### B. Rekritman

Lè Jezi te kòmanse ministè li, li te chwazi plizyè zòm pou te fè travay li a (Matye 4 : 18-22). Yon lidè tankou Jozye aji avèk imilite menm lè li te ka aji avèk ogèy.

Jozye te chwazi moun kapab pou yon travay ki pat fasil, se te moun pou fè lagè. (Egzòd 17 : 9-10). Nan okazyon sa, travay Jozye se te pou l chwazi moun. Li te dwe fè seleksyon kandida yo pou devlope yon fonksyon, li te dwe chwazi moun ki gen potansyèl ak kapasite pou devlope travay la. Nan ka sa, Jozye tankou jeneral la pat pran nenpòt moun pou fè travay sila ki tèlman delika. Sèlman li te pran moun ki gen fòs, moun ki gen konviksyon epi ki pat pè.

### C. Ekriti pou n pa bliye

Nan istwa sa a, nou wè Jozye ak tout moun li te chwazi yo pou lagè a tap lite. Men sak te rive lè Moyiz te leve men li sou tèt mòn nan, pèp izrayèl la te pi fò epi lè Moyiz bese men li, se moun amalèk yo ki pi fò (Egzòd 17 :10-11). Finalman, Arawon ak our te mete tèt yo ansanm pou bay laviktwa final (Egzòd 17 :12-13). Pou fini batay la (paske yo te itilize estrateji ki pi bon an) Bondye te mande yo pou yo ekri istwa sak te pase a pou yo pat janm bliye li (Egzod 17: 14a). Epitou li te di pou remèt Jozye li paske se li ki va gen pou fini batay la ak moun amelèk yo (Egzòd 17: 14b). sa te atire atansyon Bondye non sèlman paske li te vle Moyiz konn pwomès sa a, men tou pou Jozye te ka konn sa: "Ekri sa nan liv rejis la pou moun yo pa janm bliye batay sa a epi wa di Jozye: Map efase non Amelèk yo sou latè pou yo pa janm sonjel ankò"(Egzòd 17: 14 NVI).

Poze kesyon: Pou kisa yo kwe Bondye te vle Jozye konn istwa sila? Pou kisa li te vle pou Jozye pa janm bliyel? Jozye tap resevwa fomasyon pou l te ka ranplase Moyiz kom lide pep izrayel la ; konsa, li te dwe toujou prezan nan tout sa ki tap fet pou li te kapab bati lafwa li.

Bondye te bay yon manda pou jenerasyon kap vini yo, le li di li dap efase moun Amelek yo. Poze kesyon sa a: Kiles Amelek te ye? Li se te neve Ezaú (jenez 36: 12). Moun amelek te reskonsab tout difikilte pep ebre a, yo te rann yo esklav, epi yo te pwofite tout sal genyen.

## II. Yon lidè reskonsab ki gen yon espri ki gran
### A. Jozye Sèvitè Bondye a pat kite Moyiz

Dapre Egzod 33: 7-11 tant yo te pran randevou pou adore a deyo limit kan kote yo enstale a. " sanble te gen yon edifis ki te prepare pou fe sevis espesyalman, se ladan l Moyiz te jije move diskisyon moun yo. Pep la te ale apre Moyiz; yo te vle nan lape ak Bondye epi yo te enterese konnen sak te ka rive".

Anpil moun te kontre youn ak lot nan dives kote pou kritike lide a. desizyon li te pran pou byennet pep Bondye te bay o pwoblem. Konsa, genyen nan yo ki te gen yon atitid konfomis, yo pa ri ni yo pa kriye yo pat ni pou ni kont. Men sila yo ki te bay tout ke yo, Bondye te iltilize yo epi ki te pote drapo levanjil la byen wo gen menm atitid Jozye te genyen paske sel panse li te gen se pou sevi moun epi pou li rete tou pre kote Moyiz pou li te ka aprann nan men li. Se pou tet sa Jozye pat janm rete lwen Moyiz (Egzod 33:11c).

Poze kesyon sa : Ki atitid ou anve lide ou a (kit li se paste oubyen lot lide) ? Eske w renmen rete tou pre lide ou a ? Ou toujou pre pou aprann ? pou w obeyi li ? Pou kisa ?

## B. Moyiz te mande Bondye yon ranplasan ak yon espri ki gran

De sel moun te kwe yo te ka antre nan te kanaran; se te Jozye ak Kaleb (nonb 13: 30), men gran foul la pat dako (nonb 14: 1-5) epi yo te kontinye nan pelerinaj nan deze a.

Pi devan Moyiz te fè yon priye nan fonde kè li kote li te mande Bondye pou voye yon lot moun ranplase li. Li te santi li bouke mache nan deze a avek yon pep ki si telman rebel.

Nan dives okazyon sa se priye yon lide menm si li we gen moun ki bo kote li, li pa vle chwazi pou kont pa li men li prefere kite Bondye chwazi. Men koman Moyiz te priye : " O Senye, Bondye ki bay tout moun lavi, tanpri, chwazi yon nonm ki ka mennen pep la, yon nonm ki mache alatet yo nan tout antre soti yo, pou pep ou a pa rete tankou yon bann mouton sang ado pou okipe yo" (nonb 27 :16-17). Kom Bondye wè fonde kè, li menm ki konnen kiles ki ranpli kondisyon pou kapab yon bon lide, li te reponn Moyiz : "Pran Jozye, pitit gason Noun nan, se yon ki gen lespri Bonbye kap travay nan ke li, wa mete men sou tet li"

Yon kandida pou lide reskonsab dwe genyen yon epri ki gran, imilite, soumisyon ak dispozisyon pou aprann. Si tout karakteristik sa yo reyini lakay li, gen anpil posiblite pou Bondye sevi avek li nan tan konvenab.

## III. Moyiz te bay Jozye fòs epi li te soutni li

Si yon nonm ap mache nan chemen an pou vin lide nan sevis Bondye a, si li pa kapab devlope yon ministe efikas, li nesese pou li gen yon moun pou gide li, pou obseve travay la fè a, moun sa a va lide li, yon moun ki konnen li tre byen.

### A. Jozye te resevwa sipò Moyiz la

Moman pou Moyiz te remet mayet la te rive (nonb 27: 20) di : " wa separe avek li pouvwa, otorite ou genyen an, pou tout moun nan pep izrayel la ka obeyi li". Mo diyite a soti nan laten (dignitos) ki vle di kalit ekselan. Nan tradiksyon nou fe pou kounye nou ka di: "Ou met pase Jozye mayet la, ou va envestí nan li tout abilte nesese. Konsa Bondye te mande Moyiz pou li delege tout reskonsablite li y obay Jozye. Nonm ki tap sevi ak Moyiz la rive ranplase li.

Yon Sevite nan travay Bondye dwe konnen li pap ka fe tout bagay, sepoutet sa li enpotan pou yo cheche lot sevite ki ka ranplase yo le yo pa la anko. Nan sans sa a, yo dwe kontinye fe jen sa yo patisipe nan tout aktivite epi pou fe yo pran dives reskonsablite.

Moun wap prepare a va santi li asire le li va resevwa otorite delege a. se yon mannye pou yo ka prepare yo epi pou ka jwenn chans pou korije tet yo pandan yap gen plis kapasite. Konsa, le yo va genyen pou pran reskonsablite antanke lide, yo va santi yo reyelman prepare pou sa.

Moyiz pat santi li jalou pou li te pase mayèt la bay Jozye, li te fè tout bagay Bondye te mande l pou li fe (nonb27 : 22-23). Moyiz fè jan Senyè te ba li lòd fè a. Li pran Jozye, li fè li kanpe devan Eleaza, prèt la, ak tout pèp la. Li mete men li sou tèt li, epi li ba li lòd li yo jan Senyè a te di li a.

Poze kesyon sa: Eske Pastè a wè w kòm yon moun li ka konfye yon travay nan ministè a? Eske w wè Pastè a bay lòt moun reskonsablite? Kòman li fè? Siw se lidè kilès wap prepare bò kote w?

### B. Moyiz te fòtifye Jozye

Lè pou Moyiz te remèt mayèt bay Jozye a te rive, sa pat depann de volonte Moyiz men sa te depann de Bondye ki te predispoze tout bagay :"Gen yo le pou chak bagay. Bondye fikse yon tan pou chak bagay kap fèt sou latè (Eklezyas 3: 1). Moyiz te gentan konnen li pa tap ka kontinye paske li komèt yon erè grav epi li dwe aksepte disiplin Bondye (Detewonòm 32: 51-52)

Bondye te mande Moyiz pou li ankouraje Jozye paske lap antre Kanaran epitou paske se li kap fè pèp la pile te peyi li te pwomèt zansèt li yo (Jozye 1:6). Moyiz pat gen tristès, li te dakò jan Letènèl te fè bagay yo, men li te gen yon reskonsablite nan men li toujou, se pou li te ankouraje Jozye epi pou li te fòtifye li. Ankouraje, sa vle di bay yon valè ki doub ....(Detewonòm 3: 21-28). Fòtifye, sa vle di bay fòs ak vigè sou plan moral nan Jozye a. Bondye te di Jozye: « Efòse w... » Men li te di Moyiz : " Ankouraje li, Fòtifye li" (Detewonòm 3:28)

Poze kesyon sa a: Eske sa fè w plezi le Pastè a ankourajew nan yon travay wap fè? Pou kisa? Ki meyè fason ou ta ka soutni epi fòtifye yon moun kap travay avè w?

### Konklizyon

Jozye te devni yon gran lidè paske li te konn obeyi vwa Bondye ak vwa lidè li te swiv la. Li pat janm pèdi bon lespri epi li te toujou genyen espri imilite. Le Moyiz te rele li, li te koute mo ankourajman Moyiz yo ak anpil atansyon sa ki te pèmèt li fò nan lespri li.

# Resous yo

### Enfomasyon anplis

**Jozye :** non li vle di "Bonbye se delivrans". Li se te yon moun kap ede, premye moun ki te vini apre Moyiz. Li te dirije lame izrayel la nan yon gran viktwa kont pep Amelek a (Egzod 17: 8-16). Se te youn nan... izryel ki reprezante tribi Efrayim (nonb 13:6-8; 14:6-38)Sou komandman li, yo antre Jeriko (Jozye 1-6). Li te gen 110 zan le li te mouri epi yo te antere li yon kote ki rele Timnat-sera.

Bondye toujou vle fòme lidè reskonsab. Konsa, li enpòtan pou twa pwen sa yo:

1- Aprann avèk imilite kòman pou vin obeyisan
2- Rete pou pre paste a epi aprann tout saw kapab ; pa kritike li, pataje tout dout ou genyen epi toujou rete ak yon atitid. Kitel edew devlope talan w yo
3- Kite lide ou genyen edew. Epi le li voyew fe yon travay, menm si li te tou piti, fe li jan limande a epi koute mo ankourajman li yo. Pa janm aji ak awogans. Toujou gen rspe pou tout moun.

# Jozye :yon lidè reskonsab modèl

Orlando Serrano (EUA)

**Vèsè pou n konnen:** : Si Senyè vle fè sa pou, lap fè nou antre nan peyi a, lap ban ou li. Se yon peyi ki rich anpil, yon peyi kote lèt ak myèl ap koule tankou dlo (Resansman 14 :8)

**Bi leson an:** Fòk elèv la rive konprann lidè reskonsab la bezwen koube li, li dwe ranpli ak lespri epitou pou li genyen valè ak lafwa.

## Entwodiksyon

Konsèp lidè reskonsab la pa la depi lontan. Se Jezi ki te itilize li pandan li tap anseye disip li yo. Lè nou li nan liv Mak 10 :42-44, Jezi te di dipsip yo : ".........."
Jezi te sèvi ak yon konsèp ki kontrè ak lide sou lidèchip moun sou pouvwa yo te genyen nan tan pa li a. Jezi te di: " Moun ki ta renmen vin pi gran an dwe fè tèt li sèvitè tout lòt yo".

Li divize klas la, li fè l fè twa gwoup epi li ba yo yon seri ti kat 4"x6". Lè li fini, li mande pou yon gwoup defini mo " Sèvitè" epi pou yon lòt gwoup defini mo "lidè" epi li mande dènye gwoup la pou li defini mo "Sèvitè-lidè". Aprè twa gwoup yo fini, li mande yo pou yo pataje definisyon yo jwenn yo. Li mande yo tou pou yo note jan de mo ta sanble ki pa gen menm sans kapab gen yon karakteristik diferan pou sila yo kap sèvi Bondye.

Li pat sispann repete sa lè li di si yon kretyen vle vin lidè, tou dabò, li dwe aprann swiv yon lòt lidè. Nan leson nou genyen  pou jodia, nap konsidere twa karakteristik ki te pèmèt Jozye vin yon sèvitè reskonsab pèp izrayèl la.

## I. Sèvitè reskonsab la dwe rete nan soumisyon

Pou yon seri moun, Sevitè-lidè a parèt kontradiktwa (oswa ou se sèvitè, oswa ou se lidè). Mo sèvitè- lidè a nou pap jwenn li ni nan pasaj sa a ni nan lòt pasaj nou pral etidye nan leson sa. Sepandan, li evidan pou Jozye te enkane sinifikasyon mo sa a nan lavi li.
Jozye te antre sèn istwa bib la rakonte nan Egzod 17 : 8-16. Pasaj sa pa ban ou okenn nòt sou lavi moun li te ye a. Sepandan nou ka di Jozye se te yon bon gèrye ki te konn obeyi lòd Moyiz yo (Egzod 17 : 8-10). Nan liv Nonb 11:28 Jozye se moun kap ede Moyiz. Sa ta sanble moun ki tap ekri a te di sa ak entansyon pou ka fè lektè yo wè distenksyon prensipal Jozye—esklav oubyen Sèvitè.

## A.      Pwen depa pou rive nan grandè

Sajès raple nou "imilite vini avan laglwa" (Provèb 18 :12 NVI). J. Oswald Sanders di : " grandè ki vrè a, lidèchip ki vrè a, ou pa jwenn li lè w fòse moun fè travay yon lòt moun men pito se lè wap sèvi moun san okenn enterè.

Redakte tèks la prezante nou Jozye kòm sèvitè (Egzod 24 : 13,33 : 11 ; Jozye 1 :1) epi tankou moun kap ede Moyiz (Nonb 11 : 28). Premye faz nan fomasyon yon lidè reskonsab se devlope atitid pou sèvi moun. Jozye te aprann swiv enstriksyon, li te aprann tann, epi aprann aji lè li dwe aji. Anpil moun pa renmen okipe plas moun kap sèvi men yo plis renmen okipe premye plas pou moun ka vin sevi yo epi konnen yo.
Men yon konsèp wesleyèn sou sèvis: "siw vle pwospere, aprann sèvi". Sa tris, mesaj yon ti gwoup moun ap tande legliz se Sèvis, yon tèm yo ta dwe iltilize chak jou. Konsa, legliz dwe egziste pou sèvi lòt moun.

## B. Bondye se moun wap egzalte a.

Bondye te pale ak Moyiz pou l te fè li konnen ni jenerasyon ki te doute de li a ni li menm, yo pap antre nan tè pwomiz (Detewonòm 1 : 35,37). Men Jozye, pitit gason Noun nan, li menm kap swiv ou a, li va antre ; ankouraje li tande, paske se limenm ki pou fè pèp izrayèl la antre al pran peyi" (Detewonòm 1 :38). Jozye pat janm imajine sèvis li ak soumisyon li ta kapab mennen li okipe plas enpòtan. Men li te deja konnen koman pou li sèvi, kounye a li prè pou dirije lòt moun. Salmis la di : "jijman pa soti kote solèy leve a, kote solèy kouche a. Se Bondye kap jije : lap bese youn, lap leve yon lòt" (Sòm 75 :6-7). Sa ki te plis enteresan aprè tout bagay sa yo, Moyiz te dwe prepare Jozye pou kapab ranplase li. Jozye te dwe gen atitid sèvitè-lidè pou li te kapab ranplase Moyiz. Jozye te gen yon mèt ekselan ki tap enstwi li.

Gen yon moun ki ekri : " M plis santi zele pou m

swiv lidè sa pase pou m ta wont pote sèvyèt li ak kivèt li. Sa se yon moun ki ka dirije menm jan Jezi te konn dirije, paske se yon moun kap viv menm jan Kris te kon viv". Yon lidè reskonsab pap viv pou tèt pa li. Premyeman lap viv pou Bondye epi lap viv pou sèvi lòt moun.

## II. Yon lidè reskonsab dwe gen lafwa ak valè.
### A. Yon lidè reskonsab aksepte defi yo

Yon lidè reskonsab se yon moun ki gen valè epi ki aksepte defi yo menmsi yo gran anpil. Douz espyon tal eksplore tè Kanaran, lè yo rive yo te dekouvri tè a ki te bèl jan Bondye te pwomèt li a (Nonb13: 27), konsa tou yo te wè defi ki te si telman gran epi ki pat fasil pou leve (Nonb 13: 28, 32-33). Kòm rezilta 10 nan12 espyon sa yo ki tale Kanaran an konkli pou di sa ki bon nan peyi a risk yo te dwe pran, sèlman de nan yo panse yon lòt jan, se te Jozye ak Kalèb. Youn nan fonksyon yon lidè reskonsab se pou enspire konfyans lakay moun lap dirije yo; pou sinyale posiblite yo pandan li kite pwoblèm yo yon bò. Se egzakteman sa Jozye ak Kalèb te fè avek pep izrayel la (Nonb 14: 6-8). Yon lide reskonsab dwe ede pep la retire je li sou pwoblem yo pou li ka fikse yo sou Bondye: 1) Li dwe asire de bòn relasyon pèp la ak Bondye: " Si Senyè a vle fè sa pou nou..." (Nonb 14: 8a) 2) Lidè dwe asire li ke pèp la mete konfyans li nan Bondye: "Lap fè nou antre nan peyi a, lap ba nou li" (Nonb 14: 8b) 3) Li dwe raple pèp la jan li enpòtan pou yo fè efò: "Se yon peyi ki rich anpil, yon peyi kote lèt ak myèl ak koule kou dlo" (Nonb 14: 8c)

### B. Yon lidè reskonsab dwe yon moun ki gen lafwa

Sa ki soutni lidè reskonsab la se konfyans li nan Bondye. Pou nou konfye nou nan Bondye, nou dwe konnen li. Aprè 40 tan nan dezè a Jozye te wè Bondye ki konpanse nesesite li yo epi ki te akonpanye li nan konba pou l te kapab genyen laviktwa sou ennmi li yo. Pou jis kounye a, Bondye pa janm pèdi batay epi se pa premye fwa sa rive. Jozye pat nye nan okenn moman ennmi li yo pat fò epi vil la te fòtifye. Yon lidè reskonsab pa dwe fè kòm si bagay yo si tèlman serye jan yo parèt la, men li dwe sinyale moun kap swiv yo posiblite ki genyen ak resous ki disponib. Nan ka pa Jozye a, li konnen konte sou Bondye sa sifi, li te kapab konfye li nan Bondye lè li rete sou eksperyans pèsonèl li avèk li. Se pou tèt sal i te di

pèp la: "Pinga nou rebèl kont Bondye, pinga ou pè moun sa yo ki sou tè ; paske nou gen pou manje yo tankou pen ; pwoteksyon li pa sou yo men li avèk nou; pinga ou pè" (Nonb 14: 9). Sa se lafwa. Lafwa nan sa Senyè a ka fè. Lafwa nan fidelite ak pwomès Bondye. Lafwa nansa Bondye ka fè atravè pèp li.

## III. Lidè reskonsab kap fè jefò epi ki ranpli ak lespri
### A. Reskonsablite sila Bondye rele

Moman tranzisyon an te rive epi Moyiz te pase lamayèt la bay Jozye. Konsa, Moyiz te egzote li pou li efòse li, pou li pran kouraj. Tout reyisit sinifikatif mande pou gen jefò ki fèt. Bon entansyon ak bèl plan ki trase pa sifi. Sa mande aksyon kikonk, jefò. Jozye te konnen pèp izrayèl la trebyen epi li te konnen ak eksperyans li, dirije se pa yon bagay ki fasil. Li te wè yo kap reyaji devan obstak ak defi yo sou chemen an. Jefò te pèmèt li fè sa ki te nesesè, kouraj se enèji oubyen fòs entèn ki nesesè pou simonte tout ilizyon, fopa ak traka sou chemen an.

### B. Garanti prezans Bondye

Jim Elliot (misyónè mati) te di : " Volonte Bondye pap mennen w nan distans gras li pa ka soutni w". Sa te reyèl nan ka Jozye a, travay la pat piti men te gen resous. Daprè Detewonòm 31 : 8 Moyiz te di Jozye twa bagaydevan pèp la : Premye bagay, ou dwe konnen Vrè lidè pèp izrayèl la se Bondye, "Lap mache devan w". Dezyèm bagay : Ou pa dwe depann de pwòp fòs paw, men ou dwe depann de prezans ak pwoteksyon kontinyèl Bondye "lap avèk ou li pap lese w ni li pap kite san pwoteksyon. Twazyèm bagay : Ou pa gen anyen pou w krent paske sak va gen pou vini yo ap pi fasil "Pinga ou krent, pinga ou entimide".

Jozye te konn Bondye. Li te wè li ouvri lamè wouj, lè li te fè dlo sot nan wòch la, lè li te fè lamán sot tonbe nan dezè a, etc. si pèp la pa kopere avèl yo va kite li men Bondye papjanm kite li epitou li pap janm abandone li. Avèk li devan w, pa gen anyen pou pè ni anyen pou entimide nou.

### C. Abondans ak lespri Bondye

J. Oswald Senders di : "Lidè espirityèl yo, se pa moun ki fè eleksyon pou mete yo nan plas yo okipe a men se Bondye ki fè apèl ak yo" (Lide espirityel, J. Oswald

Senders. Moody press, Chicago: 1967, p 25).

Se prezans Bondye nan lavi Jozye ki te pèmèt li vin yon lidè reskonsab (Detewonòm 34: 9). Jozye te ranpli ak pouvwa. Fraz sa a "Espri sajès"se yon referans nan travay espri sen an. Nan tan ansyen testaman, lespri Bondye pat konn desann sou chak grenn moun nan pèp izrayèl la jan sa rive fèt jodia pou moun ki kwè yo; kidonk, li te konn desann sèlman sou yon seri moun pou yo te kapab fè lèv Senyè a. jozye pat ka ranplase Moyiz si li pat gen resous ki te depase sa li te genyen deja ki limite yo. Nan sans sa, genyen ki di: " Sa ki pi mal pou nou se lè nap tante fè travay Bondye ak pwòp fòs pa nou". Sa Jozye te rive fè nan peyi Kanaran, li pat fè li ak fòs kouraj li men se pito fòs lespri sen an ki tap aji nan li. Sanders di : "Lidèchip espirityèl ka pwogrese sèlman lakay moun ki ranpli ak lespri Bondye". Lòt kalifikasyon yo rete swetab. Kidonk, ranpli ak lespri Bondye se yon bagay ki enpòtan anpil pou yon lidè" Lidechip espirityèl, J. Oswald Sanders. Moody press, Chicago: 1967, p 97). Calvin Miler ajoute: "Bondye pa sèlman akonpanye gran lidè yo men li demere nan yo. Se youn nan kalite lidèchip espirityèl la, li nan aksyon ak konpòtman" (The empowered Leader: 10 keys to servant Leadership. Calvin Miller. Broadman Publishers, Nashville, 1995 p.)

## Konklizyon

Yon lide reskonsab se pa yon moun ki dezobeyi otorite, se lespri Bondye kap dirije lavi li epi lafwa li nan Bondye ba li fòs pou li afwonte tout defi ki pi gran yo nan lavi a. Konsa, lidè reskonsab la enspire lòt moun pou yo rete nan plan ak volonte Bondye pou lavi yo

# Resous yo

## Enfòmasyon Konplemantè

Herbert Lockyer fè obsèvasyon sa yo lè Jozye: "Pitit Noun nan te vini apre Moyiz la e ki se otè liv ki pote non l lan.Li te rele tou Oze (Resansman 13:8,16). Yo te rele Jozye premye sòlda konsakre pou listwa sakre.

Jozye te fèt nan ane esklavaj nan peyi Lejip sou rèy Farawon. Li te konnen sal te resevwa, azòt e fè brik. Li pat janm imajine li menm kòm yon esklav tap vin tounen lidè siprèm pèp Bondye a.Kòm sòlda, Jozye se te yon Lidè predominan, li te konnen kijan pou l planifye ak konpayon l e disipline twoup ki tap travay avèl yo. Li te konn itilize espyon sou tout bagay e li te aprann kijan pou konfye nan Bondye.

Kòm yon Sèvitè, viktwa li sou Amalec te louvri pòt pou anpil gwo responsabilite (Egzòd 17:8-13). Kòm Sen, lavi li te tankou jan Bondye te chwazi pou ranplase Moyiz (Detewonòm 34:9)" (All the Men of the Bible. Herbert Lockyer. Zondervan Publishing House, USA: 1958, pp.205-206).

## Definisyon tèm yo

**Sèvitè:** "Yon sèvitè BonDye se yon moun ki ofri li totalman nan volonte papa a menm jan Jezi te fè a (Beacon Dictionary of Theology. Richard S. Taylor, ed. Beacon Hill Press, Kansas City: 1983, p.479).

**Lidèchip:** Gen yon varyete definisyon pou lidèchip. Sa ki plis komen e sa ki plis koni an fè konnen ke : "Lidèchip se enfliyanse" (The Top Ten Mistakes Leaders Make. Hans Finzel, Victor Books, Wheaton, IL: 1994 p.16.)

**Lidè-Responsab:** "Mouvman modèn lidè-responsab te entrodui pa Robert K. Greenleaf nan eseye li "Sèvi tankou Lidè" (Sèvi tankou Lidè), nan sa ki mete plis aksan nan fen yo "lidè responsab". Anchene ekriti ki plis eseye souliye diferan aspè lidè responsab.. Depi nan lane 1990, kosèp ki devlope pou lòt otè krisyanis oubyen sa ki pa krisyanis yo pale de lidè responsab, Greenleaf di: "Lidè-responsab se premyeman sèvi... kòmanse avèk santiman natirèl ak yon dezi pou sèvi, sèvi premyeman... Diferans la manifeste konsa menm nan swen ke sèvitè a ap pran. Asire l ke priyorite ki pi enpòtan nan lòt moun yo te byen atenn" (The Private Writings of Robert K. Greenleaf pou vini yon Lidè sèvitè . Don M. Frick y Larry C. Spears, eds. Jossey-Bass Publishers, San Francisco, CA: 1996, pp.1-2).

## Aktivite siplemantè
## Identifikasyon Lidè yo

Nan kòmansman klas la, mande ak elèv yo pou yo pataje karakteristik lidè ki pi enfliyan nan lavi yo.. Pou kisa e nan ki fason? E ki repons yo nan yon timoso papye epi konpare yo ak karakteristik Jozye yo.

# Bondye te rele yon lidè reskonsab

## Orlando Serrano (EUA)

**Vèsè pou n konnen:** Kounye a, Moyiz, Sèvitè m nan mouri. Pare kò w, ou menm ansanm ak tout pèp izrayèl la. Nou janbe lòt bò larivyè jouden an pou nou ka antre nan peyi map ba nou an (Jozye 1 : 2)

**Bi leson an:** Fòk elèv la konprann apèl Bondye ak rekonesans nasyon an se faktè kle pou yon lidèchip otantik Bondye bay.

### Entwodiksyon

M gen yon zanmi m ki te poze m yon kesyon lè li te fenk pran reskonsablite pastè, kesyon sila te fè m reflechi: "Eske w sèten Bondye te rele w kòm Pastè? Avèk asirans, m te reponn li wi, sepandan, kesyon an pa t sispann fè laviwonn nan tèt mwen chak fwa. Yon jou pandan map priye, m te mande Senyè a pou li konfime se li menm menm ki te relem nan ministè li a. Non sèlman repons te pozitif epitou m te kontan anpil. Li te konfime repons lan epi li te fè m sonje tout fwa li tap plede rele m lè m te refize apèl li yo.

### I. Yon sèvitè Bondye rele

### A. Apèl ak misyon

Poze kesyon sa a : Pou kisa Bondye te rele Jozye ?

Misyon Bondye pou Jozye se te pou li mennen pèp izrayèl la soti Sitim pou rive nan peyi Kanaran ki se peyi pa yo pou kounye a (Jozye 2 :1).

Se pou moman sa Bondye tap enstwi Jozye paske pou kounye a Moyiz deja mouri. Men prèv lidèchip Jozye. Bondye te konnen Jozye epitou li wè li gen kapasite pou fè travay li te mande li pou li fè a. Lè Bondye gen yon misyon, li toujou rele gason oubyen fanm pou akonpli misyon sa a. Pandan yap fè travay sa a, yo reprezante men, pye ak bouch Bondye nan mond sa.

Yon misyon se sa Bondye vle pou moun li rele yo fè a ; sove kominote li a, bay moun ki grangou manje, oganize oubyen dirije yon ministè espesifik. Misyon Bondye pou ou se petèt bagay ou pa janm imajine, men se bagay lap diw pou w fè.

Menm jan li te fè li avèk Jozye, Bondye toujou kontinye rele gason ak fanm pou devlope misyon li sou latè.

Poze kesyon sa a : Si Bondye rele w pou ou akonpli misyon li, ki chemen lap montre w ? Lè Bondye bay yon moun yon misyon, premye bagay li dwe fè se chèche direksyon pou konnen si se Bondye ki ba ou misyon sa vrèman. Apre sa, li va di li ki direksyon pou li pran. Dezyèmman, li dwe chita ak ekspè yo. Kilès yo rele ekspè? Se moun ki gen anpil eksperyans nan yon disiplin. Paregzanp, si misyon Bondye a se konstwi klas pou lekòl dominikal, kidonk, ekspè yo dwe al chèche a se yon Enjenyè oubyen yon achitèk.

Misyon Jozye se te pou li janbe larivyè jouden an avèk pèp izrayèl la pou mennen yo nan latè pwomiz (Jozye 1: 1-4).

Jozye te konn resevwa enstriksyon nan men Moyiz, men depi le Moyiz te frape woche a, li te resevwa enstriksyon nan men Bondye dirèkteman.

Twazyèm bagay ou dwe fè lè Bondye rele w pou yon misyon, se yon plan. Plan an la pou ede w egzekite misyon an pi fasil.

Bondye te avèk Jozye:" Menm jan m te avèk Moyiz, map avèw tou ; m pap kitew epi m pap abandone w" (Jozye 1 : 5) sa te sifi pou Jozye menm pou nenpòt lòt lidè reskonsab pou li te akonpli misyon Bondye te konfye li. Li te chèche moun ki gen eksperyans (Jozye 1 :10) epi li te prezante plan li genyen an (Jozye 1 :11-15).

Lè Bondye baw yon misyon se paske li konfye li nan ou epi li gen konviksyon wap kapab akonpli misyon sila.

Li enpotan anpil pou yon lidè reskonsab resevwa yon misyon, pou li rete pre ak ekip lap dirije a epi pou li ekspoze ba yo sa Bondye ba li a (JOzye 1 :10) ; sa ki esansyèl, lidè reskonsab la dwe dabò reyini ak moun ki gen plis enfliyans nan ekip li a pou ka wè lidè yo a konsidere yo selon valè yo genyen pou yo ka eksplike eksklizivite sa Bondye te ba yo yon mannyè pou yo ka santi yo fe pati pwojè a. konsa, yo va kontinye pwogrese nan matirite men jan Moyiz li menm te fòme jozye. Ou menm, ki misyon Bondye ba ou ? Fè deskripsyon sa Bondye vle w fè.

## B. Jozye te resevwa pwomès

Li enteresan pou nou wè jan Letènèl sèvi ak Jozye pou li te kapab vin yon bon estrateji nan zafè lagè (Jozye 1 :5a). Jozye te wè tout pwodij ak mirak Bondye te fè atravè Moyiz ; sa te enspire li yon konfyans ki ekselan (Jozye 1 :5b) paske l te konnen kilès Bondye te ye. Bondye pat sèlman fè Jozye yon bèl pwomès "m pap janm kite w". Jozye te konnen pwomès sa se te yon garanti pou li antre nan te Kanaran. Li te konnen lè Senyè a fè yon pwomès, lap akonpli li (Jozye 1: 5c).

Avèk pwomès sa yo ki soti nan lye trèwo, nenpòt moun tap ka santi yo rasire. Si Bondye toupisan soutni ou, se sèten li ta ka louvri brèch pou lòt moun ki bezwen sipò nesesè.

## C. Jozye ak lalwa

Lè Bondye konfye yon misyon ak yon lidè, li dwe fè maksimòm jefò pou li rive fè sa Bondye mande l pou li fè a (Jozye 1 :7a).

Jozye te konnen akonpli lalwa enplike yon gran reskonsablite. Li te konnen Moyiz te resevwa lwa Bondye a, sa vle di li menm li te la lè Moyiz te resevwa tab la premye ak dezyèm fwa a. akonpli lalwa se te yon komandman dirèk Bondye te bay. Lè yon moun pa met kòl ni agoch ni adwat lwa a, li va gen menm kalite benediksyon ak Jozye nan tout sa lap fè (Jozye 1 :7b).

Se pou pawòl ki nan liv lalwa a toujou nan bouch ou (Jozye 1 : 8a). Komandman pou viv yon vi devosyonèl chak jou ; se yon lòt bagay ki merite konsiderasyon (Jozye 1 : 8b) paske se yon rejwisans lèw santi wap grandi nanyon relasyon kole kole ak Bondye aprè chak devosyon, aprèw fin pase yon bon moman nan meditasyon pawòl li a.

Men m jodia, lavi yon kretyen depann anpil de lavi devosyonèl lap mennen. Lòt komandman Bondye te bay Jozye se te pou li obeyi paske obeyisans li va pèmèt li gen siksè nan tout sa la p fè (Jozye 1 : 8c).

## II. Yon lidè reskonsab Bondye konnen
## A. Modòd Jozye te bay pèp la

Premye modòd la nou jwenn li nan liv Jozye 1 : 10-11. Sa te enpòtan anpil paske pèp la te nan nesesite pawòl sa yo ki pou ba li fòs kap pèmèt li pran wout sa ki si tèlman long. Yon lòt kote nan moman yo ta pral janbe larivyè jouden an, dlo a te desann.

Dezyèm modòd Jozye te bay pèp la, nou jwenn li nan liv Jozye 1: 12-15. Jozye te dwe fè moun branch fanmi Riben ak Gad yo wè kòman li te nesesè pou yo bay èd pa yo kap pèmèt yo posede te Bondye te pwomèt la.

Sa fè nou konnen lè Senyè a beni nou, nou dwe panse ak sila yo ki nan nesesite pou nou ka ede yo. Konsa, nou va akonpli komandman ki mande pou nou renmen pwochen nou yo menm jan nou renmen pwòp tèt pa nou.

## B. Yon lidè Bondye bay fòs

Senye a mèvèye, li bay kapasite ak moun li rele nan ministè li. Nan pasaj nonb 13 ak 14 la, nou wè yon Jozye ki pat popilè epi ki pa gen enfliyans, men nan tan pa li a Senyè a te leve li. Jounen jodi a, legliz bezwen anpil lidè tankou Jozye menm si nou konnen mwason an gran men pa gen anpil ouvryè.

Nan liv Jozye 1:10-15 nou jwenn yon vrè lidè ki gen kapasite pou dirije ak ladrès. Nan vèsè 13 la, nou jwenn yon Jozye ki sonje pèp Senyè a te ba l mennen an epi nan vèsè 14 ak vèsè 15 la kote Letènèl te bay enstriksyon sou tout sa li va fè.

Poze kesyon sa a: Kisa Jozye te rive fè pou tout pèp la te kanpe avèk li? Jan nou te di sa avan, Jozye te grandi nan sèvis Senyè a bò kote Moyiz, sa ki te pèmèt pèp la rekonèt valè li genyen. Sa se yon bèl pakou soti nan jenès Jozye jis rive nan moman pou li te ranplase Moyiz kote se li ki ta pral kondi pèp la nan peyi Kanaran. Pèp la te gen temwanyaj sou tout lavi Jozye. Lè yon lidè gen konfyans konsa, pèp la apiye l san kondisyon epi li ba l tout soutyen nesesè. Nan vèsè 16 la, pèp la fè sa Jozye te mande pou li fè.

Lidè yo bezwen gason ak fanm ki pou apiye yo paske si tout pitit Senyè a pa mete men nan travay li a, travay la pap mache paske lidè a pap ka fè tout pou kont li.

Sou lavi Jozye, nou aprann 4 bagay enpotan :

1- Lè Bondye rele nou, nou dwe aksepte apèl li a epi nou dwe travay pou wayòm li a vin pi gran.

2- Menm jan ak Jozye, si nou resevwa apèl sa, nou ka grandi ansanm bò kote lòt lidè menm jan Moyiz te fè pou li te ka ansenye nou kòman pou nou swiv plan Bondye yo nan lavi pa nou.

3- Fòmasyon yon lidè paf èt soti yon maten pou rive lannwit, se pito yon pwosesis ki devlope tanzantan jis li rive bay yo kapasite yon lidè moun dwe koute.

4- Yon lidè gen bezwen yon gwoup frè, sa vle di lòt lidè ki vin aprè li pou ka ede li nan tout aktivite wayòm Bondye a sou latè.

## Konklizyon

Anpil fwa, sa nou dwe fè a senp, men si Senyè a gide chemen nou, nou va wè avansman wayòm lan epi nou va bon lidè pèp la deside sipòte.

# Resous yo

## Enfòmasyon konplemantè

"Youn nan pwoblèm ki pi difisil ke lidè yo ap konfwonte se jwenn yon moun ki pou ranplase yo. Antrene lòt yo pou yo vin lidè. Anpil gwo rechèch kòmanse fèt pou moun ki gen grand kapasite nan lavi yo oubyen karyè yo tèmine anvan pou vizyon yo ta rive konvèti an reyalite. Reyalizasyon yon rèv konsa konvèti an responsabilite pou moun kap vin apre a. Lanmò se dènye e pi gwo dat tout lidè. Youn nan pi bon prèv lidèchip nou se dispozisyon epi kapasite ke nou demontre poun antrene lòt moun pou okipe pòs nou yo. Kilès ki te pa Moyiz yo? Kilès ki te pa Jozye yo? Ou se yon pati nan angrenaj zèv Bondye a k ap kontinye nan mond lan. Ou ap swiv modèl lòt moun e lòt yo ap swiv modèl ou. Konbyen li enpòtan selon Bondye moun ke w vle imite yo? Sa yo k ap obsève w yo, An nou wè, sin reflete Bondye nan tout pozisyon nan lavin? Mande Bondye pou l fè w jwenn yon Moyiz ki diy de konfyans. Mandel pou l fèw yon bon Jozye." (Biblia Del Diario vivir. Tyndale House Publishers. Caribe, EE.UU: 1997, p.275).

## Leson yo nan la vi w

Lidèchip efikas anpil fwa men se rezilta anpil preparasyon ak estimilasyon

Moun nou chwazi pou modèl nou yo pral genyen yon enpak definitif nan lavi nou.

Yon moun ki entegre l nan Bondye se meyè modèl pou nou.

## Definisyon tèm yo

**Lidè:** "Konduit oubyen pwomotè yon konduit sosyal, dirijan, chèf avèk akseptasyon volonte moun k ap swiv li yo". (Diksyonè an espagnòl e non pwòp .Océano, España: s/f p.934).

**Enfliyans:** "Aksyon oubyen efè enfliyans. Pouvwa, vanyan, otorite yon moun pou l avèk oubyen lòt moun oubyen poul entèvni nan yon zafè. Moun avèk pouvwa epi otorite entèvansyon l lan kapab pèmèt li gen yon avantaj, yon favè oubyen yon benefis." (vrè Diksyonè Akademik Espay an liy lan).

**Diskite:** "Refleksyon, panse, pale sou yon bagay epi egzèse entèlijans.. ( Vrè Diksyonè Akademik Españyol an liy ).

**Medite:** "Aplike avèk atansyon pwofon, panse ak konsiderasyon bagay yo, ou diskite egzateman sou pwen ke w kapab konnen yo e swiv yo.(Vrè Diksyonè Espagn)

Aktivite siplemantè

Distribye yon fèy blan bay chak elèv e mande yo pou yo ekri yon non moun ke yo menm yo admire kòm yon lidè responsab.

Apre yo fin ekri non an, mande elèv yo anba nom moun ke yo te chwazi kòm Lidè-responsab la ke yo te admire a, pou yo ekri karakteristik ke yo plis admire nan moun sa a, aprè mande yo pou yo kole l nan yon tifèy papye ( adwaz) avèk yon riban .Ekriti a dwe fèt nan lèt majiskil, yon fason pou elèv yo ka li l pandan yo nan plas yo.

## Dinamik. Pyèj e komantè

**Dire:** Senk minit

**Materyèl:** yon ti balon

**Objektif:** Se pou elèv la repase leson an nan pwòp mo pa li.

### Devlope dinamik:

1. Mande yo tout kanpe e yon volantè ap pran balon an.

2. Moun ki gen balon an dwe di non yon lòt moun nan gwoup la e pase l balon an.

3. Moun ki resevwa balon an dwe kòmante nan rès gwoup la yon bagay ke li te aprann nan klas la oubyen pou l reyalize yon aksyon pou l aplike sa l te aprann nan.

4. Moun ki deja pataje balon an dwe chita aprè li fin remèt balon an bay lòt moun nan li menm ki dwe toujou sou de pye l.

5. Repran pwosesis la jiskaske tout moun rive gen yon opòtinite nan aktivite sa a.

**Leson 43**

# Jozye, yon lidè prepare

Orlando Serrano (EUA)

**Vèsè pou n konnen:** Mesye yo di Jozye konsa :"Senyè a lage tout peyi a nan men nou. Tout moun nan peyi ap tranble tèlman yo pè nou" Jozye 2 :24

**Bi leson an:** Fòk elèv la konnen yon lidè dwe chwazi moun li fè konfyans pou li ka delege reskonsablite ak otorite.

## Entwodiksyon

Tout moun konn reyalize yon travay kèlkonk yo ba yo fè: Ale nan mache, pase pran yon moun pou al lekòl, transmèt yon nouvèl bay yon lòt moun, pran swen yon ti frè lè paran yo pa la, etc. Fè komantè sou divès travay chak moun te fè osinon ap fè, epi sou enpòtans travay sa yo menm si se sou aparans ou ta di yo pa gen enpòtans. Fè yo remake chak jou, yo reyalize divès travay gras ak konfyans mèt travay la tabli nan yo.

## I. Estrateji Jozye a

Lè nou pale de Jozye, nou wè yon jenn gason ki te gen anpil lafwa. Li se te temwen tout mèvèy Bondye yo. Avèk kapasite li genyen pou li kwè nan Bondye, nou rive wè li pat bliye mirak Bondye yo ; yo te toujou rete nan lespri li ak nan kè li.

Lè Letènèl te bay Jozye misyon pou li mennen pèp la nan late pwomiz, li te di li : "Moyiz, sèvitè m nan mouri. Pare kòw, ou menm ansanm ak pèp izrayèl la. Nou pral janbe lòt bò larivyè jouden an pou nou antre nan peyi map ba nou an (Jozye 1 : 2)

Konsa, Jozye te rive konprann se yon travay ki enpòtan, epi menm si se Bondye li menm ki va bay laviktwa, Jozye pat rete ap tann. Nan yon ka konsa, li te deside imajine yon estrateji avèk ladrès. Pa gen dout nan sa, pwomès Bondye a te vre, men tou Jozye te pran chaj la ak tout nanm li.

## A. Li te chwazi moun ki diy.

Lè nou bezwen konnen yon enfòmasyon ki enpòtan, nou chèche sous ki pi bon an. Jeneralman, gen anpil moun ki gen enfòmasyon men yo ka pa genyen enfomasyon ki korèk la.

Jozye te deside voye 2 espyon pou te ale kanaran pou ka konpile meyè enfomasyon ki posib : Jozye, pitit gason Noun nan, te voye de espyon ki soti Sitim an kachèt, li di yo : "Ale vizite peyi a ak lavil Jeriko. Se konsa, mesye yo ale, yo antre lakay yon jennès ki te rele Rarab. Se te la yo te desann" (Jozye 2 : 1)

De mesye sa yo Jozye te voye yo, se te de moun li te fè konfyans, de moun ki te pridan epi ki te gen sekrè. Yo te fè sa Jozye mande pou yo te fè epitou Bondye te gide yo nan eksplwa yo a. men m lè yo te dwe rankontre divès difikilte, Bondye te avèk yo epi li te ba yo sajès pou jwenn gras nan chak sitiyasyon.

## B. Jozye te ba yo yon plan

Lè Jozye tap pale an kachèt ak de espyon li tap voye Jeriko yo, li di yo: " Ale vizite peyi a ak lavil Jeriko" (Jozye 2: 1), aprè sa li te di yo jeriko se te yo va genyen kòm posesyon.

Sitim se te dènye kan ki te tab la sou rèy Moyiz la (nonb 25: 1 ak nonb 33:49)... Pou kisa Jozye te voye espyon yo? Lòd Bondye te bay pou avanse a epi pèp la te pwomèt obeyi a pat sifi? Si yon moun gen lafwa nan Bondye, eske li nesesè pou li fè tès? Wi, Jozye te konnen le li voye de espyon yo Jeriko a se te yon pwosesis militè. Komandman Bondye te ba li pou yo janbe larivyè jouden an te mande pou fè lèt preparatif nesesè pou sa. Li evidan si Jozye te ret kwè prezans imedyat Bondye ak pwomès li te fè a pat anpeche li pran tout mezi yon reskonsab ki aji avèk pridans te dwe pran.

Espyon yo pat bezwen plis rezon pou yo te pran direksyon Jeriko. Yo te kwè nan Bondye ak lidè yo a ki se Jozye. Avan yo te komanse misyon, yo te deja konnen yap genyen laviktwa; nou ka wè sa nan foug yo te genyen. Dayè, yo pat ezite, yo pat janm mete nan tèt yo pou yo tounen, yo pat janm doute. Letènèl te ba yo tout sekirite pou te reyalize misyon Jozye te voye yo akonpli a.

## II. Devlopman estrateji a

Chak estrateji gen pwòp devlopman li epi li

depann de akonplisman li pou misyon an ka atenn objektif li yo. De mesye yo te bezwen ranpli misyon an epi pou tounen sennesof avèk enfòmasyon ki te nesesè pou te ka gen laviktwa. Yo te bezwen ret konsantre yo sou misyon an pou yo pat pase akote nan lavil jeriko paske depi nan chemen an yo te jwenn distraksyon ak danje. Se konsa yo te dwe pran plis pase yon desizyon enpòtan pou detèmine avansman eksplwa yo a.

## A. Yo te jwenn ak danje

Pawòl Bondye a di yo te antre lakay yon jennès ki te rele Rarab. Se la yo te desann. Men nouvèl la te tonbe nan zorèy wa Jeriko a (Jozye 2: 2-7)

Chak travay nou rive fè gen pwòp risk pa li. M sonje lè m te timoun, manman m te voye m al achte pen. Machann nan pat pre epi m sonje chen te konn kouri dèyè m plizyè fwa. Men nan obstak yo, toujou gen yon pot pou soti.

Bondye te mete nan kè fanm lan pou pwoteje de mesye yo : " Madanm nan te fè de mesye yo monte sou galata anwo lakay li a, li te kache yo anba yon pakèt kòs bwa ki te blayi sou galata la pou yo cheche (Jozye 2: 6); epi li te di yo: " Ale nan mòn yo pou nou pa kontre ak moun yo voye dèyè nou yo. Nap rete kache pandan twa jou. Sa va ytan pou yo retounen. Aprè sa, nou mèt ale fè wout nou " Mesye yo di li:" Nap kenbe pwomès ou te fè nou fè a" (Jozye 2 : 16-17). Madanm nan pwoteje de mesye yo kont wa ak tout pèp li a pandan li te riske lavi li.

## B. Yo te negosye epi yo te jwenn yon akò

De mesye yo te gen konsyans se mizèrikòd Bondye ki te pèmèt yo kontre ak Rarab pou te ka fè yo kache lakay li a (Jozye 2: 3-6). Li menm pou kont pal, daprè pawòl li, li te sèten Bondye gran. Lè li te pran lapati pou mesye yo, li te rete ak konfyans pou mande mizèrikòd pou fanmi pa li ak pwòp tèt pa li le pèp izrayèl la va rive pran lavil Jeriko a (Jozye 2 : 8-14). De mesye yo te ba li garanti yap kenbe pwomès yo te fè li a si li pa livre yo bay wa a.

Lè fanm nan te mande de mesye yo pou yo epanye li ak tout fanmi li poutèt enfòmasyon l iba yo epitou poutèt li pat livre yo bay wa, mesye yo te aksepte akò a. Men, kòman mesye yo pral ka idantifye fanm fanm nan pou yo pa touche yo ? Nap raple se pa de espyon yo sèl kap patisipe nan batay kont lavil Jeriko a.

Se rezon ki fè mesye yo te fè yon plan. Se nan plan sila pwomès yo te fè fanm nan te akonpli (Jozye 2:17-21). Yo te pran tout prekosyon nesesè pou pawòl yo a te akonpli. Lè nou di yon pawòl, nou dwe sèten nap kapab fè li oubyen nap respekte sa nou di a. Si nou pa rive sonje tout sa nou di, sa nou gen pou fè, li enpòtan pou nou kreye yon plan ki pou ede nou sonje epi konsa, pou nou rive fè sa nou pwomèt.

## III. Kontrandi

Lè de mesye yo tounen vin jwenn Jozye ki te voye yo a, yo ba li tout enfòmasyon yo te rive konpile, anplis de sa, yo te rakonte Jozye kòman yo te fè pou yo jwenn enfòmasyon sa yo. " De mesye yo te tounen, yo te desann mon nan, yo te pase vin jwenn Jozye, pitit gason Noun nan epi yo te rakonte li tout sa ki te rive yo" (Jozye 2: 23-24).

De mesye te konnen li te enpòtan pou yo te bay enfòmasyon an lè yo te dwe bay li a, pou yo, se te sa ki plis enpòtan. Mwen soulinye aprè yo te fin bay kontrandi eksplwa sa, mesye yo te di Jozye Bondye deja ba li te sa. Yo te gen anpil konfyans nan Bondye, se poutèt sa yo te deja wè yon viktwa ki nan de pla men yo san yo pa bay tèt yo pwoblèm pou obstak yo va jwenn.

Nap raple parabòl sou talan yo (Matye 25: 14-30) kote yon nonm te rele sèvitè li yo epi li te konfye byen li te genyen ak yo menm. Nan parabòl sa, nou kapab wè konfyans lidè a mete nan chak sèvitè li yo. Mo "talan" nan parabòl la gen de sinifikasyon: se yon inite nan zafè lajan, se te denominasyon ki te pi gran nan tan sa. Kidonk, yon talan te egal kòb yon ouvryè òdinè pou 15 lane. Se konsa nou rive konnen kantite nonm nan te bay yo chak la te konsiderab.

Lè nonm nan soti nan vwayaj la, li te fè regleman ak sèvitè yo pou li te konnen ki estrateji yo chak te itilize pou ogmante richès li te remèt yo a. Men, malerezman yo tout pat travay ase. Konsa, laperèz ak ensekirite te lakoz youn nan sèvitè yo pat rive akonpli travay nonm nan te konfye li a. Paske le pou li te bay kontrandi a, li pat bay anyen anplis sou sa nonm nan te ba li a.

Konfye nou nan Bondye epi mande li pou li ba nou sajès pou chwazi moun ki pap abandone travay ministè a bò kote nou. Chwazi moun ki djanm, menm jan ak de espyon yo, ki malgre difikilte, te rive fè travay la pou yo te pote bon enfomasyon lè yo te tounen jwenn

Jozye.

Tout travay kèlkeswa jan yo te ka piti, yo tout enpòtan pou bondye epi yo se baz pou akonpli yon misyon. Sèlman nou bezwen kreye yon estrateji pou akonpli chak detay. Bondye va ede nou sote tout obstak yo epi li va ban ou laviktwa.

## Konklizyon

Bondye vle itilize nou. Tout travay, kit yo tou piti, yo tout gen enpòtans pou Bondye epi yo se baz pou atenn yon objektif. Sèlman nou bezwen kreye yon estrateji pou akonpli ak chak detay. Bondye va ede nou vole pi wo pase obstak yo epi li va ba nou laviktwa.

# Resous yo

### Enfòmasyon konplemantè

Rahab: "Fanm ki te viv Jeriko lè Izrayelit yo te kòmanse konkèt Kanaan an ...Jozye te voye 2 espyon nan Jeriko pou eksplore tèritwa enmi yo . Rahab tande viktwa Izrayelit yo e kòman yo te anpare yo. Lè wa Jeriko a te antre nan prezans espyon yo, li te mande pou li te kaptire yo, men Rahab te kenbe yo anba grif li sou teras la (Wout dwat). Men aprè li te kite yo sove.

Nan konkèt Jeriko a, Rahab. e fanmi li te gentan retire kò yo anvan destriksyon vil la. (Jozye. 2:1; 6:17-23). Nan Nouvo Testaman Rahab site anpil pou jan l te gen lafwa (Ebr. 11:31) e pou zèv li(Jak. 2:25) Mt.1:5 refere l, kòm madanm Salomon e manman nan jeneraloji Jezikri. Anpil gwo chèchè (savan) atribye yon estimasyon ak R. tankou l te yon pwostitiye . Yo avanse ke mo ebre. (zonah), tradui "jennès" (Joz. 2:1) li vini nan vèb zun (alimante), e non zanah (fònike), e anplis li ta k ap tradui pa "sèvez" oubyen " resepsyonis". Men tradiksyon sa a gen plis dout, donk nan nenpòt lòt ka yo tradui zonah toujou nan manyè sa "jennès" (Gn. 38:15; Lv. 21:14; Jue.16:1). Ki donk, Rahab. te reyèlman chanje fason l te konn ap viv.". (Diksyonè ilistre lib. Carayib, EUA: 1983, p.540).

"yo note ke Rahab te manifeste kèk bagay ki plis pase ti konesans entèlektyèl li nan Bondye Izrayè l la.Li te gen anpil konviksyon pèsonèl. Li te gen lafwa. Li te prèt poul negosye. Li te vle idantifye l avèk fanmi l kòm pèp favori Seyè a sou tout tè a , e li te anvi yon siyal (12).Li te demontre lafwa li lè li te sove lavi espyon yo . Lafwa li te genyen te rekonpanse e li te resevwa sekirite ke li menm ak fanmi li te bezwen. (14,19). An reyalite, Rahab ta antrene nan klas lafwa ke Bondye toujou eseye etabli ant piti Izrayèl yo.Rahab vin sove pa lafwa, pa zèv li yo (14-21). Li te pran fanmi lakay li; li te kenbe an sekrè plan l poul te vizite lòt espyon yo, li te idantifye kay li a ak yon kòdon wouj ..."(Komantè Biblik Beacon. Tom 2. CNP, EUA: 1990, p.17).

### Definisyon tèm yo:

Rekonèt: "Distenge, egzamine oubyen idantifye yon moun oubyen yon bagay nan yon seri karakteristik pwòp varye." (http://es.thefreedictionary.com/reconoced) [kosilte 2 jen 2011].

Abite: "demere oubyen ebèje nan yon kote oubyen nan yon kay patikilye." (Vrè Diksyonè Akademik Espanyòl an liy)[Konsilte 2 jen 2011].

Balkon: "Teras. Kouvèti yon edifis" (Diksyonè Akademi Espagnòl an lign).

Entèsekyon: "Milye nan yon rivyè avèk yon pwofondè rijid, ranpli e pwofon kote ke w ka pase a pye oubyen monte yon veyikil kèlkonk. (Vrè Diksyonè Akademik an liy ).

Kòm nan tan ansyen testaman an pon pat egziste. Jonksyon rivyè yo te fè koneksyon pa "kwazman". Se te toujou nan milye sa yo ke dlo yo te konn pi fon. (2 Samyel 19:18). Sa yo te trè komen nan Lejip. Lòt jonksyon nan Ansyen Testaman an se te rivyè Jabòk (Jenèz 32:22), Anon (Izayi 16:2), Jodann (Jozye 2:7; Jig 3:28; e rivyè Babilòn ki te Eufrate (Jeremi 51:31-32).eks.

### Aktivite siplemantè

Mande chak elèv pou yo panse ak yon travay ke yo gen pou yo fè , jis oubyen yo pa bay enpòtans. Mande yo pou yo elabore yon pwojè pou devlope avèk plis sansibilite ke yo ta panse. Pa egzanp: Si travay la se pase al chache yon zanmi pou ale legliz avè l,ou dwe ekri dat la ,etap ou te suiv jou sa a, lè ou tap espere zanmiw nan e kilè li te soti nan kay li pou l te rive alè ,Ki chemen nou te pran pou nou te rive legliz la, , prezante tout obstak posib,lè ou retounen lakay ou elatriye....Montre enpòtans travay yo reyalize a e Bondye konfye yo menm travay sa a.

# Depandans ak konfyans lidè reskonsab la

## Joel Castro (Espana)

**Vèsè pou n konnen:** "Aprè sa, Jozye di pèp la : Mete nou nan kondisyon pou nou fè sèvis pou Bondye, paske demen Senyè a pral fè mèvèy devan je nou" (Jozye 3 : 5)

**Bi leson an:** Fòk elèv la konprann nesesite pou lidè reskonsab la konfye li nan bondye epi pou li lage tout bagay nan men Bondye pou li ka rive akonpli misyon ki enposib pou lèzòm.

### Entwodiksyon

Lavi Jozye chaje ak istwa epi ak bèl eksperyans. Bondye tap prepare Jozye depi lè li te jenn gason pou li te kapab gide pèp izrayèl la sou plan politik, sivil ak espirityèl.

Pa gen dout nan sa, konfyans Jozye ak depandans li nan bondye tout lòt dye yo, Wa tout lòt wa yo, Bondye ki se chèf lame yo te fè li vin yon nonm ki genyen gran viktwa nan tè kanaran. Komisyon bondye te konfye Jozye a se pat yon bagay fasil. Se te yon jenn gason ki te gen madanm ak pitit. Kidonk, li te gen reskonsablite, enkyetid ak dout. Sepandan, li te obeyi Bondye pandan li te mete tout konfyans li nan pwomès li yo; menm jan pou ou menm jodia ki gen yon misyon nan zòn kote nou rete a. Bondye se yon Bondye ki toujou gen plan, se poutèt sa li vle sèvi ak nou pou fè eksplwa ki pa piti. Sèlman sa li mande nou, se yon kè ki byen dispoze menm jan ak Jozye.

Pou li te rive tabli pèp izrayèl la nan latè pwomiz, Jozye te dwe venkè sou anpil gwo traka. Gras ak gran konfyans li te genyen nan Bondye, Jozye te rive fè eksplwa sa a. Pandan nap kontinye, annou wè eksperyans Jozye kòm yon egzanp pou lavi pan ou.

### I. Konfyans ak depandans Jozye nan Bondye lè li tap janbe larivyè jouden an.

Pasaj pèp izrayèl la nan larivyè jouden an avèk jozye kòm lidè se yon istwa ki chaje ak emosyon epi ak mèvèy. Bondye te vle raple nouvèl jenerasyon sa a li se menm Bondye zansèt li yo, sa vle di sila yo ki te avèk Moyiz le li te janbe lamè wouj malgre yo te pral mouri akoz rebelyon yo te fè kont Letènèl. Pou kounye a, Bondye vle montre fidelite li ak jenerasyon sa Jozye ap mennen an (Jozye 3 : 1-17).z

Jozye te deside avanse nan konkèt li pou latè pwomiz. Konsa, li te mennen pèp la bò larivyè jouden an

(Jozye 3:1) epi apre twa jou, li te di pèp la : " Mete nou nan kondisyon pou nou fè sèvis pou Bondye..." (v.5)

Jozye pat vle pou anyen kontrarye bon relasyon l ak Bondye a epi li te vle tou pou Bondye manifeste nan kè ki pi e ki pwòp. Konsa jodia tou, Bondye vle pou nou fè menm rekomandasyon sa. Paske si nou vle wè laglwa Bondye nan lavi nou, nou dwe egzamine pwòp tèt pa nou epi nou dwe chèche sanntifye lespri nou.

Jozye te wè sa nesesè anpil. Fè remak la byen, se pa Bondye ki di:" Mete noun an kondisyon pou nou fè sèvis pou Bondye" men se pito Jozye ki te di sa. Sa pèmèt nou konprann sa ki priyorite pou lidè a se wè pèp la kap rejwi nan yon bon relasyon ak Bondye. Nan ka sa, Jozye te konnen pozisyon antan sèvitè ki soumèt tèt li devan Bondye ki sen an ; epi antan lidè reskonsab, li te mennen pèp la kote Senyè a te vle a.

Nan nouvo testaman, rekomandasyon ki mande pou nou mete nou nan kondisyon pou nou fè sèvis pou Bondye kontinye fè eko nan lèt Paul te ekri yo. Men sa li te ekri women yo : "Se sak fè, frè m yo, jan Bondye fè nou wè li gen kè sansib pou nou an, se pou nou ofri tout kò nou ba li tankou ofrann bèt yo mete apa pou Bondye, bèt yo ofri tou vivan epi kap fè Bondye plezi. Se sèl jan nou dwe sèvi Bondye tout bon" (women 12 :1)

Nan menm liye a, li te ekri legliz efèz : " Se pou nou vin yon lòt kalite moun jan Bondye vle li a, pou nou sanble ak li pou nou ka mennen yon lavi ki dwat, yon lavi ki apa pou Bondye, jan verite a mande li a" (Efezyen 4 :24)

Pi devan, li te egzòte legliz tesalonik la : " Men sa Bondye vle pou nou : se pou nou viv apa pou Bondye, pou nou pa lage kò nou nan imoralite..."epi li kontinye pou li di nan menm lèt la: "Bondye pa rele nou pou nou viv nan vye kondisyon lèd. Men li rele nou pou nou viv yon jan nòmal ak volonte li" (1 tesalonisyen 4 :3, 7)

Si nou chèche epi si nou swiv sentete Bondye

nan lavi nou, nap ka wè gran mèvèy menm jan Jozye te rekomande pèp la : " Mete nou nan kondisyon pou nou fè sèvis pou Bondye, paske demen Senyè a pral fè mèvèy devan je nou" (Jozye 3 :5)

**B.Bondye te soutni Jozye**

Jozye te panse janbe larivyè jouden an jan li te prevwa fè sa ansanm ak lòt sèvitè li yo paske li te ba yo tout enstriksyon nesesè pou sa (Jozye 3 :1-4). Sepandan, Bondye te apwovizyone yon bagay nan plan sa.

Pou bondye, li te bon pou Jozye te prepare pèp la nan sanktifikasyon epi anplis de sa, pou li te ale dèyè lach la ki te senbolize prezans Bondye. Bondye te kontinye konfime prezans li ak Jozye " Menm jan m te avèk Moyiz la, se konsa m va avèk ou" (3 :7)

Jwenn soutyen Bondye ki nan syèl la, se bagay tout lidè dwe swete. Avèk pawòl sa, Jozye te sonje apèl li te resevwa a yon lòt fwa ankò : "Pare kò ou, ou menm ansanm ak pep izrayèl la. Nou pral janbe lòt bò larivyè jouden an pou ka antre nan peyi map ban ou an...pandan tout rès vi ou, pèsonn pap ka kenbe tèt ak ou ; menm jan mwen te avèk Moyiz la, m va avèk ou ; m pap lage w, m pap abandone w. Mete gason sou ou ! Pa janm dekouraje, paske se ou menm ki pral fè pèp la antre pran peyi mwen te fè sèman map bay zansèt yo a" (Jozye 1 :2, 5-6)

Asistans Bondye tabli otorite. Pèp izrayèl la te dwe konnen kilès Bondye te mete kòm lidè. Prèt yo se te premye moun ki te dwe respekte lòd pou gide pèp la san fè tole. Se poutèt sa, Jozye te mande pwèt yo pou pote lach la men m jan Senyè a te di a (3:8)

**C. Jozye te mande pou yo pran douz ti wòch**

Youn nan pi gran bagay Bondye te fè avèk Moyiz epi jis kounye ki se yon bagay ki admirab anpil, se lè yo te janbe lanmè wouj ak pye sèk. Men m Bondye sa, li te fè Jozye janbe larivyè jouden an ak pye sèk. Apre karantan rebelyon pèp izrayèl la nan dezè a, nou rive wè jenerasyon ki te ak Jozye a se te yon lòt.

Yon lòt fwa ankò Bondye te montre pouvwa li ak nouvèl jenerasyon sa epi li te mande pou chak tribi chwazi yon wòch nan jouden an pou lòt jenerasyon après yo ka raple yo gran eksplwa sa (Jozye 4: 4-7). Janbe larivyè jouden ak pye sèk, se te pwèv lafwa Jozye te genyen lè li te mande yo pou yo mete yo nan kondisyon

pou yo fè sèvis Bondye paske te pral fè mèvèy (Jozye 3 :5). Bondye se yon Bondye mèvèy, li gen anpil gran bagay pou lavi pitit li yo si sèlman yo rete fidèl epi tou si yo konfye nan li.

**II. Konfyans ak depandans Bondye avan Jeriko**

Jeriko se yon vil ki te antoure ak gwo miray epi ki byen fèmen paske yo te pè afwonte pèp izrayèl la (Jozye 6:1-16). Sa se fich prezantasyon yon lidè ak yon pèp ki gen konfyans nan Bondye; ennmi an trable paske li konn kòman pou li kanpe devan yo.

Nan lavi a, nou genyen plizyè defi, sa ki pase vin tounen yon istwa ki senp. Men si nou akroche nan pouvwa Senyè a, chak defi va sèvi yon eksperyans ki va ba nou motivasyon pandan nou konnen Bondye avèk nou. Pou Jozye, janbe larivyè jouden an ak pye sèk, sa gentan fèt men sa ki rete se gwo miray Jeriko yo. Konsa, nan pasaj sa nou wè konfyans ak depandans Jozye nan twa pwen enpòtan.

**A.Konfyans nan pwomès Bondye**

"Gade, m livre lavil Jeriko a nan men w ansanm ak tou wa ak sòlda li yo" (Jozye 6:2), pa gen anyen ki pi bon pase pwomès yon Bondye ki gen tout pisans epi ki espesyalis men m nan sa ki enposib. Jozye te konn sa, sèlman li tap tann lè pou sa akonpli. Esperans nou plante nan pwomès Bondye epi bib la se yon liv ki chaje ak pwomès vivan pou nou. Ladanl, nou jwenn mil pwomès pou nenpòt sikonstans nan lavi nou (sòm 34 :7 ; 60 :12 ; women 8 :31b, 37 ; 1 pyè 5 :7)

**B. Konfyans nan plan Bondye**

Gen anpil moun ki fè kòmantè, yo wè Jozye tankou yon konkeran (Jozye 6 :3-5). Sepandan, si nou fè yon analiz, nou ka wè Bondye travay selon plan pa li men se pa jan lòm fè. Plan Bondye se te pou li enspire yo lafwa, pou yo te ba li glwa epi pou li te ba yo tè sa kote lèt ak myèl ap koule. Senpleman, sa tap fèt ak obeyisans lidè yo epi ak obeyisans pèp izrayèl la.

**C. Konfyans nan Bondye malgre tout fòs ennmi an genyen**

Jozye te konnen rive pran lavil Jeriko a se pat yon bagay ki te fasil. Li bon lè w gen konfyans nan sa Bondye ap fè men yon lòt bò li enpòtan pou nou fidèl nan lafwa.

Poze kesyon sa a: Konbyen fwa ou te kòmanse yon bagay epi ou kanpe nan wout?

Nan istwa wa Sayil, nou wè lachte lè li te al kontre filisten yo paske sanzatann li te kontre ak Golyat. Li te pè epi li te dekouraje (1 samyèl 17:1-2, 11,16); Sayil te pèdi devan defi Golyat yo; sepandan, te gen yon nonm ki te kwè nan Bondye, se ti David.

Menm jan, Jozye antan ke jeneral lame a te dwe afwonte fòtrès Jeriko a sou chemen li jis li rive sou tè kote lèt ak myèl ap koule a ki se Kanaran. Jozye te swiv chak pasaj jan Bondye te mande li a (Jozye 6). Li te obeyi "alalèt" epi avèk anpil lòd. Nou dwe fè zafè Bondye jan li vle pou nou fè yo a epi jan li plase nou an. Nou pa dwe blye nan pryè nou yo pou nou mande disèneman ak sajès pou ka fè zafè li selon volonte li.

Bondye nap sèvi a se yon Bondye kote plan li se pou nou rive fè volonte li nan fanmi an, nan travay la, nan sosyete a epi pou nou al viv avè li etènèlman. Si pèp izrayèl la pat rebèl, li pa tap pase karantan nan dezè a epi li tap rive nan latè pwomiz byen vit paske se te plan Bondye. Pa janm kite rebelyon nou fè plan Bondye rete lwen nou; konsa, pou pa fè lasoud zòrèy sou sa li mande nou fè

.

## Konklizyon

Janbe larivyè jouden an ak miray Jeriko yo reprezante obstak ak pwoblèm nou dwe afwonte nan lavi nou. Eske nou prè pou wè gran pwodij kap fèt nan lantouraj nou? Ann raple sa, sikonstans ki prezante yo se pòtinite pou wè pouvwa; annou konfye nou nan li epi annou lage nou nan men li

---

# Resous yo

## Enfòmasyon Konplemantè

Rivyè Jòdann: ´´Se yon rivyè ki kouri soti depi Liban jiska lamè mòt. Li baleye ak van nan menm distans lan depi nan lanmè Galile a. Lamè mòt mezire 112 Km, Rivyè a genyen yon lonjitid plis pase 200km. Nan vale kote l kouri a mezire 260km nan longè e kote l devèse nan lanmè mòt la mezire 390m anba nivo lamè a. Rivyè a mezire nan li menm 1 a 3 m. pwofondè e yon afè de 30 m epesè (Jenèz 13:10; Matye 3:13). Motif enpòtan ki asosye ak rivyè Jòdann nan se: Izrayèl te pase l nan sèk avèk Jozye (Jozye 3); Jan Batis te batize ladann (Matye 3:6); e se te la ke Jezi te batize (Matye 3:13)" (Diksyonè Popilè Bib la. Libros Logoi p.133).

## Definisyon tèm yo.

**Kòn:** " yo pa rele l twonpèt metalik, men kòn yo itilize kòm enstriman a van. Son li wonfle e li trè pisan pou reyini moun. (Jowèl 2:15), pou yo anonse yon kòz motif grav oubyen yon fèt relijye (1 Wa 1:39; Sòm 81:3) Pou yo bay konsiy oubyen nenpòt lòt siyal nan tan lagè oubyen tan laperèz. (Jeremi 4:5, 19; Jowèl 2:1). Pita, Kòn nan vin itilize nan pati litijik sinagòg la. An nou gade Egzòd 19:12-13" (Bib etid Bondye pale jodi a,Sosyete biblik.p 304

**Jeriko:** "Vil 9 Km. Nan lwès de Jòdann e plis mezire plis pase 11 Km. Nan nò lamè mòt la. Nou jwenn 240 m. anba nivo lamè a.Se te vil ki pi gran nan ansyen mond lan. Li te estrategikman sitiye pou kontwole ansyèn wout komèsyal vil sa a jiska palestin . Jozye te detwi l (Jozye 6). Benjamen vin entegre l e li te fè rekonstwi l (1 Wa 16:34)" ( Diksyonè biblik popilè.Liv Loji,,p.124). " Akeyològ yo te chache pwen kote ki te konfime destriksyon an te produi nan anviron ane 1400 Anvan Jezikri. Yo te afime ke miray la te defèt konplètman jis deyò yon fason pou Izrayelit yo ta kapab pase sou dekonb yo e pou yo antre nan vil la. (Eksplore ansyen testaman. Purkiser. CNP, EUA: 2006, p.136).

## Aktivite siplemantè
### Dinamik

**Materyèl:** Diferant objè kap sèvi yon obstak ak moucha pou bande je.

Objektif ke klas la konprann sa ki signifi konfyans e dependans ke chak moun dwe genyen sou vwa Bondye atravè pawòl li.

**Tan:** Pa plis pase 5 minit.

**Devlopman:** Anvan ou kòmanse klas la, mande 4 elèv (oubyen 6) volontè pou yo mete yo pa 2 .Aprè, yon moun nan chak 2 moun sa yo ap bande je lòt. Nan yon espas nan klas la ki gen distans 5-8 a 10 m nan longè, mete obstak yo pa egzanp chèz, katab, elatriye.. alafen moun ke parèy li pa bande je l ap gide yo sèlman ak vwa l pou l rive fè konpayon l lan jwenn li.( Pou tout deplasman yo ou dwe make yo) ni pyèj yo avèk obstak yo.

# Rekonesans ak remèsiman pou Bondye

Efrain Ungria (Espana)

**Vèsè pou n konnen:** Aprè sa, Jozye pran douz lòt wòch, li mete yo kanpe nan mitan larivyè a kote prèt ki tap pote bwat kontra yo te kanpe a. wòch yo la jouk kounye a (Jozye 4 :9)

**Bi leson an:** Fòk elèv la konprann lidè a dwe sonje mèvèy Bondye yo epi li dwe sèten lòt jenerasyon kap vini yo ap konnen sa.

## Entwodiksyon

Youn nan pi gran preyokipasyon paran yo se pou yo anseye timoun yo pou yo gen larekonesans. Men se youn nan bagay timoun yo konnen pi ta nan lavi yo. Chak fwa yo resevwa yon bagay, paran yo dwe aprann yo pou yo di "Mèsi".

Menm jan nou gen preyokipasyon pou nou aprann timoun nou yo pou yo rekonesan ak lòt moun, nou dwe aprann gen larekonesans ak Bondye. Kòman nap rive gen larekonesans ak moun ki te ba nou bagay ki pi presye nou te ka posede: delivrans ak lavi etènèl?

## I. Gratitid, yon komandman ki soti nan Bondye

Lè n tande mo "gratidid", nou ta ka panse se yon santiman espontane ki soti nan kè nou san jefò. Sepandan, gratitid se yon disiplin espirityèl nou kapab epi nou dwe aprann. Nou dwe fè jefò pou nou gen larekonesans. Jeneralman, lòm gen tandans pou sonje bagay malki pase sèlman pandan yo blye fasilman bagay ki bon yo. Se pou tèt sa, Bondye te mande pèp izrayèl la pou yo te gen larekonesans epi pou yo pa bliye sa li te fè pou yo.

Nan pwen sa, nou kapab li avèk klas la chapit 4 la konplètman pou yo ka genyen yon panorama sou leson an.

## A. Jozye te obeyi komandman Bondye a

Nan Jozye 4 :1-6 pawòl la di " Jozye te janbe larivyè jouden an jan Senyè a te pale avèk li. Nou ta ka imajine avèk ki ajitasyon pèp la te soti nan yon bò pou janbe nan lòt bò larivyè jouden an. Pou Jozye sa te fasil paske li te tande vwa Bondye. Se yon bagay reyèl, Jozye te sansib ak vwa Senyè a ; konsa, li pat kite presyon ak okipasyon ministè a anpeche li tande sa Senyè te vle di li. Sansib ak vwa Bondye epi toujou prè pou obeyi li, san pèdi tan Jozye te fè sa li te mande : li te chwazi douz gason, yon reprezantan pou chak tribi, epi li te mande yo pou yo chak pran yon wòch (w.2-5).

Yon lidè reskonsab, menm jan ak Jozye, dwe atantif ak vwa Bondye men li pa dwe pran tan pou akonpli lòd li resevwa a paske se li nap sèvi.

## B. Pèp la te obeyi ak Jozye

Obeyisans lan pat soti bò kote Jozye sèlman men tout pèp la te obeyi tou "epi pèp izrayèl la te fè sa Jozye te mande yo pou yo fè..." (Jozye 4 :8-20). Pèp la te konnen Jozye epi li te konn angajman li ak devouman li pou Bondye, se pou tèt sa yo te ale pran douz wòch yo.

Annou raple sa bib la di : "Obeyi chèf nou yo, soumèt devan yo. Se tout tan yap veye sou nou paske yo gen pou rann bondye kont pou travay yo. Si nou obeyi yo, yap fè travay la ak kè kontan. Men si no upa obeyi yo, yap fè l ak kè sere. Lè sa a, pap gen okenn avantaj pou nou" (ebre 13:17)

## C. Sa douz wòch yo reprezante

Wòch sa yo, se pat kapris Bondye, men se te yon siy pou jenerasyon kap vini aprè yo...wòch sa yo va sèvi pou fè pèp la sonje sa Senyè a te fè pou yo. Demen, lè pitit nou va mande kisa wòch sa yo vle di pou nou, nou va reponn yo : "Dlo larivyè jouden an te sispann koule devan bwat kontra a Senyè a. wòch sa yo la pou pèp izrayèl la ka toujou sonje dlo larivyè jouden an te sispann koule lè yo tap janbe lòt bò larivyè a" (Jozye 4 :7).

Si yo te rive pwospere; si yo te gen tè; bèt ak vil, se pat gras ak fòs yo ak entelijans yo oubyen abilite yo genyen men se paske Senyè te mennen yo la epi paske li te travay pou li te ka ba yo tè sa kote lèt ak myèl ap koule".... Yon mannyè pou lòt nasyon ka konnen men Bondye pisan" (Jozye 4:24). Se bagay pou pa janm bliye. Jenerasyon aprè jenerasyon ta dwe viv ak rekonesans pou Bondye ki te mizèrikòd pou yo a.

## A. Benefis gratitid pote

Lè Bondye mande nou yon bagay, se pa konsa konsa. Li toujou gen yon entansyon. Lè Bondye mande nou pou gen larekonesans, se pou pwòp byen pa nou. Gratitid pral pote gran benefis nan lavi nou.

## B. Se yon antidòt kont ògèy

Gratitid pral ede nou viv yon mannyè ki senp. Lè nou di mèsi se paske nou panse nou merite sa nou te resevwa a.

Nan Lik 17 :11-19 nou jwenn istwa dis moun ki te gen maladi lèp epi ki tap mande Jezi yon mirak :'' Jezi, mèt, gen pitye pou nou'' (v.13). Pandan yo tap ale jwenn prèt yo, jan Jezi te di yo a, yo te geri. Sepandan, sèlman youn nan yo te tounen vin bay Bondye glwa pou montre rekonesans li : ''Youn ladan yo ki wè li geri tounensou wout li, li tap fè lwanj Bondye byen fò pou tout moun tande. Li lage kò li atè nan pye Jezi, li di li mèsi. Nonm sa a, se te yon moun peyi Samari'' (v.15-16). Sa nou pa ta panse, grenn sa ki te tounen an se te yon etranje ki soti nan peyi Samari. Pou kisa nèf lòt yo pat tounen? se pat paske yo te Jwif yo te panse Senyè a te oblije fè mirak la nan lavi yo? Pou kisa nou dwe di mèsi?

Tout bagay nan lavi sa, nou resevwa yo gras ak Bondye, Se pou tèt sa nou dwe toujou gen larekonesans.

## C. Gratitid ede nou rekonèt kilès Bondye ye epi kisa lap fè pou nou

Lè nou di Senyè a mèsi pou bonte li pou nou, nou rekonèt grandè li, lanmou li, mizèrikòd li epi jan li mèvèye nan lavi nou : '' Lè nap gade syèl ou fè ak men ou an, lalin ak zetwal ou mete ladan li, nap mande : -kisa lèzòm ye pou ou sonje yo konsa ? Kisa yo ye pou ou pran ka yo konsa ? ou fè yo yon ti kras pi piti pase ou, Bondye. Tankou yon kouwòn sou tèt yo, ou ba yo pouvwa ak respè. Ou mete pou yo domine sou tout sa ou fè, ou mete tout bagay anba pye yo : bèf kou kabrit, ansanm ak tout bèt nan bwa yo, zwazo nan syèl, pwason nan dlo, ansanm ak tout lòt bèt kap viv nan lanmè. Senyè, Mèt nou, se toupatou sou latè yo rekonèt jan ou gen pouvwa'' (sòm 8 :3-9)

Yon kè rekonesan nanSenyè a va mennen nou nan yon adorasyon ki vrè. Gratitid va gide pou nou rekonèt se Bondye ki ba nou tout sa nou bezwen epi tout sa nougenyen se pou li. Pap gen adorasyon si pa gen gratitid nan lavi nou. Sonje istwa fanm lan ki te lave pie Jezi a (Lik 7:36-50). Eske se pat yon bon gratitid ki te mennen yon bon adorasyon?

## D. Gratitid ede nou viv nan lakontantman

Finalman nou kapab di gratitid pral ede nou viv nan lakontantman. Apot Pòl se yon prèv de li. Nan liv Filipyen 4 :11-13, Pòl pale nou kòman li te aprann viv nan lakontantman nan nenpòt sitiyasyon ki te prezante : '' Si nou wè map pale konsa, se pa paske kounye a mwen nan nesesite. Paske nan lavi, m aprann kontante tèt mwen ak sa m genyen. Mwen konnen sa ki rele viv nan mizè, mwen konnen sa ki rele viv nan richès. Kit mwen pa gen ase, kit mwen gen plis pase sa mwen bezwen, nan tout sikonstans m aprann kontante tèt mwen toupatou ak sa mwen genyen. Nenpòt sitiyasyon ki parèt devan mwen, map degaje m, grenmesi Kris la ki ba mwen fòs kouraj''. Atitid sa, se fwi yon lavi ki ranpli ak rekonesans. Si nou bliye mizèrikòd Bondye pou nou, nou pral viv yon lavi san satisfaksyon epi nou pap janm konfòme nou nan divès sitiyasyon nou va gen pou viv.

## II. Kiltive gratitid

Jan nou te déjà di sa avan, larekonesans se yon bagay nou ka aprann. Se poutèt sa, nou ta dwe preokipe nou pou nou ka konnen sa pou nou fè pou nou kiltive larekonesans nan lavi nou. Kounye a, nou pral wè twa bagay ki pral ede nou fè gratitid vin yon mòd vi.

## A. Aprann di mèsi pou tout bagay

Nan liv 1 tesalonisyen 5 :18 Apot Pòl di nou : '' Di Bondye mèsi pou tout bagay. Se sa Bondye mande nou, nou menm ki mete konfyans nou nan Jezikris'' nou dwe aprann di Bondye mèsi nan tout sikonstans lavi nou. Sa mande pou nou gen larekonesans tou nan tout sikonstans nou pat abitye ye paske ''Nou konn sa byen : nan tout bagay, Bondye ap travay pou byen tout moun ki renmen li'' (women 8 :28a), nou dwe rekonesan ak Bondye. Yon moun ki rekonesan se yon moun senp ki montre ki valè tout sa Bondye fè pou li genyen.

## B. Fè moniman

Menm jan pèp izrayèl la te pran douz wòch pou yo pat bliye Bondye te fè yo janbe larivyè jouden an (Jozye 4 :20), nou menm tou nou ka fè moniman pa nou. Nou ka kenbe kòm moniman nan lavi nou bagay ki fè nou sonje de moman espesifik nan sa ki konsène mizèrikòd ak gras Bondye nan lavi nou.

## C. Ekri yon jounal espirityèl

Youn nan bon koutim pou kiltive gratitid kòm yon mannyè pou viv se fè rejis chemen kote nou pase a, sa vle di chemen kote Bondye te pase avèk nou an. Pèp izrayèl la gen yon rejis ki gen tout istwa ansanm ak tout mirak Bondye te opere nan pami yo (Egzòd 17:14). Rejis sa, nou jwenn pifò ladan l nan bib nou genyen nan men nou an jodia. Istwa liberasyon Ejip, istwa izrayèl nan dezè a, konkèt pou tè Kanaran...tout te sèvi pou lòt jenerasyon ki te vin aprè yo pou yo pat bliye si yo te rive la se gras ak lanmou Bondye ki si tèlman gran.

Anplis de sa, ekriti tout sa Senyè a te mande pou yo fè a te ede yo sonje alyans pèp la te dwe kenbe ak bondye : "Senyè a di Moyiz ankò : 'Ekri tout pawòl sa yo paske se daprè pawòl sa map siyen kontra m nan avèk ou ansanm ak pèp izrayèl la" (Egzòd 34:27)

## Konklizyon

Yon lidè reskonsab dwe kiltive yon kè ki gen gratitid anvè Bondye. Sa se yon komandman pou tout. Epi tou gratitid la pa dwe rete nan nou menm, nou preyokipe nou pou transmèt li bay jenerasyon kap vin aprè yo gran travay Bondye te fè nan nou menm.

# Resous yo

### Enfòmasyon konplemantè

Jeriko te frape pa anpil gwo evenman antre yo
Pandan ministè Elize a te gen nan vil Jeriko yon gwoup pwofèt. (2 R. 2:5).

Eli, nan anlèvman li nan syèl, atravè Jeriko ak Elize (2 R. 2:4, 15, 18).

Parabòl bon Samariten an ki te sitiye sou chemen Jerizalèm nan Jeriko (Lik. 10:30).

Gerizon de avèg Batime ak konpayon l yo te jwenn plas nan vil Jeriko. (Mt. 20:29; Lc. 18:35);

Zache ke Jezi li menm li te rele l pou l te ale lakay li pou l te ofri l plan sa li a, nan vil Jeriko (Lik. 19:1, 2).

Jeriko modèn nan, nan Arab «Er-Riha», li twouvel ak 1,5 Km. Sou prentan sidès"
(Sèvis Evanjelik dokimantasyon ak enfòmasyon an liy.Baselon,Espagn
http://www.sedin.org/propesp/Jerico.htm) [konsilte le 5 septanm 2011].

### Definisyon tèm yo

**Kontantman:** Pa okipe de akseptasyon pasiv yon estati ki pa gen yon sekirite absoli sou sa Bondye bay ak nesesite nou yo, rezilta a se santi nou vrèman lib nan tout bon dezi nou yo. Kretyen an kapab santi li entèpandan paske tout nesesite l yo kouvri pa gras Bondye . (2 Korentyen 12:9). Lespri kontantman kretyen an mache an akò avèk manda fondamantal Egzòd 20:17 ki kondane avidite ke presèp pwovèb 15:17 ak 17:1 an, Egzòtasyon pwofèt yo te fè kont avaris( debòch) (p. egz.Miche 2:2), e nan nivo ki pi wo egzanp

ak ansèyman Jezi yo, nan yo nou jwenn represyon ak reprimande moun ki mete asirans yo nan byen materyèl avèk anpil neglijans nan travay Bondye a. (Lik 12:13–21) e li rekòmande yon konfyans san mezi nan Papa nou ki anwo nan syèl la ki anile tout pwoblèm(sò) ansyen nou yo e respekte pwovizyon materyèl yo .(Matye 6:25–32). Nouvo diksyonè biblik: Premye edisyon. Douglas, J. Sosyete biblik uni: Miami 2000 Moniman: zèv biblik ak patant, kòm yon fòm,yon enskripsyon ,yon tonbo yo mete nan memwa yon aksyon ewoyik oubyen lòt bagay sengilye ( Vrè diksyonè Akademik Espagn an lign)

### Aktivite siplemantè

Aktivite an gwoup(Ou kapab itilize aktivite sa a pou w entrodui yon tèm oubyen yon aksyon). Divize klas la an 2 gwoup epi mete nan chak gwoup yo repatisyon sa yo.

Group 1: Jezi pou tèt pa li menm li te pratike gratitid. Li avèk presizyon pasaj sa yo e panse nan ki mezi ke l anseye ke Jezi te toujou rekonesan avèk Papa l: Lik 22:17–19, Jan 6:11, 11:41–42.

Gwoup 2: Li avèk presizyon pasaj Lik 4:38-39.Kisa bèlmè Simon Pyè a te moutre avèk sèvitè l yo? Avèk Bondye nou kapab di l mèsi avèk pawòl nou yo, men ki lòt fòm ki egziste ki montre l ke nou rekonesan anvèl ? Bay kèk repons pratik.

# Peche ki
# pat rete kache

John Hall Jr (EUA)

**Vèsè pou n konnen:** Peche nou kache, li ba nou lanmò. Men kado Bondye ba nou gratis la, se lavi ansanm ak Jezikris, Senyè nou an, yon lavi ki pap janm fini.

**Bi leson an:** Elèv la dwe rekonèt kit lidè reskonsab la kit pèp la pa dwe janm trete peche tankou yon bagay ki nòmal nan lavi pèp Bondye a.

## Entwodiksyon

Kriz ki eklate nan konkèt pou peyi Kaanaran an ilistre de prensip kle nou bezwen afime kounye a. premye a gen rapò ak kilès yon lidè reskonsab ye epi lòt la se pou konnen ki sa peche ye, menm si li rete kache, li ka tèlman grav kote si nou pa pran swen sa, li ka detwi yon nasyon antye.

Lidè reskonsab, se konfime egzistans yon relasyon. Jeneralman, li plis pase yon relasyon ant yon lidè ak moun kap swiv li yo paske lidè a pou kont pa li se moun kap ba li direksyon an lap swiv. Konsa, li vin enplike yon chenn relasyon nan plizyè nivo epi ak diferan nivo otorite ak reskonsablite. Nan sans sa a, nou obsève relasyon ant Jozye ak Bondye ki te chwazi li pou fè travay sa a. Sa mande pou Jozye te denonse epi korije peche ki te ka koupe relasyon ant Bondye ak pèp la.

Okazyon nan tan biblik la kote peche te resevwa santans piblik menm jan sa te fèt nan Jozye 7 la pa anpil. Nan Nouvo Testaman, nou li pandan legliz te inogire, Ananias ak Safira te eseye twonpe pèp la lè yo te bay sèlman yon pati nan ofrann ki te konsakre pou Senyè a (Travay 5 :1-11). Yo tou lè de te kondane epi yo te mouri sou plas devan legliz la paske yo te vòle nan lajan ofrann Senyè a:

Tou de pasaj yo pale de evennman ki te rive nan kòmansman nouvo alyans pèp la ak Senyè li a. nan ka sa, pèp la ki te soti nan dezè a te antre nan latè pwomiz kote yo demere anba lonm epi nan kominyon ak redanmtè yo a. gras ak volante dirèk Senyè Jezikris epi ak mwayen lespri sen an, te gen yon lòt kominote ki te inogire, se te legliz la Jezikris te rachte a.

Jozye antan ke lidè reskonsab pèp Bondye a te konsakre tout lajan li te jwenn nan lavil Jeriko pou trezò Bondye a (Jozye 6:19). Se te yon mannyè pou montre gratitid ak adorasyon pou laviktwa ak tè Kanaran pèp la te resevwa kòm eritaj. Sa yo te dedye pou Bondye a te gen

yon konsiderasyon sakre, se pou tèt sa yo te rele li "Herem" nan lang ebre yo tradui "anatèm" bagay ki modi. Fen istwa sa montre kòman tout bagay yo te ofri bay Bondye pat ase.

Gen lòt pasaj nan bib la ki pale jan pèp la te dezobeyi volante Bondye, oubyen jan yon seri moun, lidè oswa moun nan pèp la te aji mal. Non sèlman Bondye te pini yo nan menm moman an, men tou yo rakonte jan Bondye te akonpli santans li te ba yo a, kote yo tonbe mouri. Eske se pou ka toujou sonje konsekans peche yo? Oswa pou moun ki konnen sa yo fè, menm si li pa bon, pa gen twòp enpòtans paske bib la pa toujou pale jan Bondye sanksyone moun ki peche kont li ? kòm moun Bondye kreye epi ki anba volonte li, nou pa gen dwa opine sou jan li jije aksyon nou yo. Sèl sa nou dwe fè, se akonpli volonte li pandan nap kouri ale lwen peche. Annou reflechi sou sa pasaj sa lese nou konprann sou reskonsablite lidè reskonsab la ak pèp la fas ak opòtinite pou nou rete fidèl oswa nou fè rebèl kont volonte li. Li klè lè nou met men nan travay Bondye se bagay serye.

## I. Konpreyansyon lidè reskonsab la sou sa ki pat mache byen
### A. Peche ki gaye nan lavi moun

Istwa sa kòmanse ak afimasyon peche pèp izrayè la, "paske Akan...te pran nan sa yo te gen pou detwi nèt yo; kolè Bondye leve kont pèp izrayèl la" (Jozye 7 :1). Nan kilti oksidantal la, tout desizyon yon moun pran se yon bagay pèsonèl. Men Bondye di li klè peche pa janm zak yon sèl moun ki gen konsekans pèsonèl. Reyèlman, tout sa nou fè, byen oswa mal, gen konsekans lòt moun ki nan anviwónman nou. Pèp Hai te tèlman piti tout moun te panse avèk kèk grenn sòlda yo tap ka bat yo pou pouswiv konkèt pou peyi Kanaran an. Men se pat konsa. Peche yon moun te antrave projè tout lòt yo. Reyaksyon diven te kite lame pèp izrayèl la pèdi batay la devan pèp Hai a paske li konsidere peche yon moun kòm mank respè pou kontra Bondye ak pèp izrayèl la " yon nasyon kap sèvi m tankou prèt, yon nasyon kap viv apa pou mwen..." (Egzòd 19 :6)

Zak koken Akan an reflete olye se yon pèp ki tap pratike bagay ki sen tout tan, kote byen materiel yo te konsakre pou Bondye (Jozye 6 :19), bagay ki sakre te konsidere tankou bagay komen, bagay ki vilgè te ka sèvi pou plezi ak richès pèsonèl.

## B. Konsekans peche

Konsekans aksyon peche yon nonm sòt pat pran tan. Repons Bondye te bay konsènan peche pèp izrayèl la sou zak Akan te komèt la, te revele atitid li kont peche. Peche rebelyon pa rezoud ak plamen ni ak gwondman oswa ak amand. Repons nonm nan devan Bondye lè li rekonèt peche li kapab yon "eskiz" oswa yon "padon", oswa akonplisman yon penitans. Atitid lejè sa yo redi severite peche ki se yon erè jijman oswa yon fopa. Okontrè peche ki grav konsa ka rezoud lè li elimine. Nan ka sa a, Bondye te itilize chatiman Akan an kòm egzanp divòs li ak zak rebelyon epi kòm konfimasyon kontra li ak pèp la.

Jozye te aji ak nayivte lè li te voye sòlda yo nan yon batay li te panse viktwa ap fasil kote, okontrè li jwenn yon echèk ki fè wont. Li nesesè antan lidè reskonsab pou nou idantifye epi denonse sa ki mal tankou yon plè ki kapab kontamine tout kongregasyon an.

Piske yo mezire siksè yon lidè nan triyonf pèp lap dirije a, li te fondamental nan kòmansman konkèt pou tè Kanaran an, pou yo te kenbe idantite ralasyon pèp la ak Bondye epi relasyon ant Jozye ak pèp la. Relasyon sa yo, ki chita nan kontra ak Bondye a, ta dwe gen yon karaktè sen. Izrayèl, antan ke pèp, pa ta ka akonpli plan Bondye kòm wayòm prèt si yo pat rete alafwa kòm nasyon ki sen.

Nou dekouvri nan istwa sa a, travay endispensab lidè ki reskonsab pèp Bondye a se pou li afime sa ki pa akseptab li rele peche ansanm ak tout move konsekans li pote. Pa twonpe tèt nou, Pòl te ekri, moun pa ka pase Bondye nan betiz (Gal 6:7). Akoz peche Akan, 36 moun ak tout fanmi yo te mouri. Sèvis lidè pèp Bondye a ta ka enkonplè si li pa denonse peche epi anonse volonte Bondye pou padone yo pou yo ka soti nan peche. Moun ki di yap toujou ka peche paske lòm

rete nan kontravansyon ak Bondye ki te kouri dèyè peche. Moun ki konsidere pouvwa atraksyon peche kapab plis pase gras Bondye rezève pou sila yo ki fè volonte li, inyore pasaj biblik yo epi yo defòme verite a.

## II. Aksyon devan peche
### A. Repons Bondye te bay Jozye (Jozye 7 :10-12)

Reyaksyon Jozye aprè echèk lame a natirèl : wont epi doulè (v.6). Men kòman pou oze di Bondye gen eskiz yon echèk konsa ? Nan priyè li, Jozye te mande : "Pou kisa ou fè pèp la janbe larivyè jouden an ? Gen lè se pou ou te lage nou nan men moun Amori yo pou yo touye nou ? Pa pito ou te kite nou rete lòt bò larivyè jouden an (v.7). Gade jan sa fasil pou bay lòt moun pote chay, espesyalman Bondye lè bagay yo pa byen mache !

Jozye te rekonèt moun Kananeyen te plis viktwa moun Hai yo. Yo ta ka souzestime non Bondye ak kapasite pèp izrayèl la pou li pran tè pwomiz. Men sa ki te soti nan bouch Jozye lè li tap priye a "Ay Senyè Bondye ! ki sa m ka di lè wè moun izrayèl yo ap kouri devan lènmi ?" (Jozye 7 :6-9)

Men priyè Jozye a pat enpresyone Senyè a (7 :10-12). Okontrè, Bonbye di li : " Leve non ! pou kisa ou lage kò w atè konsa ? " Senyè a te eksplike li bagay mal yo te komèt yo li te ba li enstriksyon pou li pije peche epi pou li sanktifye pèp la yon lòt fwa (Jozye 7 :13-15)

Nou konprann reyaksyon Jozye a fas ak echèk lame izrayèl la devan Hai menm jan Senyè a te reponn li a paske travay yon lidè reskonsab se yon gwo angajman. Pou Jozye traka pèp izrayèl la se te yon desepsyon pèsonèl. Lè nap gade aksyon Jozye yo, san nou pa bliye priyè li te fè a, yo pa reflete rekonesans fot pèp la te ka genyen ni tou yon pwoblèm pou yo rezoud men yo te santi wont fas ak echèk la epi ak lakrent pou sa pa kreye sitiyasyon ki pi mal aprè.

Nou pa ka disène nan tèks la si pèp la te konnen sa Akan te fè a. sepandan, sa pa enpòtan. Senpleman yo te rive konprann jan peche ki te komèt la te grav, non sèlman se te yon endividi men tou sa te ka detwi tout pèp la pandan li koupe relasyon li ak Senyè a.

### B. Fas ak Akan

Lè Jozye te fin eksplike pèp la pwosesis pirifikasyon an, li te idantifye malveyan pandan li te fè yo kanpe branch fanmi pa branch fanmi soti nan tribi yo, pase nan fanmi jis rive sou moun ki koupab la (Jozye 7

:16-25). Lè Jozye te idantifye Akan kòm moun ki te komèt zak la, li te ba li opòtinite pou li te konfese peche li te komèt la. Ki sèn ki pi tris pase sa nou wè nan pasaj la lè santans lan te akonpli (w.24-25) ! Leson pou n konnen an di : "pou kisa fwi peche se lanmò''

### C. Kite yon siy pou pèp la

Aktyèlman nou bay senbòl yo anpil enpòtans menm jan ak nan tan lontan. Leve yon gwo pil wòch " se te yon aksyon senbolik ki ta ka raple chak fwa moun te

pral pase la (Jozye 7 :26)

Nan epòk sa, lè yo te konsidere peche tankou yon bagay y opa ka evite, nou te bezwen tou gen senbòl refi ak endinyasyon Bondye kont nenpòt zak rebelyon oswa dezobeyisans presèp yo ki ekri nan pawòl Bondye a.

### Konklizyon

Se lidè reskonsab ki gen obligasyon pou gide pèp Bondye a nan chemen repantans epi nan obeyisans

# Resous yo

### Enfòmasyon konplemantè

Si sa k relate nan listwa a genyen karaktè espesyal sa a, pou kisa nou bezwen gen yontan inogirasyon patikilye nan lavi yon nasyon k pran nesans, an menm tan an demontre ke pèp e lidè responsab dwe genyen yon atititd klè sou Bondye anfas peche ke nap siyale yo

1) Pa janm rete konfonn nan erè ki se pran yon desizyon ensètèn,avèk peche ki se yon vyolyasyon volonte divin nan.

2) Peche pa janm dwe yon bagay nòmal, pwoblèm de limanite, si non kòm yon ofans primòdyal otorite divin.

3) Lidè responsab la pa kapab chape anba responsabilite l sou fason pou l gide pèp la nan repantans epi nan obeyisans nan lafwa selon volonte Bondye.

Kwè ke lavi n ap viv kounye a,ak lwa epi règleman k ap domine sosyalman opoze pa rapò ak efè ki relate nan istwa fondman nasyon Izrayèl la ta kapab yon erè . Men nou dwe konprann responsabilite nou pou pèp Bondye epi tou pou lidè ki ekspoze nan peche yo.

### Definisyon tèm yo.

Lidè: " Lidèchip se yon relasyon,yon relasyon kote yon moun chache enfliyanse nan panse l,nan konduit,nan kwayans oubyen nan valè yon lòt moun" (Wright, Walter, Relational Leadership (lide relasyonel), Carlisle, Wayom ini, Paternoster: 2000, p.2).

Amorreos: " Abitan nan Kanaan depi nan dezyèm milenyòm anvan Jezi Kri ,posede vale Mesopotami. Abraham se te desandan de gwoup etik sa yo. Ebre yo se te pwobableman yonn nan gwoup etik sa yo. (An nou wè Jenèz.14:13)" (Alex Varughese, ed. Dekouvèt Ansyen Testaman : istwa ak lafwa. Beacon Hill Press, EUA: 2003, p.4).

Anatèm: " De Ebre, herem oubyen cherem, bagay ki konsakre pou Bondye pou jan yo te mete l pami bagay ki te entèdi." (Alex Varughese, ed. Dekouvèt Ansyen Testaman Istwa ak lafwa.. Beacon Hill Press, EUA: 2003, p.4).

Pak: Se yon itilizasyon biblik, "Yon pak se yon kontra fòmèl e legal antre 2 pati" (Alex Varughese, ed. Dekouvèt Ansyen Testaman Istwa ak lafwa.. Beacon Hill Press, EUA: 2003, p.4).

### Aktivite siplemantè

Dinamik: jayi lide

Materyèl: lakrè ak makè

Objektif: Entwodui tèm leson an epi ede yo konprann enpòtans ke yo bay ak peche nan Bib la .

Tan: 5 minit

Devlopman: Mande klas la pou yo panse (Yo kapab konsilte Bib la ) sou sitiyasyon kote peche manifeste kolè Bondye. Pa egzanp:Sodòm e Gomò,pèp Izrayèl la nan konstriksyon ti bèf an lò a epi peche sou rèy David la ,eks.,

Leson 47

# Move alyans

Clever Tobar (Ecuador)

**Vèsè pou n konnen:** "Senyè a, Bondye nou an nap sèvi. Nap koute tout sa li di nou fè" (Jozye 24 :24)

**Bi leson an:** : Elèv la dwe konprann li enpòtan pou li evite tabli relasyon ak moun kap koupe relasyon li ak Bondye

## Entwodiksyon

Ou ka vini nan klas la ak de kòd oubyen plis apeprè yon mèt nan longè epi de ti moso bwa won oswa branch ki ka jwenn fasilman. Mande elèv yo pou yo mare de moso bwa yo ak kòd yo. Aprè sa, analize rezistans inyon sa a pandan w ap eseye detache yo san w pa lage ne yo. Petèt yon nan de moso bwa yo ka kase pandan wap eseye detache yo a.

Gen lòt kalite pwosesis inyon pa egzanp, sa yo itilize pou fabrike materyo ki fèt ak fè, inyon de oswa plizyè metal rele alyaj ki pwòp ak mo alyans. Menm jan ak mòd amaraj epi ak alyaj, lidè reskonsab yo devlope relasyon ak lòt moun. Relasyon ki toujou byen tabli ak prekosyon, men ki pa dwe konsa, paske lidè a ka mete li nan sitiyasyon pou li pèdi relasyon li ak Bondye epi pou afebli lafwa li. Jan de inyon sa yo danjere epi ase souvan yo enposib pou defèt osinon lè nap koupe relasyon sa yo, nou sibi konsekans negatif. Nan etid sa a, mo "alyans" ranplase mo "amaraj ak alyaj" nou itilize nan egzanp yo. Bib la itilize sinonim mo alyans tankou "kontra" oswa "convansyon". Nou ka defini mo "alyans": kontra ki tabli ant de oswa plizyè moun avèk yon objektif komen.

Mande elèv yo pou yo bay egzanp move alyans lidè reskonsab yo ka fè. Men ka sa yo: Moun yo resevwa kòm manm nan legliz san yo pa mennen bon envestigasyon sou yo; komès, sosyete ak maryaj ki fèt nan joug inegal (2 kor6:14)

Daprè vèsè nou li nan leson sa a, nou analize yon lidè reskonsab dwe travay nan volonte Bondye epi nan asirans pou obeyi pawòl li a. se pou tèt sa, avan nou tabla yon alyans nou dwe evite erè sa yo:

## I. Alyans ki fèt san reflechi

Gabawon te sitiye nan distans 10 kilomèt nan nòdwè Jerizalèm epi ak kèlke 11 km sid Hai, vil pèp izrayèl te gentan pran nan epizòd Jozye 9:3-14.

Pèp Bondye te prè pou pran posesyon lòt nasyon ki te nan lantouraj teritwa kote yo te kontre a (sa ki tou prè Hai, nan Nò Jerizalèm) epi li te montre li se te yon nasyon ki beni. Divès pèp ki te prè jouden an epi lòt ki te nan "kot lanmè Grand" (Jozye 9 :1-2) yo tout te pè jis yo te fè alyans ant yo menm pou yo reziste kont Izrayèl. Kontrèman ak yo menm, moun Gabawon te chwazi bay manti (Jozye 9:4). Nan reyalite se yon manti fè kwè yo se te yon nasyon ki soti lwen epi ki te vle ini yo ak pèp izrayèl la epi rekonèt grande Bondye yo a. yo te deside itilize vye sapat ak vye rad chire sou yo. Yo pran pen rasi kraze an myèt moso (Jozye 9:5) pou degize la verite epi pou twonpe vijilans Jozye ak tout pèp izrayèl la.

Sèvitè sa yo te twonpe fasilman epi yo te tabli yon alyans san reflechi, san yo pa analize sa yo tap di san rann kont. Evidans sa yo te sipèfisyèl epi yo te degize fasilman (Jozye 9:3-5). Menm si nan aparans, yo te reyèl, si mesye yo te pran tan pou envestige sou mesye yo, sou alyans yo ta pral fè a pou yo ta wè se yon eskwòk ak manti "yo pati, yo vin jwenn Jozye nan kan Gilgal la. Yo pale ak ansanm ak pèp izrayèl la, yo di yo konsa:" Nou soti nan yon peyi ki byen lwen isit la. Ann pase yon kontra youn ak lòt non" (Jozye 9:6)

Jozye ak moun li yo pat pran tan pou medite so usa epi pou verifye bagay yo "mesye izrayèl yo te pran pwovizyon epi yo pat menm konsilte Letènèl (Jozye 9:14)

Nòm yo ki gen pou wè ak lagè te tabli yon distenksyon ant nasyon ki te nan teritwa pèp izrayèl la ak lòt ki te lwen. Si yo te asepte tout kondisyon pou òf lapè a, yo tap resevwa yon akò benevòl (Det 20:10-18). Nan ka sa a, ni Jozye ni izrayèl pat pran tan pou analize akò sa. Yo pat byen analize atitid mesye gabawon yo ki pat reponn kesyon yo: " ki moun nou ye nou menm?" (Jozye 9:8). Mesye gabawon yo pat reponn kesyon an pou di ni non peyi a ni non pa yo. Yo te di:"Mèt, nou soti nan yon peyi byen lwen, paske nou tande pale ki moun Senyè a, Bondye ou a ye. Nou pran nouvèl la nan peyi lejip (Jozye 9 :9)

Nan yon sans, moun gabawon yo tekonn lwa Bondye apou izrayèl ak anpe karakteristik Bondye. Yo te itilize konesans sa pou twonpe, pou devye atansyon pèp izrayèl la (Jozye 9 : 9-13). Avèk yon rezilta totalman diferan, satan te itilize menm estrateji a kont Jezi (Matye 4:1)

## II. Alyans ki fèt san konsilte Bondye

Jozye se te yon lidè ki gen eksperyans. Avan lanmò Moyiz, nou kontre li plizyè fwa nan evènman ki enpòtan pou pèp izrayèl la. Bondye te chwazi li antan chèf lame a (jenèz 17:8-9), kolaboratè Moyiz nan plizyè okazyon (Egzòd 24:13; 32:17; 33:11), etc. Se pat yon novis osinon yon moun ki pat gen eksperyans.

Sepandan, nan pasaj sa sanble li dekri yon lidè ak yon pèp nayif ki lese pawòl degize ak aparans enfliyanse sou yo. Yo te pataje pena ak pwovizyon mesye yo (Jozye 9:14), san yo bay eta pwovizyon yo te ye a enpòtans epi tou nan ki espri yo te dwe asepte yo. Sèlman pataj pen ak mesye yo se te siy zanmitay, bon akèy avèk alyans; enfòmasyon yo pat pran an kont la, se te yon siy envyolab (jenèz 26:28-30)

Nou ka di menm avan  yo te manifeste vèbalman desizyon yo a, moun gabawon te deja gen laviktwa. Jozye te toujou rete angaje nan alyans sa, menm lè li te vin jwenn laverite aprè, li te dwe kenbe sèman ak angajman li paske li te fè sa davan Bondye. Lidè reskonsab la ka tonbe nan sitiyasyon sa tou lè li neglije reskonsablite li akoz eksè konfyans "...San yo pa mande Senyè a sa li di nan sa" (Jozye 9 :14b). Kit se eksperyans pèsonèl kit se riz ; yo bay kapasite nan sans sa pou pèmèt nou pran desizyon sa yo san mande Bondye sa li di nan sa. Riz lèzòm ka twonpe menm bon sèvitè Bondye yo.

Tout flatri yo bay valè devan Bondye nou an, lafwa, oswa temwanyaj soulve "ego" larelijyon. Jezi te afime yon bon bout tan apre: "Moun ki leve tèt li, yap desann li. Moun ki desann tèt li, yap leve li" (Matye 23 :12). Se yon danje pou moun kap leve tèt yo. Yon lòt bò, nan divès okazyon, emosyon twouble larezon epi li fè move alyans ki definitif (Jozye 9 :14)

Nan ka sa a, lidè a te pèmèt enflyans kolaboratè li yo

(Jozye 9:15). Jozye te dwe sonje moman Moyiz te kite pèp la enfliyanse li pou te voye mesye yo nan latè pwomiz, konsekans yo pat bon menm (Nonb14 :1-5)

## III. Alyans ki kontrè ak misyon Bondye

Jeneralman nou dwe analize lè yon lidè reskonsab enplike li nan plan Bondye, lap gen enkonvenyan ki defwa ka devye li de plan Bondye. Gen yon apèl nou dwe viv san nou pa devye atansyon nou (Jozye 9 :14-27)

Jodia gen yon danje ki egziste, se move enfliyans fo mèt yo ap egzèse sou lidè kretyen yo ki neglije preparasyon yo ak kwasans espirityèl. Pyè te fè referans ak sa nan lèt li a lè l te ekri : "malgre sa, te gen kèk fo pwofèt nan mitan pèp Bondye a nan tan lontan. Konsa tou, va gen kèk direktè nan mitan nou kapbay manti. Yo pral vin ak yon bann bèl pawòl ki pa vre pou eseye pèdi nou. Yap vire do bay mèt la ki te delivre yo. Yap rale yon chatiman sou tèt yo kap detwi yo lapoula. Nan legliz primitif, yo te fè eksperyans soulèvman gwoup erezi ki tap chèche chanje konsèp doktrinal kretyen yo. Nan tan sa pa egzanp, te gen divès gwoup relijye ki te asepte masisi tankou yon mal de nesans men pa tankou yon peche ki grav.

Nan moman sa a, nou dwe etidye pawòl Bondye a pou konnen li nan pwofondè pou nou pa rete nayif. Nou pa dwe pase akote misyon Bondye te rele nou pou nou akonpli a jan kòmandman ak òdonans yo mansyone li nan bib la.

Pèp izrayèl la te resevwa yon misyon nan men Bondye, se pou tèt sa li te dwe swiv endikasyon yo. Misyon pèp izrayèl la se te pou beni lòt nasyon yo, pwomès Bondye te fè Abraram: " M va beni sila yo ki beni ou epi sila ki modi ou, m va modi yo tou; nan ou tout fanmi sou latè va beni" (Jenèz 12:3). Sepandan, pou akonpli kòmandman sa a, pèp izrayèl la te dwe montre obeyisans, soumisyon ak depandans ak Bondye, bagay ki pat respekte nan alyans avèk moun gabawon yo.

Pèp izrayèl la te resevwa lòd pou renmen lòt moun (Det 20:10-18). Pèp izrayèl la te dwe konprann te gen kòmandman li te dwe akonpli. Si yo te kenbe fèm pandan yo tap akonpli yo, relasyon yo ta ka pi solid epi yo ta ka plis yon benefis pou sila ki enplike ladan yo. Misyon pèp la te enkli yon avètisman kont idolatri lòt nasyon yo (Det 12:29-30). Se pou tèt sa, yo pat dwe fè okenn alyans ki enplike konivans (Egzòd 23:32-33), ak moun kip a manifeste entrerè nan vrè adorasyon pou

Bondye.

## Konklizyon

Sof nan sa ki konsène lakreyasyon, nou ka wè Bondye te akonpli plan li nan moun li bay misyon pou sa.

Dabò, li rele yo, après a, li prepare yo epi finalman, li voye yo. Konesans volonte Bondye epi egzekisyon li nan obeyisans ak soumisyon se kle nan lavi yon lidè reskonsab.

# Resous yo

## Enfòmasyon konplemantè

Nan lis pèp ki espesifye nan liv Jozye 9:1 a kapab asosye avèk endikasyon ke Bondye fè sou apèl Moyiz, pwofetize kote ke pèp Izrayèl la ta pral rete

(Egzòd 3:8). Anplis pèp Izrayèl la li te enimere 3 rejyon ke Palestin te divize yo. Palestin, rive Jòdann jis lamè mòt nan direksyon grand mè Mediterane a; mòn Efrayim ak mòn jida , ki travèse sant peyi Nò a Sid; tèren anba yo vle di kolin ki sitiye antre rejyon montanye ki nan zòn kòt ; e lizyè tèren ki lye ak fwontyè Mediterane a. Pa rapò ak alyans ek ve sa a, Gabonit yo te rete kolabore ak Izrayèl yo men te gen kondisyon enferyè. Izrayelit yo te nan Gilgal ki te gen yon distans 30 km Gabaon .Yon tèritwa ki gen 4 vil : Gabaon, Cafira, Beerot epi Quiriat-jearim. 4 vil sa yo te domine sou yon tèritwa 15 X 20km, nan Nòdès Jerizalèm.( Jozye 9:3; 1 Samyèl 6:21,7:1)" (Libronix Digital Library System Software de asistans pastoral. Sent Bib rey Valera 1995 Edisyon etid).

## Definisyon tèm yo

**Amarag:** koresponn avèk ne final ki sere 2 ou plizyè eleman final ki anpeche ke yo relache.

**Alyaj:** Inyon 2 oswa anpil metal ke yo itilize nan dife kòm mwayen pou fonn yo.

**Alyans:** Pak ki etabli antre moun oubyen gwoup moun avèk yon bi komen

**Alyans difisil:** Pak oubyen konpwomisyon ki kapab devye nou oubyen rann nou fèb nan lafwa kretyen nou.

**Enpilsivman:** San reflechi, rezilta de analiz emosyonèl yo,san pran tan pou refleksyon.

**Konfwonte:** Mekanis pou verifye enfòmasyon epi jwenn vrè verite a.

**Konvivans:** Pataje lavi avèk tout sa ke w ye , lafwa, kilti,abitid ou,konesans ou,menm emosyonèl ak materyèl yo tou.

**Gwoup eretik:** Mouvman ki etabli anndan legliz kretyen ki chanje ou deplase baz andan legliz kretyèn nan manipile entèpretasyon biblik ke lidè ki sou tèt li a itilize.

**Erezi:** Se konsèp doktrinal ki kontrè avèk verite biblik yo

## Aktivite siplemantè

Nan kòmansman ou kapab etabli yon gwoup de oubyen plisyè elèv pou yo analize eksperyans pwòp yo oubyen fanmi relasyonèl yo ke yo te genyen yon rezilta negatif . Yo ka espesifye l ponktyèlman nan sa ki refere avèk entwodiksyon etid la..

## Lokalizasyon jewografik.

Li konseyab pou mèt la mande elèv yo pou yo analize kat Palestin nan nan tan Divize a ,regilarite sa yo jwenn nan anèks biblik yo. "Nan pasaj yo enimere 3 rejyon ke Palestin te divize ;Palestin, depi nan tèritwa lokalize yo tou pre Jòdann ak lanmè mòt la jiska nan gran lamè Meditèrane a... Montay Efrayim ak Jida yo ki atravè sant peyi Nò ak Sid la tèren ba yo ( Ebre sefala ki vle di kolin ki sitiye antre rejyon montayez yo epi nan zòn kòt yo, e alonjman tèren ale sou bòn mediterane a. Gabon se youn nan vil ki sitiye 10 km de Nodès Jerizalèm nan Sidès Hai. Li te esklavaj tèritwa Benjamen ( Jozye 18.25 ) e li te dedye avèk Levit yo. Jozye 21: (Libronix Digital Library System Software de asistencia pastoral. Santa Biblia Reina Valera 1995 Edición de Estudio).

# Bondye akonpli pwomès li

Roberto Quinatoa (Ecuador)

**Vèsè pou n konnen:** Senyè di Jozye konsa : "Ou pa bezwen pè moun sa yo ! Demen lè konsa, map fè nou wè tout tonbe mouri devan je nou. Nou menm, nou pral koupe jarèt tout chwal yo epi nap boule cha yo.

**Bi leson an:** Nou dwe konnen si nou obeyi, Bondye va fidèl ak nou nan mitan difikilte ki prezante nan lavi nou

## Entwodiksyon

Tout batay Jozye te genyen yo se te, yon lòt fwa anplis, konfimasyon ki montre Bondye te avèk li. Bondye te gide Jozye nan yon viktwa ki asire epi Jozye li menm te bay pèp la yon gran kouraj. Yon lòt bò, li te pote anpil krent pou wa nan zòn Nò ki te déjà lite kont Jozye yo.

## I. Wa ki ini yo kont Izrayèl
### A. Triyonf avèk wa nan Sid yo

Avan nou abòde chapit 11 lan ak yon pati nan chapit 12 la nou pral etidye a, li nesesè pou nou retounen nan chapit 10, vèsè 42 ak 43.

Nan vèsè sa yo, nou ka distenge eleman enpòtan sa yo :

1-    Premye pati a di Jozye te pran posesyon tè Bondye te endike li yo epi jan li sinyale li nan pasaj la "...Nan yon sèl soti..." paske se konsa Senyè te ba li lòd. Pou nou jwenn benediksyon pafèt nan lavi nou, gen yon bagay ki fondamantal nou dwe akonpli, fè volante Bondye jan li mande li a. sa kapab rezime nan "Obeyisans" ki se yon bagay elemantè epi bazik.

2-    Dezyèmman " Bondye ap konbat pou izrayèl ". Pawòl Bondye gen pwomès fidèl li te akonpli, nan sans sa a, nou konfime Bondye akonpli pawòl li. Depi nan kòmansman tout gran jounen konkèt nan Jozye 1, pwomès Bondye te klè. Nou ka obsève akonplisman li nan dewoulman tout lavi Jozye.

3-    Twazyèmman "...Jozye te retounen" Gen okazyon nou pa retounen nan plas Bondye endike, pandan nou pa akonpli fidèlman lòd li yo. A la difisil li difisil pou koute epi obeyi Bondye lè nou gen "Glwa" oswa "Viktwa". Jozye te kapab rete nan milye sa yo paske li te travay anpil epi li te montre gran rezilta, men li te

nesesè pou li retounen nan kan an ki se plas pou planifye rankont ak Senyè a epi pou pran repo.

## B. Kowalisyon wa nan Nò yo

Angiz repons ak reyisit pèp izrayèl la sou wan an sid yo (chapit 10), plizyè wa nan Nò te fè yon kowalisyon pout e yo tea take izrayèl nan dlo Mewon yo (Jozye 11 :1-5)

Jan sitiyasyon te prezante a, sikonstans yo te difisil pou Jozye anpil, men yon lòt fwa Bondye te vin ba li direksyon jan li te pwomèt la. Moun ki te dwe krent se wa nan Nò yo paske Bondye te avèk Jozye ak tout pèp izrayèl la pou li te goumen pou yo (Jij 11 :6)

## II. Konfyans ak obeyisans Jozye

Kòmanse seksyon sa pandan wap li ansanm nan klas Jozye 11 : 1-5
### A. Bondye te pale ak Jozye

Lè sitiyasyon nan lavi a parèt pi nwa, lè difikilte yo vin nan wout chak nan nou, li nesesè pou koute vwa Bondye kap pale nan zòrèy nou : " Ou pa bezwen pè moun sa yo ! Demen lè konsa, map fè nou wè tout tonbe mouri la devan je nou" (Jozye 11 :6).

Jozye te gen pou li afwonte youn nan defi ki pi gran nan lavi pèp izrayèl la. Tout wa vil ki mansyone nan vèsè nap etidye nan Jozye 11:1-5 la te met ansanm kont pèp izrayèl la. " Bondye te di, pinga ou krent akoz moun sa yo kap afwonte ou a..." sa yo, se te bon pawòl pou bay lidè a kouraj nan lavi nan travay li. Se konsa Bondye te met Jozye an konfyans nan mitan sitiyasyon difisil yo li tap fè fas.

Nou jwenn èd ak konfyans ki soti nan Bondye ki toujou soutni nou nan tan difisil yo. Jozye te konfye li nan pwomès Bondye te ba li yo " M pap janm lage w, menm jan m te avèk Moyiz la m va avèk ou..." (Jozye 1 :5) epi sa te vin reyalite nan mitan pwoblèm yo. Poze kesyon sa a : Eske yo te viv sitiyasyon difisil kote yo pat ka koute vwa Bondye? Petèt yap gade tan difisil yo ap pwoche, yo te santi ensètitid ak enstabilite. Kòman yo te soti nan si nan sitiyasyon sa a? (pèmèt yo pataje kèk eksperyans). Li enpòtan pou nou pran kouraj epi pou nou espere nan pwomès Bondye yo pou lavi nou san nou pa bay enpòtans ak sa ki rive nou. Nou pa dwe bliye li te pwomèt nou lap toujou avèk nou.

## B. Jozye te obeyi

Jozye, ak èd Senyè, te bat lame ènmi li yo, li te touye wa yo epi li te atake vil yo: " Senyè a te lage yo nan men pèp izrayèl la: Sòlda pèp izrayèl yo bat yo byen bat. Yo kouri dèyè yo jouk Gwo Sidon ak Misrefòt sou bò nò, jouk Fon Mispa sou bò solèy leve. Yo bat yo nèt, yo pa kite youn ladan yo chape" (Jozye 11:8). Yon lòt fwa anplis, nou kapab wè entèvansyon Senyè a pou sove pèp li a. Kisa pasaj Jozye 11:9-15 fè remake konsènan Jozye? Pasaj sa eksplike an detay jan Jozye aji pandan nap siyale li te fè tout bagay jan Senyè te mande li a san li pat retire anyen. Sa se yon bagay ki gen anpil valè pou Bondye ki toujou ap tann obeyisans konplè lakay moun kap sèvi li.

"...Jozye te fè sa Bondye te mande li fè...koupe jarèt chwal yo epi boule cha yo...li te pran nan menm tan lavil Azò epi li te touye wa li a ak kout epe...epi li te touye ak kout epe tout sa ki te gen souf lavi konplètman san kite anyen kap respire...Se konsa Jozye te rive pran tout vil yo nan men wa ki tap dirije yo a kote li te touye wa sa yo ak kout epe...Epi pèp izrayèl la te pran tout bagay ak tout bèt yo te jwenn nan lavil la. Men yo te touye tout moun san yo pa kite youn chape, jan Senyè a te mande li pou li fè..." (vv. 9-15).

Sa te gen yon bagay espesyal, fè sa jan li mande pou fè li a, sa te fondamantal pou reyisit pèp la nan tan kap vini an. "Jan li mande..." gen sans " selon modèl li bay la"pazapa. Te gen konpreyansyon pou renmen yon bagay ki kache epi sèlman avèk men kap gide nou an nou te ka renmen, sa se konpreyansyon ki fondamantal nan pasaj sila.

Jozye te swiv enstriksyon yo trèbyen epi kòm rezilta final li te ranpòte viktwa pou tout pèp la, nan rekonesans paske se Bondye ki te ede yo nan travay espesyal sa.

## C. Bondye te bay Jozye viktwa

Pafwa ògèy wo anpil epi nou kwè sa nou rive fè, se gras ak konesans nou oswa fòs nou oubyen tou se gras ak gran riz nou, men nan afwontman sa a, yon lòt fwa anplis, li te konfime se Bondye ki te ba li viktwa. Jozye te konprann "Senyè a te lage yo nan men pèp izrayèl la..." (v.8). se pat sajès Jozye, se pat lame li a men se te triyonf Bondye ki te fè li pwomès sa a.

Resi a fini ak yon ekspozisyon sa yo te jwenn nan rejyon an (11 :16-23). Sa te montre jan sa ta ka difisil sa ki tap tann yo pandan yo pral afwonte kantite vil sa yo ki tèlman fò.

Pandan nap etidye istwa sa, li nesesè pou nou rekonèt tout plan Bondye yo nan mitan tout sikonstans, "...paske entansyon Senyè a se te pou andisi kè yo..." (11 :20). Pa gen dout nan sa, nou kwè Bondye te gen kontwòl tout bagay, sa se yon deklarasyon ki soti nan doktrin nou an, kontwòl sou tout bagay epi sou tout moun. Kèk kesyon refleksyon ta ka ede nou konprann pwen sa a : Eske w byen dispoze pou fè volonte Bondye ? Eske w konsidere sa wap fè a se sa reyèlman li rele w pou fè ?

## III. Ansèyman

Daprè sa etid sa a montre nou, nou jwenn anpil verite ki soti dirèkteman nan pwòp devlopman lavi kretyen ak nan ministè.

1.    Koute vwa Bondye nan tan difisil yo. Pafwa nou bouche zòrèy nou epi nou fèmen je nou nan mitan pwoblèm yo. Sa sèlman nou tande epi nou gade se doulè oswa soufrans lan. Sa anpeche nou koute Bondye lè li pale nan lavi nou.

2.    Rekonèt se Bondye ki bay laviktwa. Nou pa ka di ke se okenn lòt moun ki bay viktwa a, nou dwe rekonèt Bondye gen kontwòl tout bagay ki sou latè.

3.    Rekonèt Bondye gen yon plan ki pafè pou lavi nou. Bondye gen yon plan ki byen etabli pou sila yo ki renmen li epi kap sèvi li. " Nou konn sa byen, nan tout bagay, Bondye ap travay pou byen tout moun ki renmen l...". Se pou tèt rezon sa a, menm si pafwa sa se rezilta yon premye faz nou pa pran anpil plezi, nou dwe rekonèt Bondye ap soutni nou jan li te pwomèt li.

Fòk sa ede nou panse sou atitid kretyen nou yo, epi pou nou konprann se Bondye ki pral akonpli volonte nan nou. Nan tout dekont konkèt la (Jozye12 :1-7) nou wè Bondye aji yon mannyè ki separe. Nan tout batay yo, nou wè travay Bondye. Li te fè li yon mannyè ki koresponn ak plan li. Lè nou konprann sa, nou ka ret trankil paske nou konnen Bondye itilize yon plan pafè sou tout kreyasyon an. Pwomès Bondye pou Jozye nan kòmansman devlopman lidèchip li a se pou li te ale bay yo tè li te pwomèt pitit li yo pa mwayen Moyiz epi se konsa li te akonpli li.

Akonplisman pwomès sa a, nou jwenn li nan tout estrateji Bondye te tabli pou konkèt la. Jij 12 : 1-6 konte tout viktwa Moyiz te genyen nan Transjòdani epi li bay lis tout wa Jozye te bat nan zòn wès larivyè jouden an (12 :7-24), avèk kèk lòt non ki pat mansyone avan. Bondye pa janm bliye pwomès li.

## Konklizyon

Bondye va akonpli plan li nan chak grenn pitit li yo si yo rete fidèl nan kòmandman li yo epi nan objektif li te rele yo a.

# Resous yo

### Enfòmasyon konplemantè

Rejyon ke Jozye ak pèp yo tap afwonte yo te enpòtan anpil e yo jwenn manyè sa yo nan kòmantè biblik:

**Hazor:** (Jozye 11:1) "enpòtans vil kananeyen an, Jozye 11.10), nan nò lak Genesaret. Fouy Akewològ yo montre ke se te nan XIII syèk anvan Jezi-Kri destriksyon an te fèt e nan tan Saloman li te pran aspè yon vil avèk miray epi pòt fòtifye (cf.1 R 9.15). Lòt vil yo plase nan Palestin oksidantal nan ba nò Jezreel".

**Lak sineret:** (Jozye 11:2) " Pi koni sou non Lak Galile a oubyen Tiberias. Cf. Dt 3.17; Jos 12.3; 13.27".

**Enfètil:** (Jozye 11:2) " Vil Maritim, ki sitiye nan vil sid Montay Camelo a sou bò Mediterane. Cf. 1 R 4.11'.

**Mizpa:** (Jozye 11:3) " Nan pati sidès Hermon,ki pa kapab lokalize yo avèk egzatitid.".

**Merom:** (Jozye 11:5) " yo trete l tankou yon vil ki sitiye anviwon15 km lwès Hazor( an nou gade Jozye 11.1 not b). Dlo merom yo se te avantaj oubyen resous ki t ap nouri vil la. Cf. Jozye 5.19 (Dlo Merguioo yo)".

**Sidon:** (Jozye 11:8) " Ansyen pòt fenis 40 km nan sid aktyèl Beirut (cf. Ez 27.8). Selon Jen. 10.19, Tèritwa Kanaan te etann li soti nan Nò pou rive sid ,

depi sidon jiska gaza misrefotmain te rankontre nan estrèm nòdès tèritwa israyelit e tou kole fenis yo avèk peyi Jozye 13:6

Mòn Halac ou mòn sèk (Jozye 11:17) " Li te sitiye nan anviwòn 40 km nan sidwès la lamemòt la Seir se tèritwa nan Edòm ( Gade Dt 2.4 n.). Baal-gad: Cf. Jozye 12.7; 13.5".

**Gaza, Gat epi Asdod:** (Jozye11:22) " Vil sid Palestin yo toupre kòt Mediterane a; pi yo te okipe pa filisten yo (cf. Jozye 13.3; 1 S 17.4; 2 S 21.19-20)". (Bibliyotèk elektwonik ,Karayib ,komante elektronik Amerik 1998).

### Definisyon tèm yo.

**Cheval ak machin lagè:** te fè yon referans nan vèsè 4 la ki pale sou fòs ke enmi yo te konbine ,yo te dispoze zam ki gen kalib siperyè.

**Pou anpil tan:** lè n refere n ak konkèt nò (v.18) a sa dire anviwon 5 a 7 lane.

Andirans kè yo lè n refere n nan vèsè 20 an ,ni Kananeyen tan kòm frarawon (Egzòd 8:32),yo tap pèsiste nan abitid payen yo,sa ki te vin bay reyèlman destriksyon an..

**Anaceos:** (Jij 11:21), "mo ki signifi lòm kou long», se te abitan ki te plis enkyetan nan kanaan. Pisans yo te desann nan anviron 40 ane avan tap choke kè pèp Izrayèl la. (Nonm 13:27-33).

### Aktivite Siplemantè

Pou komanse leson an ou kapab divize tablo a an 2 yon bò kolòk obeyisans lòt bò a dezobeyians. Poze klas la kesyon: kisa selon konpreyansyon nou ki obeyisans ak dezobeyians pendan ke y ap ekri nou dwe analize leson an, n ap wè konbyen nan sa nou di yo ki aplike nan lavi Jozye.

# Liy dwat lidè a
# devan Pèp lap dirije a

## ELVIN HEREDIA (PORTO RICO)

**Vèsè pou n konnen:** Pran kouraj pran fòs paske se ou kap gen pou fè pèp la eritye peyi sa m te pwomèt map bay zansèt yo. Jozye 1:6

**Bi leson an:** Se pou elèv yo konnen ke yo gen kòm responsablite pou yo gen yon liy dwat devan moun Bondye mete sou chemen yo.

## Entwodiksyon

Djòb dirije moun se yon djòb ki difisil anpil paske fòk ou prè pou w fè fas ak tout sòt defi ak dezas ki kapab fè moun doute sou kapasite ou pou w dirije, ak pou w fè analiz ak pran desizyon. Men nan menm tan an se pa tout moun kap vle wè w paske se pa tout moun ki apresye lè chèf pran desizyon.

Ekite, objektivite, enpasyalite se kalite ki defini yon lidè avèk travay li gen pou l fè. Yon lidè responsab dwe non sèlman okipe l de pouvwa li genyen ak otorite pou pran desizyon, li dwe asire l nan sa ki gen pou wè ak byenèt epi laswenyay moun l ap dirije yo. Li dwe travay nan legalite ak lajistis anvè tout moun. Li dwe aji epi deside avèk tout ekite.

## I- Kisa ekite vle di?

Ekite se sinonim jistis, egalite, ekilib, ki lòt mo oubyen konsèp ke nou ka asosye ak tèm sa a? Nan ka sa a ekite se ekilib nan balans lajistis.

Ekite pi fò pase opinyon moun, egoyis, rasis, kòripsyon paspouki, moun pa ak lòt ennmi egalite ak jistis. An mennmtan an fòk ou pa neglije prensip moral yo, pwosesis pou bay jistis, nan sosyete a menm jan ak Jozye li pat yon bagay fasil. Lè w pran yon desizyon san w pa respekte ekite nan tout dimansyon l, ou pap kapab poze fondman pou bagay yo mache byen menm jan ak pèp Izrayèl la ki te komanse listwa li tankou yon nasyon ki toujou nan goumen, ki pa gen plas, ki divize, ki sibi tout vye bagay.

Apre lanmò Moyiz, BonDye te bay lòd pou divize tè promiz la. Kilès ki ta panse Jozye ta ka aji avèk ekite. Se menm jan an travay la pat fasil, men travay la te gen yon lòt konplikasyon. Vilaj Izrayèl la se te yon pèp san disiplin menm jan moun yo kap analize Bib la di l. Ka pa vilaj Izrayèl la, pa janm gen dyòb dirije osnon gouvènen ki fasil. Se yon bagay Jozye te deja konnen.

## II- Jozye anvan repatisyon tè a.

Lè Moyiz fin mouri, Bonbdye bay Jozye plan pou l separe tè l te pwomèt pèp la. Kilès ki te panse Jozye tap aji ak ekite ? Se menm jan an, travay la pat fasil, epi li bay yon lòt pwoblèm, pèp Izrayèl la pa gen disiplin jan moun kap fè analiz Bib la di l. Ka pa vilaj izrayèl la, pa janm gen travay dirije osnon gouvenen ki fasil. Men se yon bagay Jozye te déjà konnen byen.

Jozye te gen yon avantaj estratejik paske li te fè pati pèp la e yo dakò pou l gouvènen yo men esperyans sa yo pat ase, li te konn sa. Bondye rele l pou l mennen pèp Izrayèl la kanaran. Jozye te yon nèg kouraje epi li te konn travay anpil.

Pat gen dout nan sa BonDye reyalize avèk Jozye jan l te fè pwomès la. Efò ak kouraj BonDye mande w se aplike lalwa epi aji tankou moun tèt dwat. Jozye te dwe yon nèg vanyan, yon nèg ki gen kouraj. Tout moun balanse jistis la se sou lòm li repoze, se lwa BonDye men, kilès jij ki te ka deranje Jozye. Jozye te dwe yon moun legal selon jan règ la defini l ak demach jistis yo e pandan l ap obeyi kòmandman BonDye ak bon jan jistis, obligasyon, egalite, ekilibre, e anvantou lanmou. BonDye renmen ekite lè li rele Jozye pou dirije tout moun nan kondisyon tout moun egal ego, pou yon gwo travay konsa li te nesesè pou moun nan gen kouraj ak detèminasyon.

Se menm travay la nou genyen malgre li difisil pou nou fè l men n ap kenbe, nou dwe respekte tout lwa BonDye men nou dwe aji tankou nou te fèt ak imaj li, lanmou se lwa Bondye pou ede nou rayi peche e se li ki fè nou renmen menm moun ki peche yo. Chak kretyen ki bay lavi l pou kris e ki fè sa l mande, kap travay pou levanjil avanse. Lòske nap jere moun sou la lwa BonDye nou dwe fè l ak lajistis men avèk anpil konpasyon tou. Jezikri anseye nou ke li te fè menm bagay la avèk lèzòm e nou dwe swiv egzanp li (lik 6 :31) lè lajistis la panche sou nenpòt bò a se temwayaj enjistia ak inikite paske nou paka tolere peche ankò. Nou pa dwe twò prese pou nou debarase nou ak peche yo. Ekite te dwe tankou yon balans ki pèmèt nou viv byen. Sa paka anpeche tou moun patisipe lè n ap pran desizyon yo. Nou ka toujou paka antann nou.

Jozye fè fas ak defi sa a. Kòman Jozye te fè fas ak menas sa a li te deja okouran an. Bib la moutre nou nan liv Jozye a tout detay pataj la, ladan n nou rankontre kèk ti bagay, men trèzefikas pou travay Jozye a e anplis pou travay pa nou tou.

## III-Ekite nan repatisyon tè a

Nan chapit 13-21 nan liv Jozye a esplike tout bagay yo te obsève nan pataj tè yo. Ann fè yon ti gade yo.

· Moyiz te gentan bay tribi rubben Gad ak tribi Manase bout tè nan lès rivyè jouden an. (Jozye 12:1-6, 13:8)

· lòt mwatye tribi manase a ak nèf lòt tribi yo jwenn ti bout tè pa yo a sou chans jan BonDye te di Moyiz la. (Jozye 14 :1-3)

· tribi levi a pat jwenn ti moso tè pa l la jan Bondye te di l la, bay 8 vil levitik yo kote pou yo rete nan tout tè ki distribye bay lòt tribi yo jan BonDye te di l la.

· Kalèb, pitit Jefone, a te jwenn tè sou mòn ebron tankou yon angajman Moyiz te pran ak li.

· Jozye menm te mande moso tè nan kwen mòn lavil ephraim, aprè tè yo te fin distribye jan BonDye te vle l la.

· sis vil , twa chak kote rivyè jouden an, pou pwoteksyon kont moun kap touye moun pou granmesi, osnon moun kap vin vanje koze san. (Jozye 20 :1-8).

Pataj tè sa a selon moun ki regle kesyon ekite ak jistis nesesè pou Jozye egzekite l paske se li menm ki lidè pèp la epitou se sa BonDye te mande.

1- Akonpli epi fè sa Bondye mande nan Pawòl li. Priye selon lwa Bondye a se yon demonstrasyon ki moutre respè ekite ak jistis.

2- Pa moutre patipri nan travay nou ak lè nap fè devwa nou.

3- Konsidere tout sa nou resevwa nan travay la pou Seyè a ka toujou rekonesan pou travay li ak fidelite l anvè nou.

4- Rekonèt e respekte byenfè ak don BonDye nan lavi lòt yo. Onore lòt yo, se sa dirijan yo dwe

genyen, lajistis ak ekite nan Bondye.

5- Gen konpasyon pou moun ki fèb yo, moun ki nan bezwen yo, veye pou yo pa fè komès jistis ak lajistis bay li jan lalwa mande l la, veye sou lavi ak entegrite moun.

Jozye montre li dwat nan pataj anvè frè l yo, paske tout mounte gen menm dwa jan Bondye te di Moyiz la. Pataj tè yo te fèt sou menm kondisyon yo ak menm konsiderasyon.

Nan tout fason prensip yo te fasilite travay Jozye a kòm Jozye te gen yon pakèt kòmandman ki te pèmèt li mache nan la lajistis ak ekite, li te itilize yo, yo te ede l dirije trè fasil.

Kounye a yo te dwe konside travay Jozye a menm jan ak fonksyon ak responsablite pèp la dwe obsève.

## IV. Responsablite ak obligasyon yo.

Separasyon peyi a pote ale ak li anpil responsablite ak devwa pèp la ta dwe obsève. Yo ta dwe genyen pou moun Levi yo.

Separe tè a te gen kondisyon l. Pandan tout tan li, si se te vre moun branch fanmi Levi a pa tap resevwa tè, li te dwe konsidere branch sa a antanke yon rezidan pèmanan sou tè chak branch fanmi kòm yon demonstrasyon, yon apresyasyon, respè ak elajisman sèvis sa a yo te prete branch fanmi Levi yo (Jozye 21)
Gen apèl jodi a pou yo ka rekonèt moun ki travay epi fè egzèsis ak lidè nan Seyè a, oubyen moun yo estime epi renmen anpil (1 Tesalonisyen 5: 12-13).

## A. Yo te dwe bay sekou ak sila a ki bezwen jistis

Lòt nan dispozisyon yo pou eritaj tè a te genyen pou separe vil refij yo pou sa ki pral bezwen pwoteksyon ak jistis (Jozye 20). Vil refij yo te reprezante garanti yo ekite yo nan atansyon sa ki nan bezwen yo e nan repatisyon lwa a. sa pa gen pou wè ak yon vwa pou chape pou evite pinisyon oubyen estrateji pou enpinite, men pito yon kouvèti ki sovgade dwa akize yo devan akizatè yo, jiskaske yo demontre senserite fè yo.

Jozye te dwe asire l ke pèp la ki te resevwa tè a kòm eritaj te dispoze tou pou akonpli sa Bondye te òdone a nan sa ki gen pou wè ak relasyon lwa li, respè pou lòt yo, rekonesans ak gratitid ak sèvis e mizèrikòd pou tout moun e ak tout moun. Benediksyon yo te resevwa te moutre anpil responsablite. Dwa yo tou gen ladan yo tou devwa yo. Menm fason an, sa poun fè pou resevwa benediksyon Bondye yo toujou pral mande pou aksyon nou yo an konfòmite ak akò yo. Bondye ban nou, nou obeyi, nou kwè epi nou pran.

## Konklizyon

Youn nan karakteristik prensipal yo ki defini yon bon lidèchip se ekite; sans devwa ak jistis nan kontèks bonte, mizèrikòd ak lanmou.

# Resous yo

### Enfòmasyon konplemantè

**Ekite:** Domicio Ulpiano, yon jiris e chèchè nan gouvènman women an nan kòmansman twazyèm syèk te defini ekite a tankou volonte pou trete chak moun selon sa yo merite. Nan yon lòt fason Baron de Montesquieu, politisyen e pansè fransè XVIIIèm syèk, te lanse fraz selèb la sou jistis ki di: "Yon bagay pa jis se paske se lwa, sinon kisa lwa dwe ye paske l jis".

Tou de panse sa yo envite nou reflechi sou enpòtans ak delikatès sijè pou pataje jistis, pou sa ki nesesè ke nou ta kapab rankontre yon eleman ki mete amoni nan mitan yo.

### Definisyon mo yo

**Vil levitik yo:** "Vil ki te resevwa non sa yo se sa yo ki te konsidere kòm vil ki gen rezidans levit yo nan divès tribi jwif la. Liv Jozye a pale de karantuit vil ki te distribiye bay tribi yo. Repatisyon vil yo nan mitan moun Izrayèl pou Levit yo se konsekans yon lòd Bondye te bay Moyiz (Nonb 35:1-8). Tèks de baz la e kle a pou konprann tout lejislasyon ki relatif ak vil levit yo se nan chapit 21 liv Jozye a li ye". (Diccionario Bíblico Ilustrado. Vida y Santa María. CLIE, España: 1981, p.662).

**Vil refij yo:** "Pou prevwa yon dòtwa ki asire pou yo ke san entansyon yo ta ka komèt yon omisid de yonn nan mòd espesifik yo nan Ekzòd 21:22-23, 22:2-3, Resansman 35:22-23, Detewonòm 19:5 y 22:8. Seyè a te voye Moyiz pou l siyale sis vil refij oubyen azil, pou sa yo ki tap fè san lòm koule, ta kapab retire kò yo la, e te jwenn tan pou prepare defans yo devan jij yo ki nan lye sa a kote omisid la te rive a" (Diccionario de la Santa Biblia. Caribe, EUA: 2006, p.545).

### Aktivite siplemantè

Divize yon sachè bonbon dous oubyen lòt pataje an kantite ki pa egal e plase yo apa nan yon plat oubyen yon soupla. Answit, rele plizyè patisipan e ba yo chak yon plat. Endike yo ke sa yo se yon pwomès yo fè yo. Mande si kantite yo ki pa egal yo kapab kòz youn fache ak lòt. (ou ka pale ak patisipan yo anvan klas la pou yo ka genyen yon tip de reyaksyon ak sa ke w ap fè a). Answit rele lòt moun e mande chak nan patisipan yo ki genyen pou yo bay yon bonbon ak moun sa a. Mande patisipan yo si aksyon sa a parèt jis pou yo. Ouvri yon diskisyon nan klas la ak reyaksyon diferan patisipan yo e yo ka deside solisyon ki posib la pou konfli ki genyen an.

# Egzòtasyon, defi ak avètisman yo

**Leson 50**

Fernando Mounier (Puerto Rico)

**Vèsè pou n konnen:** "Mwen menm ak kay mwen n ap sèvi Seyè a" Jozye 24:15b.

**Bi leson an:** se pou elèv la konprann ke si li vle kenbe fèm tankou yon lidè responsab, li dwe fè ekzòtasyon sa yo vin pou li, defi ak avètisman ke Jozye te bay pèp Izrayèl la.

## Entwodiksyon

Jozye te yon nonm ki avanse nan laj lè li te konvoke pou yon dènye fwa tout Izrayèl la. Li te avèk Moyiz nan rebelyon Kadès la e nan pèlerinaj nan dezè a. Bondye te rele l pou l te vin yon lidè responsab ki ta pral entwodui Izrayèl nan tè pwomiz lan. Konkèt tè sa a te mande ranfò Bondye e aksyon enèjik pèp la pou yo te atenn sa yo te vle a. Kounye a li te nesesè pou presève viktwa sila yo te fè a. Viktwa sa a te gen de rezilta pou pèp Izrayèl. Premye rezilta se te afimasyon lafwa nan Bondye kòm sèl e vrè Bondye pèp Izrayèl la. Dezyèm rezilta se te pran yo te pran posesyon ak repatisyon tè pwomès lan.

## I. Ekzòtasyon lidè responsab yo

Nan Jozye 23:6-16 nou li ekzòtasyon ke lidè responsab la te fè pèp Izrayèl lè li te kòmanse granmoun. Jozye te konnen feblès nasyon ki fenk parèt sa e li te ba yo avètisman sou sa.

Yo te vle bliye Bondye, yo te tounen pou adore lòt bondye e li te vle pou Izrayèl pa rive bliye Bondye, ni devye pou al jwenn lòt dye yo; se pou sa konsèy Jozye a pou tout pèp la ak lidè Izrayèl yo te kòmanse avèk twa ekzòtasyon ki gen yon gwo enpòtans oubyen pi byen òdone.

### A. Egzòtasyon pou yo fè jefò

Mo kle nan egzòtasyon sa a se fòse nou (Jozye 23:6-7). Konsa kesyon ke nou dwe poze a se: Pou kisa pèp Izrayèl la te dwe fè efò?

Pèp Izrayèl la te dwe fè efò pou akonpli manda Bondye te bay Moyiz yo. Sa yo te nesesè pou kenbe yon lespri san tach. Y ap ka kenbe lespri san tach sa a se si yo pa mele ak lòt pèp yo. Melanje ak lòt pèp pa mwayen maryaj ta pral moutre kòm konsekans ke Izrayèl adopte koutim yo e menm relijyon yo, sa vle di adore lòt dye yo (2 Korentyen 6:14). Si yo pa obeyi ak lòd sa a sa ta pral gen kòm konsekans yon apostazi (abandone lafwa).

### B. Egzòtasyon pou kenbe yo pou Bondye

Dezyèm egzòtasyon ke li te fè Izrayèl la se te gade nanm li pou renmen Bondye sèlman (vv.11-13). Bondye pa admèt rival. Poutèt sa pa gen pèsonn ki ka sanble ak li. Pa evite pèp vwazen yo ta ka lakòz yon detou nan tout aspè nan lavi yo. Li te nesesè pou pèp la kontinye renmen Bondye pou kontinye resevwa favè li e konsa evite danje sa a ki rele "adiltè espirityèl" la.

### C. Ekzòtasyon pou yo konnen Bondye

Bondye te akonpli pwomès li te fè Abraram nan (vv.14-16). Izrayèl te posede "bòn tè ke Bondye te ba li a". Apre tout bagay mèvèye sa yo ke Bondye te fè nan mitan yo sèlman te rete pou yo kenbe fidelite yo pandan y ap konnen mizèrikòd ak lanmou diven an. Jozye te konprann ke si pèp la pat rekonèt tout sa ke Bondye te fè pou yo, yo t ap kondane pou yo resevwa kòlè Bondye.

Egzòtasyon sa yo kontinye itil jodi a, menm jan li te ye nan tan ansyen an. Nan tan pa nou an egzòtasyon sa yo konvèti kòm lòd inivèsèl yo. Pi gwo danje apostazi a pa soti deyò legliz la men pito li anndan liy ame nou yo pandan y ap diminye prensip kretyen yo dwe viv yo.

Jounen jodi a, gen fo ansèyman ki pwomouvwa diferan "ministè" ak gwoup k ap leve apostazi. Nan mitan yo nou rankontre: lafwa k selèb, souri sen, jidayis, legliz yo ki pretann resevwa "lespri" Bondye a e moun yo aji tankou bèt, sa yo k ap promouvwa omoseksyalite ak dwòg yo, sila yo ki pwomouvwa yon dye k ap vòlè sa pòv yo genyen pou bay ak sa ki pi rich yo, e sa yo ki konvèti chè a kòm yon kote pou espektak pandan y ap pretann fè li nan non Bondye.

Eleman ke apostazi a pwomouvwa yo ka chanje fòm yo prezante a, men kontni an toujou menm:

abandone lafwa nan Bondye. Tout sa yo ki pratike bagay sa yo rele apostat e yo merite repwòch nou an. Menm si li klè pou di tou tris ke anpil nan moun sa yo, nou pran yo pou sèvitè ak sèvant Bondye.

Sa yo ak anpil toujou se egzanp danje ke kwayan jounen jodi a ap afwonte. Danje sa yo elwaye nou de Bondye si pa genyen yon efò otantik pou evite yo e pou gade yon fwa ki pi e san tach (Jak 1:27).

## II. Defi lidè responsab la

Kontèks seksyon sa a nou jwenn li nan Jozye 24:1-13. Nan vèsè sa yo Jozye te fè yon rakontaj kote li te sonje pèp la ki kote Bondye te rele zansèt yo. Bondye te rele Abraram nan mitan yon pèp ki t ap adore lòt dye e li te fè akò ak li. Akò sa a li te renouvle avèk Izarak e Jakòb. Defi ke Jozye te prezante pèp la te enplike de aspè santral pou lavi yo.

### A. Krent pou Bondye

Krent pou Bondye pa siyifi pè Bondye men okontrè li vle pou nou gen konfyans ak lafwa nan Li. Krent pou Bondye se desann devan li, adore li e obeyi li nan tout chimen yo (1 Wa 8:58) e sèvi l avèk entegrite. Sèvis pou Bondye etabli pi gran privilèj ke moun ka genyen. Li se yon privilèj paske li te rele nou selon objektif sen li (2 Timote 1:9).

### B. Chwazi kiyès pou sèvi

Jozye te mete aksan sou nesesite pou wete nan men pèp Izrayèl la dye zansèt yo te konn sèvi lè yo te Ur kaldeyen ak nan peyi lejip. Nou pa ka genyen lwayote ki divize (Matye 6:24; 1 Korentyen 10:20-24). Nan vèsè 24:15 Jozye pote ekzanp ak pi gwo afimasyon yon avètisman pandan l ap afime kisa ki ta ka desizyon li: " Si nou ta wè se yon mal pou nou sèvi Bondye, chwazi kiyès nou vle sèvi...; men mwen menm ak kay mwen n ap sèvi Bondye".

Nan mond pòs-modèn nan kote n ap viv la nou afwonte yon pakèt defi. Defi sa yo mande yon repons oubyen pran desizyon rapid. Se pou sa ke nou dwe konnen byen defini kiyès nou pral sèvi. Pòs-modènis lan di nou ke tout bagay relatif selon jan chak moun pèsevwa l oubyen entèprete monn lan ki antoure l la. Pou Kretyen an, relatif la pa yon opsyon. Opsyon nou an li make nan prensip biblik yo ki pa sijè ak kilti epi espas tan yo. Defi nou an li make nan pawòl Apòt Pyè yo: "Frè m yo,

Bondye te eli nou pou nou ka fè pati pèp li a, e si nou vle sa pou toujou, nou dwe fòse nou plis pou nou fè tout bagay sa yo. Nan fason sa a, nou pap janm fè erè nan lavi kretyèn nou, e Bondye avèk gou pral di nou byenvini nan wayòm Seyè Sovè Jezikri nou an, li menm k ap renye pou toutan an" (2 Pyè 1:10-11 TLA).

## III. Avètisman lidè responsab la

Jozye te mande pèp la pou li deside ki moun li ta pral sèvi. Nan nenpòt fòm nan sa te fè yo pè e yo te reponn: "... yon bagay konsa pap janm rive..." (v.16). Jozye te bezwen asire l ke desizyon sa a se te produi yon kè ki sensè e fondman ki konvenkan pou sèvi Bondye, (Jozye 24:19-27).

### A. Bondye se yon Dye ki sen

Bondye pat dispoze pou li mache ak lòt bondye yo e pou sa Jozye te anonse ankò karaktè sen li an (v.19). Desizyon pou sèvi Bondye te dwe soti nan yon kè ki genyen yon pwofon konviksyon pèsonèl. Panse sa a reflete nan pawòl Jezi yo: "Premye kòmandman an e sa ki pi enpòtan se sa ki di konsa: "Renmen Bondye w la ak tout kè w; sa vle di, ak tout sa w panse e tout sa w ye" (Matye 22:37 TLA).

### B. Konsekans lè w sèvi yon lòt bondye

Nan seksyon sa a li enpòtan pou note ke pèp la te renouvle akò a ki te fèt ant Bondye ak Abraram. Ensistans Jozye pou pèp la te kite sèvi lòt dye yo enplike ke pratik sa a pa t eradike konplètman (v. 20). Akò a te enplike rekonesans ke Bondye te fè yon byen pou Izrayèl. Transgrese akò a ta genyen konsekans e konsakans sa yo ta kapab pinisyon Bondye oubyen rete san pwoteksyon Bondye.

Li enpòtan pou note ke jounen jodi a yo envite nou pou nou fè yon akò oswa alyans avèk Bondye. Nan Bib la lòm pa envite Bondye pou fè yon akò ak li. Nan tout akò yo (Edenik, Noye, Moyiz, eks.) se te Bondye ki envite moun pou fè akò. Tout lòt ka yo ke nou jwenn nan Bib la se te renovasyon akò ke Bondye te envite lòm pou patisipe.

### C. Yon siyal tankou temwayaj

Jozye te dezire grave byen fon nan lespri e nan kè Izrayèl kòmandman Bondye te bay Moyiz yo. Ak objektif sa a li te anplwaye tout resous li te gen aksè ak yo

: Repetisyon oral lwa Bondye yo, pwòp egzanp pa li ak resous vizyèl tankou siyal pou grave nan yo souvni renouvèlman akò ant Bondye ak Izrayèl (v.27).

Wòch la te yon siyal e alafwa yon temwen avèk yon mesaj oubyen yon temwayaj ki pa ka pale (Jenèz 28:18). Kretyen an pa yon temwen ki pa ka pale men li pote yon mesaj ak yon temwayaj ekri pa mwayen lespri Bondye nan kè li. Nou sonje pawòl Apòt Pòl la: "Tout moun wè klèman byen ke Kris te fè nan lavi nou. Poutèt pou moun yo te ka pale byen de nou, sèlman pou konsantre sou nou. Paske nou menm se tankou yon kat k ap pale an favè nou. Kris li menm te ekri li nan kè nou, pou nou ka prezante l. Li pat ekri li an wòch, ni ak lank, men pito li te ekri li avèk Lespri Bondye vivan an. E kat sa a tout moun ki vle li l ka wè li (2 Corintios 3:2-3 TLA)".

## Konklizyon

Istwa yo rakonte nan liv Jozye a te rive anviwon twamildesan lane konsa. Jounen jodi a nou rive wè eko menm pandan y ap envite tout kwayan yo pou apwoche yo de Bondye e konnen li. Nou atantif ak mesaj Bondye a e nou sonje ke Sentespri a fè pawòl la rete vivan.

# Resous yo

### Enfòmasyon konplemantè

"Lè premye lektè yo rapwoche ak istwa Jozye a yo te jwenn yo nan istwa sila a, alò Izrayelit yo se zansèt yo menm ki te resevwa pa mwayen Bondye nan tè pwomès la. Nan moman ke liv sa a te pibliye li ta rive tankou yon vwa alyans pou lektè yo ki ekzile.

1. Yon fòt lwayote egzije souverènte sèl Seyè a, ki rele Jewova, ki te opoze ak pakèt bann dye zkananeyen yo.

2. Konviksyon pou yo kapab yon pèp ki ini ak relasyon ansestral komen yo e se pa vil deta ki te gen konpetans.

3. Fòmasyon yon sosyete ki baze sou libète ak jistis, ki opoze ak yon sosyete ki yerachize e ki baze sou privilèj yon ti gwoup.

4. Yon relijyon san sèvis ak lanmò, ni rit sosyal yo oubyen kilt pou wa, men pito pou Jewova Bondye ki bay lavi a. (Comentario Bíblico Mundo Hispano. Carro D., Cevallos, J. C., Poe, J.T. Zorzoli, R. O. Libronix Digital Library System: Tomo 4. Mundo Hispano, Texas: 2001. p.38).

### Definisyon mo yo

**Apostazi:** Siyifi abandone lafwa nan Jezi e li enplike abandon kwayans yo nan sa moun nan te edike a.

**Kontanporize:** "Fè yon moun abitye ak gou oubyen dezi pou respè ak enterè"(Diccionario de la lengua española © 2005 Espasa-Calpe:
http://www.wordreference.com/definicion/contemporizar) [Consulta: 18 de noviembre 2010].

**Efò:** Diksyonè Espasa-Calpe a defini mo efò a tankou: "Aksyon enèjik kò a oubyen lespri a pou jwenn yon bagay"(Diccionario de la lengua española © 2005 Espasa-Calpe:
http://www.wordreference.com/definicion/esfuerzo) [Consultado: 18 de noviembre 2010].

**Prensip biblik yo:** Se verite yo aplike yo nan tout kilti e yo pa chanje atravè tan. Se doktrin yo oubyen nòm ki oryante fason yon moun panse e travay.

**Transgrese:** Brize, vyole yon presèp, yon lwa oubyen yon estati.

**Lòd:** Enonse ki eksprime yon manda oubyen yon lòd. Li pran toujou fòm sa a"ou dwe fè sa" e li anplwaye anpil nan etik ak nan analiz filozofi moral yo. An reyalite, yon lòd se yon fòm espesyal yon enonse yo preskri, ki endike nesesite pou fè yon bagay oubyen leve nan yon dimansyon aksyon detèmine a. Emmanuel Kant te reyalize analiz enpòtan sou siyifikasyon lòd la nan kritik rezon pratik la (1788). Nan travay sa a, Kant te distenge ant lòd sengiye yo ak lòd inivèsèl yo; lòd sengiye yo se sa yo ki ipotetik yo e toujou parèt sijè ak akonplisman kondisyon detèmine a; o kontrè, lòd inivèsèl yo dwe akonpli toujou avèk endepandans de nenpòt sitiyasyon. (Diccionario Online Babylon http://diccionario.babylon.com/imperativo/) [Consultado: 19 de noviembre 2010].

### Aktivite siplemantè

1. Pran yon fèy papye e mande elèv yo pou yo ekri ki doktrin oubyen tandans epòk sa a ki genyen posibilite mennen legliz la vè apostazi. Answit diskite kijan menm yo ka afekte legliz la.

2. Sou fòm gwoup mansyone pi gwo defi ke legliz la ap konfwonte nan kominote li a.

# Yon lidè reskonsab, san ranplasan

### Macedonio Daza (Bolivia)

**Vèsè pou n konnen:**"Pèp Izrayèl la te sèvi Seyè a toutan Jozye te vivan, epi apre sa, pandan tout tan chef kit e konnen sa Seyè a te fè pou pèp Izrayèl la te vivan toujou" Jozye 24:31.

**Bi leson an:** Se pou elèv la konprann ke yon lidè-reskonsab dwe prepare moun pou kontinye ministè a.

## Entwodiksyon

Rakonte yon istwa ou konnen nan kontèks li sou yon legliz, yon enstitisyon, yon antrepriz, yon fabrik, oubyen yon pati politik ki te pran echèk oubyen disparèt, lè lidè a mouri. Ou kapab bay sous la nan ribrik yo , liv, jounal ak lòt ankò. Nan moman entwodiksyon leson an pataje ak klas ou a istwa sa a, di kijan enstitisyon an te ye lè lidè a te la. (Si w pa konnen okenn, nan seksyon resous yo ou ka rankontre youn).

## I. Jozye te kite nan yon laj avanse

Jozye selon sa istwa di nou te kite direksyon pèp la nan yon laj ki avanse avèk yon angajman pèsonèl byen klè ak Bondye (Jozye 23:1-3, 24:15,29).

### A. Preparatif pou pran retrèt

Nenpòt moun li te ye a pandan l nan yon laj avanse epi li santi l pi pre lanmò, pral prepare pou l fini ak devwa li sou latè "pandan anpil tan Bondye te bay kè poze ak Izrayelit yo. Alò, Jozye te gentan fin granmoun, e li te voye rele tout lidè nan pèp Izrayèl la. E li te di yo, mwen menm mwen gentan granmoun anpil" (Jozye 23:1-2, TLA).

Jozye te gentan gen sandizan, tout fòs li te fin ale, li te gentan pa gen menm kouraj li te genyen nan twa a kat deseni anvan nan moman konkèt la, poutèt sa, vèsè 2 a rakonte nou ke Jozye te konvoke tout pèp Izrayèl la. Pasaj la mansyone kat kategori otorite (li site menm gwoup yo nan Jozye 24:1): 1.Ansyen yo, 2.Otorite moral yo(Prensip), 3. Jij yo 4.ofisyèl yo. Kat gwoup sa yo te reprezante tribi yo, fanmi yo, entèprèt lalwa ak sa ki ap egzekite desizyon jij yo. Yo rele yo jounen jodi a pouvwa: Jidisyè, ekzekitif e lejislatif.

Jozye pa t doute pou l pale ak bay yo chaj ki enpòtan nan sa ki gen rapò ak konsekans lavi sou tè a.

### B. Kontni diskou li a

Nan Jozye 23:3 li di: "Nou te wè tout sa Senyè a, Bondye nou an te fè tout pèp sa yo ki t ap kenbe tèt ak nou an. Se Senyè a, Bondye nou an, ki t ap goumen pou nou". Jozye vin sonje, sa te vin nan memwa l, ke yo te anrejistre yon pakèt bagay nan tout sa yo t ap wè. Yo tout te temwen nan bagay sa yo Bondye t ap fè yo, pandan ke yo te konnen ke konkèt yo te gen pou yo te fè a te vin rive nan yon periyòd 10 zan malgre sa sa yo pat ka di se te fòt yon moun, ni yo pat menm ka di se te Jozye, se te sèlman Bondye ki te ka fè sa.

"Avèk tout nasyon yo pou fot yo; paske Letènèl Bondye nou an se li menm k ap goumen pou nou" (v.3). Nou kapab sonje jan l te pran Jeriko, jan l te detwi Hayi, jan l te kraze moun amoreyen yo ak lòt yo. Nan Jozye 12 : 7-24 nou wè jan l te kraze 31 wa. Yo te gentan jwenn pifò nan tè sa a li te pwomèt yo a.

Gade yon privilèji Letènèl ap batay pou pèp li a te kapab jwenn yon kote pou yo te abite ansanm ak fanmi yo ak anpil estrateji li te detwi tè a pou chak tribi l te chwazi a.

## II.vPEP LA SEVI BONDYE PANDAN L AP DIRIJE A

### A. Angajman pèsonèl ak familial Jozye

Jozye, kòm yon gran konesè ki t ap dirije pèp la pandan anpil ane, nan moman l t ap kite pòs li a li te ba yo yon bann egzòtasyon ki te di anpil (Jozye 24:15).

Li te konnen ke pèp Izrayèl la se te pèleren, ak yon kilti ki pat difisil. Kè yo te adopte fasilman avèk mès lòt etranje yo. Li konn ap fè apèl ak volonte pèp la pou mande yo pou yo deside ki moun y ap sèvi, èske se dye payen yo oubyen Letènèl vrè BonDye ki te fè yo rantre nan tè li te pwomèt yo a. Li ta kapab chwazi l menm jan ak sa yo ki te pase deja yo e ki adapte yo ak dye etranje yo. Jozye te moutre angajman pèsonèl li te genyen an ak fanmi li :

"Si yo pa vle obeyisan, y ap deside jodia a ki moun y ap

bay lavi yo. Yo pral gen pou yo chwazi pami dye yo kiyès sa a ki te la anvan yo ke yo te konn adore nan mezopotani, èske se dye amoreyen yo ki sou tè a kote y ap viv kounye a. Men, pou mwen menm ak tout moun lakay mwen, se Senyè a n ap sèvi (Jozye 24:15). Yon moun ki gen anpil laj ki pral di pawòl sa yo, se te yon moun ki te konn envesti anpil tan nan fanmi li, nan eksperiyans espirityèl li, li t ap akonpli yon travay ministeryèl nan fwaye a, pou rezon sa a li te kapab di avèk anpil sekirite li menm, kay ak tout sa l te posede t ap sèvi Senyè a.

Angajman espirityèl pèsonèl li pa t ap balanse pou l te moutre sa ak yon fèm asirans pandan l ap di "Nou pral sèvi Senyè" pandan, li ta pral rete fidèl jis nan lanmò pou l te ka moutre yon konfyans pèmanan li te genyen nan Bondye.

### B. Yon sèvis konplè pou Bondye

Jozye 24:31 di nou ke li primòdyal pou l te dirije kòm yon gid espirityèl, se pat sèlman nan predikasyon vèbal li ; si non tou nan yon mòd de vi ki chaje ak egzanp "e Izrayèl t ap sèvi Bondye pandan tout tan Jozye a, ak tout tan lè ansyen yo t ap viv ak Jozye a e ke yo te konnen tout zèv Bondye te fè pou Izrayèl la". Kòm tout bon lidè ki enfliyanse tout moun k ap dirije menm lè avè l yo e yo t ap swiv li.

Eksperyans pèsonèl la, ede l nan fason l t ap mache ak Bondye.

Jenerasyon an ki te moutre fidelite nan Bondye a te eksperimante grandè Bondye nan chache tè l te pwomèt la, yo se te premye moun ki te wè e privilijye kòm moun ki ta pral posede tè l te pwomèt la, "...e nan tout tan ansyen yo t ap viv ak Jozye a ke yo te konnen tout zèv ke Bondye t ap fè pou Izrayèl la" (v.31).

### III. Izrayèl te ale lwen Bondye

### A. Jozye te mouri san l pat gen moun pou ranplase l

Jozye te mouri a 110 zan, e li te antere nan eritaj li. Li te yon bon kòmandan pou jenerasyon l te chwazi pou l te dirije a, Erè ke l te komèt li pat janm leve yon lidè, li pat prepare moun pou ranplase l menm jan l te gen anpil enfliyans lan e ankadre pa moyiz la.

Yon bon lidè pa janm sispann repase lwa ki nan dosye l, avni yon enstitisyon depann de nouvo lidè l yo e yo dwe okipe nan pase tan yo nan pwosesis pou preparasyon.

John Maxwell nan lwa ki nan dosye a:

"Pi gran mirak Jezi te fè a se pat pandan l te isit sou tè a. Se te rezilta anpil tan l te deside pou l te antrene e prepare disip li yo ak enstwi yo pou yo ale ak mete menm ansèyman sa yo an pratik ak lidèchip (Travay 19:10)" (21 lwa sou lidèchip yo yon pèspektiv biblik).

Yon lidè pa sèlman okipe l nan fè lòt lidè, men li wè dabò kantite ak kalite yo.

Nan afich yon legliz metodis nan peyi m, m te rankontre yon mo Jhon Wesley: "m pa gen pwoblèm paske pèp la te rele metodis yon fwa ki pat egziste, ni an eròp ni an amerik. Men si m krent sèlman paske li egziste kòm yon sèkt ki mouri, avèk yon fòm relijion men san l pa gen pouvwa" (sa sa vle di) (Bilten legliz metodis. Bolivie: 2008).

### B. Jenerasyon an te mouri tou

"...E tout jenerasyon sa a te reyini ak papa yo (Jij 2: 10). Menm sa yo ki te temwen nan gran mèvèy Bondye yo, jenerasyon sa a ki tap sèvi l fidèlman menm ansanm ak Moyiz la te vin pat egziste. Kalite ranplasan sa a yo te deja pat egal avè yo nan momann istorik ke yo te chwazi viv la , ni tou yo pat yon bon aparans lafwa pou timoun yo.

### C. Yon lòt jenerasyon te leve

Aprè yon jenerasyon ki pat konnen Bondye te leve. Pèp la te deja pat gen yon bon lidè kòm Jozye ki tap dirije yo; ni papa yo ki tap viv te gen eksperiyans dirèk avèk Bondye. Jenerasyon nouvo a te deja pat konnen mèvèy yo ak pwodij Bondye toupisan an, pandan apostazi a tap rive e yo tap mache dèyè lòt dye, Jij 2: 13 di: "Yo vire do bay Senyè a, y al fè sèvis pou baal yo ak astate yo". Baal se te dye ki te konn fè moun pa fè pitit la, e li te kwè adorasyon l te bay fwui pou limanite, nan lavi bèt la, ak fwui ki te nan jaden yo. Astate yo t ap kontre pati feminen baal yo. (Astarot)Astate a se te ekivalan Kananeyen nan Ista babilonik, dèyè lanmou ak fidelite" (Comentario Bíblico Moody, Antiguo Testamento. Portavoz, Michigan EUA: 1995, p.243).

Jozye te yon bon Lidè responsab pou jenerasyon l tap dirije a; apò pou l te fidèl ak egzanp li te trè siyifikatif, e nou dwe swiv angajman pèsonèl li nan fanmi li ak Bondye jis nan dènye jou nan egzistans li.

Erè ke lidè responsab la te komèt, li pat antrene yon moun pou ranplase l; kòm rezilta pèp Izrayèl te ale lwen Bondye byen bonè lè Jozye te fin mouri ak jenerasyon ki te akonpaye l la. "Enpòtans Jozye genyen pou kretyen yo se rankontre premyeman nan (a) moutre fidelite ke yo genyen nan kontra Bondye siyen ak yo a; (b) Enskri nan dewoulman objektif pou nasyon an; (c) Bay rezon sou sa yo tap di deja (17.13;18.3) traka ki genyen nan akonplisman plan Bondye a...; (d) ofri analoji yo pou elèv yo, se deja kesyon espirityèl lafwa yo, obeyisans ak pitye se te evidamman yon jwèt nan envazyon an.

Anba Jozye, Izrayèl te moutre yo te gen pi bon lespri ke sa papa yo te genyen an, men yo pi sanble ak politeyis nan kil nati a(Nonb.25; Detewonòm.43.23)". (Nuevo Diccionario Bíblico Certeza. Certeza, Argentina: 2003, p.728).

### Konklizyon

Si nou te okipe nou pou bagay ki pral vini nan lòt jenerasyon yo, nou dwe prepare lidè-reskonsab yo. Yon egzanp ki gen anpil valè ak respè se lè Jezi tap prepare epi antrene 12 disip li yo.

# Resous yo

### Enfòmasyon Siplemantè

"Valè konstan yon lidè mezire nan siksesyon li" "lè anpil konpayi pèdi chèf prensipal la yo tonbe andefayans. Tandiske, lè Roberto Goizueta te mouri, li pat rive ke Koka kola tonbe plat atè. Poukisa? Anvan lanmò li, Goizueta te aplike lwa eritaj la" ( 21 lwa irefitab nan lidèchip la. John Maxwell. Thomas Nelson Publishers, Nashville EUA: 1998, p.13).

Pou ilistre sou enpòtans pou envesti tan pou prepare lidè yo e answit wè rezilta yo:

Hal Boehm te ekri yon leson ki entèresan ki tire sou pye bwa yo rele banbou a. Nan peyi Tayiland yo te konnen yon peyizan ki te plante yon pye banbou e pandan senk ane li te wè l pat janm grandi. Apre sa kwasans lan te parèt plis pase demi mèt chak jou nan sis semenn, jiskaske li atenn trant mèt de otè.

"Si byen li bay enpresyon ke pye banbou a te grandi nan lannwit rive nan maten, se pat yon mirak ki rive. Li pat grandi sibitman. Kisa ki sekrè nan sezisman kwasans grandisman an? Pandan senk ane kote ki pat genyen okenn chanjman vizib nan je lòm, pye bwa a te la, anfèt, li tap devlope yon sistèm entans nan rasin li yo (anpil santèn mèt nan longè) pa anba sipèfisi a. Fondman sa a te etabli epi pran fòs pou fasilite tan ki siyifikatif pou kwasans ki ta pral genyen pi devan.

Lè pye banbou a finalman te grandi, baz li te adekwat pou soutni agrandisman li nan wotè" (El Factor Bernabé, El secreto del liderazgo que perdura. Hal, Boehm. Versión español publicada por ministerio Cristo Nación. Cochabamba, Bolivia: 2008, p.17).

### Definisyon mo yo

**Ansyen:** "Nan Ansyen Testaman, genyen alafwa sivil e relijye, ke jiske la kote nou kapab konnen, te nome anvèti a dwa laj li, nan tèt yon kay patriyach, yon fanmi nan tribi a, oubyen nan menm tribi a" (Nuevo Diccionario Bíblico Ilustrado. Vila, Escuain. CLIE, España: 1985 p.56).

**Jij:** "Majistra ki anchaje pou rezoud kesyon sivil yo. Li te konseye pa bòpè li, Moyiz te etabli jij yo nan Izrayèl pou l pa te gen twòp travay nan kesyon jijman nan ti bagay yo" (Nuevo Diccionario Bíblico Ilustrado. Vila, Escuain. CLIE, España: 1985 p.641).

**Tè:** "pa gen anpil ki di sou NT nan kesyon tè a (pwomiz) apa de anpil referans nan akonplisman pwomès Bondye yo nan Jezi (p.ej. 2 Co.1.20; cf. Ro. 15.8). Kèk moun soutni ke tè a pa yon tèm pou NT (li mansyone sèlman de pasaj nan Trav. 7.3-7;13.17-19); li pi pwobab, nan chanjman ke tè a te entèprete ankò kounye a sou limyè Kris la. Pwomès tè sa a vin parèt tankou yon metafò ki antisipe nan monn lan (Wo. 4.13). Nou konprann eskatolojikman tou tankou yon senbòl de sa nou ka rele `repo selès´ (Trav. 4.9)" (Nuevo Diccionario Bíblico Certeza. Certeza, Argentina: 2003, p. 1343).

### Aktivite siplemantè

**Dinamik:** "òkès la".

**Materyèl yo:** Okenn

**Objektif:** Resòti enpòtans pou dekouvri lidè a epi answit prepare li pou jenerasyon k ap vini yo.

**Tan:** Pa plis pase 10 minit

**Devlopman:** Mande ak youn nan patisipan yo pou l soti nan klas la avèk finalite pou òganize jwèt la. Nan absans li, nome yon elèv kòm chèf òkès la. Rès yo dwe fòme yon sèk pou yo suiv direktè a, li menm ka pral gide gwoup la pou reyalize similasyon yo ke l pwopoze yo a, san li pa kite yo konnen, (pa ekzanp lè n ap itilize men yo fè kòm si se yon enstriman nou t ap jwe). Lè direktè a chanje yon lòt enstriman tout moun dwe fè menm jan.

Yon fwa ke yo fin òganize yo envite yo retounen nan klas la ak patisipan ki te soti e plase l nan sant sèk la, pandan ke tout manm òkès yo ap fè menm bagay la (suiv direktè a) misyon li se pou l dekouvri direktè òkès la. Kiyès ki fè chanjman yo ke lòt moun ap suiv yo?

# Jozye,
# Yon lidè-reskonsab

Patricia Picavea (Gwatemala)

**Vèsè pou n konnen:** "Chonje lòd mwen te ba ou! Mete gason sou ou! Pa janm dekouraje! Ou pa bezwen tranble, ou pa bezwen pè, paske Seyè a, Bondye ou la, ap toujou kanpe la avèk ou kote ou pase", Jozye 1:9.

**Bi leson an:** Elèv yo ap fè yon revizyon nan sa yo te aprann sou egzanp lidè responsab nan sa ki konsène lavi Jozye.

## Entwodiksyon

Lavi chak lidè responsab gen yon kòmansman ki make tout rès lavi li nan ministè l.Jozye pat yon eksepsyon. Lavi l ak yon nonm tankou Moyiz nan kòmansman te ede l prepare pou tout sa k ta pral rive apre.

## I. Apèl yon lidè responsab
## A. Preparasyon yon lidè responsab

Pasaj Egzòd 17:8-14 moutre ke Moyiz sete reprezantan Bondye pou moun ebre yo epi Jozye te dwe obeyi l, " se pou rezon sa a Moyiz di Jozye ..." (Egzòd 17:9 NVI). Sa a se pi bon kòmansman yon bon lidè sèvitè paske yon moun ki obeyi epi soumèt anba lidè l kapab obeyi Bondye tou. Nan ka sa a, moun ki obeyi jodi a ap gen otorite pou anseye obeyisans nan jou k ap vini aprè yo.

Se sèlman de jenn apre enspeksyon peyi Kanaran an ki te kwè yo ta kapab rive pran l , se te Jozye ak Kalèb (Resansman 13:30), men majorite a pat dakò (Resansman 14:1-5), e se pou sa, yo te kontinye Pelerinaj nan dezè a.

Yon moun ki kwè ak tout kè l ke Bondye ka itilize l epi leve banyè Krisyanis la byen wo pran atitid ke Jozye te genyen an, dezi l sete sèlman sèvi, chache mwayen pou rapwoche lidè l plis epi aprann nan men li, se pou tèt sa Jozye pa t janm separe ak Moyiz (Egzòd 33:11 C).

## B. Karaktè Lidè Responsab la

Gen kèk moun kesyon lidè-responsab la kontradiktwa pou yo, swa responsab oswa lidè. Pawòl Lidè responsab la nou pap jwenn yo nan pasaj sa a ni nan lòt pasaj nou pral etidye nan leson sa a. Sepandan, li evidan ke Jozye enkane nan lavi l sa li vle di.

Jozye rive sou sèn narasyon biblik la nan Egzòd 17:8-16. Pasaj la pa bay pyès nòt biyografik ki moutre ki moun li te ye. Sepandan, nou ka rive wè ke Jozye se te yon vanyan brav ki te obeyi lòd Moyiz (Egzòd 17:8-10).

Nan Resansman 11:28 Jozye te idantifye kòm "Asistan Moyiz." Li ta sanble ke otè sakre a entansyonèlman prezante l bay Jozye nan fason sa a pou l te kapab mete nan lespri lektè l yo prensipal diferans Jozye yon Sèvitè oswa sèvè.

Ekriven sakre a prezante n Jozye kòm Sèvitè oswa responsab kap sèvi (24:13,33:11 Egzòd, Jozye 1:1) epi "Adjwen Moyiz" (Resansman 11:28). Premye etap nan fòmasyon yon lidè responsab se devlope atitid li kòm sèvitè. Jozye te aprann swiv enstriksyon, rete tann epi aji lè yo mande l sa. Majorite moun pa renmen okipe dezyèm plas. Nou renmen premye, rete devan pou fè wè nou.

## C. Apèl Bondye ak rekonesans Pèp la

Bondye te pale ak Moyiz, Li fè l konnen ke ni jenerasyon k ap doute de li koulye a , ni li kapab antre nan peyi kote l te pwomèt la (Detewonòm 1:35,37). Men, Jozye te resevwa fòmasyon pou sèvi, men kounye a li te pare pou dirije (Detewonòm 1:38 yon). Jozye pa janm imajine ke sèvis yo ak sipò yo t ap mennen l yon kote ki gen enpòtans konsa.

Apèl Bondye pou Jozye se pou l te ka pèmèt moun pèp Izrayèl yo soti nan kan Sitim nan pou rive Kanaran, jodi a ki se peyi Izrayèl (Jozye 2:1). Jozye te grandi nan sèvi Seyè a epi ede Moyiz, sa pèmèt li te gen yon gran enfliyans sou moun yo,yon jenn gason san eksperyans ki te vin lidè ki te dwe mennen pèp Izrayèl la nan peyi Kanaran, Peyi pwomès la. Pèp la te wè nan Jozye temwayaj lavi l, lè yon lidè vin gen konfyans sa a, pèp la sipòte l san kondisyon.

## II. Devlopman lidè responsab la

Lè n ap pale de Jozye nou panse ak yon jenn ki gen konfyans nan Bondye (lafwa), li te temwen mèvèy Bondye yo e pa mwayen kapasite l, kwayans li nan Bondye sèke nou reyalize ke li pa t bliye tout mirak li, yo

te toujou la nan ni nan lespri l ni nan nan kè l
.

**A. Estrateji Lidèchip**

Youn nan bagay ki enpòtan nan estrateji lidèchip Jozye a sèke li chwazi moun li fè konfyans.

Nan okazyon sa a Jozye te deside voye de espyon al chache konnen plas la (Jozye 2:1) pou yo te kapab rive kolekte tout enfòmasyon posib nan yon sitiyasyon ki te trè frajil (delika). Mesye yo te chwazi yo te serye, yo te gen sekrè, pridan ak moun lespri yo epi yo pat dwe ekate misyon yo. De espyon yo se te Bondye k tap gide yo nan travay yo te gen pou yo fè a, e byenke yo te rankontre ak anpil danje, Bondye te akonpaye yo e li te ba yo bon konprann, sajès pou yo te simonte sitiyasyon yo avèk anpil siksè.

Espyon yo te chwazi yo pat bezwen anpil rezon pou yo te ale lavil Jeriko, yo te kwè nan Bondye ak lidè yo. Anvan yo kòmanse misyon an, yo te deja gen sètitid la viktwa, nou ka wè nan pèfòmans yo, yo pat ezite, pa janm panse pou yo retounen, pat janm gen dout pou konnen si li te dwat osinon li pa dwat. Bondye te ba yo tout sekirite pou misyon sa a Jozye lidè yo te konfye yo a

**B. Depandans ak Konfyans lidè responsab la**

Plan Jozye pou janbe lòt bò larivyè Jouden an , se te yon istwa ki te gen anpil eksitasyon ak mèvèy, Bondye tap fè nouvèl jenerasyon sa a sonje ke se menm li menm ki se Bondye zansèt yo , Pèp ki tap fè rebelyon swiv Moyiz lè l tap travèse lanmè wouj ak pèp Izrayèl la, lakòz rebelyon yo yo pa t rete vivan. Koulye a, Bondye vle moutre nou fidelite li pa mwayen jenerasyon sa a ke Jozye ap dirije a.

Nan Jozye 3:1-17 nou wè ke Jozye leve granmaten, epi li menm ansanm ak tout pèp Izrayèl la yo kite Sitim kote yo te ye a, yo rive devan larivyè Jouden an. (3:1). E twa jou apre sa, chèf yo mache nan tout kan an, yo te fè yon demann ak pèp la :"Mete nou apa pou Bondye" Jozye pat vle anyen twouble bon jan relasyon yo ak Bondye, se pou manifestasyon Bondye a fèt nan yon kè pi e pwòp. Pou depandans li ak li nan Bondye te kapab fin bon nèt.

**C. Rekonesans ak remèsiman pou Bondye**

Lè nou tande mo gratitid oswa rekonesans la, nou te ka panse ak yon sansasyon espontane ki soti nan kè nou san nou pa fè anpil efò pou sa. Men, rekonesans se yon disiplin espirityèl ke nou kapab oswa dwe aprann.

Nou fè efò pou nou kapab rekonesan epi, jeneralman, kòm lòm nou gen tandans sonje bagay mal ki te rive nou, men nou bliye fasil avantaj yo ban nou yo. Se poutèt sa Bondye te rekòmande pèp Izrayèl la pou yo te aprann ke yo dwe rekonesan epi pa bliye sa Bondye te fè pou yo (Jozye 4:1-24).

**D. Atitid Lidè responsab sou kesyon fè peche**

Jozye pat kite peche gouvène, li tap swiv enstriksyon Bondye. Yo pat espere gen Konsekans pou peche yon nonm ensanse. Repons divin peche pèp Izrayèl la te komèt pa mwayen aksyon Akan an revele atitid li sou peche. Peche moun k ap fè rebelyon pa p rezoud ak karès oswa avèk gwo reprimand, epi tou pa menm ak yon amann. Repons lòm devan Bondye lè l rekonèt peche l pa kapab yon "eskiz" oswa yon "regrèt", oswa fè penitans. Atitid ba sa yo diminye gravite peche a senpleman ak yon erè jijman oswa menm bagay la sou yon lòt fòm. Nan pasaj sa a nou wè yon peche ki gen yon tèl gravite sèlman sa nou ka fè poun jwenn yon solisyon se elimine l nèt. Nan ka sa a, Bondye te itilize chatiman Akan an kòm yon egzanp pou moutre li rejte yon tèl zak rebelyon e kòm konfimasyon enpòtans kontra l fè ak pèp la.

**E. Erè Jozye a**

Nan Jozye 9:14-27 nou li yon istwa kote Jozye te fè yon gwo erè. Selon vèsè ki li nan etid sa a, nou reyalize yon lidè responsab dwe toujou aji dapre volonte Bondye nan tout sekirite pou l kapab obeyi ak pawòl li. Se poutèt sa, anvan alyans lan etabli dwe gen prekosyon k pran pou erè kap fèt apre yo: a) Pa fè yo sou enpilsyon, b) Pa janm sispann pale ak Bondye nan kèlkeswa desizyon w pral pran an epi c) pa fè alyans ki kontrè ak kòmandman Bondye a.

**F. Rezilta obeyisans**

Lè yon moun rankontre anpil difikilte nan lavi l, sitiyasyon yo ap parèt pi difisil chak jou,li pa ka sipòte, nou pa dwe janm sispann tande vwa Bondye kap pale nan zòrèy nou: " Bondye di Jozye konsa: Ou pa bezwen pè moun sa yo! Denmen, lè konsa, m ap fè nou wè tout tonbe mouri la a devan je nou an. Nou menm, nou pral koupe jarèt tout chwal yo, epi n ap boule cha yo."(Jozye 11:6).

Jozye te fè fas ak pi gwo defi nan lavi pèp Izrayèl la, tout wa lavil yo mansyone nan Jozye 11:1-5, yo te mete tèt yo ansanm pou yo te ka al konbat pèp Izrayèl la."Bondye di, pa pè pwoblèm w ap rankontre yo ...," Sa yo se te mo ankourajman pou lavi yon lidè responsab ki kanpe devan pèp la. Bondye te toujou bay Jozye konfyans nan mitan tout sitiyasyon difisil li t ap konfwonte yo. Sipò ak konfyans lavi nou soti nan Bondye ki toujou la pou sipòte nou nan moman difisil yo. Jozye te kwè nan pwomès Bondye te fè l (Jozye 1:5) e sa vin tounen yon reyalite nan mitan difikilte ak sitiyasyon difisil yo.

### G. Onètete lidè responsab la

Nan lanmò Moyiz, Bondye te bay Jozye lòd sou kijan pou l fè repatisyon peyi pwomès la , li sipoze ke Jozye t a pral aji san patipri. Nan tèt li, travay la te trè difisil, men travay patikilye sa a bay plis konplikasyon. Pèp Izrayèl la se te "moun deregle yo te ye," menm jan anpil moun k ap fè kòmantè sou Bib la moutre sa. Nan ka pèp Izrayèl la, pat gen okenn tach lidèchip, jesyon , ak gouvènans ki te fasil. Espesyalman, sa a se te premye reyalite Jozye te konnen.

Jozye se te asistan dirèk Moyiz. Depi nan soti kite peyi Lejip, Jozye te resevwa yon ansèyman laj e entansif sou administrasyon ak oryantasyon pèp la. Fòmasyon l nan obeyisans ak ekzekisyon nan lòd li te resevwa a te pèmèt li anseye yo byen. Nan sans sa, a Jozye te konnen pafètman kijan jere pèp la, feblès yo, fason yo panse ak aji, bon ak move abitid yo, karaktè pou fè tèt di yo, li konnen tandans fè peche ak idolatri yo. Men, Jozye te konnen sa ki nan lide moun yo, soupi yo, aspirasyon ak bezwen reyèl yo.

Repatisyon tèritwa sa a pèmèt gen anpil aksan ki mete sou kèk prensip dònètete ak lajistis ki nesesè pou misyon Jozye a reyalize nan peyi a kòm yon lidè responsab ak devwa nou kòm sèvitè-Bondye.

### III. Dènye jou Jozye yo
### A. Dènye enkyetid

Nan Jozye 23:6-16 nou li avètisman lidè responsab la te bay pèp Izrayèl lè l te fin vye granmoun. Jozye te konnen feblès nesans nasyon Izrayèl la epi l te avèti yo sa.

Yo gen tandans bliye Bondye pou yo tounen al adore lòt bondye epi l te deside pou pèp Izrayèl la pat bliye Seyè a epi tounen dèyè lòt bondye. Konsèy Jozye pou tout sitwayen ak dirijan pèp Izrayèl la te kòmanse ak twa egzòtasyon trèzenpòtan oswa nou te kapab di pito obligatwa: egzòtasyon pou fè jefò (Jozye 23:6-7) egzòtasyon pou renmen Bondye (Jozye 23:11 - 13) egzòtasyon pou n rekonèt sa Bondye fè (rekonesan) (Jozye 23:14-16).

Kontèks seksyon sa a n ap jwenn ni nan Jozye 24:1-13. Nan vèsè sa yo Jozye rakonte yon istwa kote li fè moun yo sonje ki kote Bondye te rele zansèt yo. Bondye rele Abraram nan mitan yon pèp ki tonbe ajenou devan lòt bondye, Li fè yon kontra avè l . Kontra a renouvle avèk Izarak e Jakòb.

Defi Jozye te bay pèp la te gen de (2) aspè santral ladan pou lavi yo: Krent pou Bondye epi pran desizyon pou konnen ki moun y ap sèvi.

Finalman Jozye mande pèp la pou yo deside kiyès yo vle sèvi. Nan yon sans yo te santi yo on ti jan pè e yo te di (v.16). Jozye te vle asire l ke desizyon sa a te soti nan yon kè ki sensè ak yon fèm konviksyon pou sèvi Bondye (Jozye 24:19-27).

Jozye te vle grave byen fon nan memwa ak kè pèp Izrayèl la manda Bondye te bay Moyiz la. Nan ka sa a yo te itilize tout resous ki te kapab ede yo gen aksè: repetisyon oral,volonte divin, egzanp pwòp tèt li ak resous vizyèl kòm yon siyal ki te kapab pèmèt li grave nan memwa yo epi raple yo renouvèlman kontra ant Bondye ak pèp Izrayèl la (V .27)

### B. Retrèt lidè responsab la

Selon jan listwa rakonte l, Jozye te soti nan tèt pèp la lè li te fin vye granmoun ak yon angajman pèsonèl ki te byen klè devan Bondye (, 23:1-3 Jozye 24:15,29) Nenpòt moun k ap fin vye granmoun epi k santi y ap pwoche pi pre lanmò, dwe prepare yo pou yo akonpli devwa yo sou latè (Jozye 23:1-2).

Jozye, kòm yon lidè ki konnen byen pèp li t ap dirije pandan plizyè lane a, lè l ta pral separe ak yo, li te ba yo anpil konsèy pètinan sou kijan pou yo mennen tèt yo (Jozye 24:15).

Li te konnen ke moun pèp Izrayèl yo kapab chanje a nenpòt ki moman, yon kilti dezekilibre (alyenab),ki fasil adopte koutim ak relijyon lòt moun etranje. Men sa Jozye te di yo :«Men, si nou pa vle sèvi Seyè a, depi koulye a chwazi bondye nou vle sèvi a: oswa bondye zansèt nou yo t ap sèvi nan peyi lòt bò larivyè Lefrat la, osinon bondye moun Amori yo t ap sèvi nan peyi kote n ap viv koulye a. Men, pou mwen menm ansanm ak tout moun lakay mwen, se Seyè a n ap sèvi ». Pou fini nou remake nan tèks la Jozye te pale moun yo de angajman pèsonèl fanmi li tou (Jozye 24:15).

### Konklizyon

Listwa Jozye a dwe yon egzanp pou tout moun swiv. Obeyisans ak sentete dwe konsidere kòm kalite ke yon lidè responsab pa dwe manke nan lavi l.

# Sondaj

# Chemen Verite a
## Liv 3

Tanpri pran kèk minit pou nou ban nou opinyon nou ak kòmantè sou edisyon sa a : Chemen Verite a.

| | Merite amelyorasyon | Byen | Très Byen |
|---|---|---|---|
| 1.Prezantasyon | | | |
| 2.Fòma liv yo (Liv Pwofesè ak elèv) | | | |
| 3.Tèm | | | |
| 4.Devlopman leson yo | | | |
| 5.Enfòmasyon siplemantè | | | |
| 6.Definisyon règleman yo | | | |
| 7.Aktivite siplemantè | | | |
| 8.Fèy aktivite yo | | | |
| 9.Pri | | | |

Si ta gen nan eleman sa yo ki merite "amelyorasyon", tanpri eseye klè e espesifik

Sa k dwe amelyore a: _____
_____
_____
_____
_____

Yon lòt obsèvasyon:_____
_____
_____
_____

Chak sigjesyon ak kòmantè sa yo pral analize epi aplike pou amelyore lòt edisyon k ap vini aprè a . Nou devlope materyèl sa yo pou n kapab ede nan ansèyman verite ki nan Bib la ak disip yo pou Seyè a.

--- OPSYON ---

Non :_____ Pastè :_____ Pwofesè :_____
Peyi :_____ Imel :_____

Tanpri poste l jodi a menm nan nenpòt nan mwayen sa yo :
1-Imel : informacion@editorialcnp.com
2-Adrès Postal: Carlos Fernández
Casilla de Correos 154 1629 Pilar, Buenos Aires, Argentina.

CPSIA information can be obtained
at www.ICGtesting.com
Printed in the USA
VHW112055171121
713558LV00001B/1